AF588947

RÉPUBLIQUE FRANÇAISE.

MINISTÈRE DE L'INTÉRIEUR.

DIRECTION DE LA SÛRETÉ GÉNÉRALE.

ÉTAT
FAISANT CONNAÎTRE LA RÉSIDENCE ACTUELLE
DES PERSONNES ÉVACUÉES
DU DÉPARTEMENT DU NORD.

(CE FASCICULE CONTIENT 3 LISTES.)

1RE LISTE.

Accarin (Anna), de Ferrière-la-Grande, Bentin, Pas-de-Calais.
Achin (Odile) et enf., de Grison, à Meulan, Seine-et-Oise.
Acobier (Ernest), de Solre-le-Château, à St-Hilaire-du-Harcouët, Manche.
Adant (Oscar), de Cousolre, à Courcelles, Nièvre.
Adant (Yvonne), de Cousolre, à Courcelles, Nièvre.
Adant (Maria), de Cousolre, à Courcelles, Nièvre.
Adant (Simone), de Cousolre, à Courcelles, Nièvre.
Adant (Elise), de Cousolre, à Courcelles, Nièvre.
Adam (Irma) et enf., de Ferrière-la-Grande, à Blangy-sur-Ternoise, P.-de-C.
Adam (Joseph) et fam., de Maubeuge, à Saint-Omer, Pas-de-Calais.
Adam (Léocadie), de Maubeuge, à Fauquembergues, Pas-de-Calais.
Adam (François), de Maubeuge, à Rongefay, Pas-de-Calais.
Adam (Hortense) et enf., de Maubeuge, à Hesdin, Pas-de-Calais.
Adrian (Marguerite) et enf., de Marpent, à Dohem, Pas-de-Calais.
Adrienssens (Albertine) et enf., de Neuf-Mesnil, à Fruges, Pas-de-Calais.
Afchain (André), de Fourmies, à Loudéac, Côtes-du-Nord.
Afchain (Pauline) et enf., de Maubeuge, à Berck-sur-Mer, Pas-de-Calais.
Affard (Orpha), de Maubeuge, à Normanville, Eure.
Aimont (Léon), de Colleret, à Pussay, Seine-et-Oise.
Aimont (Marguerite) et enf., de Colleret, à Pussay, Seine-et-Oise.
Ajac (Catherine), de Canteleu-Lambersant, à Pexiora, Aude.
Alavoine (Charles), de Maubeuge, à Parigny, Manche.
Alexandre (Berthe), d'Avesnes, à Pommeuse, Seine-et-Marne.
Alglave (Albert), d'Anzin, à Berville, Calvados.
Albracht (Jeanne), de Landrecies, à Bouex, Charente.
Alini (Marie), de Toul, à La Chapelle-Saint-Mesmin, Loiret.
Alglave (Gustave) et fam., d'Escautpont, à St-Laurent-des-Combes, Gironde.
Alglave (Laure) et enf., d'Onnaing, à Villers-en-Ouche, Orne.
Allier (Mme) et enf., d'Anzin, à Rouen, Seine-Inférieure.
Allier (Alfred), d'Anzin, à Rouen, Seine-Inférieure.
Alluite (Mme), de Ramousies, à Clamecy, Nièvre.
Alluite (Edmond), de Ramousies, à Clamecy, Nièvre.
Allard (Alfred) et fam., d'Iwuy, à Saint-Laurent-Médoc, Gironde.
Allion (Joseph), de Fourmies, au Folgoët, Finistère.
Allion (Sophie), de Fourmies, au Folgoët, Finistère.
Allion (Maurice), de Fourmies, au Folgoët, Finistère.
Allion (Robert), de Fourmies, au Folgoët, Finistère.
Allard (Mme), de Cerfontaine, à Longfossé, Pas-de-Calais.
Allard (Catherine) et enf., de Cerfontaine, à Longfossé, Pas-de-Calais.
Allan-Mouton (Désirée) et enf., de Ferrière-la-Grande, à Diéval, P.-de-C.
Allard (Louise) et enf., d'Hirson, à Pommeuse, Seine-et-Marne.
Allard (Renée), de Cousolre, à Sablé, Sarthe.
Allard (Jeanne), de Cousolre, à Sablé, Sarthe.
Allard (Luc), de Cousolre, à Sablé, Sarthe.
Allard (Zénon), de Cousolre, à Sablé, Sarthe.
Allard (Julie), de Cousolre, à Sablé, Sarthe.
Allard (Maurice), de Cousolre, à Sablé, Sarthe.
Alard (Gaston), de Cousolre, à Sablé, Sarthe.
Alliot (Suzanne), de Floyon, à Chéronvilliers, Eure.
Alleaume (Vve), de l'Oise, à Sully, Calvados.

Allard (Georges), de Fourmies, à Castelsarrasin, Tarn-et-Garonne.
Allard (Victor), de Fourmies, à Castelsarrasin, Tarn-et-Garonne.
Allard (Félix), de Fourmies, à Castelsarrasin, Tarn-et-Garonne.
Allard (Catherine), de Fourmies, à Castelsarrasin, Tarn-et-Garonne.
Allaire-Lardinois (Mme), d'Etrœungt, à Pougny, Nièvre.
Allard (Myrtille), d'Hordain, à Andrieu, Calvados.
Alvin (Tharsile), de Maubeuge, à Saintry, Seine-et-Oise.
Amarc (Julia), de Denain, à La Ferté-Macé, Orne.
Amed (Youssfi), de Douai, à Saint-Étienne, Loire.
Amuzet (Zéna), de Boussois, à Arras, Pas-de-Calais.
Anciaux (Lucie), de Jeumont, à Saint-Hilaire-du-Harcouët, Manche.
Ancenot (Amélie), de Maubeuge, à Bouneux, Pas-de-Calais.
Anciaux (Mme), de Jeumont, à Saint-Hilaire-du-Harcouët, Manche.
Anciaux (Élise), de Maubeuge, à Saint-Pol, Pas-de-Calais.
Ancenot (Irma), de Maubeuge, à Berck-sur-Mer, Pas-de-Calais.
André (Louis), d'Aniche, à Versailles, Seine-et-Oise.
André (Mathilde), d'Aniche, à Versailles, Seine-et-Oise.
Andrien (Eugénie) et enf., de Maubeuge, à Fruges, Pas-de-Calais.
Andrisse (Maurice), de Bruai-sur-Escaut, à Poullan, Finistère.
Auguenaës (Gabrielle) et enf., d'Hautmont, à Boubers-sur-Canche, P.-de-C.
Anglard (Ina), de Maubeuge, à Frévent, Pas-de-Calais.
Anglard (Irma), de Maubeuge, à Rougefay, Pas-de-Calais.
Anne (Aurore) et enf., de Maubeuge, à Fauquembergues, Pas-de-Calais.
Annart (Flora) et enf., de Ferrière-la-Grande, à Huby-St-Leu, Pas-de-Calais.
Ansseau (Mme) et enf., de Maubeuge, à Saint-Omer, Pas-de-Calais.
Ansseau (Mme) et enf., de Maubeuge, à Saint-Omer, Pas-de-Calais.
Anselin (Hélène) et enf., de Bersillies, à Sombrin, Pas-de-Calais.
Anthoine (Barthélemy), de Ferrière-la-Grande, à Écuires, Pas-de-Calais.
Amuzet (Zéna), de Boussois, à Rouen, Seine-Inférieure.
Amuzet (Clara), de Boussois, à Rouen, Seine-Inférieure.
Apalatégni (Josepha), de Watreloss, à Capdenac, Aveyron.
Aplincourt (Jean), de Trélon, à Charbuy, Yonne.
Aplincourt (Marguerite), de Trélon, à Charbuy, Yonne.
Aplincourt (Léon), d'Aulnoye, à Saint-Pierre-sur-Dives, Calvados.
Appencourt (Zélnine), de Taisnières-sur-Hon, au Mans, Sarthe.
Applincourt (Marie), de Glageon, à Saint-Pierre-les-Nemours, S.-et-M.
Applincourt (Blanche) et enf., de Glageon, à St-Pierre-les-Nemours, S.-et-M.
Arienti (Ernest), de Ligny, à Nevers, Nièvre.
Arnould (Marie-Louise) et enf., d'Hautmont, à Saint-Pol, Pas-de-Calais.
Arnauld (Ida) et enf., de Louvroil, à Bapaume, Pas-de-Calais.
Arquevaux (Jeanne), d'Hautmont, à Yvré-l'Évêque, Sarthe.
Arquevaux (Antoine), d'Hautmont, à Yvré-l'Évêque, Sarthe.
Artus (André), de Maubeuge, à La Turballe, Loire-Inférieure.
Artus (Léontine), de Maubeuge, à La Turballe, Loire-Inférieure.
Artus (Gaston), de Maubeuge, à La Turballe, Loire-Inférieure.
Artus (Alida), de Maubeuge, à La Turballe, Loire-Inférieure.
Artus (Louis), de Maubeuge, à La Turballe, Loire-Inférieure.
Artus (Estec), de Maubeuge, à La Turballe, Loire-Inférieure.
Artus (Léontine), de Maubeuge, à La Turballe, Loire-Inférieure.
Arvant (Euphrasie) et enf., de Maubeuge, à Berck-sur-Mer, Pas-de-C.

Ardant (Jules), de Cousolre, à Saint-Hilaire-du-Harcouët, Manche.
Asselin (Lucien), de Maubeuge, à Hesdin, Pas-de-Calais.
Aubin (Louise), de Douai, à Savennières, Maine-et-Loire.
Aubanel (François), de Clairfayts, à La Gouesnière, Ille-et-Vilaine.
Aubry (Léon), du Quesnoy, à Azay-sur-Cher, Indre-et-Loire.
Aubry (Marie), du Quesnoy, à Azay-sur-Cher, Indre-et-Loire.
Aubry (Berthe), du Quesnoy, à Azay-sur-Cher, Indre-et-Loire.
Aubry (Thérèse), du Quesnoy, à Azay-sur-Cher, Indre-et-Loire.
Aubry (Adolphe), de Lille, à Doué-la-Fontaine, Maine-et-Loire.
Aubert (Sophie), de Ferrière, à Auchy-lès-Hesdin, Pas-de-Calais.
Aubois (Elvire), de Maubeuge, à Saint-Omer, Pas-de-Calais.
Aubecq (François), de Maubeuge, à Saint-Omer, Pas-de-Calais.
Audé (Sélim), de Méru, à Gas, Eure-et-Loir.
Audres (Maas), de Lille, à Carbonne, Haute-Garonne.
Audin (Héloïse), de Fourmies, à Villechétive, Yonne.
Audin (Marie) et fam., d'Aulnoy, à Vayres, Gironde.
Audin (Emile), du Quesnoy, à Azay-sur-Cher, Indre-et-Loire.
Audin (Mme), du Quesnoy, à Azay-sur-Cher, Indre-et-Loire.
Audin (Renée), du Quesnoy, à Azay-sur-Cher, Indre-et-Loire.
Audin (Nelly), du Quesnoy, à Azay-sur-Cher, Indre-et-Loire.
Audin (Céline), du Quesnoy, à Essonnes, Seine-et-Oise.
Auffret (Huberta), d'Hautmont, à Saint-Pol, Pas-de-Calais.
Auger (Julia), de Fourmies, à Huelgoat, Finistère.
Auger (Augustine), de Fourmies, à Huelgoat, Finistère.
Auger (Séraphique), de Fourmies, à Huelgoat, Finistère.
Auger (Désiré), de Lille, à La Ferté-Imbault, Loir-et-Cher.
Auger (Paul), de Fourmies, à Saint-Roman, Drôme.
Aulotte (Joseph), de Maubeuge, à Neuville-sur-Montreuil, Pas-de-Calais.
Aumont (Marthe), de Beugnies, à Breteuil, Eure.
Auquier (Charles), de Walincourt, à Trouville, Calvados.
Auvens (Laurence), de Maubeuge, à Berck-sur-Mer, Pas-de-Calais.
Aviotte (Lucien) et fam., de Tourcoing, à Morteaux-Coulibœuf, Calvados.
Azambre (Augustin) et fam., de Fourmies, à Saint-Denis-de-Piles, Gironde.
Authion (Mme), d'Anor, à Tourouvre, Orne.
Bachy (M.), de Fourmies, à Nantes, Loire-Inférieure.
Bachy (M.) et enf., de Fourmies, à Nantes, Loire-Inférieure.
Bachy (Louis) et enf., de Fourmies, à Nantes, Loire-Inférieure.
Bachelard (Laure), de Maubeuge, à Berck-sur-Mer, Pas-de-Calais.
Bachelard (Orteline), de Maubeuge, à Berck-sur-Mer, Pas-de-Calais.
Bachy (Paule), de Fourmies, à Pont-l'Évêque, Calvados.
Badard (Flore), d'Hordain, à Andrieu, Calvados.
Badard (Augustine), de Mons-en-Barœul, à Châteauroux, Indre.
Badine (Alphonse) et fam., de Douai, à Saint-Valery-en-Caux, Seine-Infér.
Bados (Marcel), de Jeumont, à Lessard-en-Bresse, Saône-et-Loire.
Bados (Thérèse), de Jeumont, à Lessard-en-Bresse, Saône-et-Loire.
Baert (Bernadette), de Tourcoing, à Caen, Calvados.
Bael (Lucienne), d'Hautmont, à Trignac, Loire-Inférieure.
Bael (Fernande), d'Hautmont, à Trignac, Loire-Inférieure.
Bael (Joseph), d'Hautmont, à Trignac, Loire-Inférieure.
Bael (Marie), d'Hautmont, à Trignac, Loire-Inférieure.
Baes-Decruck (Mme), de Maubeuge, à Saint-Pol, Pas-de-Calais.
Bael (François), d'Hautmont, à Saint-Nicolas-d'Attez, Eure.
Bael (Jean-Baptiste), d'Hautmont, à Saint-Nicolas-d'Attez, Eure.
Bael (Angèle), d'Hautmont, à Saint-Nicolas-d'Attez, Eure.
Bael (Aurélie), d'Hautmont, à Breteuil, Eure.
Bailleux (Lucienne), d'Haspres, à La Turballe, Loire-Inférieure.
Baille (Victoire), de Ferrière, à Enquin-sur-Baillons, Pas-de-Calais.
Baillet (Rosine), de Maubeuge, à Berck-sur-Mer, Pas-de-Calais.
Bail (Louise) et enf., de Ferrière-la-Grande, à Marconne, Pas-de-Calais.
Baille (Eugénie) et enf., de Ferrière, à Enquin-sur-Baillons, Pas-de-Calais.
Bail (Emilia) et enf., de Maubeuge, à Berck-sur-Mer, Pas-de-Calais.
Baillet (Léonie) et enf., de Boussois, à Marœuil, Pas-de-Calais.
Baizé (Marie) et enf., de Ferrière-la-Grande, à Blangy-s.-Ternoise, Pas-de-C.
Baillon (Elvire) et enf., de Maubeuge, à Neuville-sous-Montreuil, Pas-de-C.
Baivier (Juliette), de Wignehies, à Ouagne, Nièvre.
Baivier (Armandine), de Wignehies, à Ouagne, Nièvre.
Baivier (Louis), de Wignehies, à Ouagne, Nièvre.
Bailleux (Auguste) et fam., de Neuf-Mesnil, à Lens, Pas-de-Calais.
Baisir (Lucie), de Bousignies-sur-Roc, à Poligny, Jura.
Baisir (Lucienne), de Bousignies-sur-Roc, à Poligny, Jura.
Baisir (Constant), de Bousignies-sur-Roc, à Poligny, Jura.
Bawain (Anna) et enf., de Sous-le-Bois, à Arras, Pas-de-Calais.
Baire (Pauline), de Solre-le-Château, à La Gouesnière, Ille-et-Vilaine.
Bailleux (Francisque), du Quesnoy, à Champignelles, Yonne.
Bailleux (Marie), du Quesnoy, à Champignelles, Yonne.
Bajonice (Eugénie), de Fourmies, à Saint-Hervé, Côtes-du-Nord.
Bajoux (Mme) et enf., de Recquignies, à Crémarest, Pas-de-Calais.
Balligand (Edmond) et fam., de Bavay, à Orbec, Calvados.
Banse (François) et fam., de Cambrai, à Orbec, Calvados.
Ballaguy (Jeanne), de Valenciennes, à Lyon, Rhône.
Balleux-Descamps (Mme), de Cousolre, à Sablé, Sarthe.

Balloux (Emile), de Maubeuge, à Saint-Omer, Pas-de-Calais.
Balle (Emilie), d'Hautmont, à Auxi-le-Château, Pas-de-Calais.
Balavoine (Julienne) et enf., de Marpent, à Achicourt, Pas-de-Calais.
Ballieu (Lambertine) et enf., de Maubeuge, au Touquet-Paris-Plage, P.-de-C.
Bal-Van Wyncndaele (Mme) et enf., de Maubeuge, à Frévent, Pas-de-C.
Bal (Mme) et enf., de Sous-le-Bois, à Conchy-sur-Canche, Pas-de-Calais.
Balavoine (André), de Selvigny, à Ladon, Loiret.
Balavoine (Alexandre), de Selvigny, à Ladon, Loiret.
Balavoine (Ferdinand), de Selvigny, à Ladon, Loiret.
Balliguand (Edmond), de Bavay, au Relecq-Kerhuon, Finistère.
Ballignand (Jeanne), de Bavay, au Relecq-Kerhuon, Finistère.
Balasse (Marie), de Busigny, à Saint-Valery-en-Caux, Seine-Inférieure.
Balambois (Adolphine), de Cambrai, à Nogent-le-Roi, Eure-et-Loir.
Balambois (Georges), de Cambrai, à Nogent-le-Roi, Eure-et-Loir.
Baras (Maurice), de Willies, à Oinville-Saint-Liphard, Eure-et-Loir.
Baras (Mme), de Willies, à Oinville-Saint-Liphard, Eure-et-Loir.
Barjavel (Joséphine), d'Anzin, à Oullins, Rhône.
Baron (Célénie), de Fourmies, à Friardel, Calvados.
Barjavel (Joseph), d'Anzin, à Oullins, Rhône.
Baron (Denise), de Valenciennes, à Saint-Valery-en-Caux, Seine-Inférieure.
Baron (Alida) et enf., de Roye, à Saint-Valery-en-Caux, Seine-Inférieure.
Barthelet (Pauline), de Fourmies, à Tours, Indre-et-Loire.
Bar (Jules), de Maubeuge, au Mesnil-Herman, Manche.
Barbier (Albert), d'Avesnes, à Plouvorn, Finistère.
Barbier (Ida), de Maubeuge, à Chenillé-Changé, Maine-et-Loire.
Barbare (Auguste), de Villers-Guislain, à Enghien-les-Bains, Seine-et-Oise.
Barbare (Célina), de Villers-Guislain, à Enghien-les-Bains, Seine-et-Oise.
Barbasson (M.), de Saint-Quentin, à Aube, Orne.
Barbe (Henri), d'Avesnes, à Saint-Etienne, Loire.
Barbé (Ernestine), de Champigny-sur-Marne, à Bessan, Hérault.
Barbotin (Florentine), d'Hordain, à Audrieu, Calvados.
Baranck (Stanislas), de Douai, à Saint-Etienne, Loire.
Barré (Eugénie), d'Hargnies, à Courçay, Indre-et-Loire.
Barassi (Enrico), de Ligny, à Nevers, Nièvre.
Barbieux (Emile), de Lille, à Caen, Calvados.
Barbaroux (Aristide), de Lens, à Frontignan, Hérault.
Baraut (Eugène) et fam., de Louvroil, à Ecourt-Saint-Quentin, Pas-de-Cal.
Barbier (Marie) et enf., de Maubeuge, à Hernicourt, Pas-de-Calais.
Barbier (Hortense), de Maubeuge, à Hermies, Pas-de-Calais.
Barbier (Hector) et son épouse, de Maubeuge, à Hermies, Pas-de-Calais.
Baron (Louis), de Maubeuge, à Arques, Pas-de-Calais.
Barret (Mathilde), de Maubeuge, à Saint-Pol, Pas-de-Calais.
Barret (Julia), de Maubeuge, à Berck-sur-Mer, Pas-de-Calais.
Barbier (Honorine), de Maubeuge, à Berck-sur-Mer, Pas-de-Calais.
Barbier (Julien) et enf., de Cousolre, à Cannes, Alpes-Maritimes.
Bariseel (Athénaïs), de Maubeuge, au Touquet-Paris-Plage, Pas-de-Calais.
Barthelomé (Henri) et son ép., de Maubeuge, au Touquet-Paris-Pl., P.-de-C.
Bariseel (Désirée), de Maubeuge, à Beaurainville, Pas-de-Calais.
Basselier (Anatole), de Valenciennes, à Givors, Rhône.
Basquin (M.), de Valenciennes, à Givors, Rhône.
Basquin (François), de Valenciennes, à Givors, Rhône.
Basquin (M.), de Valenciennes, à Givors, Rhône.
Basquin (Mme), de Valenciennes, à Givors, Rhône.
Basquin (M.), de Valenciennes, à Givors, Rhône.
Basselier (M.), de Valenciennes, à Givors, Rhône.
Bassart (Léa) et enf., de Maubeuge, à Neuville-sous-Montreuil, Pas-de-C.
Bassi (Alia), de Maubeuge, à Eps, Pas-de-Calais.
Bastien (Joseph), d'Hautmont, à Aire, Pas-de-Calais.
Bastien (Céline) et enf., de Maubeuge, à Berck-sur-Mer, Pas-de-Calais.
Bastin (Thérèse) et enf., d'Hautmont, à Aire, Pas-de-Calais.
Basurpau (Narcisse), de Maubeuge, à Berck-sur-Mer, Pas-de-Calais.
Basquin (Mathilde) et enf., d'Hautmont, à Aire, Pas-de-Calais.
Basquin (Marie), d'Anor, à Dun-sur-Auron, Cher.
Basquin (Adolphe), d'Anor, à Dun-sur-Auron, Cher.
Basquin (Anna), d'Anor, à Dun-sur-Auron, Cher.
Basquin (Hubert), d'Anor, à Dun-sur-Auron, Cher.
Bastin (Ferdinand) et fam., d'Hautmont, à Bonnières, Pas-de-Calais.
Basquin (M.), de Valenciennes, à Givors, Rhône.
Basselier (Angèle), de Valenciennes, à Givors, Rhône.
Basuyan (Charles), de Baudignies, à Blandinais, Ille-et-Vilaine.
Basuyaux (Louise), de Seymeries, au Sap, Orne.
Basuyaux (Mathilde), de Seymeries, au Sap, Orne.
Bastien (Raymonde), de Fourmies, à Bourdonné, Seine-et-Oise.
Bastien (Renée), de Fourmies, à Bourdonné, Seine-et-Oise.
Bastien (Angèle), de Fourmies, à Bourdonné, Seine-et-Oise.
Bastien (Victorine), de Fourmies, à Bourdonné, Seine-et-Oise.
Bastien (Zéphir), de Fourmies, à Bourdonné, Seine-et-Oise.
Bastien (Philippe), de Fourmies, à Bourdonné, Seine-et-Oise.
Bascourt (Suzanne), de Fourmies, à Lyon, Rhône.
Basuyau (Marie), de Boussois, à Saint-Saturnin-du-Limet, Mayenne.
Bastien (Edmond), de Somain, à Tannay-en-Bazois, Nièvre.

Ardant (Jules), de Cousolre, à Saint-Hilaire-du-Harcouët, Manche.
Asselin (Lucien), de Maubeuge, à Hesdin, Pas-de-Calais.
Aubin (Louise), de Douai, à Savennières, Maine-et-Loire.
Aubanel (François), de Clairfayts, à La Gouesnière, Ille-et-Vilaine.
Aubry (Léon), du Quesnoy, à Azay-sur-Cher, Indre-et-Loire.
Aubry (Marie), du Quesnoy, à Azay-sur-Cher, Indre-et-Loire.
Aubry (Berthe), du Quesnoy, à Azay-sur-Cher, Indre-et-Loire.
Aubry (Thérèse), du Quesnoy, à Azay-sur-Cher, Indre-et-Loire.
Aubry (Adolphe), de Lille, à Doué-la-Fontaine, Maine-et-Loire.
Aubert (Sophie), de Ferrière, à Auchy-lès-Hesdin, Pas-de-Calais.
Aubois (Elvire), de Maubeuge, à Saint-Omer, Pas-de-Calais.
Aubecq (François), de Maubeuge, à Saint-Omer, Pas-de-Calais.
Audé (Sélim), de Méru, à Gas, Eure-et-Loir.
Audres (Maas), de Lille, à Carbonne, Haute-Garonne.
Audin (Héloïse), de Fourmies, à Villechétive, Yonne.
Audin (Marie) et fam., d'Aulnoy, à Vayres, Gironde.
Audin (Emile), du Quesnoy, à Azay-sur-Cher, Indre-et-Loire.
Audin (Mme), du Quesnoy, à Azay-sur-Cher, Indre-et-Loire.
Audin (Renée), du Quesnoy, à Azay-sur-Cher, Indre-et-Loire.
Audin (Nelly), du Quesnoy, à Azay-sur-Cher, Indre-et-Loire.
Audin (Céline), du Quesnoy, à Essonnes, Seine-et-Oise.
Auffret (Huberta), d'Hautmont, à Saint-Pol, Pas-de-Calais.
Auger (Julia), de Fourmies, à Huelgoat, Finistère.
Auger (Augustine), de Fourmies, à Huelgoat, Finistère.
Auger (Séraphique), de Fourmies, à Huelgoat, Finistère.
Auger (Désiré), de Lille, à La Ferté-Imbault, Loir-et-Cher.
Auger (Paul), de Fourmies, à Saint-Roman, Drôme.
Aulotte (Joseph), de Maubeuge, à Neuville-sur-Montreuil, Pas-de-Calais.
Aumont (Marthe), de Beugnies, à Breteuil, Eure.
Auquier (Charles), de Walincourt, à Trouville, Calvados.
Auvens (Laurence), de Maubeuge, à Berck-sur-Mer, Pas-de-Calais.
Aviotte (Lucien) et fam., de Tourcoing, à Morteaux-Coulibœuf, Calvados.
Azambre (Augustin) et fam., de Fourmies, à Saint-Denis-de-Piles, Gironde.
Authion (Mme), d'Anor, à Tourouvre, Orne.
Bachy (M.), de Fourmies, à Nantes, Loire-Inférieure.
Bachy (M.) et enf., de Fourmies, à Nantes, Loire-Inférieure.
Bachy (Louis) et enf., de Fourmies, à Nantes, Loire-Inférieure.
Bachelard (Laure), de Maubeuge, à Berck-sur-Mer, Pas-de-Calais.
Bachelard (Ortéline), de Maubeuge, à Berck-sur-Mer, Pas-de-Calais.
Bachy (Paule), de Fourmies, à Pont-l'Evêque, Calvados.
Badard (Flore), d'Hordain, à Andrieu, Calvados.
Badard (Augustine), de Mons-en-Barœul, à Châteauroux, Indre.
Badine (Alphonse) et fam., de Douai, à Saint-Valéry-en-Caux, Seine-Infér.
Bados (Marcel), de Jeumont, à Lessard-en-Bresse, Saône-et-Loire.
Bados (Thérèse), de Jeumont, à Lessard-en-Bresse, Saône-et-Loire.
Baert (Bernadette), de Tourcoing, à Caen, Calvados.
Bael (Lucienne), d'Hautmont, à Trignac, Loire-Inférieure.
Bael (Fernande), d'Hautmont, à Trignac, Loire-Inférieure.
Bael (Joseph), d'Hautmont, à Trignac, Loire-Inférieure.
Bael (Marie), d'Hautmont, à Trignac, Loire-Inférieure.
Baés-Decruck (Mme), de Maubeuge, à Saint-Pol, Pas-de-Calais.
Bael (François), d'Hautmont, à Saint-Nicolas-d'Attez, Eure.
Bael (Jean-Baptiste), d'Hautmont, à Saint-Nicolas-d'Attez, Eure.
Baël (Angèle), d'Hautmont, à Saint-Nicolas-d'Attez, Eure.
Bael (Aurélie), d'Hautmont, à Breteuil, Eure.
Bailleux (Lucienne), d'Haspres, à La Turballe, Loire-Inférieure.
Baille (Victoire), de Ferrière, à Enquin-sur-Baillons, Pas-de-Calais.
Baillet (Rosine), de Maubeuge, à Berck-sur-Mer, Pas-de-Calais.
Bail (Louise) et enf., de Ferrière-la-Grande, à Marconne, Pas-de-Calais.
Baille (Eugénie) et enf., de Ferrière, à Enquin-sur-Baillons, Pas-de-Calais.
Bail (Emilia) et enf., de Maubeuge, à Berck-sur-Mer, Pas-de-Calais.
Baillet (Léonie) et enf., de Boussois, à Marconil, Pas-de-Calais.
Baizé (Marie) et enf., de Ferrière-la-Grande, à Blangy-s.-Ternoise, Pas-de-C.
Baillon (Elvire) et enf., de Maubeuge, à Neuville-sous-Montreuil, Pas-de-C.
Baivier (Juliette), de Wignehies, à Ouagne, Nièvre.
Baivier (Armandine), de Wignehies, à Ouagne, Nièvre.
Baivier (Louis), de Wignehies, à Ouagne, Nièvre.
Bailleux (Auguste) et fam., de Neuf-Mesnil, à Lens, Pas-de-Calais.
Baisir (Lucie), de Bousignies-sur-Roc, à Poligny, Jura.
Baisir (Lucienne), de Bousignies-sur-Roc, à Poligny, Jura.
Baisir (Constant), de Bousignies-sur-Roc, à Poligny, Jura.
Bawain (Anna) et enf., de Sous-le-Bois, à Arras, Pas-de-Calais.
Baire (Pauline), de Solre-le-Château, à La Gouesnière, Ille-et-Vilaine.
Bailleux (Francisque), du Quesnoy, à Champignelles, Yonne.
Bailleux (Marie), du Quesnoy, à Champignelles, Yonne.
Bajonice (Eugénie), de Fourmies, à Saint-Hervé, Côtes-du-Nord.
Bajoux (Mme) et enf., de Recquignies, à Crémarest, Pas-de-Calais.
Balligand (Edmond) et fam., de Bavay, à Orbec, Calvados.
Banse (François) et fam., de Cambrai, à Orbec, Calvados.
Ballaguy (Jeanne), de Valenciennes, à Lyon, Rhône.
Balleux-Descamps (Mme), de Cousolre, à Sablé, Sarthe.

Balloux (Emile), de Maubeuge, à Saint-Omer, Pas-de-Calais.
Balle (Emilie), d'Hautmont, à Auxi-le-Château, Pas-de-Calais.
Balavoine (Julienne) et enf., de Marpent, à Achicourt, Pas-de-Calais.
Balliou (Lambertine) et enf., de Maubeuge, au Touquet-Paris-Plage, P.-de-C.
Bal-Van Wynendaele (Mme) et enf., de Maubeuge, à Frévent, Pas-de-C.
Bal (Mme) et enf., de Sous-le-Bois, à Conchy-sur-Canche, Pas-de-Calais.
Balavoine (André), de Selvigny, à Ladon, Loiret.
Balavoine (Alexandre), de Selvigny, à Ladon, Loiret.
Balavoine (Ferdinand), de Selvigny, à Ladon, Loiret.
Balligand (Edmond), de Bavay, au Relecq-Kerhuon, Finistère.
Balligand (Jeanne), de Bavay, au Relecq-Kerhuon, Finistère.
Balasse (Marie), de Busigny, à Saint-Valery-en-Caux, Seine-Inférieure.
Balambois (Adolphine), de Cambrai, à Nogent-le-Roi, Eure-et-Loir.
Balambois (Georges), de Cambrai, à Nogent-le-Roi, Eure-et-Loir.
Baras (Maurice), de Willies, à Oinville-Saint-Liphard, Eure-et-Loir.
Baras (Mme), de Willies, à Oinville-Saint-Liphard, Eure-et-Loir.
Barjavel (Joséphine), d'Anzin, à Oullins, Rhône.
Baron (Célénie), de Fourmies, à Friardel, Calvados.
Barjavel (Joseph), d'Anzin, à Oullins, Rhône.
Baron (Denise), de Valenciennes, à Saint-Valery-en-Caux, Seine-Inférieure.
Baron (Alida) et enf., de Roye, à Saint-Valery-en-Caux, Seine-Inférieure.
Barthelot (Pauline), de Fourmies, à Tours, Indre-et-Loire.
Bar (Jules), de Maubeuge, au Mesnil-Herman, Manche.
Barbier (Albert), d'Avesnes, à Plouvorn, Finistère.
Barbier (Ida), de Maubeuge, à Chenillé-Changé, Maine-et-Loire.
Barbare (Auguste), de Villers-Guislain, à Enghien-les-Bains, Seine-et-Oise.
Barbare (Célina), de Villers-Guislain, à Enghien-les-Bains, Seine-et-Oise.
Barbasson (M.), de Saint-Quentin, à Aube, Orne.
Barbe (Henri), d'Avesnes, à Saint-Etienne, Loire.
Barbé (Ernestine), de Champigny-sur-Marne, à Bessan, Hérault.
Barbotin (Florentine), d'Hordain, à Audrieu, Calvados.
Baranck (Stanislas), de Douai, à Saint-Etienne, Loire.
Barré (Eugénie), d'Hargnies, à Courçay, Indre-et-Loire.
Barassi (Enrico), de Ligny, à Nevers, Nièvre.
Barbieux (Emile), de Lille, à Caen, Calvados.
Barbaroux (Aristide), de Lens, à Frontignan, Hérault.
Barant (Eugène) et fam., de Louvroil, à Ecourt-Saint-Quentin, Pas-de-Cal.
Barbier (Marie) et enf., de Maubeuge, à Hernicourt, Pas-de-Calais.
Barbier (Hortense), de Maubeuge, à Hermies, Pas-de-Calais.
Barbier (Hector) et son épouse, de Maubeuge, à Hermies, Pas-de-Calais.
Baron (Louis), de Maubeuge, à Arques, Pas-de-Calais.
Barret (Mathilde), de Maubeuge, à Saint-Pol, Pas-de-Calais.
Barret (Julia), de Maubeuge, à Berck-sur-Mer, Pas-de-Calais.
Barbier (Honorine), de Maubeuge, à Berck-sur-Mer, Pas-de-Calais.
Barbier (Julien) et enf., de Cousolre, à Cannes, Alpes-Maritimes.
Bariseel (Athénaïs), de Maubeuge, au Touquet-Paris-Plage, Pas-de-Calais.
Barthélemy (Henri) et son ép., de Maubeuge, au Touquet-Paris-Pl., P.-de-C.
Bariseel (Désirée), de Maubeuge, à Beaurainville, Pas-de-Calais.
Basselier (Anatole), de Valenciennes, à Givors, Rhône.
Basquin (M.), de Valenciennes, à Givors, Rhône.
Basquin (François), de Valenciennes, à Givors, Rhône.
Basquin (M.), de Valenciennes, à Givors, Rhône.
Basquin (Mme), de Valenciennes, à Givors, Rhône.
Basquin (M.), de Valenciennes, à Givors, Rhône.
Basselier (M.), de Valenciennes, à Givors, Rhône.
Bassart (Léa) et enf., de Maubeuge, à Neuville-sous-Montreuil, Pas-de-C.
Bassi (Alia), de Maubeuge, à Eps, Pas-de-Calais.
Bastien (Joseph), d'Hautmont, à Aire, Pas-de-Calais.
Bastien (Céline) et enf., de Maubeuge, à Berck-sur-Mer, Pas-de-Calais.
Bastin (Thérèse) et enf., d'Hautmont, à Aire, Pas-de-Calais.
Basuyau (Narcisse), de Maubeuge, à Berck-sur-Mer, Pas-de-Calais.
Basquin (Mathilde) et enf., d'Hautmont, à Aire, Pas-de-Calais.
Basquin (Marie), d'Anor, à Dun-sur-Auron, Cher.
Basquin (Adolphe), d'Anor, à Dun-sur-Auron, Cher.
Basquin (Anna), d'Anor, à Dun-sur-Auron, Cher.
Basquin (Hubert), d'Anor, à Dun-sur-Auron, Cher.
Bastin (Ferdinand) et fam., d'Hautmont, à Bonnières, Pas-de-Calais.
Basquin (M.), de Valenciennes, à Givors, Rhône.
Basselier (Angèle), de Valenciennes, à Givors, Rhône.
Basuyau (Charles), de Baudignies, à Blandinais, Ille-et-Vilaine.
Basuyaux (Louise), de Seymeries, au Sap, Orne.
Basuyaux (Mathilde), de Seymeries, au Sap, Orne.
Bastien (Raymonde), de Fourmies, à Bourdonné, Seine-et-Oise.
Bastien (Renée), de Fourmies, à Bourdonné, Seine-et-Oise.
Bastien (Angèle), de Fourmies, à Bourdonné, Seine-et-Oise.
Bastien (Victorine), de Fourmies, à Bourdonné, Seine-et-Oise.
Bastien (Zéphir), de Fourmies, à Bourdonné, Seine-et-Oise.
Bastien (Philippe), de Fourmies, à Bourdonné, Seine-et-Oise.
Bascourt (Suzanne), de Fourmies, à Lyon, Rhône.
Basuyau (Marie), de Boussois, à Saint-Saturnin-du-Limet, Mayenne.
Bastien (Edmond), de Somain, à Tamnay-en-Bazois, Nièvre.

RÉPUBLIQUE FRANÇAISE.

MINISTÈRE DE L'INTÉRIEUR.

DIRECTION DE LA SÛRETÉ GÉNÉRALE.

ÉTAT FAISANT CONNAÎTRE LA RÉSIDENCE ACTUELLE DES PERSONNES ÉVACUÉES DU DÉPARTEMENT DU NORD.

(CE FASCICULE CONTIENT 3 LISTES.)

1RE LISTE.

Accarin (Anna), de Ferrière-la-Grande, Beutin, Pas-de-Calais.
Achin (Odile) et enf., de Grison, à Meulan, Seine-et-Oise.
Acobier (Ernest), de Solre-le-Château, à St-Hilaire-du-Harcouët, Manche.
Adant (Oscar), de Cousolre, à Courcelles, Nièvre.
Adant (Yvonne), de Cousolre, à Courcelles, Nièvre.
Adant (Maria), de Cousolre, à Courcelles, Nièvre.
Adant (Simone), de Cousolre, à Courcelles, Nièvre.
Adant (Elise), de Cousolre, à Courcelles, Nièvre.
Adam (Irma) et enf., de Ferrière-la-Grande, à Blangy-sur-Ternoise, P.-de-C.
Adam (Joseph) et fam., de Maubeuge, à Saint-Omer, Pas-de-Calais.
Adam (Léocadie), de Maubeuge, à Fauquembergues, Pas-de-Calais.
Adam (François), de Maubeuge, à Rongefay, Pas-de-Calais.
Adam (Hortense) et enf., de Maubeuge, à Hesdin, Pas-de-Calais.
Adrian (Marguerite) et enf., de Marpent, à Dohem, Pas-de-Calais.
Adrienssens (Albertine) et enf., de Neuf-Mesnil, à Fruges, Pas-de-Calais.
Afchain (André), de Fourmies, à Loudéac, Côtes-du-Nord.
Afchain (Pauline) et enf., de Maubeuge, à Berck-sur-Mer, Pas-de-Calais.
Affard (Orpha), de Maubeuge, à Normanville, Eure.
Aimont (Léon), de Colleret, à Pussay, Seine-et-Oise.
Aimont (Marguerite) et enf., de Colleret, à Pussay, Seine-et-Oise.
Ajac (Catherine), de Canteleu-Lambersant, à Pexiora, Aude.
Alavoine (Charles), de Maubeuge, à Parigny, Manche.
Alexandre (Berthe), d'Avesnes, à Pommeuse, Seine-et-Marne.
Alglave (Albert), d'Anzin, à Bexville, Calvados.
Albrecht (Jeanne), de Landrecies, à Bouex, Charente.
Alini (Marie), de Toul, à La Chapelle-Saint-Mesmin, Loiret.
Alglave (Gustave) et fam., d'Escautpont, à St-Laurent-des-Combes, Gironde.
Alglave (Laure) et enf., d'Onnaing, à Villers-en-Ouche, Orne.
Allier (Mme) et enf., d'Anzin, à Rouen, Seine-Inférieure.
Allier (Alfred), d'Anzin, à Rouen, Seine-Inférieure.
Alluite (Mme), de Ramousies, à Clamecy, Nièvre.
Alluite (Edmond), de Ramousies, à Clamecy, Nièvre.
Allard (Alfred) et fam., d'Iwuy, à Saint-Laurent-Médoc, Gironde.
Allion (Joseph), de Fourmies, au Folgoët, Finistère.
Allion (Sophie), de Fourmies, au Folgoët, Finistère.
Allion (Maurice), de Fourmies, au Folgoët, Finistère.
Allion (Robert), de Fourmies, au Folgoët, Finistère.
Allard (Mme), de Cerfontaine, à Longfossé, Pas-de-Calais.
Allard (Catherine) et enf., de Cerfontaine, à Longfossé, Pas-de-Calais.
Allan-Mouton (Désirée) et enf., de Ferrière-la-Grande, à Diéval, P.-de-C.
Allard (Louise) et enf., d'Hirson, à Pommeuse, Seine-et-Marne.
Allard (Renée), de Cousolre, à Sablé, Sarthe.
Alard (Jeanne), de Cousolre, à Sablé, Sarthe.
Allard (Luc), de Cousolre, à Sablé, Sarthe.
Al…d (Zénon), de Cousolre, à Sablé, Sarthe.
Allard (Julie), de Cousolre, à Sablé, Sarthe.
Allard (Maurice), de Cousolre, à Sablé, Sarthe.
Alard (Gaston), de Cousolre, à Sablé, Sarthe.
Alliot (Suzanne), de Floyon, à Chéronvilliers, Eure.
Alleaume (Vve), de l'Oise, à Sully, Calvados.
Allard (Georges), de Fourmies, à Castelsarrasin, Tarn-et-Garonne.
Allard (Victor), de Fourmies, à Castelsarrasin, Tarn-et-Garonne.
Allard (Félix), de Fourmies, à Castelsarrasin, Tarn-et-Garonne.
Allard (Catherine), de Fourmies, à Castelsarrasin, Tarn-et-Garonne.
Allaire-Lardinois (Mme), d'Etrœungt, à Pougny, Nièvre.
Allard (Myrtille), d'Hordain, à Andrieu, Calvados.
Alvin (Tharsile), de Maubeuge, à Saintry, Seine-et-Oise.
Amarc (Julia), de Denain, à La Ferté-Macé, Orne.
Amed (Youssfi), de Douai, à Saint-Étienne, Loire.
Amuzet (Zéna), de Boussois, à Arras, Pas-de-Calais.
Anciaux (Lucie), de Jeumont, à Saint-Hilaire-du-Harcouët, Manche.
Ancenot (Amélie), de Maubeuge, à Brimeux, Pas-de-Calais.
Anciaux (Mme), de Jeumont, à Saint-Hilaire-du-Harcouët, Manche.
Anciaux (Élise), de Maubeuge, à Saint-Pol, Pas-de-Calais.
Ancenot (Irma), de Maubeuge, à Berck-sur-Mer, Pas-de-Calais.
André (Louis), d'Aniche, à Versailles, Seine-et-Oise.
André (Mathilde), d'Aniche, à Versailles, Seine-et-Oise.
Andrien (Eugénie) et enf., de Maubeuge, à Fruges, Pas-de-Calais.
Andrisse (Maurice), de Bruai-sur-Escaut, à Poullan, Finistère.
Anguenaës (Gabrielle) et enf., d'Hautmont, à Boubers-sur-Canche, P.-de-C.
Anglard (Ina), de Maubeuge, à Frévent, Pas-de-Calais.
Anglard (Irma), de Maubeuge, à Rougefay, Pas-de-Calais.
Anne (Aurore) et enf., de Maubeuge, à Fauquembergues, Pas-de-Calais.
Annart (Flora) et enf., de Ferrière-la-Grande, à Huby-St-Leu, Pas-de-Calais.
Ansseau (Mme) et enf., de Maubeuge, à Saint-Omer, Pas-de-Calais.
Ansseau (Mme) et enf., de Maubeuge, à Saint-Omer, Pas-de-Calais.
Anselin (Hélène) et enf., de Bersillies, à Sombrin, Pas-de-Calais.
Anthoine (Barthélemy), de Ferrière-la-Grande, à Écuires, Pas-de-Calais.
Amuzet (Zéna), de Boussois, à Rouen, Seine-Inférieure.
Amuzet (Clara), de Boussois, à Rouen, Seine-Inférieure.
Apalatégni (Josepha), de Wattrelos, à Capdenac, Aveyron.
Aplincourt (Jean), de Trélon, à Charbuy, Yonne.
Aplincourt (Marguerite), de Trélon, à Charbuy, Yonne.
Aplincourt (Léon), d'Aulnoye, à Saint-Pierre-sur-Dives, Calvados.
Appencourt (Zelmine), de Taisnières-sur-Hon, au Mans, Sarthe.
Applincourt (Marie), de Glageon, à Saint-Pierre-les-Nemours, S.-et-M.
Applincourt (Blanche) et enf., de Glageon, à St-Pierre-les-Nemours, S.-et-M.
Arienti (Ernest), de Ligny, à Nevers, Nièvre.
Arnould (Marie-Louise) et enf., d'Hautmont, à Saint-Pol, Pas-de-Calais.
Arnault (Ida) et enf., de Louvroil, à Bapaume, Pas-de-Calais.
Arquevaux (Jeanne), d'Hautmont, à Yvré-l'…vêque, Sarthe.
Arquevaux (Antoine), d'Hautmont, à Yvré-l'Évêque, Sarthe.
Artus (André), de Maubeuge, à La Turballe, Loire-Inférieure.
Artus (Léontine), de Maubeuge, à La Turballe, Loire-Inférieure.
Artus (Gaston), de Maubeuge, à La Turballe, Loire-Inférieure.
Artus (Alida), de Maubeuge, à La Turballe, Loire-Inférieure.
Artus (Louis), de Maubeuge, à La Turballe, Loire-Inférieure.
Artus (Estée), de Maubeuge, à La Turballe, Loire-Inférieure.
Artus (Léontine), de Maubeuge, à La Turballe, Loire-Inférieure.
Arvant (Euphrasie) et enf., de Maubeuge, à Berck-sur-Mer, Pas-de-C.

Couls (Marie), de Villers-Sire-Nicole, à Gouesnou, Finistère.
Courbet (Mme), de Cambrai, à Brennilis, Finistère.
Courtin (Marie), de Landrecies, à Cléder, Finistère.
Dequenne (Marie), de Valenciennes, à Misy-sur-Yonne, Seine-et-Marne.
Courtois (Vve), de Jeumont, à Plumetot, Calvados.
Couteaux (Clément) et fam., de Bavet, à Douvres, Calvados.
Coullé (Vve), de Fourmies, à Pont-l'Evêque, Calvados.
Coupez (Ida), de Marcoing, à Saint-Pierre-sur-Dives, Calvados.
Coullais (Mme), de Cousoire, à Boissy-aux-Cailles, Seine-et-Marne.
Coulon (Rose), de Douchy, à Misy-sur-Yonne, Seine-et-Marne.
Coulon (Germaine), de Douchy, à Misy-sur-Yonne, Seine-et-Marne.
Constant (Alixie), de Fourmies, à Saint-Colombin, Loire-Inférieure.
Courtin (Abdon) et son ép., de Poix-du-Nord, à Bourg-St-Léonard, Orne.
Cousin (Ida), de Jeumont, à Argentan, Orne.
Cousin (Palmyre), de Rieux, à Civray-sur-Cher, Indre-et-Loire.
Cousin (Julia), de Rieux, à Civray-sur-Cher, Indre-et-Loire.
Cousin (Palmyre), de Rieux, à Civray-sur-Cher, Indre-et-Loire.
Cousin (Ursule), de Rieux, à Civray-sur-Cher, Indre-et-Loire.
Cousin (Désiré), de Rieux, à Civray-sur-Cher, Indre-et-Loire.
Courbet (Jules), de Selvigny, à Jaulges, Yonne.
Courbet (Vestophore), de Selvigny, à Jaulges, Yonne.
Courbet (Marie), de Selvigny, à Jaulges, Yonne.
Courbet (Ursule), de Selvigny, à Jaulges, Yonne.
Courbet (Rose), de Selvigny, à Jaulges, Yonne.
Coupleux, de Lille, à Nantes, Loire-Inférieure.
Couriot (Emile) et fam., de Compiègne, à Courseulles, Calvados.
Cousin (Marie) et enf., du Cateau, à Lion-sur-Mer, Calvados.
Couture (Jules) et fam., de Villers-Saint-Paul, à Ouézy, Calvados.
Cousin (Emile) et fam., de Boussois, à Arras, Pas-de-Calais.
Coulon (Frédéric), de Douchy, à Misy-sur-Yonne, Seine-et-Marne.
Cousin (Charles), de Jeumont, à Argentan, Orne.
Cousin (Augustin), de Banteux, à Breuil-Barret, Vendée.
Coutellier (Emile) de Caudry, à Saint-Etienne, Loire.
Coudrelier (Sophie), du Quesnoy, à Champignelles, Yonne.
Coucoureux (Louise), de Marchiennes, à Rieupeyroux, Aveyron.
Coucoureux (Madeleine), de Marchiennes, à Rieupeyroux, Aveyron.
Courtin (Stéphanie) et enf., de Lille, à St-Valery-en-Caux, Seine-Inf.
Couderc (Pierre), de Roubaix, à Castelsarrasin, Tarn-et-Garonne.
Crapet (Julia), de Hautmont, à Beaugency, Loiret.
Crapet (Paulette), de Hautmont, à Beaugency, Loiret.
Crapet (Maurice), de Hautmont, à Beaugency, Loiret.
Crépelle (Léonie), de Maubeuge, à Hesdin, Pas-de-Calais.
Crécy (Augustin), de Fourmies, à St-Pierre-les-Nemours, Seine-et-Marne.
Crécy (Hermance) et son ép., de Fourmies, à St-Pierre-les-Nemours, S.-et-M.
Crépin (Hippolyte), de Wadlincourt, à Jazennes, Charente-Inférieure.
Cróteur (Aline), d'Avesnes, à Pommeuse, Seine-et-Marne.
Crevisier (Zénaïa) et enf., de Bavay, à Glos, Calvados.
Créteur (Virginie), d'Avesnes, à Pommeuse, Seine-et-Marne.
Creteur (Edgar), d'Avesnes, à Pommeuse, Seine-et-Marne.
Creteur (Arthur), d'Avesnes, à Pommeuse, Seine-et-Marne.
Créteur (Edgar), d'Avesnes, à Pommeuse, Seine-et-Marne.
Crespin (Marie), d'Hautmont, à Saint-Omer, Pas-de-Calais.
Créquit (Joseph), de Trélon, à Loudéac, Côtes-du-Nord.
Créquit (Henri), de Trélon, à Loudéac, Côtes-du-Nord.
Créquit (Henriette), de Trélon, à Loudéac, Côtes-du-Nord.
Créquit (Fabienne), de Trélon, à Loudéac, Côtes-du-Nord.
Créquit (Maurice), de Trélon, à Loudéac, Côtes-du-Nord.
Créquit (Lucie), de Trélon, à Loudéac, Côtes-du-Nord.
Créquit (Cécile), de Trélon, à Loudéac, Côtes-du-Nord.
Créquit (Camille), de Trélon, à Loudéac, Côtes-du-Nord.
Créquit (Gaston), de Trélon, à Loudéac, Côtes-du-Nord.
Crespel (Antoinette), de Fourmies, à Tours, Indre-et-Loire.
Crée (Eugénie) et enf., de Maubeuge, au Touquet-Paris-Plage, Pas-de-Calais.
Crépin (Alida) et enf., de Maubeuge, à Brimeux, Pas-de-Calais.
Criquillon et son épouse, de Denain, à Nantes, Loire-Inférieure.
Crion (Maria) et enf., d'Hautmont, à Nuncq, Pas-de-Calais.
Crombée (Augustine) et enf., d'Hautmont, à Wavans, Pas-de-Calais.
Croquet (Marie) et enf., d'Hautmont, à Avesnes-le-Comte, Pas-de-Calais.
Crombée (Emilie) et enf., d'Hautmont, à Wavans, Pas-de-Calais.
Croizier (Blanche), d'Hautmont, à Penin, Pas-de-Calais.
Cronfalt (Marie), d'Anor, à Antrain, Ille-et-Vilaine.
Cronfalt (Fernande) d'Anor, à Antrain, Ille-et-Vilaine.
Cronfalt (Jules), d'Anor, à Antrain, Ille-et-Vilaine.
Crombez (Henri) et enf., de Maubeuge, à Frévent, Pas-de-Calais.
Croquet (Claire) et enf., de Ferrière-la-Grande, à Anvin, Pas-de-Calais.
Croix (Marceau), de Ferrière-la-Grande, à Maisoncelle, Pas-de-Calais.
Croix (Fernand) et enf., de Ferrière-la-Grande, à Maisoncelle, Pas-de-C.
Croix (Fernand) et fam., de Ferrière-la-Grande, à Bealencourt, Pas-de-C.
Croix (Fernand) et enf., de Ferrière-la-Grande, à Blangy-s-Ternoise, P.-de-C.
Crocfer (Abel), de Haussy, à Pont-Hébert, Manche.
Crochon (Jeanne) et enf., de Maubeuge, à Fruges, Pas-de-Calais.

Crombé (Acadie) et enf., de Maubeuge, à Saint-Omer, Pas-de-Calais.
Crocfer (Abel), de Haussy, à Pont-Hébert, Manche.
Croweti (Nelly), de Fourmies, à St-Pierre-les-Nemours, Seine-et-Marne.
Cromer (Théodule) et fam., de Compiègne, à Argences, Calvados.
Cruysberghs (Marie-Thérèse), de Sous-le-Bois, à Arques, Pas-de-Calais.
Crusiaux (Serge), de Fourmies, à Senan, Yonne.
Crusiaux (Jeanne), de Fourmies, à Senan, Yonne.
Crucis (Daniel), de Felleries, à Montbizot, Sarthe.
Crucis (Lucie), de Felleries, à Montbizot, Sarthe.
Crucis (Mathilde), de Felleries, à Montbizot, Sarthe.
Crucis (Jacques), de Felleries, à Montbizot, Sarthe.
Cuisset (Augusta), d'Hautmont, à Caen, Calvados.
Cuissard (Victor) et fam., de Creil, à Hérouvillette, Calvados.
Cuisset (Bertha) et enf., de Ferrière-la-Grande, à Campagne-l-Hesdin, P.-de-C.
Cuisset (Fernande), de Ferrière-la-Grande, à Campagne-les-Hesdin, P.-de-C.
Cuisset (Mme) et enf., de Damousies, à Gouy-en-Ternois, Pas-de-Calais.
Cuit (Emilie), d'Etrœungt, à Evreux, Eure.
Culot (Elise), de Glageon, à Melun, Seine-et-Marne.
Culot (Désirée), de Glageon, à Melun, Seine-et-Marne.
Culot (Fernande), de Glageon, à Melun, Seine-et-Marne.
Culot (Adrienne), de Glageon, à Melun, Seine-et-Marne.
Culot (Berthe), de Glageon, à Melun, Seine-et-Marne.
Culot (Louise), de Maubeuge, à Caen, Calvados.
Culot (Berthe), de Maubeuge, à Caen, Calvados.
Culot (Victor), de Maubeuge, à Saint-Omer, Pas-de-Calais.
Culot (Lucie), de Trélon, à Surgy, Nièvre.
Culot (Gaston) de Trélon, à Surgy, Nièvre.
Culot (Louise), de Trélon, à Surgy, Nièvre.
Culot (Ernestine), de Trélon, à Surgy, Nièvre.
Culot (Marie), de Trélon, à Surgy, Nièvre.
Culot (Désiré), de Trélon, à Surgy, Nièvre.
Cuvellier (Berthe), de Trélon, à Chartrettes, Seine-et-Marne.
Cuvillier (Marie), de Willies, à Saint-Bris-le-Vineux, Yonne.
Cuvillier (Eudoxe) et enf., de Willies, à Saint-Bris-le-Vineux, Yonne.
Cuvillier (Eudoxie) et enf., de Willies, à Saint-Bris-le-Vineux, Yonne.
Cuvillier (Jeanne) et enf., de Willies, à Saint-Bris-le-Vineux, Yonne.
Cuvelier (Victor), d'Anzin, à Quelaines, Mayenne.
Cunnington (Yvonne), de Lamorlaye, à Caen, Calvados.
Cyr (Daniel), de Beugnies, à Coudrecieux, Sarthe.
Daagneau (César), de Felleries, au Boulay, Indre-et-Loire.
Dabancourt (Alfred), d'Avesnes Saint-Simon, à Saumur, Maine-et-Loire.
Dabancourt (Virginie), d'Avesnes Saint-Simon, à Saumur, Maine-et-Loire.
Dabancourt (Léocadie), d'Avesnes Saint-Simon, à Saumur, Maine-et-Loire.
Daffe (Léa), de Ferrière-la-Grande, à Heuchin, Pas-de-Calais.
Daffe (Adelin), de Ferrière-la-Grande, à Monchy-Cayeux, Pas-de-Calais.
Daffe (Pauline) et enf., de Ferrière-la-Grande, à Monchy-Cayeux, Pas-de-C.
Daffe (Alzine), de Ferrière-la-Grande, à Monchy-Cayeux, Pas-de-Calais.
Daffe (Marie), de Ferrière-la-Grande, à Monchy-Cayeux, Pas-de-Calais.
Dagnelie (Victor), d'Assevent, à Sablé, Sarthe.
Dagnelie (Emile), d'Assevent, à Sablé, Sarthe.
Dagnelie (Almire), de Louvroil, à Sablé, Sarthe.
Dagnelie (Florent), de Louvroil, à Sablé, Sarthe.
Dagnelie (Emilie), d'Assevent, à Sablé, Sarthe.
Dagnelie (Raymond), de Louvroil, à Sablé, Sarthe.
Dagnelie (Eugénie), d'Assevent, à Sablé, Sarthe.
Daguet (Mathilde) et enf., de Trois-Ville, à Lion-sur-Mer, Calvados.
Dagneulie (Jeanne), de Maubeuge, à Cambligneul, Pas-de-Calais.
Dahamens (Jules), de Boussois, à La Barre-de-Semilly, Manche.
Daby (Hector) et enf., d'Hautmont, à Achicourt, Pas-de-Calais.
Dalver (Gabrielle) et enf., d'Hautmont, à Tincques, Pas-de-Calais.
Dalbé, de Fourmies, à Castries, Hérault.
Damien (Marie), d'Avesnes-sur-Helpe, à Carentoir, Morbihan.
Damien (Arthur), de Quarouble, à Plougastel-Daoulas, Finistère.
Damée (Eugénie) et enf., de Maubeuge, à Touquet-Paris-Plage, Pas-de-C.
Damien (Claudine) et enf., de Maubeuge, à Beaurainville, Pas-de-Calais.
Dambersis (Augustine) et enf., de Maubeuge, à Aire, Pas-de-Calais.
Dambrine (Aline), de Fontaine-au-Pire, à Dordives, Loiret.
Damien (Jean) et son épouse, de Feignies, à Dohem, Pas-de-Calais.
Damien (Jeanne) et enf., de Feignies, à Dohem, Pas-de-Calais.
Damien et enf., de Douzy-Maubeuge, à Saint-Omer, Pas-de-Calais.
Damien, de Maubeuge, à Saint-Omer, Pas-de-Calais.
Damien (Marie) et enf., de Maubeuge, à Saint-Omer, Pas-de-Calais.
Damien (Angèle), de Grand-Reng, à Beignon, Morbihan.
Damien (Albert), de Louvignies-Bavay, à Beignon, Morbihan.
Damien (Paul), de Grand-Reng, à Beignon, Morbihan.
Damien (Berthe), de Grand-Reng, à Beignon, Morbihan.
Damien (Victorine), de Grand-Reng, à Beignon, Morbihan.
Damien (Emile), de Grand-Reng, à Beignon, Morbihan.
Damien (Andrée), de Grand-Reng, à Beignon, Morbihan.
Damien (Mathilde), de Louvignies-Bavay, à Beignon, Morbihan.
Damien (Arthur), de Quarouble, à Brest, Finistère.

Danbiez (Laure) et enf., de Wargnies-le-Grand, à Anzin-St-Aubin, Pas-de-C.
Danjou (Victorine), du Cateau, à Déols, Indre.
Danjou (Hélène), du Cateau, à Déols, Indre.
Dancrayan (Cécilia) et enf., de Solesmes, à Mombrier, Gironde.
Dandoux (Marguerite), de Fourmies, à Sainte-Marie, Ille-et-Vilaine.
Daugreaud (Alfred), de Jeumont, à Antrain, Ille-et-Vilaine.
Daniel-Meunier et enf., de Maubeuge, à Boisjean, Pas-de-Calais.
Daniel, de Maubeuge, à Boisjean, Pas-de-Calais.
Daniel (Léonie), de Maubeuge, à Boisjean, Pas-de-Calais.
Danbser (Clément) et fam., de Maubeuge, à Beaurainville, Pas-de-Calais.
Danaux (Louise) et enf., de Maubeuge, à Touquet-Paris-Plage, Pas-de-Calais.
Dangreau (Gabrielle), de Maubeuge, à Brimeux, Pas-de-Calais.
Danjou (Louise), de Busigny, à Plougastel-Daoulas, Finistère.
Danquigny (François), de Saint-Python, à Saint-Léger, Mayenne.
Danis (Colbert), d'Anvers, à Pollis, Loiret.
Danguillaume (Céleste), de Glageon, à Yvré-le-Polin, Sarthe.
Danguillaume (Jules), de Glageon, à Yvré-le-Polin, Sarthe.
Danguillaume (Camille), de Glageon, à Yvré-le-Polin, Sarthe.
Dangreaux (Léa), de Valenciennes, à Tours, Indre-et-Loire.
Danguillaume (Louis), de Glageon, à Spay, Sarthe.
Danjou (Noël) et fam., de Cambrai, à Cabourg, Calvados.
Danjou (Blanche), de Caudry, à Colors-Carnoët, Finistère.
Danjou (Aimé), de Busigny, à Plougastel-Daoulas, Finistère.
Danhiez (Isabelle), de Maing, à Ingrandes, Maine-et-Loire.
Daniel (Léonie), de Maubeuge, à Boisjean, Pas-de-Calais.
Daniel-Meunier et enf., de Maubeuge, à Boisjean, Pas-de-Calais.
Daniel, de Maubeuge, à Boisjean, Pas-de-Calais.
Danlaux (Laure) et enf., de Maubeuge, à Arques.
Darras (Léon) et son épouse, d'Avesnes, à Fouchères, Yonne.
Dartevelle (Alfred) et son épouse, d'Hautmont, à Condé-sur-Sarthe, Orne.
Dartevelle (Jos.) et enf., d'Hautmont, à Hernicourt, Pas-de-Calais.
Darimon (Basile), de Pierpont, à Châteauroux, Indre.
Dartevelle (Pierre), d'Hautmont, à Breteuil, Eure.
Dartevelle (Maria), d'Hautmont, à Breteuil, Eure.
Dartevelle (Roger), d'Hautmont, à Breteuil, Eure.
Darel (Armand), d'Avesnes-sur-Helpe, à Carentoir, Morbihan.
Darcat (Irénée) et fam., d'Hélesmes, à Chavassieux, Loire.
Dardenne (Rachel) et enf., de Maubeuge, à Touquet-Paris-Plage, Pas-de-C.
Dardé (Céline), d'Hautmont, à Bonnières, Pas-de-Calais.
Darche (Marie), de Cognies-Chaussée, à Morigny-Champigny, Seine-et-Oise.
Darche (Hélène), de Cognies-Chaussée, à Morigny-Champigny, Seine-et-O.
Dassonville (Clémence), d'Hautmont, à Aire, Pas-de-Calais.
Dastot (Marie) et enf., de Maubeuge, à Ardres, Pas-de-Calais.
Dastot et enf., de Cerfontaine, à Longfossé, Pas-de-Calais.
Dassonville (Elise), d'Houdain, à Fresnes, Orne.
Dauchet (Siméon), de Cambrai, à Rennes, Ille-et-Vilaine.
Dauby (Célestin), de Cousolre, aux Iffs, Ille-et-Vilaine.
Dauchet (Héloïse), de Caudry, à Grand-Lucé, Sarthe.
Dauville (Berthe), d'Hautmont, à Etaples, Pas-de-Calais.
Dauchot (Blanche), de Maubeuge, à Touquet-Paris-Plage, Pas-de-Calais.
Dauchet (Héloïse), de Caudry, à Grand-Lucé, Sarthe.
Dauchet (Gustave), de Caudry, à Grand-Lucé, Sarthe.
Dauguillaume (Léopold), de Glageon, à Yvré-le-Polin, Sarthe.
Daubercies (Ernest), de Fourmies, à Villeurbanne, Rhône.
Dautel (Fausta), de Gouzeaucourt, à Quincé, Maine-et-Loire.
Daubercies (Cécile), de Fourmies, à Villeurbanne, Rhône.
Daubercies (Edgar), d'Anor, à Landéda, Finistère.
Daubercies (César), d'Anor, à Landéda, Finistère.
Daudrenaux (Henri), de Fourmies, à Nevers, Nièvre.
Daudrenaux (Henri), de Fourmies, à Nevers, Nièvre.
Dauton (Hippolyte), de Fourmies, à Nevers, Nièvre.
Daubercies (Marie), d'Anor, à Landéda, Finistère.
Daubercies (René), d'Anor, à Gambais, Seine-et-Oise.
Daubercies (Jules), d'Anor, à Gambais, Seine-et-Oise.
Daubercies (Georges), d'Anor, à Gambais, Seine-et-Oise.
Daubercies (Marcel), d'Anor, à Gambais, Seine-et-Oise.
Daussy (Marie), de Bas-Lieu, à Villefargeau, Yonne.
Dawant (Fidèle), de Wallers-Trélon, à Montsûrs, Mayenne.
Dawant (Marie), de Wallers-Trélon, à Montsûrs, Mayenne.
Daval (Louis), de Croix, à Plaines, Aube.
Davin (Catherine), de Beaumont, à Canon, Calvados.
David (Clovis), de Maubeuge, à Fauquembergues, Pas-de-Calais.
Davoine, de Ferrière-la-Grande, à Beussent, Pas-de-Calais.
Davoine (Héloïse) et enf., de Quiévy, à Carrouges, Orne.
Davier (Gilbert), du Cateau, à Saint-Etienne, Loire.
Dayain (Jules) et enf., de Fourmies, à Renac, Ille-et-Vilaine.
David (Pierre), d'Arras, à Saumur, Maine-et-Loire.
David (Berthe), d'Arras, à Saumur, Maine-et-Loire.
Dawant (Louise), de Trélon, à Nevers, Nièvre.
Daye (Henri), de Maubeuge, à Rouen, Seine-Inférieure.
Daye, de Maubeuge, à Rouen, Seine-Inférieure.
Daye (Edouard), de Maubeuge, à Rouen, Seine-Inférieure.
Daye (Germaine), de Maubeuge, à Rouen, Seine-Inférieure.
Debiere (Augustin), de Bavay, à Criel, Seine-Inférieure.
Debus (Emile), d'Auberchicourt, à Penmarch, Finistère.
Debus (Pierre), de Marcoing, à Elbeuf, Seine-Inférieure.
Deblonde (Henri), de Lille, à Châtillon-en-B., Nièvre.
Debuille (Louis) et son épouse, de Cerfontaine, à Samer, Pas-de-Calais.
Debaque (Charles) et fam., d'Hirson, à Saint-Valérien, Vendée.
Debiève (Elise), de Ramousies, à Treigny, Yonne.
Debiève (Luc), de Ramousies, à Treigny, Yonne.
Debiève (Raoul), de Ramousies, à Treigny, Yonne.
Debressy (Laure), de Floyon, à Treigny, Yonne.
Debailleux (Jeanne), du Quesnoy, à La Charité, Nièvre.
Debailleux (Gérard), du Quesnoy, à La Charité, Nièvre.
Debailleux, du Quesnoy, à La Charité, Nièvre.
Debailleux (Jeanne), du Quesnoy, à La Charité, Nièvre.
Debacker (Hebert), de La Madeleine, à Coutances, Manche.
Debacker (Charles), de La Madeleine, à Coutances, Manche.
Debrabant (Carlos), de Tourcoing, à Nîmes, Gard.
Debry (Théodore) et enf., de Maubeuge, à Fruges, Pas-de-Calais.
De Brossard (Jules), d'Hautmont, à Aire, Pas-de-Calais.
Debouzy (Céline), d'Onain, à Sablé, Sarthe.
Debruc (Céline), d'Haspres, à Saint-Jean-le-Thomas, Manche.
Deboeq (Joseph) et son épouse, d'Escaudin, à Thury-Harcourt, Calvados.
Debère (Pascal), de Denain, à Bavent, Calvados.
Debière (Jeanne) et enf., de Maubeuge, à Arques, Pas-de-Calais.
Debièvre et enf., de Maubeuge, à Saint-Omer, Pas-de-Calais.
Debie (Auguste), d'Hautmont, à Morvilly, Orne.
Debehaigne (Emile), de Solre-le-Château, à Sauvigny-le-Bois, Yonne.
Debehaigne (Victor), de Solre-le-Château, à Sauvigny-le-Bois, Yonne.
Debehaigne (Appolinaire), de Solre-le-Château, à Sauvigny-le-Bois, Yonne.
Debruyne (Jules), de Maubeuge, à Bourgneuf-en-Retz, Loire-Inférieure.
Debruyne (Mélanie), de Maubeuge, à Bourgneuf-en-Retz, Loire-Inférieure.
Debruyne (Théophile), de Maubeuge, à Bourgneuf-en-Retz, Loire-Infér.
Debruc (Pauline), de Jeumont, à Moidrey, Manche.
Debruyne (Philomène), de Maubeuge, à Bourgneuf-en-Retz.
Debruyne (Marie), de Maubeuge, à Bourgneuf-en-Retz, Loire-Inférieure.
Debarmeux, de Fourmies, à Rouen, Seine-Inférieure.
Debair (Alice) et enf., d'Hautmont, à Avesnes-le-Comte, Pas-de-Calais.
Debièvre (Eugénie) et enf., d'Hautmont, à Acnicourt, Pas-de-Calais.
Debonridder (Amélie), d'Hautmont, à Barles, Pas-de-Calais.
Debruge (Alfred) et fam., de Damousies, à Munn, Pas-de-Calais.
De Breyne (Prosper) et enf., d'Hautmont, de Bethonsart, Pas-de-Calais.
Debloise (Mme) et enf., de Vieux-Reng, à Beaurains, Pas-de-Calais.
Debouzy (Pauline), de Fourmies, à Redon, Ille-et-Vilaine.
Debray (Adrienne), d'Hirson, à Saint-Sénoux, Ille-et-Vilaine.
Decuss (Henry) et fam., de Masnières, à Caen, Calvados.
Detraux (Gaston), de Valenciennes, à Saint-Jacques, Calvados.
Décaux (Amélie), du Cateau, à Nogent-sur-Loir, Sarthe.
Décaux (Emile), du Cateau, à Nogent-sur-Loir, Sarthe.
Décaux (Céline), du Cateau, à Nogent-sur-Loir, Sarthe.
Decupere (Georges), de Lille, à Caen, Calvados.
Decoster (Pauline), d'Anor, à Labège, Haute-Garonne.
Deconinck (Jules), de Beuvry-les-Orchies, à Saint-Lô, Manche.
Decaux (Adèle), de Maubeuge, à Savy-Berlette, Pas-de-Calais.
Declercq-Bonlard (Mme) et enf., de Maubeuge, à Frévent, Pas-de-Calais.
Decoux (Céline) et enf., de Maubeuge, à Savy-Berlette, Pas-de-Calais.
Décaux (Albert), de Fourmies, à Saint-André-de-Cubzac, Gironde.
Décamps (Edmond), de Jeumont, à Chalmaison, Seine-et-Marne.
Dechèvre (Gabrielle) et enf., de Jeumont, à Vitré, Ille-et-Vilaine.
Dechèvre (Georges), de Jeumont, à Vitré, Ille-et-Vilaine.
Dechèvre (Orta) et enf., de Jeumont, à Vitré, Ille-et-Vilaine.
Dechèvre (René), de Jeumont, à Vitré, Ille-et-Vilaine.
Decaux (Abel), de Fourmies, à Saint-André-de-Cubzac, Gironde.
Décamps (Mme) et fam., de Maubeuge, à Saint-Omer, Pas-de-Calais.
Décamps (Esther) et fam., de Maubeuge, à Saint-Omer, Pas-de-Calais.
Décamps (Esther) et fam., de Maubeuge, à Saint-Omer, Pas-de-Calais.
Declève (Aimé), de Maubeuge, à Aire, Pas-de-Calais.
Decuyper (Jeanne), de Maubeuge, à Arques, Pas-de-Calais.
De Decker (Marie) et fam., de Maubeuge, à Ardres, Pas-de-Calais.
Decoste (Blanche), de Fourmies, à Villechétive, Yonne.
Deconde (Marguerite), d'Hautmont, à Lapenty, Manche.
Decondo (Hélène), d'Hautmont, à Lapenty, Manche.
Deconde (Emile), d'Hautmont, à Lapenty, Manche.
Decode (Gustave), d'Hautmont, à Lapenty, Manche.
Declercq (Delphine), de Ramousies, à Treigny, Yonne.
Decaux (Albert) et enf., de Fourmies, à Saint-André-de-Cubzac, Gironde.
Decaux (Abel), de Fourmies, à Saint-André-de-Cubzac, Gironde.
Decans (Vincent), de Solesmes, à Mas-de-Vaires, Gard.
Decaux (Flore), d'Hautmont, à Aux-le-Château, Pas-de-Calais.
Declèvre (Olivier) et fam., de Jeumont, à Saint-Georges-d'Annebecq, Orne.

Décrucq (Maximilien), d'Étrœungt, à Mardié, Loiret.
Décomp (Elvina), de Glageon, à Chateaulin, Finistère.
Décrucq (Lucien), d'Étrœungt, à Mardié, Loiret.
Décrucq (René), d'Étrœungt, à Mardié, Loiret.
Décrucq (Marcel), d'Étrœungt, à Mardié, Loiret.
Décrucq (Léon), d'Étrœungt, à Mardié, Loiret.
Décrucq (Reine), d'Étrœungt, à Mardié, Loiret.
Décrucq (Olga), d'Étrœungt, à Mardié, Loiret.
Décrucq (Jeanne), d'Étrœungt, à Mardié, Loiret.
Décrucq (Lucienne), d'Étrœungt, à Mardié, Loiret.
Décrucq (Octavie), d'Avesnes, à Mardié, Loiret.
Décrucq (Marie), d'Étrœungt, à Mardié, Loiret.
Decoster (Pauline), d'Anor, à Labège, Haute-Garonne.
Declève (Julie) et enf., de Maubeuge, à Siracourt, Pas-de-Calais.
Declève (Sylvie) et enf., de Ferrière-la-Grande, à Tilly-Capelle, Pas-de-Calais.
Decronombourey (Eugénie), d'Hautmont, à Croisette, Pas-de-Calais.
Dedcamps (Georges), de Cousolre, à Sablé, Sarthe.
Dedcamps (Cami), de Cousolre, à Sablé, Sarthe.
Dedobbeler (Robert), de Jeumont, à Moidrey, Manche.
Dedobbeler (Léon), de Jeumont, à Moidrey, Manche.
Dedobbeler (Marie), de Jeumont, à Moidrey, Manche.
Dedobbeler (Jenny), de Jeumont, à Moidrey, Manche.
Dedobbeler (Laure), de Jeumont, à Moidrey, Manche.
Dedecker (Alina) et fam., de Bersillies, à Noyellette, Pas-de-Calais.
Defacq (Camille), d'Arras, à Sillé-le-Guillaume, Sarthe.
Defrissé (Gaston) et son épouse, de Marpent, à Écouché, Orne.
Defaux (Mme), de Maubeuge, à Fauquembergues, Pas-de-Calais.
Defosses (Berthe) et enf., de Sous-le-Bois, à Arras, Pas-de-Calais.
De Flo (Honorine) et enf., de Maubeuge, à Touquet-Paris-Plage, P.-de-C.
Defrère (Lucie), de Denain, à Lyon, Rhône.
Defrère (Marcel), de Denain, à Lyon, Rhône.
Defrère (Robert), de Denain, à Lyon, Rhône.
Deflandre (M.) et enf., de Ferrière-la-Grande, à Wavrans-s-Ternoise, P.-de-C.
Défossez (Aline) et enf., d'Hautmont, à Neuville-au-Cornet, Pas-de-Calais.
Degueldre (Clémentine), de Maubeuge, au Pouliguen, Loire-Inférieure.
Degueldre (Flore), de Maubeuge, au Pouliguen, Loire-Inférieure.
Degueldre (Raymond), de Maubeuge, au Pouliguen, Loire-Inférieure.
Degueldre (Thérèse), de Maubeuge, au Pouliguen, Loire-Inférieure.
Degueldre (Yvette), de Maubeuge, au Pouliguen, Loire-Inférieure.
Degueldre (Camille), de Maubeuge, au Pouliguen, Loire-Inférieure.
Degueldre (Eugénie), de Maubeuge, au Pouliguen, Loire-Inférieure.
Degand (Victor), de Lille, à Coutances, Manche.
Degay (Henri), du Quesnoy, à La Charité, Nièvre.
Degay (Aimée), du Quesnoy, à La Charité, Nièvre.
Degueldre (Juliette), de Maubeuge, au Pouliguen, Loire-Inférieure.
Degrelle (Marguerite), de Trélon, à La Guimorais, Ille-et-Vilaine.
Degrelle (Anne), de Trélon, à La Guimorais, Ille-et-Vilaine.
Degrelle (Louise), de Trélon, à La Guimorais, Ille-et-Vilaine.
Degand (Jules), de Ferrière-la-Grande, à Maresonne, Pas-de-Calais.
Degand-Faray (Mme) et enf., de Ferrière-la-Grande, à Marconnelle, P.-de-C.
Degueldre (Rosalie), de Maubeuge, au Pouliguen, Loire-Inférieure.
Deguillage (Simone), de Lille, à Saint-Barthélemy, Maine-et-Loire.
Degrann (Céline) et enf., de Maubeuge, à Fruges, Pas-de-Calais.
Degrann (Juliette) et enf., de Maubeuge, à Arques, Pas-de-Calais.
Degrann (Rosine) et enf., de Maubeuge, à Arques, Pas-de-Calais.
Degoussée (Marie) et enf., de Maubeuge, à Aire, Pas-de-Calais.
Degogne (Héloïse) et enf., d'Hautmont, à Aire, Pas-de-Calais.
Degueldre (Laure) et enf., de Maubeuge, à Marconne, Pas-de-Calais.
Degros (Julia) et fam., de Maubeuge, à Arques, Pas-de-Calais.
Deguillage (Maurice), de Lille, à Saint-Barthélemy, Maine-et-Loire.
Deguillage (Marie), de Lille, à Saint-Barthélemy, Maine-et-Loire.
Deguillage (Frédéric), de Lille, à Saint-Barthélemy, Maine-et-Loire.
Degrave (Clotilde) et fam., de Caudry, à Glandon, Haute-Vienne.
Degetz (Marcel), d'Armentières, à Limoges, Haute-Vienne.
Degrelle (Jules), de Felleries, à La Guimorais, Ille-et-Vilaine.
Degrelle (Clorine), de Fourmies, à Redon, Ille-et-Vilaine.
Dégan (Marie), de Haisg, à Evreux, Eure.
Degroz (Roch) et fam., de Marpent, à Mareuil, Pas-de-Calais.
Degand (Philomène) et enf., d'Hautmont, à Bouvières, Pas-de-Calais.
Degrell (Mme), de Fourmies, à Uzel, Côtes-du-Nord.
Dégrémont (Berthe), d'Élincourt, à Langoelan, Morbihan.
Degrève (Louis) et fam., de Maubeuge, à Saint-Pol, Pas-de-Calais.
Degant (Marie) et enf., d'Hautmont, à Flers, Pas-de-Calais.
Degrève (Constant) et fam., de Maubeuge, à Saint-Pol, Pas-de-Calais.
Degand (Jean), de Lourches, à Bouzec-Conq, Finistère.
Dégand (Marcelle), de Lourches, à Bouzec-Conq, Finistère.
Dégand (Henri), de Lourches, à Bouzec-Conq, Finistère.
Légand (Marie), de Lourches, à Bouzec-Conq, Finistère.
Dégand (Henri), de Lourches, à Bouzec-Conq, Finistère.
Degardin (Mme) et enf., de Solesmes, à Saint-Martin-de-Fresnoy, Calvados.
Degrelle (Albert), de Deimont, à Esmans, Seine-et-Marne.

Dégay (Marie), de Valenciennes, à Veigné, Indre-et-Loire.
Dejardin (René), de Sains-du-Nord, à Saint-Claude, Jura.
Déjardin (E.), et épouse, d'Avesnes-le-Sec, à St-Louis-de-Montferrand, Gironde.
Déjardin (Marie), d'Avesnes-le-Sec, à St-Louis-de-Montferrand, Gironde.
Déjardin (Palmyre) et enf., d'Hautmont, à Ligny-sur-Canche, Pas-de-Calais.
Dejosé (Louis), de Louvroil, à Saint-Omer, Pas-de-Calais.
Dehoux (Lucien) et son épouse, de Wignehies, à St-André-de-Cubzac, Gironde.
Deboze (Catherine) et enf., de Maubeuge, à Touquet-Paris-Plage, P.-de-C.
Dehier (Camillie), d'Hautmont, à Auxi-le-Château, Pas-de-Calais.
Dehove (Mme) et fam., d'Avesnes, à Condé-sur-Sarthe, Orne.
Dehons (Lélia), d'Houdin, à Glos-la-Ferrière, Orne.
Dehons (Louise), d'Houdin, à Glos-la-Ferrière, Orne.
Dehame (Lucile), d'Hautmont, à Parigné-l'Évêque, Sarthe.
Dehon (Lucia), de Taisnières-sur-Hon, au Mans, Sarthe.
Dehame (Louise), d'Hautmont, à Parigné-l'Évêque, Sarthe.
Dekayser (Pierre), du Quesnoy, à Pougues-les-Eaux, Nièvre.
Dekayser (Louise), du Quesnoy, à Pougues-les-Eaux, Nièvre.
Dekeister (Berthe), de Dunkerque, à Mesves-sur-Loire, Nièvre.
Dehaynain (Louise), de Fourmies, à Monségur, Gironde.
Dehaynain (Pauline), de Fourmies, à Monségur, Gironde.
Dehaynain (Abel), de Fourmies, à Monségur, Gironde.
Dehaynain (Isabelle), de Fourmies, à Monségur, Gironde.
Dehaynain (Émilienne), de Fourmies, à Monségur, Gironde.
Dehaynain (Germaine), de Fourmies, à Monségur, Gironde.
Dehainin (Walmer) et fam., de Fourmies, à Monségur, Gironde.
Dehaynin (Pauline), de Fourmies, à Monségur, Gironde.
Dehon (André), de Wargnies-le-Grand, à Lanmeur, Finistère.
Dehon (Jean), de Wargnies-le-Grand, à Lanmeur, Finistère.
Dehon (Jeanne), de Wargnies-le-Grand, à Lanmeur, Finistère.
Dehon (Léon), de Wargnies-le-Grand, à Lanmeur, Finistère.
Dehon (Émile), de Wargnies-le-Grand, à Lanmeur, Finistère.
Dehon (Zélie), de Wargnies-le-Grand, à Lanmeur, Finistère.
Dehone (Mme), d'Avesnes, à Nîmes, Gard.
Dehasque (Jeanne) et enf., de Maubeuge, à Fauquembergues, Pas-de-Calais.
Dehon (Jeanne) et enf., de Maubeuge, à Hesdin, Pas-de-Calais.
Dehoux (Marie-Louise), de Wignehies, à Saint-André-de-Cubzac, Gironde.
Dehove (Étienne), de Wargnies-le-Grand, à Anzin-Saint-Aubin, Pas-de-Calais.
Dehon (Victoria) et enf., de Maubeuge, à Caen, Calvados.
Dehaine (Florimond) et fam., de Cambrai, à Cabourg, Calvados.
Dhotte (Henri) et enf., de Saint-Amand-les-Eaux, à Montviette, Calvados.
Demarque (Marie) et enf., de Gouzeaucourt, à Glos, Calvados.
Dellosses (Malvina), de Sous-le-Bois, à Arras, Pas-de-Calais.
Dehaine (Berthe) et fam., de Cambrai, à Cabourg, Calvados.
Dehom (Zélia), du Quesnoy, à Bourgneuf, Mayenne.
Dehache et son épouse, de Cambrai, à Nantes, Loire-Inférieure.
Delplancq (Sydonie), de Crépin, à Sceaux-du-Gâtinais, Loiret.
Delay (Angèle), d'Avesnes, à Loudéac, Côtes-du-Nord.
Delay (Flore), d'Avesnes, à Loudéac, Côtes-du-Nord.
Delhay (René), d'Avesnes, à Loudéac, Côtes-du-Nord.
Delhay (Denise), d'Avesnes, à Loudéac, Côtes-du-Nord.
Delgébier (Célina), de Landrecies, à Quettreville, Manche.
Delgébier (Marceau), de Landrecies, à Quettreville, Manche.
Delgébier (Kléber), de Landrecies, à Quettreville, Manche.
Delgébier (Jules), de Landrecies, à Quettreville, Manche.
Delgébier (Jeanne), de Landrecies, à Quettreville, Manche.
Delplancq (Élise), de Villers-Sire-Nicole, à Saint-Molf, Loire-Inférieure.
Delplancq (Marthe), de Villers-Sire-Nicole, à Saint-Molf, Loire-Inférieure.
Delplancq (Élise), de Villers-Sire-Nicole, à Saint-Molf, Loire-Inférieure.
Delplancq (Homère), de Villers-Sire-Nicole, à Saint-Molf, Loire-Inférieure.
Dellonne (Delphine), d'Étrœungt, aux Sièges, Yonne.
Delattre (Marcel), de Ramousies, à Treigny, Yonne.
Delattre (Victorine), de Ramousies, à Treigny, Yonne.
Delvaux (Adrienne), de Jeumont, à Bouchemaine, Maine-et-Loire.
Delvaux (Florimond), de Jeumont, à Bouchemaine, Maine-et-Loire.
Delvaux (Célina), de Jeumont, à Bouchemaine, Maine-et-Loire.
Delmer (Jean), de Ferrière-la-Grande, à Wicquinghem, Pas-de-Calais.
Delhaye, de Villers-Sire-Nicole, à Grez-en-Bouère, Mayenne.
Delhaye, de Villers-Sire-Nicole, à Grez-en-Bouère, Mayenne.
Delhaye (Mme), de Villers-Sire-Nicole, à Grez-en-Bouère, Mayenne.
Delhaye, de Villers-Sire-Nicole, à Grez-en-Bouère, Mayenne.
Delmer (Mme), de Neufmesnil, à Louverné, Mayenne.
Delwarde (Pierre), d'Inchy, à Saint-Ouen-des-Toits, Mayenne.
Delcroix (Alcide), de Nivelles, à Parné, Mayenne.
Delacre (Hélène), de Caudry, à Ernée, Mayenne.
Delacre (Mathilde), de Caudry, à Ernée, Mayenne.
Delacre (Élise), de Caudry, à Ernée, Mayenne.
Delacre (Charles), de Caudry, à Ernée, Mayenne.
Delsaut (Adolphe) et fam., de Valenciennes, à Andernos-les-Bains, Gironde.
Delépine (Marie), de Louvignies-Bavay, à Relecq-Kerhuon, Finistère.
Delépine (Jean), de Louvignies-Bavay, à Relecq-Kerhuon, Finistère.
Delhaye (Hélène), de Lourches, à Bouzec-Conq, Finistère.

Delouzoy, de Fives, à Vierzon, Cher.
Delaye (Fernand), de Semeriès, à Sablé, Sarthe.
Delaye (Madeleine), de Semeriès, à Sablé, Sarthe.
Delmarle (Oscar), Cousolre, à Saint-Emilion, Gironde.
Delafosse (Mme), de Wignehies, à Louverné, Mayenne.
Delbauve (Céline), de Fourmies, à Maillé, Vendée.
Delhaye (Emma), de Wignehies, à Saint-Saturnin-du-Limet, Mayenne.
Delhaye (Paul), de Wignehies, à Saint-Saturnin-du-Limet, Mayenne.
Delmar (Ernest), de Cousolre, à Saint-Berthevin, Mayenne.
Delfolie (Eugénie) et fam., de Cambrai, à Nantes, Loire-Inférieure.
Delcroix et enf., de Lille, à Nantes, Loire-Inférieure.
Delfolie et enf., de Douai, à Nantes, Loire-Inférieure.
Delahaye (Lucie) et enf., d'Aulnoye, à Ouville-la-Bien-Tournée, Calvados.
Delbar (Joseph) et épouse, du Cateau, à Lion-sur-Mer, Calvados.
Delbauve (Lucien), d'Avesnes-sur-Helpe, à Saint-Pierre-sur-Dives, Calvados.
Delcourt (Marie) et fam., de Denain, à Caen, Calvados.
Delers (Ismérie) et enf., d'Hautmont, à Caen, Calvados.
Delers (Désiré) et épouse, d'Hautmont, à Caen, Calvados.
Delbove (Louis) et fam., de Rombies, à Verson, Calvodos.
D[illegible]ffre (Antoine) et fam., de Cambrai, à Cabourg, Calvados.
Deloffre (François) et fam., de Caudry, à Caen, Calvados.
Delmotte (Jean-Baptiste), d'Hergnies, à Monts-en-Bessin, Calvados.
Delforges (R[illegible]ine) et fam., de Marnières, à Caen, Calvados.
Delaroche, de Villers-Saint-Paul, à Neauphlette, Seine-et-Oise.
Delhorbe (Pierre), de Lille, à Verney, Yonne.
Delhorbe (Berthe), de Lille, à Verney, Yonne.
Delbaie (Laurentine), de Lille, à Gy-l'Evêque, Yonne.
Deladœuille (Siméon), de Caudry, à Lyon, Rhône.
Deladœuille (Julienne), de Caudry, à Lyon, Rhône.
Delcourt (Marie), d'Hirson, à Pommeuse, Seine-et-Marne.
Deloffre (Eva), d'Avesnelle, à Bruère-Allichamps, Cher.
Deloffre (Victor), d'Avesnes-sur-Helpe, à Bruère-Allichamps, Cher.
Delorme (Alphonsine) et enf., de Maubeuge, à Hesdin, Pas-de-Calais.
Deloor (Germaine), de Maubeuge, à Boisjean, Pas-de-Calais.
Delmotte (Victor) et enf., de Maubeuge, à Fruges, Pas-de-Calais.
Delsarmes (Joseph), de Maubeuge, à Thouarcé, Maine-et-Loire.
Delsaut (Pauline) et enf., de Maubeuge, à Saint-Omer, Pas-de-Calais.
Delporte (Marie) et enf., de Maubeuge, à Ardres, Pas-de-Calais.
Delpire (Jeanne) et enf., de Marpent, à Dohem, Pas-de-Calais.
Delpature (Marie), de Maubeuge, à Saint-Omer, Pas-de-Calais.
Delsaux (Victor), de Maubeuge, à Saint-Omer, Pas-de-Calais.
Delsime (Clara) et enf., de Maubeuge, à Fauquembergues, Pas-de-Calais.
Delval (Marie), d'Hautmont, à Aire, Pas-de-Calais.
Delhay (Joséphine), d'Avesnes, à Loudéac, Côtes-du-Nord.
Delapierre (Lucienne), de Belrupt, à Villeblevin, Yonne.
Delapierre (Gaston), de Belrupt, à Villeblevin, Yonne.
Delapierre (Marie), de Belrupt, à Villeblevin, Yonne.
Delsaux (Emile) et fam., de Fourmies, à Neuvy-Sautour, Yonne.
Delaforge (Séphanie), de Gouzeaucourt, à Pin-la-Garenne, Orne.
Deloor (Marie) et enf., de Maubeuge, à Boisjean, Pas-de-Calais.
Deloor (Pauline) et enf., de Maubeuge, à Boisjean, Pas-de-Calais.
Delvallée (Sidonie) et enf., d'Haumont, à Aire, Pas-de-Calais.
Delcroix (Mme) et enf., de Maubeuge, à Saint-Omer, Pas-de-Calais.
Delhaye (Jean-Baptiste) et enf., d'Haumont, à Arras, Pas-de-Calais.
Delbarre (Julie) et enf., de Maubeuge, à Fruges, Pas-de-Calais.
Delannay (Joséphine), de Maubeuge, à Hesdin, Pas-de-Calais.
Delisson, (Alice) et enf., de Maubeuge, à Arras, Pas-de-Calais.
Delmarle (Emilie), de Dompierre, à Villeurbanne, Rhône.
Delmarle (Jules), de Dompierre, à Villeurbanne, Rhône.
Delvallée (Henri), d'Anzin, à Lanmeur, Finistère.
Delacroix (Lucie), de Fourmies, à Saint-Hervé, Côtes-du-Nord.
Delacroix (Eugénie), de Fourmies, à Saint-Hervé, Côtes-du-Nord.
Delagrange (Charles) et fam., de Solesmes, à Mombrier, Gironde.
Delagrange (Christine) et enf., de Solesmes, à Mombrier, Gironde.
Delagrange (Charles) et fam., de Solesmes, à Mombrier, Gironde.
Delval (Jules), de Villeret, à Lyon, Rhône.
Dellone (Céline), d'Anor, à Neuvy-sur-Loire, Nièvre.
Delmotte (Victoria) et enf., de Ferrière-la-Grande, à Auchy-les-Hesdin, Pas-de-Calais.
Deliaux (Marie) et enf., d'Hautmont, à Humières, Pas-de-Calais.
Delacourt (Jeanne) et enf., d'Hautmont, à Arras, Pas-de-Calais.
Deladerière (Amélie), d'Hautmont, à Aire, Pas-de-Calais.
Delaine (Charles), de Marpent, à Dohem, Pas-de-Calais.
Delfour (Jean), de Croix, Bouviers-Saint-Trojean, Charente.
Delcourve (Mélanie), du Caveau, à Vibrac, Charente.
Delfour (Maurice), de Croix, à Bouviers-Saint-Trojean, Charente.
Deloffre (Camille), de Ligny, à Nogent-le-Roi, Eure-et-Loir.
Deloffre (Emilia), de Ligny, à Nogent-le-Roi, Eure-et-Loir.
Deloffre (Jules), de Ligny, à Nogent-le-Roi, Eure-et-Loir.
Delhaye (Héloïse) et fam., d'Aulnoye, à Vire, Calvados.
Delsaut (Mme), d'Aulnoye, à Vire, Calvados.
Delogé (Marie-Lo[illegible]), de Saint-Python, à Mayenne, Mayenne.
Delogé (Béatrice), [illegible] Saint-Python, à Mayenne, Mayenne.
Delogé (Marcel), de Saint-Python, à Mayenne, Mayenne.
Delogé (Marie-Louise), de Saint-Python, à Mayenne, Mayenne.
Delbart (Charles) et fam., d'Elincourt, à Sainte-Eulalie, Gironde.
Delvienne (Valentin), du Cateau, à Orléans, Loiret.
Delahaye (Auguste), de Caudry, à Rouen, Seine-Inférieure.
Delahaye (Mme), de Caudry, à Rouen, Seine-Inférieure.
Delahaye (Augusta), de Caudry, à Rouen, Seine-Inférieure.
Delahaye (Maurice), de Caudry, à Rouen, Seine-Inférieure.
Delarbieux, de Fourmies, à Rouen, Seine-Inférieure.
Delville (Mme), d'Avesnes, à Longron, Seine-Inférieure.
Delsaut (Marie) et enf., de Clairfayts, à Lourdes, Hautes-Pyrénées.
Delattre (Henri) et ép., de Ferrière-la-Grande, à Lourdes, Htes-Pyrénées.
Delhaye (Elise) et enf., de Maubeuge, à Arras, Pas-de-Calais.
Delacroix (Céline) et fam., de Briastre, à Ecuillé, Maine-et-Loire.
Delabre (Laure), de Cambrai, à Ceton, Orne.
Delfosse (Jeanne), de Bertry, à Clohars-Carnoët, Finistère.
Delacourt (Jules), de Caudry, à Plougastel-Daoulas, Finistère.
Delacourt (Zémilia), de Caudry, à Plougastel-Daoulas, Finistère.
Delacourt (Marie), de Caudry, à Plougastel-Daoulas, Finistère.
Delacourt (Jules), de Caudry, à Plougastel-Daoulas, Finistère.
Delfosse (Paul), de Bertry, à Clohars-Carnoet, Finistère.
Delages (Arthur), de Caudry, à Clohars-Carnoët, Finistère.
Delfosse (Pauline), de Bertry, à Clohars-Carnoët, Finistère.
Delmotte (Arthur), de Fourmies, à Plouider, Finistère.
Delmotte (Daniel), de Fourmies, à Plouider, Finistère.
Delmotte (Magdeleine), de Fourmies, à Plouider, Finistère.
Delmotte (Nestor), de Fourmies, à Plouider, Finistère.
Delmotte (Florence), de Fourmies, à Plouider, Finistère.
Delecroix (Fina), de Marpent, à Batz, Finistère.
Delevallée (Lucien), de Lille, à Limoges, Haute-Vienne.
Delhaye (Floris), de Ramousies, à Saint-Goazec, Finistère.
Deltour (Nelly), d'Avesnes, à Gravigny, Eure.
Deltour (Marcelle), d'Avesnes, à Gravigny, Eure.
Deltour (Fernande), d'Avesnes, à Gravigny, Eure.
Delroise (Rosalie), de Roubaix, à Gravigny, Eure.
Delhaye (Constant), de Preux-aux-Bois, à Moulihernе, Maine-et-Loire.
Delacroix (Camille), de Rœulx, à Larcy, Gard.
Delobel (Jeanne), du Cateau, à Châteauroux, Indre.
Delannoy (Gaston), d'Arras, à Châteauroux, Indre.
Delobel (Paul), du Cateau, à Châteauroux, Indre.
Delobel (René), du Cateau, à Châteauroux, Indre.
Delahaye (Mme) et enf., de Caudry, à Rouen, Seine-Inférieure.
Delahaye, de Caudry, à Rouen, Seine-Inférieure.
Delwarde (Léonie), d'Inchy-Beaumont, à Saint-Léger-du-Bourg-Denis, Seine-Inférieure.
Delmet (Jean-Baptiste), de Sous-Bois, à Achicourt, Pas-de-Calais.
Delemotte (Adeline), de Boussois, à Mareuil, Pas-de-Calais.
Delhaye (Alida), de Rousies, à Izel-les-Hameaux, Pas-de-Calais.
Delvaux (André), de Ramousies, à Clamecy, Nièvre.
Delvaux (Nelly), de Ramousies, à Clamecy, Nièvre.
Delvaux (Paul), de Ramousies, à Clamecy, Nièvre.
Delandsther (Philomène), de Maubeuge, à Attin, Pas-de-Calais.
Deloor-Danhier (Céleste), de Maubeuge, à Boisjean, Pas-de-Calais.
Deloor (Germaine), de Maubeuge, à Boisjean, Pas-de-Calais.
Deloor (Marie), de Maubeuge, à Boisjean, Pas-de-Calais.
Deloor (Pauline), de Maubeuge, à Boisjean, Pas-de-Calais.
Delpy (Mathilde), de Maubeuge, à Frevent, Pas-de-Calais.
Delabastita (Julia), de Ferrière-la-Grande, à St-Nicolas, Pas-de-Calais.
Delfosse (Laure), de Ferrière-la-Grande, à Campagne-les-Hesdin, P.-de-C.
Deltour (Vve), de Ferrière-la-Petite, à Ste-Catherine, Pas-de-Calais.
Deltour (Eugène), de Ferrière-la-Petite, à Ste-Catherine, Pas-de-Calais.
Delery (Vve), de Hautmont, à Villers-Brulin, Pas-de-Calais.
Delhoye (Camille), de Hautmont, à St-Nicolas, Pas-de-Calais.
Delhaye (Aline), de Hautmont, à St-Laurent-Blangy, Pas-de-Calais.
Delsart (Charlotte), de Hautmont, à St-Laurent-Blangy, Pas-de-Calais.
Delacour (Théophile), de Caudry, à Rennes, Ille-et-Vilaine.
Delastre (Guillemine), de Villers-Sire-Nicole, à Montreux, Ille-et-Vilaine.
Delfosse (Marie), de Fourmies, à Epiniac, Ille-et-Vilaine.
Delgourbe (Joseph), de Fourmies, à Sainte-Marie, Ille-et-Vilaine.
Delville (Emile), de Caudry, dans l'Ille-et-Vilaine.
Delvaux (Berthe), du Cateau, à Beaulieu, Maine-et-Loire.
Delvaux (Laurent), du Cateau, à Beaulieu, Maine-et-Loire.
Delacroix (Alcidie), de Fourmies, à Moux, Nièvre.
Delville (Charles), d'Athies, à Evreux, Eure.
Delacourt (Marthe), de Busigny, à Langoëlan, Morbihan.
Delacourt (Marguerite), de Busigny, à Langoëlan, Morbihan.
Deleau (Louise), de Hautmont, à Saint-Pol, Pas-de-Calais.
Delfosse (Marie) de Ferrière-la-Grande, à Blingel, Pas-de-Calais.
Delfosse (Mme), de Maubeuge, à Locon, Pas-de-Calais.

Delire (Ida) et enf., de Ferrière-la-Grande, à Auchy-les-Hesdin, Pas-de-Calais.
Delbaute (Joseph) et son épouse, de Sous-le-Bois, à Lens, Pas-de-Calais.
Delgutte (Sophie), de Hautmont, à Troisvaux, Pas-de-Calais.
Delaigne et enf., de Cerfontaine, à Samer, Pas-de-Calais.
Delcampe (Marie), de Maubeuge, à Blessy, Pas-de-Calais.
Delcorde (Mélanie), de Maubeuge, à Saint-Pol, Pas-de-Calais.
Delasseaux (Marie), de Trélon, à Epiniac, Ille-et-Vilaine.
Delasseaux (Joseph), de Trélon, à Epiniac, Ille-et-Vilaine.
Delanoé (Jean), de Consolre, à Cannes, Alpes-Maritimes.
Delvas (Marie), d'Avesnelles, à Domats, (Yonne.
Delvas (Jean-Baptiste), d'Avesnelles, à Domats (Yonne).
Delsort (Augustin), de Lepmeries, à Le Sap, Orne.
Delpierre et enf., de Le Cateau, à Flers, Orne.
Delabre (Etienne) et enf., de Cambrai, à Ceton, Orne.
Delsaut (Maria), de Lequenoy, à Mérignac, Gironde.
Delsaut (Emilie), de Lequenoy, à Mérignac, Gironde.
Delabre (Berthe), de Iwuy, à Libourne, Gironde.
Delait (Henri), de Hautmont, à Requeil, Sarthe.
Delcroix (Martial), de Hautmont, à Requeil, Sarthe.
Delcroix (Marie), de Hautmont, à Requeil, Sarthe.
Delanghe (Marie), de Maubeuge, à Tincques, Pas-de-Calais.
Démonstier (Lydie), de Maubeuge, à Hesdin, Pas-de-Calais,
Demade (Louisa), de Maubeuge, à Saint-Pol, Pas-de-Calais.
Demacq (Marie), de Maubeuge, à Saint-Pol, Pas-de-Calais.
Demalle (Mathilde), de Le Quesnoy, à Saint-Gildas, Morbihan.
Dematte (Adolphe) et fam., de Landrecies, à Arces, Yonne,
Demoulin (Alzire), de Ferrière-la-Grande, à Wicquinghem, Pas-de-Calais
Demoulin (Clémence), de Maubeuge, à Ardres, Pas-de-Calais.
Demoustier (Emile) (Mme), de Maubeuge, à Fruges, Pas-de-Calais.
Demontiers (Alfred) (Mme), de Maubeuge, à Saint-Omer, Pas-de-Calais,
Demorcy (Alexandre), de Maubeuge, à Aire, Pas-de-Calais.
Demulder (Julia), de Hautmont, à Aire, Pas-de-Calais.
Demuldère (Maurice), de Maubeuge, Le Pouliguen, Loire-Inférieure.
Demuldère (Marcel), de Maubeuge, Le Pouliguen, Loire-Inférieure.
Démoustier (Pol) et fam., de Hirson, à Libourne, Gironde.
Demuldère, de Maubeuge, Le Pouliguen, Loire-Inférieure.
Demudère (Camille), de Maubeuge, Le Pouliguen, Loire-Inférieure.
Demartillat et enf., de Bavay, à Rouen, Seine-Inférieure.
Demarcq, de Bavay, à Rouen, Seine-Inférieure.
Demeriez (Jean-Baptiste), de Beaudignie, à Rouen, Seine-Inférieure.
Demarcq, de Bavay, à Rouen, Seine-Inférieure.
Demartillat et enf., de Bavay, à Rouen, Seine-Inférieure.
Demeire (Gustave), de Lille, à Limoges, Haute-Vienne.
Debon (Jeanne), de Malplaquet, au Mans, Sarthe.
Demaret (Madeleine), de Hautmont, à Parigné-l'Evêque, Sarthe.
Demaret (Germaine), de Hautmont, à Parigné-l'Evêque, Sarthe.
Dement (Théodore), de Hautmont, à Parigné-l'Evêque, Sarthe.
Demaet (Augustine), de Hautmont, à Parigné-l'Evêque, Sarthe.
Dement (Robert), de Hautmont, à Parigné-l'Evêque, Sarthe.
Demaret (Alice), de Hautmont, à Parigné-l'Evêque, Sarthe.
Demaret (Marcelle), de Hautmont, à Parigné-l'Evêque, Sarthe.
Demaret (René), de Neufmesnil, à Saint-Thois, Finistère.
Demaret (Raymond), de Neufmesnil, à Saint-Thois, Finistère.
Démanet (Julienne), de Fourmies, à Plouvien, Finistère.
Demay (Achille), de Lille, à Saint-Etienne, Loire.
Demoustier (Arthur), de Hautmont, à Saint-Nicolas, Pas-de-Calais.
Demaux (Anna), de Hautmont, à Villers-Brûlin, Pas-de-Calais.
Demaret (Laurence), de Hautmont, à Gennes-Ivergny, Pas-de-Calais.
Demahy (Georgette), de Hautmont, à Auxi-le-Château, Pas-de-Calais.
Demoulin (Gabrielle), de Beaudignies, à Guipry, Ille-et-Vilaine.
Demattre (Marie), de Maubeuge, à Lignereuil, Pas-de-Calais.
Demonstier (Angèle), de Maubeuge, à Beaurainville, Pas-de-Calais.
Démoulin (Léon) et son épouse, d'Avesnes, à Nouelles, Seine-Inférieure.
Demichy (Espérance), de Creil, à Perpignan, Pyrénées-Orientales.
Demoulin (Edmond), d'Avesnes, à Brive, Corrèze.
Demattre (Louise, de Ronsies, à Lignereuil, Pas-de-Calais.
Demode (Paul), de Bas-Lieu, à Villefargeau, Yonne.
Demanez (Eva), de Marpent, à Andrésy, Seine-et-Oise.
Demanez (Judith), de Marpent, à Andrésy, Seine-et-Oise.
Demanez (Léon), de Marpent, à Andrésy, Seine-et-Oise.
Demoulin (Georges), de Maubeuge, à Les Moutiers, Loire-Inférieure.
Demoulin (Henri), de Maubeuge, à Les Moutiers, Loire-Inférieure.
Demaret (Georgette), de Neufmesnil, à Saint-Thois, Finistère.
Demoulin (Lisa), de Maubeuge, à Les Moutiers, Loire-Inférieure.
Demoulin (Sylvie), de Maubeuge, à Les Moutiers, Loire-Inférieure.
Demoulin (René), de Maubeuge, à Les Moutiers, Loire-Inférieure.
Demoulin (Sylvie), de Maubeuge, à Les Moutiers, Loire-Inférieure.
Demarq (Maria), de St-Waast-la-Vallée, à St-Mars-la-Jaille, Loire-Inférieure.
Demarq (Modeste), de St-Waast-la-Vallée, à St-Mars-la-Jaille, Loire-Inférieure.
Demarq (Marie), de St-Waast-la-Vallée, à St-Mars-la-Jaille, Loire-Inférieure.
Déonmek (Edmond), de Landas, à Saint-Macaire, Maine-et-Loire.
Nord.

Denis (Mme), de Valenciennes, à Givors, Rhône.
Denis (Louis), de Valenciennes, à Givors, Rhône.
Denis (Alexandre), de Hautmont, à Houvin-Houvigneul, Pas-de-Calais.
Denis (Marguerite), de Ferrière-la-Grande, à Blangy-sur-Ternoise, P.-de-C.
Denève (Madeleine), de Fourmies, à Loudéac, Côtes-du-Nord.
Dennibet (Marie), de Jeumont, à Torcy, Seine-et-Marne.
Denève, de Fourmies, à Loudéac, Côtes-du-Nord.
Denève (Germaine), de Fourmies, à Loudéac, Côtes-du-Nord.
Denève (Pierre), de Fourmies, à Loudéac, Côtes-du-Nord.
Denicourt (Eléonore), de Maubeuge, à Saint-Omer, Pas-de-Calais.
Denamur (Zoé), de Marpent, à Dohem, Pas-de-Calais.
Denebourg (Eugénie), de Maubeuge, à Saint-Omer, Pas-de-Calais.
Denicourt (Henriette), de Maubeuge, à Fruges, Pas-de-Calais.
Denis (Amélia), de Maubeuge, à Arques, Pas-de-Calais.
Denhez (François), de Beaumont, à Canon, Calvados.
Denhez (Raymond), de Beaumont, à Canon, Calvados.
Denhez (Aline), de Troisvilles, à Canon, Calvados.
Denis (Adrienne) et fam., de Villers-Guislain, à Argences, Calvados.
Denis (Julienne), de Caudry, à Ernée, Mayenne.
Denis (Arthur), de Caudry, à Ernée, Mayenne.
Denis (Jeanne), de Caudry, à Ernée, Mayenne.
Denis (Marie), de Caudry, à Ernée, Mayenne.
Denis (Germaine), de Caudry, à Ernée, Sarthe.
Denis (Jean-Baptiste), de Caudry, à Ernée, Mayenne.
Denis (Ludivine), de Caudry, à Ernée, Mayenne.
Deuant (Aimé), de Trélon, à Sablé, Sarthe.
Deuant (Léa), de Trélon, à Sablé, Sarthe.
Deuant (Jules), de Trélon, à Sablé, Sarthe.
Denis (Alexandre) et son épouse, de Ferrière-la-Grande, à Inxent, P.-de-C.
Denain (Elisa), de Cambrai, à Quiberon, Morbihan.
Donnet (Albert), de Fourmies, à Goulven, Finistère.
Donnet (Henri), de Fourmies, à Goulven, Finistère.
Donnet (Blanche), de Fourmies, à Goulven, Finistère.
Donnet (Raymond), de Fourmies, à Goulven, Finistère.
Dépret (Andréa), de Floyon, à Treigny, Yonne.
Dépret (Marcelle), de Floyon, à Treigny, Yonne.
Dépret (Edouard), de Floyon, à Treigny, Yonne.
Depelsenaire (H.) et fam., de Sous-le-Bois, à Aubin-St-Vaast, Pas-de-Calais.
Depret (Désiré) et fam., de Wargnies-le-Grand, à Anzin-St-Aubin, P.-de-Calais.
Dépret (Désirée), de Wargnies-le-Grand, à Anzin-St-Aubin, Pas-de-Calais.
Depouille (Marie), de Haumont, à Redon, Ille-et-Vilaine.
Déprez (Palmyre) et fam., de Glageon, à La Belliole, Yonne.
Depoitte (Juliette) et enf., de Maubeuge, à Lumbres, Pas-de-Calais.
Depoitte (Marie), de Haumont, à Aire, Pas-de-Calais.
Depoisse (François), de Haumont, à Aire, Pas-de-Calais.
Depelsenaire (Amédée), de Maubeuge, à Saint-Omer, Pas-de-Calais.
Depelsenaire (Marie) et enf., de Maubeuge, à Aubin-St-Vaast, P.-de-Calais.
Depauvre (Thérèse), de Maubeuge, à Aubin-St-Vaast, Pas-de-Calais.
Depaun (Victor), de Maubeuge, à Saint-Omer, Pas-de-Calais.
Depagne (Désiré), de Cousolre, à Sablé, Sarthe.
Depagne (Virginie), de Cousolre, à Sablé, Sarthe.
Déparis (Marthe), de Bavai, à Beaumont-le-Roger, Eure.
Dépret (Léon), de Sars-Poteries, à Coudrecieux, Sarthe.
Déparis (Laure), de Bavai, à Beaumont-le-Roger, Eure.
Depinoy (Marguerite), de Hérin, à Rouen, Seine-Inférieure.
Dequenne (Zelmyre), de Solre-le-Château, à Sablé, Sarthe.
Déquesne (Madeleine), de Ramousies, à Saint-Goazec, Finistère.
Déquesne (Marthe), de Ramousies, à Saint-Goazec, Finistère.
Déquesne (Gabrielle), de Ramousies, à Saint-Goazec, Finistère.
Déquesne (Pierre), de Ramousies, à Saint-Goazec, Finistère.
Dequesnes (Paul), d'Avesnes, à Plouvorn, Finistère.
Dequesnes (Rosa), d'Avesnes, à Plouvorn, Finistère.
Dequesnes (Arthur), d'Avesnes, à Plouvorn, Finistère.
Dequesnes (Reine), d'Avesnes, à Plouvorn, Finistère.
Dequesnes (Pierre), d'Avesnes, à Plouvorn, Finistère.
Dequesnes (Arthur), d'Avesnes, à Plouvorn, Finistère.
Déquesne (Antoinette), de Ramousies, à Treigny, Yonne.
Dequesne-Roland (Mme), de Felleries, à Sillé-le-Guillaume, Sarthe.
Déquesne (Juliette), de Ramousies, à Treigny, Yonne.
Déquesne (Sophie), de Ramousies, à Treigny, Yonne.
Déquesne (Sophie), de Ramousies, à Treigny, Yonne.
Déquesne (Gustave), de Ramousies, à Treigny, Yonne.
Dequesne (Mélanie), de Saint-Hilaire-sur-Helpe, à Caen, Calvados.
Dequéry (Elise), de Douzy-Maubeuge, à Saint-Omer, Pas-de-Calais.
Derignocourt (Yvonne), de Flines-lès-Raches, à Veigné, Indre-et-Loire.
Derignoncourt (Mme), de Flines-lès-Raches, à Veigné, Indre-et-Loire.
Dessager (Fernand), de Marpent, à Vertou, Loire-Inférieure.
Deroine (Géry), de Solre-le-Château, à Courtenay, Loiret.
Derignaucourt (Robert), d'Orchies, à Elbeuf, Seine-Inférieure.
Derignaucourt (Georgina), d'Orchies, à Elbeuf, Seine-Inférieure.
Derignaucourt (Mme), d'Orchies, à Elbeuf, Seine-Inférieure.

Deligne (Henri), de Glageon, à Loudéac, Côtes-du-Nord.
Deligne (Victorine), de Glageon, à Loudéac, Côtes-du-Nord.
Delopsy (Louis), de Solre-le-Château, à Aunay-sur-Odon, Calvados.
Dorgelle (Clémence), de Vieux-Reng, à Ouistreham, Calvados.
Deregnaucourt (Marie) et son ép., de Wargnies-le-Petit, à Palegny, Pyr.-Orient.
Derieppe (Auguste), de Lille, à Hyenville, Manche.
Deregnaucourt (Mme), de Fourmies, à Loudéac, Côtes-du-Nord.
Deregnaucourt (Jean-Baptiste), de Fourmies, à Loudéac, Côtes-du-Nord.
Deregnaucourt (Ed.), de Fourmies, à Loudéac, Côtes-du-Nord.
Deregnaucourt (Jean-Baptiste), de Fourmies, à Loudéac, Côtes-du-Nord.
Derod (Marie) et enf., de Maubeuge, à Hesdin, Pas-de-Calais.
Deraumaux (Adolphe) et son ép., de Maubeuge, à St-Omer, Pas-de-Calais.
Dervinat (Hélène), de Caudry, à Beaugency, Loiret.
Dervinat (Emilie), de Caudry, à Beaugency, Loiret.
Deracot (Camille) et enf., de Hautmont, à Aire, Pas-de-Calais.
Derville (Victor), de Marpent, à Rennes, Ille-et-Vilaine.
Derlique (Clément), de Caudry, à Argenton, Indre.
Derenne (Mme) et enf., de Fontaine, à Selles, Pas-de-Calais.
Deroux (Désirée) et enf., de Ferrière-la-Grande, à Hénry, Pas-de-Calais.
Deroleck (Florimond) et fam., de Neuf-Mesnil, à Lens, Pas-de-Calais.
Derouvère (Zoé), de Ferrière-la-Grande, à Tilly-Capelle, Pas-de-Calais.
Derover (Aline), de Bousignies-sur-Roc, à Saint-Pol-de-Léon, Finistère.
Derover (Nicolas), de Bousignies-sur-Roc, à St-Pol-de-Léon, Finistère.
Deregnaucourt (Louise), de Hautmont, à Bouville, Seine-et-Oise.
Derbaix (Alice) et enf., de Hautmont, à St-Laurent-Blangy, Pas-de-Calais.
Derruy (Marie) et enf., de Hautmont, à Bethonsart, Pas-de-Calais.
Deremc (Madeleine), de Fourmies, à Durtal, Maine-et-Loire.
Dereme (Jeanne), de Fourmies, à Durtal, Maine-et-Loire.
Dereme (Irma), de Fourmies, à Durtal, Maine-et-Loire.
Derasmes (Jules), d'Avesnes, à Saint-Jean-le-Thomas, Manche.
Derasse (Désiré) et fam., d'Escaudain, au Pouscat, Gironde.
Deryck (Marie), du Quesnoy, à Châteauroux, Indre.
Deryck (Emma), du Quesnoy, à Châteauroux, Indre.
Deryck (Désiré), du Quesnoy, à Châteauroux, Indre.
Deryck (Camille), du Quesnoy, à Châteauroux, Indre.
Deryck (Auguste), du Quesnoy, à Châteauroux, Indre.
Derussart (Julien), de Caudry, à Saint-Jean-de-Corcoué, Loire-Inférieure.
Dermont (Clémence), du Quesnoy, à Lourdes, Hautes-Pyrénées.
Deraisne (Marie), de Roubaix, à Saint-André-de-Roquelongue, Aude.
Desmoy (Georges), d'Avesnes, à Gondreville, Loiret.
Desmoy (Pauline), d'Avesnes, à Gondreville, Loiret.
Desmettre (Arthur), de Lille, à Coutances, Manche.
Destombes (Renée) et enf., de Maubeuge, à Saint-Omer, Pas-de-Calais.
De Sonryver (François), de Maubeuge, à Saint-Omer, Pas-de-Calais.
Deschamps (Emilia) et enf., de Maubeuge, à Humeincourt, Pas-de-Calais.
Desse (Marie), de Caudry, à Mennecy, Seine-et-Oise.
Destramelle (Léa) et enf., de Hautmont, à Arras, Pas-de-Calais.
Desse (Félicie), de Maubeuge, à Ardres, Pas-de-Calais.
Dessenne (Marie) et enf., de Maubeuge, à Armes, Pas-de-Calais.
Desse (Edmond), de Hautmont, à Aire, Pas-de-Calais.
Desruelles (Mme), de Maubeuge, à Saint-Omer, Pas-de-Calais.
Desjardin (Marie) et enf., de Maubeuge, à Saint-Omer, Pas-de-Calais.
Desse (Alphonsine), de Caudry, à Mennecy, Seine-et-Oise.
Desse (Raymond), de Caudry, à Mennecy, Seine-et-Oise.
Destrée (Armand), de Maubeuge, à Vitré, Ille-et-Vilaine.
Desombrieux-Godin (Irma), de Marpent, à Rennes, Ille-et-Vilaine.
Desmoulin (Lydwine), de Cousolre, à Saint-Satur, Cher.
Desse (Raymonde), de Caudry, à Mennecy, Seine-et-Oise.
Desse (Marie), de Caudry, à Mennecy, Seine-et-Oise.
Desoblain (Jules) et fam., de Landrecies, à Arces, Yonne.
Desquilbet (Pauline), de Wignehies, à Bonnebosq, Eure.
Desbousemont (Sophie), de Sport-le-Château, à Saint-Sauveur, Finistère.
Desmoutiers (Marie), de Solre-le-Château, à Sauvigny-le-Bois, Yonne.
Desmoutiers (Pauline), de Solre-le-Château, à Sauvigny-le-Bois, Yonne.
Descamps (Augustine) et enf., de Boussois, à Bourg, Gironde.
Desmasures (Marcel), de Fourmies, à Mûr, Côtes-du-Nord.
Desèvre-Coupie (Léa) et enf., de Hautmont, à Ecoivres, Pas-de-Calais.
Deschamps (Claire) et enf., de Hautmont, à Saint-Pol, Pas-de-Calais.
Desfossez (Aline), de Hautmont, à Neuville-au-Cornet, Pas-de-Calais.
Desnain (Marie), de Haudecourt, à Mennetou-sur-Valan, Indre.
Desquirez (Augustin), de Lens, à Châteauroux, Indre.
Desfosses (Célenie), de Maing, à Ingrandes, Maine-et-Loire.
Dessenne (Ferdinand), de Cambrai, à Conches, Eure.
Dessenne (Fernand), de Bauteux, à Conches, Eure.
Desplanque (Emile), de Roubaix, à Limoges, Haute-Vienne.
Desse (Eudine), de Bouchain, à Limoges, Haute-Vienne.
Descaux (Arthur), de Solesne, à Batz, Loire-Inférieure.
Desaunois (Victor), de Hirson, à Ile-de-Batz, Finistère.
Desquilbert (Rosa), de Fourmies, à Plouneour-Trez, Finistère.
Desmberg (Nelly), de Boussois, à Ceton, Orne.
Despeghel (René), de Louvroil, à Bourgneuf-en-Retz, Loire-Inférieure.

Despont (Sylvie), de Fourmies, à [illegible], Loire-Inférieure.
Desages (Jules), de Marpent, à Varton, Loire-Inférieure.
Devergnies (Zénon) (famille), d'Eppe-Sauvage, à Mormant, Loiret.
Devergnies (Zénon), d'Eppe-Sauvage, à Mormant, Loiret.
Devergnies (Clara), d'Eppe-Sauvage, à Mormant, Loiret.
Devergnies (Aline), d'Eppe-Sauvage, à Mormant, Loiret.
Desjardins (Marie), de Cousolre, à Evreux, Eure.
Desjardins (Marie), de Lez-Fontaine, à Evreux, Eure.
Desse (Hélène) et enf., de Maubeuge, à Frévin-Capelle, Pas-de-Calais.
Desmoulins (Florimond) et fam., de Boussois, à Marquay, Pas-de-Calais.
Desmottes (Jean) et fam., de Sains-du-Nord, à Brive, Corrèze.
Destrez (Mme) et enf., de Ferrière-la-Petite, à Ste-Catherine, Pas-de-Calais.
Deschamps (Ismérie) et enf., de Ferrière-la-Grande, à Bertincourt, Pas-de-Calais.
Dessy (Auguste), de Fourmies, à Epiniac, Ille-et-Vilaine.
Dessy (Clara), de Fourmies, à Epiniac, Ille-et-Vilaine.
Dessy (Julia), de Fourmies, à Epiniac, Ille-et-Vilaine.
Dessy (Lucie), de Fourmies, à Epiniac, Ille-et-Vilaine.
Dessy (Pauline), de Fourmies, à Epiniac, Ille-et-Vilaine.
Dessy (Paul), de Fourmies, à Epiniac, Ille-et-Vilaine.
Desmarets (Charles), de Hautmont, à Berles, Pas-de-Calais.
Dessé (Jeanne), de Monceau, à Pontivy, Morbihan.
Descamps (Jeanne) et fam., de Templeuve, à Tarbes, Hautes-Pyrénées.
Desbœufs (Pierre), de Saint-Vaast-les-Mello, à Varades, Loire-Inférieure.
Desbœufs (Marguerite), de St-Vaast-les-Mello, à Varades, Loire-Inférieure.
Desbœufs (Armand), de Saint-Vaast-les-Mello, à Varades, Loire-Inférieure.
Dessager (Marie), de Marpent, à Varton, Loire-Inférieure.
Dessager (Lucas), de Marpent, à Varton, Loire-Inférieure.
Dessager (Robert), de Marpent, à Varton, Loire-Inférieure.
Desfosses (Charles), de Beauvois-en-Cambrésis, à Carquefou, Loire-Inférieure.
Descamps (Marie), de Cousolre, à Sablé, Sarthe.
Descamps (Laure), de Cousolre, à Sablé, Sarthe.
Descamps (Mme), de Boussois, à Sablé, Sarthe.
Desmonts (Juliette), d'Anby, aux Houillères, Loire.
Desplanques (Jeanne), de Fressies, à Vierzon, Cher.
Desplanques (Joseph), de Fressies, à Vierzon, Cher.
Desmareux (Irma) et enf., de Saint-[illegible], à Boissy, Calvados.
Desvignes (Joseph), d'Haudetsoir, à Bayeux, Calvados.
Desjardins (Eugène) et fam., de Beaumont, à Canon, Calvados.
Desfontaines (Narcisse) et fam., de Gouzeaucourt, à Glos, Calvados.
Descamps (Marie) et fam., de Vieux-Reng, à Mesnil-Mauger, Calvados.
Descamps (Emile) et fam., de Maubeuge, à Caen, Calvados.
Desarthe (Elise) et enf., de Solesmes, à Saint-Pierre-sur-Dives, Calvados.
Desplains (Clara) et fam., de Bavinchove, à Genicloi, Calvados.
Desorme (Germaine) et enf., d'Hautmont, à Caen, Calvados.
Desmaiges (Gustave) et fam., de Sailly-lez-Fonds-du-Nord, à Caen, Calvados.
Desjardins (Jean) Vallée et Neuilly-sur-Eaulne, à Port-Louis, Morbihan.
Deschepper (André), d'Avesnelles, à Dongis, Yonne.
Desson (Rose), de Fourmies, à Neuville-sur-Vanne, Aube.
Dessaint (Georgette), de Maubeuge, à Caen, Calvados.
Allard (Marie), de Maubeuge, à Caen, Calvados.
Descamps (Oscar) et fam., de Monceau-Saint-Waast, à Bègles, Gironde.
Desmarets (Paul) et son épouse, d'Hautmont, à St-Valery-en-Caux, Seine-Inf.
Deby (Louise) et enf., de Maubeuge, à Ardres, Pas-de-Calais.
Deby (Adolphine) et enf., de Maubeuge, à Fruges, Pas-de-Calais.
Detaille (Jules) et enf., de Louvroil-sous-le-Bois, à Hermies, Pas-de-Calais.
Dendon (Jules), de Caudry, à Saumur, Maine-et-Loire.
Dendon (Emile), de Caudry, à Saumur, Maine-et-Loire.
Deregnies (Jules), de Bousignies-sur-Roc, à Paligny.
Dendon (Marie), de Quiévy, à Jorigné, Mayenne.
Dendon (Henri), de Quiévy, à Juvigné, Mayenne.
Dendon (Emile), de Saint-Waast, à Montjean, Mayenne.
Dendon (Jean-Baptiste), de Saint-Waast, à Montjean, Mayenne.
Dendon (Jules), de Saint-Waast, à Montjean, Mayenne.
Dendon (Aimé), de Saint-Waast, à Montjean, Mayenne.
Desablonnières (Aimé), de Lille, à Chemillé, Maine-et-Loire.
Deversain (Jules) et fam., de Marpent, à Selles, Pas-de-Calais.
Devin (Julie) et fam., de Neuf-Mesnil, à Herlincourt, Pas-de-Calais.
Deneaux (Denise) et ses frères, de Maubeuge, à Fruges, Pas-de-Calais.
Devorre (Clémence), de Maubeuge, à Saint-Omer, Pas-de-Calais.
Devigne (Charles) et son épouse, de Maubeuge, à Fauquembergues, Pas-de-Calais.
Develay (Jules) et fam., de Maubeuge, à Saint-Omer, Pas-de-Calais.
Devaux (Emile) et fam., de Maubeuge, à Saint-Omer, Pas-de-Calais.
Valckenère (Delphine), de Maubeuge, à Enquin-les-Mines, Pas-de-Calais.
Desmoy (Léonie), d'Avesnes, à Gondreville, Loiret.
Dewelde (Joséphine), de Fourmies, à Saint-Hervé, Côtes-du-Nord.
Devos (Bertha), de Jeumont, à Erôme, Drôme.
Devilliers (Robinson), d'Anor, à Issé, Loire-Inférieure.
Devilliers (Hélène), d'Anor, à Issé, Loire-Inférieure.
Devilliers (Madeleine), d'Anor, à Issé, Loire-Inférieure.
Devaux (Victor), de Solre-le-Château, à Plouzévédé, Finistère.

Devaux (René), de Solre-le-Château, à Plouzévédé, Finistère.
Devivier (Désirée) et enf., d'Hautmont, à Savy-Berlette, Pas-de-Calais.
Devaux (Laurent), de Ferrière-la-Grande, à Campagne-les-Hesdin, P.-de-C.
Devaux (Léonie) et enf., de Ferrière-la-G., à Campagne-les-Hesdin, P.-de-C.
Devillers (Isabelle) et enf., de Rousies, à Denier, Pas-de-Calais.
Devillers (Eugénie), de Gouzeaucourt, à Brionne, Eure.
Devillers (Mme) et enf., de Rouzy, à Etrée-Wamin, Pas-de-Calais.
Devismes (Marie), de Roubaix, à Chemazé, Mayenne.
Dewagenaire (Léonard) et fam., d'Escaudin, à Thury-Harcourt, Calvados.
Devernies (Oda), de Cousolre, à Bruyères-sur-Oise, Seine-et-Oise.
Devin (Mme), de Neuf-Ménil, à Evron, Mayenne.
Devillers (Louis), de Gouzeaucourt, à Le Pin-la-Garenne, Orne.
Devos (Robert), de Maubeuge-sous-Bois, à Rouen, Seine-Inférieure.
Devos (Madeleine), de Maubeuge-sous-Bois, à Rouen, Seine-Inférieure.
Devos (Mme), de Maubeuge-sous-Bois, à Rouen, Seine-Inférieure.
Dey (Robert), d'Anor, à Monéteau, Yonne.
Dey (Zélinia), d'Anor, à Monéteau, Yonne.
Dhainaud (Berthe), de Denain, à Indre, Loire-Inférieure.
Dhaussy (François), d'Haspres, à Saint-Paul-de-Fourques, Eure.
Dhaussy (Rose), d'Iwuy, à Ploaré, Finistère.
Dhaussy (Marie), d'Iwuy, à Ploaré, Finistère.
Dhaussy (Ernest), d'Iwuy, à Ploaré, Finistère.
Dhaemens (Lucien), de Neuf-Ménil, à Evron, Mayenne.
Dhaussy (Céline), de Marpent, à Rennes, Ille-et-Vilaine.
Dhainaut (Félicie) et enf., de Maubeuge, à Fruges, Pas-de-Calais.
Dhecdene (Jean-Baptiste), de Wattrelos, à Limoges, Haute-Vienne.
Dhennin (Laure), de Caudry, à Saint-Lô, Manche.
Dherbecourt (Jeanne), de Caudry, à Rouen, Seine-Inférieure.
Dherbecourt (Émerance), de Caudry, à Rouen, Seine-Inférieure.
Dherbecourt (Julia), de Caudry, à Rouen, Seine-Inférieure.
Dherbecourt (Léon), de Caudry, à Rouen, Seine-Inférieure.
Dherbecourt (Mme), de Caudry, à Rouen, Seine-Inférieure.
Dherbecourt (Zulma), de Caudry, à Rouen, Seine-Inférieure.
Dhont (Louis) et son épouse, de Maubeuge, à Frévin-Capelle, Pas-de-Calais.
Dhordain (Célestin), de Cambrai, à Villevêque, Maine-et-Loire.
Dhordain (Aubertine), de Cambrai, à Villevêque, Maine-et-Loire.
Dhordain (Céleste), de Cambrai, à Villevêque, Maine-et-Loire.
Dhotte (Henri) et enf., de Saint-Amand-les-Eaux, à Montviette, Calvados.
Dhout (Henri), de Neuf-Ménil, à Evron, Mayenne.
Dhout (Mme), de Neuf-Ménil, à Evron, Mayenne.
Dhout (Henri), de Neuf-Ménil, à Evron, Mayenne.
Dhout (Sylvie), de Neuf-Ménil, à Evron, Mayenne.
Dhuin (Marie) et enf., de Maubeuge, à Hucqueliers, Pas-de-Calais.
Didelet (René), de Néry, à Hennebont, Morbihan.
Diéval (Louise), de Saint-Amand-les-Eaux, à Orléans, Loiret.
Dieu (Hector) et son épouse, d'Avesnes-sur-Helpe, à Rouelles, Seine-Inf.
Dieu (Mme) et enf., d'Avesnes-sur-Helpe, à Rouelles, Seine-Inférieure.
Dieu (Justine), de Wignehies, à Nevers, Nièvre.
Diligent (Adrienne) et enf., de Roubaix, à Châteauroux, Indre.
Dimarcq (Camille), de Fourmy, à Orléans, Loiret.
Dindin (Joséphine) et enf., de Maubeuge, à Aire, Pas-de-Calais.
Dineur (Florentine), de Marpent, à Dohem, Pas-de-Calais.
Dineur (Mme), de Marpent, à Dohem, Pas-de-Calais.
Dinoire (Mme) et enf., de Maubeuge, à Saint-Omer, Pas-de-Calais.
Dinsart (Flore), de Bellignies, à Villaines-sous-Malicorne, Sarthe.
Dinsart (Alice), de Bellignies, à Villaines-sous-Malicorne, Sarthe.
Dinsart (Marie), de Bellignies, à Villaines-sous-Malicorne, Sarthe.
Dinsart (Désiré), de Bellignies, à Villaines-sous-Malicorne, Sarthe.
Dinoir (Edouard) et fam., de Proville, à Livarot, Calvados.
Dineur (Zoé), de Trélon, à Orléans, Loiret.
Diot (Albéric) et son épouse, de Roubaix, à Gauriac, Gironde.
Dirèz (Émile) et fam., de Caudry, à Les Herbiers, Vendée.
Disneur (Pierre) et fam., de Jeumont, à Vire, Calvados.
Diveau (Sidonie), de Maubeuge, à Saint-Rémy, Calvados.
Dirry (Clovis), d'Ohain, à Sablé, Sarthe.
Docquin (Victor), de Mézières, à Saint-Étienne, Loire.
Dohet (Sidonie), de Maubeuge, à Saint-Pol, Pas-de-Calais.
Dolley et son épouse, de Gouzeaucourt, à Pin-la-Garenne, Orne.
Dollet (Liana), de Maubeuge, à Frédent, Pas-de-Calais.
Dollet (Maurice), d'Armentières, à Penmarch, Finistère.
Domange (Charles) et enf., d'Avesne-sur-Helpes, à Tarbes, Htes-Pyrénées.
Domni (Michel) et son épouse, de Neuville-sur-Escaut, à Nantes, Loire-Inf.
Donabin (Alice), de Valenciennes, à Cosne, Nièvre.
Donkerque (Raymonde), de Cousolre, à Vauville, Manche.
Donnez-Delruc (Mme), de Maubeuge, à Fauquembergues, Pas-de-Calais.
Donot (Louis), d'Eppe-Sauvage, à Mormant, Loiret.
Donot (Louis), d'Eppe-Sauvage, à Mormant, Loiret.
Dono (Irène), d'Ohain, à Loudéac, Côtes-du-Nord.
Donis (Catherine) et enf., d'Abscon, à Bretteville-sur-Laize, Calvados.
Donain (Jeanne) et fam., de Bavay, à Asnelles, Calvados.
Donnère (Marie-Jeanne) et enf., de Caudry, à Villers-Bocage, Calvados.

Donist-Sorry (Mme), de Maubeuge, à Rouen, Seine-Inférieure.
Donis (Paule) et enf., d'Abscon, à Fresnoy-le-Puceux, Calvados.
Danquigny (Clovis), de Cambrai, à La Chapelle-Moche, Orne.
Dorchuils (Zélia), de Denain, à Montflours, Mayenne.
Dorez (Élise) de Le Quesnoy, à Lourdes, Hautes-Pyrénées.
Doriguy (Marthe) et enf., de Ferrière-la-Grande, à Tilly-Capelle, P.-de-C.
Dormegnies (Flore) et enf., d'Hautmont, à Boubers-sur-Canche, P.-de-C.
Dormignies (Célina) et enf., d'Hautmont, à Chelers, Pas-de-Calais.
Dordin (Marie) et enf., d'Haumont, à Auxi-le-Château, Pas-de-Calais.
Dorchies (Maria), de Denain, à Montflours, Mayenne.
Dorsimont (Céline), de Thiers-Lagranch, à Juvigné, Mayenne.
Dorchies (Marie), de Denain, à Montflours, Mayenne.
Dorchies (François), de Denain, à Montflours, Mayenne.
Dordain (Cécile) et fam., d'Avesnes-lez-Aubert, à Pont-l'Évêque, Calvados.
Dosière (Frida), de Maurois, à Guipavas, Finistère.
Dosière (Blanche), de Maurois, à Guipavas, Finistère.
Dosière (Aline), de Maurois, à Guipavas, Finistère.
Dosière (Aline), de Maurois, à Guipavas, Finistère.
Dosière (Arthur) et fam., de Boussois, à Redon, Ille-et-Vilaine.
Dosière (Henriette), de Boussois, à Redon, Ille-et-Vilaine.
Dottel (André), de Valenciennes, à Loiron, Mayenne.
Dossi (Marie) et enf., de Beaumont, à Canon, Calvados.
Daumont (Alexandre) et son épouse, de Boussois, à Marseuil, Pas-de-Calais.
Douillez (Philippe) et enf., de Maubeuge, à Prevent, Pas-de-Calais.
Douillez (Émile), d'Hautmont, à Thury-Harcourt, Calvados.
Douvain (Mme), de Fourmies, à Nantes, Loire-Inférieure.
Doyen (Emmanuel), de Maubeuge, à Ardres, Pas-de-Calais.
Douillet (Léontine) et enf., de Boussois, à Marœuil, Pas-de-Calais.
Douchy (Paule) et son fils, d'Aulnoy, à Évreux, Eure.
Douillez (Léon), de Boussois, à Arras, Pas-de-Calais.
Douillet (Léontine) et enf., de Maubeuge, à Saint-Omer, Pas-de-Calais.
Douillet (Mme), d'Hautmont, à Croisette, Pas-de-Calais.
Douvilliez (Marguerite) et enf., d'Haumont, à Aire, Pas-de-Calais.
Douilliez (Georgine) et enf., de Boussois, à Arras, Pas-de-Calais.
Douillet (Léontine) et enf., de Maubeuge, à Saint-Omer, Pas-de-Calais.
Doublet (Claire), de Fourmies, à Armeau, Yonne.
Dourdeau (Charles), de Cambrai, à Rouen, Seine-Inférieure.
Doudan (Amaranthe), d'Auberchicourt, à Migennes, Yonne.
Doucedame (Jeanne) et enf., de Cambrai, à Rouen, Seine-Inférieure.
Draux (Léopold) et enf., de Maubeuge-s.-le-Bois, à Lens, Pas-de-Calais.
Drancourt (Azéma), de Maubeuge, à Saint-Pol, Pas-de-Calais.
Draux (Henri), du Quesnoy, à Essonnes, Seine-et-Oise.
Draux (Adolphe), du Quesnoy, à Essonnes, Seine-et-Oise.
Draux (Aimée), du Quesnoy, à Essonnes, Seine-et-Oise.
Draux (Irma), du Quesnoy, à Essonnes, Seine-et-Oise.
Draux (Adolphe), du Quesnoy, à Essonnes, Seine-et-Oise.
Draux (Léontine), du Quesnoy, à Essonnes, Seine-et-Oise.
Dreumont (Lucien), d'Iwuy, à Dragey, Manche.
Dreumont (Colette), d'Iwuy, à Dragey, Manche.
Dreumont (François), d'Iwuy, à Dragey, Manche.
Dreumont (Alexandre), d'Iwuy, à Dragey, Manche.
Dreumont (Henry), d'Iwuy, à Dragey, Manche.
Drecq (Marguerite), de Caudry, à Châtillon-sur-Loire, Loiret.
Dremaux (Mme) et enf., d'Hautmont, à Rouen, Seine-Inférieure.
Drocourt (Jeanne), de Landrecies, à Montréjeau, Haute-Garonne.
Dromby (Germaine), de Briastre, à Ecuillé, Maine-et-Loire.
Drosart (Jean-Baptiste), de Maubeuge, à Fauquembergues, Pas-de-Calais.
Dronsart (Alexandre), de Maubeuge, à Saint-Pol, Pas-de-Calais.
Drouard (Clélie), de Carnières, à Châtillon-sur-Loire, Pas-de-Calais.
Drocourt (Blanche), de Landrecies, à Montréjeau, Haute-Garonne.
Dromby (Louis), de Briastre, à Ecuillé, Maine-et-Loire.
Dron (Marie), de Cambrai, à Roanne, Loire.
Dron (Marthe), de Cambrai, à Roanne, Loire.
Dron (Raymond), de Cambrai, à Roanne, Loire.
Dron (Désiré), de Caudry, à Cany, Seine-Inférieure.
Dron (Eugénie), de Caudry, à Cany, Seine-Inférieure.
Dron (Germaine), de Caudry, à Cany, Seine-Inférieure.
Druard (Roger), de Fourmies, à Trévé, Côtes-du-Nord.
Druard (Charles), de Fourmies, à Trévé, Côtes-du-Nord.
Druchert (Léonard), de Jeumont, à Torcy, Seine-et-Marne.
Druchert (Jeanne), de Jeumont, à Torcy, Seine-et-Marne.
Druchert (Marie), de Sous-le-Bois, à Torcy, Seine-et-Marne.
Druart (Élise), de Bousignies-sur-Roc, à Corps-Nuds, Ille-et-Vilaine.
Druart (Mme) et enf., de Cerfontaine, à Courset, Pas-de-Calais.
Drugman (Mme) et enf., de Cousolre, à Samer, Pas-de-Calais.
Druart (Mme) et enf., de Cerfontaine, à Courset, Pas-de-Calais.
Druon (Hortense) et enf., d'Hautmont, à Aire, Pas-de-Calais.
Druenne (Alphonse) et enf., de Maubeuge, à Fruges, Pas-de-Calais.
Druard (Émile) et fam., de Frasnoy, à Redon, Ille-et-Vilaine.
Druart (Marie), du Quesnoy, à Andard, Maine-et-Loire.
Dumibet (Marie), de Jeumont, à Torcy, Seine-et-Marne.

Druesne (Aurélie) et enf., d'Hautmont, à Auxi-le-Château, Pas-de-Calais.
Druart (Rose) et fam., d'Hautmont, à Auxi-le-Château, Pas-de-Calais.
Druesne (Michel), de Ferrière-la-Grande, à Campagne-les-Hesdin, P.-de-C.
Druon (Léonie), d'Hautmont, à Auxi-le-Château, Pas-de-Calais.
Druon (Camille), de Fourmies, à Plounéventer, Finistère.
Druon (Louise), de Fourmies, à Plounéventer, Pas-de-Calais.
Druez (Alfred) et fam., de Landrecies, à Uzerche, Corrèze.
Druesne (Flore), de Bousies, Fresnes, Orne.
Drupn (Joséphine), du Cateau, à Vernon, Indre-et-Loire.
Druon (Désirée), du Cateau, à Vernon, Indre-et-Loire.
Druard (Octavie) et enf., de Frasnoy, à Redon, Ille-et-Vilaine.
Druez (Henri), de Monçeau-Saint-Waast, à Villemurlin, Loiret.
Dubreucq (Mme), de Templeuve, à Vierzon, Cher.
Dobré (Valère) et épouse, de Maubeuge, à Aubin-St-Waast, Pas-de-Calais.
Dubut (Georges), d'Hautmont, à Pénin, Pas-de-Calais.
Dubois (Achille), de Maubeuge, à Gourville, Eure-et-Loir.
Dubois (Clarisse), de Caudry, à Saint-André-de-Cubzac, Gironde.
Dubois (Paul), de Caudry, à Saint-André-de-Cubzac, Gironde.
Dubucq (Marie), de Landas, à Saint-Macaire, Maine-et-Loire.
Dubrulle (Flore) et enf., d'Hautmont, à Auxi-le-Château, Pas-de-Calais.
Dubruc (Désirée) et enf., d'Hautmont, à Saint-Nicolas, Pas-de-Calais.
Dubois (Mme), de Marpent, à Saint-Nicolas, Manche.
Dubreucq (Eugène), de Hecq, à Cheillé, Indre-et-Loire.
Dubuisson (Léon), et son épouse, d'Hautmont, à Condé-sur-Sarthe, Orne.
Duhamel (Louise), de Wignehies, à Cézy, Yonne.
Dubois (Albert), de Clairfayts, à Saint-Goazec, Finistère.
Dubois (Gustave), de Montigny, à Clohars-Carnoët, Finistère.
Dubrais (Arthur), d'Anor, à Issé, Loire-Inférieure.
Dubrais (Héléna), d'Anor, à Issé, Loire-Inférieure.
Dubrais (Louise), d'Anor, à Issé, Loire-Inférieure.
Dubrais (Eugénie), d'Anor, à Issé, Loire-Inférieure.
Dubois (Armire), de Jeumont, à La Planche, Loire-Inférieure.
Dubrais (Hélène), d'Anor, à Issé, Loire-Inférieure.
Dubois (Ernest), de Jeumont, à La Planche, Loire-Inférieure.
Dubois (Adèle), de Jeumont, à La Planche, Loire-Inférieure.
Dubois (Désiré), d'Hautmont, à Parigné-l'Evêque, Sarthe.
Dubois (Emile), d'Hautmont, à Parigné-l'Evêque, Sarthe.
Dubois (Eva), d'Hautmont, à Parigné-l'Evêque, Sarthe.
Dubray (Raymond), de Marpent, à Batz, Loire-Inférieure.
Dubray (Josseline), de Marpent, à Batz, Loire-Inférieure.
Dubois (Stéphane), de Marpent, à Batz, Loire-Inférieure.
Dubois (Charles), de Marpent, à Batz, Loire-Inférieure.
Dubrais (Maxime), d'Anor, à Issé, Loire-Inférieure.
Dubrais (Léon), d'Anor, à Issé, Loire-Inférieure.
Dubois (Charles) et fam., de Bouchain, à Limoges, Haute-Vienne.
Dubeaurepaire (Augustin), de Wignehies, au Mans, Sarthe.
Dubeaurepaire (François), de Wignehies, au Mans, Sarthe.
Dubeaurepaire (Eugène), de Wignehies, au Mans, Sarthe.
Dubeaurepaire (Charles), de Wignehies, au Mans, Sarthe.
Dubois-Marty (Mme) et enf., de Banteux, à Rouen, Seine-Inférieure.
Dubois-Lemaître (Mme) et enf., de Banteux, à Rouen, Seine-Inférieure.
Dubois (Julie), de Jeumont, à Humbécourt, Haute-Marne.
Dubois (Madeleine), du Quesnoy, à Pougues-les-Eaux, Nièvre.
Dubois (Hélène), du Quesnoy, à Pougues-les-Eaux, Nièvre.
Dubois (Antoinette), du Quesnoy, à Pougues-les-Eaux, Nièvre.
Dubois (Odette), de Jeumont, à Bourg-des-Comptes, Ille-et-Vilaine.
Dubois (Marie), d'Hautmont, à Sadirac, Gironde.
Dubar (Aimée) et enf., de Marpent, à Dohem, Pas-de-Calais.
Dubigny (Ruphine) et enf., de Maubeuge, à Saint-Omer, Pas-de-Calais.
Dubois (Joseph) et enf., d'Hautmont, à Aire, Pas-de-Calais.
Dubois (Mme) et enf., de Maubeuge, à Saint-Omer, Pas-de-Calais.
Dubreucq (Catherine) et enf., d'Hautmont, à Lens, Pas-de-Calais.
Dubreuck (Catherine) et enf., d'Hautmont, à Nuncq, Pas-de-Calais.
Dubois (Camille) et enf., d'Hautmont, à Nuncq, Pas-de-Calais.
Du Bois (Louise) et enf., de Maubeuge, à St-Pol, Pas-de-Calais.
Dubuisson (Lucienne), de Ferrière-la-Grande, à Anvin, Pas-de-Calais.
Dubois (Achille), de Maubeuge, à Aire, Pas-de-Calais.
Dubois (Désiré) et son épouse, de Maubeuge, à Arques, Pas-de-Calais.
Dubreucq (Léa) et enf., de Maubeuge, à Ecuires, Pas-de-Calais.
Dubroeucq (Anna) et enf., de Maubeuge, à Ardres, Pas-de-Calais.
Dubois (Léon) et fam., de Fourmies, à Dinard, Ille-et-Vilaine.
Dubois (Georges) et enf., de Jeumont, à Bourg-des-Comptes, Ille-et-Vilaine.
Dubrulle (Marcelle), de Cambrai, à Quettreville, Manche.
Dubrulle (Mme), de Cambrai, à Quettreville, Manche.
Dubuisson (M.) et enf., de Ferrière-la-Grande, à Recques-s.-Courte, Pas-de-Cal.
Dubray (Emilie), de Felleris, à Déols, Indre.
Dubois (Mme), de Wallers-Trelin, à Montsûrs, Mayenne.
Dubois (Ernest), de Wallers-Trelin, à Montsûrs, Mayenne.
Dubois-Dandrien (André) d'Haspres, à Gambais, Seine-et-Oise.
Dubois-Dandrien (Georges), d'Haspres, à Gambais, Seine-et-Oise.
Dubois-Dandrien (Jules), d'Haspres, à Gambais, Seine-et-Oise.
Dubois-Dandrieu (Hyacinthe), d'Haspres, à Gambais, Seine-et-Oise.
Dubois (Achille), de Maubeuge, à Courville, Eure-et-Loir.
Dubreucq (Mme), d'Avesnes-les-Aubert, à Vierzon, Cher.
Dubois (Alfred), de Saint-Amand, à Hiéville, Calvados.
Dubois (Louise) et fam., de Dunkerque, à Villers-Bocage, Calvados.
Dubois (Laurent, de Gouzeaucourt, à Glos, Calvados.
Dubois (Octave), de Cartignies, à Magny-la-Froule, Calvados.
Dubois-Gossau (Louise) et enf., de Pont-sur-Sambre, à Parville, Eure.
Dubois (Selvina), de Villers-Guislain, à Jouy-sur-Eure, Eure.
Dubois (Elisée), de Felleries, à Rugles, Eure.
Dubois-Blanchard (Palmyre) et enf., de Pont-sur-Sambre, à Parville, Eur
Dubois (Floria) et enf., de Felleries, à Bézancourt, Seine-Inférieure.
Dubois (Marguerite), de Maubeuge, à Alençon, Orne.
Dubos (Louis), de Maubeuge, à Alençon, Orne.
Dubart (Laure), de Thun-l'Evêque, à Condé-sur-Noireau, Calvados.
Dubois (Hélène) et fam., de Jeumont à Bourg-des-Comptes, Ille-et-Vilaine.
Dubray-Maquis, de Fourmies, à Criel, Seine-Inférieure.
Ducarn (Laure), de Pérou, à Huelgoat, Finistère.
Ducornet (Marie), de Montigny, à Clohars Carnoët, Finistère.
Ducornet (Joséphine), de Montigny, à Clohars-Carnoët, Finistère.
Ducornet (Hector), de Montigny, à Clohars-Carnoët, Finistère.
Ducornet (Paul), de Caudry, à Clohars-Carnoët, Finistère.
Ducroux (Auguste), de Lens, à Châteauroux, Indre.
Ducarne (Paul), de Boussois, à Mareuil, Pas-de-Calais.
Duchesne (J), de Ferrière-la-Grande, à Campagne-les-Hesdin, Pas-de-Cal
Ducarne (Aline) et enf., d'Hautmont, à Saint-Nicolas, Pas-de-Calais.
Ducarne (Honorine), de Wallers-Trélon, à Versailles, Seine-et-Oise.
Ducrot (Julie) et enf., d'Hautmont, à Auxi-le-Château, Pas-de-Calais.
Ducro (Henri), de Louvroil, à Bayon, Gironde.
Ducarne (Julia), de Solre-le-Château, à Sablé, Sarthe.
Ducarne (Eugénie), de Solre-le-Château, à Sablé, Sarthe.
Duchatelle (Auguste) et fam., de Rumilly, à Mesnil-Eudes, Calvados.
Duclercq (Marcel), de Jeumont, à Antrain, Ille-et-Vilaine.
Duchatel (Laure) et enf., de Maubeuge, à St-Michel-sur-Ternoise, Pas-de-
Ducro (Emile) et fam., d'Hautmont, à Aire, Pas-de-Calais.
Ducornet (Esther) et enf., de Wargnies-le-Grand, à Anzin-St-Aubin, Pas-de-
Duchateau (Luce) et enf., de Ferrière-la-Grande, à Preures, Pas-de-Calai
Ducarne (Hélène), du Quesnoy, à Champignelles, Yonne.
Ducarne (Angélina), du Quesnoy, à Champignelles, Yonne.
Ducarne (Adolphe), du Quesnoy, à Champignelles, Yonne.
Duchatel (Sophie), de Thun-l'Evêque, à Condé-sur-Noireau, Calvados.
Ducarne (Sophie), du Quesnoy, à Champignelles, Yonne.
Ducarne (Angèle), du Quesnoy, à Champignelles, Yonne.
Dudant (Désiré), de Mortagne, à Rouen, Seine-Inférieure.
Dudé (Berthe), de Blanc-Misseron, à Rouen, Seine-Inférieure.
Dudefoy (Maria) et enf., de Rouzy, à Étrée-Wamin, Pas-de-Calais.
Duez (Jeanne), de Frasnoy, à Coullons, Loiret.
Duez (Germaine), de Frasnoy, à Coullons, Loiret.
Duez (Edmonde), de Frasnoy, à Coullons, Loiret.
Duez (Elisa), de Cambrai, à Dordives, Loiret.
Duez (Octave), de Maubeuge, à Dordives, Loiret.
Duez (Robert), de Maubeuge, à Dordives, Loiret.
Duez (Marcel), de Maubeuge, à Dordives, Loiret.
Duez (Louise), de Maubeuge, à Hucqueliers, Pas-de-Calais.
Duez (Célina) et enf., de Ferrière-la-Grande, à Campagne-lès-Hesdin, Pas-de-C
Duée (Noël), de Blanc-Misseron, à Rouen, Seine-Inférieure.
Duée (Gilbert), de Blanc-Misseron, à Rouen, Seine-Inférieure.
Duée (Robert), de Blanc-Misseron, à Rouen, Seine-Inférieure.
Duez (Jeanne), de Maubeuge, à Dordives, Loiret.
Duée (Norbert), de Blanc-Misseron, à Rouen, Seine-Inférieure.
Duée (Germaine), de Blanc-Misseron, à Rouen, Seine-Inférieure.
Dufour (Adèle), de Landrecies, à Montauban, Tarn-et-Garonne.
Dufresnoy (Antonin), de Ferrières, à La Boussière, Eure.
Dufossé (Suzanne), de Lez-Fontaines, à Saint-Valérien, Yonne.
Dufosset (Gabrielle), d'Hautmont, à Saint-Pol, Pas-de-Calais.
Dufour (Juliette) et enf., de Maubeuge, à Saint-Omer, Pas-de-Calais.
Dufour (Joséphine) et enf., de Maubeuge, à Ardres, Pas-de-Calais.
Dufrane (Julia) et enf., d'Hautmont, à Aire, Pas-de-Calais.
Dufrenne (Louise), de Féron, à Appoigny, Yonne.
Dufrenne-Taisne (Marie), de Féron, à Appoigny, Yonne.
Dufour (Henri), d'Ecaillon, à Carentoir, Morbihan.
Dufour (Omérine), d'Ecaillon, à Carentoir, Morbihan.
Duflot (Alfred) et fam., de Trélon-Glageon, à Vassy, Calvados.
Dufosset (Marie), d'Avesnes, à Clamecy, Nièvre.
Dufranne (Elise), de Ferrière-la-Grande, à Mouchy-Breton, Pas-de-Calais
Duflot (Mme), de Pont-Sainte-Maxence, à Arradon, Morbihan.
Dufranne (Mme) et enf., d'Hautmont, à Saint-Nicolas, Pas-de-Calais.
Dufresne (Elvire) et enf., de Bersillies, à Avesnes-le-Comte, Pas-de-Calais
Dufoix (Charles), de Jeumont, à Noyen-sur-Sarthe, Sarthe.
Dufoix (Luce), de Jeumont, à Noyen-sur-Sarthe, Sarthe.
Dufoix (Blanche), de Jeumont, à Noyen-sur-Sarthe, Sarthe.

Dufoix (Louise), de Jeumont, à Noyen-sur-Sarthe, Sarthe.
Dufour (Marie), de Landrecies, à Montauban, Tarn-et-Garonne.
Duflos (Norbert), de Jeumont, à Château-Chinon-Ville, Nièvre.
Dufresse (Marie-Louise), du Cateau, à Vernon, Indre-et-Loire.
Dugnol (Rachel), de Trélon, à Saint-Lambert-des-Levées, Maine-et-Loire.
Dugnol (Marthe), de Trélon, à Saint Lambert-des-Levées, Maine-et-Loire.
Dubot (Valentine) et enf., d'Haumont, à Penin, Pas-de-Calais.
Dubin (Angèle) et enf., de Ferrière-la-Grande, à Blangy-s-Ternoise, Pas-de-C.
Dubot (Léocadie), d'Hautmont, à Saint-Nicolas, Pas-de-Calais.
Duhamel (Maurice), de Wignehies, à Cézy, Yonne.
Duhamel (Marcelle), de Wignehies, à Cézy, Yonne.
Dujardin (Pierre), du Quesnoy, à Saint-Loup, Manche.
Dujardin (Édouard), de Werwick, à Grasse, Alpes-Maritimes.
Dujardin (Edmond), de Tourcoing, à Roanne, Loire.
Dujardin (Edmond), de Tourcoing, à Saint-Étienne, Loire.
Dujardin (Gabrielle), de Tourcoing, à Roanne, Loire.
Dujardin (Edmée), de Tourcoing, à Roanne, Loire.
Dujimont (Mme), du Quesnoy, à Alençon, Orne.
Dujardin (Alphonse), de Douai, à Tannay-en-Bazois, Nièvre.
Dujardin (Jules), de Fourmies, au Conquet, Finistère.
Dulierre (Élisa) et enf., de Boussois, à Arras, Pas-de-Calais.
Dulot (Juliette), d'Armentières, à Plougastel-Daoulas, Finistère.
Dulion (Camille), de Trith-Saint-Léger, à Monts-en-Bessin, Calvados.
Dolieu (Alfred), de Solesmes, à Brest, Finistère.
Dumas (Noël), de Marpent, à Bécherel, Ille-et-Vilaine.
Dumas (Élise), de Féron, à Appoigny, Yonne.
Dumont (Ulma), de Beugniez, à Saint-Satur, Cher.
Dumar (Bibiane), de Marpent, à Bécherel, Ille-et-Vilaine.
Dumetz (Clémence), de Maubeuge, à Saint-Omer, Pas-de-Calais.
Dumas (Ernest), d'Anor, à Boisseron, Hérault.
Dumez (Louis), de Sains-en-Gohelle, à Cognac, Charente.
Dumont (Léon), de Beugniez, à Saint-Satur, Cher.
Dumont (Arthur), de Beugniez, à Saint-Satur, Cher.
Dumont (Madeleine), de Beugniez, à Saint-Satur, Cher.
Dumont (Antoine), de Beugniez, à Saint-Satur, Cher.
Dumont (Jules), de Beugniez, à Saint-Satur, Cher.
Dumont (Yvonne), de Beugnier, à Saint-Satur, Cher.
Dumont (Laure), de Beugniez, à Saint-Satur, Cher.
Dumont (Georges), de Fourmies, à Breteuil, Eure.
Dumont (Joséphine), de Fourmies, à Breteuil, Eure.
Dumas (Adonis), d'Étrœungt, aux Sièges, Yonne.
Dumas (Maurice), d'Étrœungt, aux Sièges, Yonne.
Dumas (Marie-Louise), d'Étrœungt, aux Sièges, Yonne.
Dumas (Yvonne), d'Étrœungt, aux Sièges, Yonne.
Dumas (Carmen), de Marpent, à Bécherel, Ille-et-Vilaine.
Dumoulin (Henri), de Maubeuge, à Bourgneuf-en-Retz, Loire-Inférieure.
Dumoulin (Marie), de Maubeuge, à Bourgneuf-en-Retz, Loire-Inférieure.
Dumoulin (Georges), de Maubeuge, à Bourgneuf-en-Retz, Loire-Inférieure.
Dumoulin (Elvy), de Maubeuge, à Bourgneuf-en-Retz, Loire-Inférieure.
Dumalin (Florentin), de Lille, à Guéret, Creuse.
Dumont (François), de Maubeuge, à Anceins, Orne.
Dumoulin (Léza), de Maubeuge, à Bourgneuf-en-Retz, Loire-Inférieure.
Dumoulin (Elvy), de Maubeuge, à Bourgneuf-en-Retz, Loire-Inférieure.
Dumas (Élie) et fam., de Louvroil, à La Réole, Gironde.
Dumoulin (René), de Maubeuge, à Bourgneuf-en-Retz, Loire-Inférieure.
Dumortier (Henry) et fam., de Grison, à Meulan, Seine-et-Oise.
Dumazatau (Mme), de Creil, à Vierzon, Cher.
Dumont (Henri), du Quesnoy, à Saint-Étienne, Loire.
Dumont (Maria), du Quesnoy, à Saint-Étienne, Loire.
Dumont (Raymond), du Quesnoy, à Saint-Étienne, Loire.
Dupont (Victoire), d'Hautmont, à Auxi-le-Château, Pas-de-Calais.
Duprié (Ismérie), d'Hautmont, à Sadirac, Gironde.
Dupont (Angèle), du Cateau, à Cannes, Alpes-Maritimes.
Dupont (Mathilde), de Damouzy, à Arras, Pas-de-Calais.
Dupont (Marthe) et enf., de Marpent, à Dohem, Pas-de-Calais.
Dupont (Joséphine) et enf., d'Hautmont, à Arras, Pas-de-Calais.
Dupont (Léonisa) et fam., de Marpent, à Dohem, Pas-de-Calais.
Dupriez (Marie) et enf., de Maubeuge, à Saint-Omer, Pas-de-Calais.
Duprié (Joseph), de Maubeuge, à Enquin-sur-Baillons, Pas-de-Calais.
Dupriez (Julie) et enf., de Maubeuge, à Saint-Omer, Pas-de-Calais.
Dupuis (Eusorie), de Ferrière-la-Grande, à Tenour, Pas-de-Calais.
Dupuits (Émilie) et enf., de Ferrière-la-Grande, à Monchy-Cayeux, Pas-de-Calais.
Dupagny (Robert), de Bavai, à Beaumont-le-Roger, Eure.
Dupont (Émile), de Fourmies, à Landivisiau, Finistère.
Dupuis (Léontine), d'Hautmont, à Auxi-le-Château, Pas-de-Calais.
Dupuich (Mme), de Ferrière-la-Petite, à Sainte-Catherine, Pas-de-Calais.
Dupont (Ida), de Maubeuge, à Merlimont, Pas-de-Calais.
Dupont (Marguerite), de Maubeuge, à Hermaville, Pas-de-Calais.
Dupont (Florine), de Maubeuge, à Hermaville, Pas-de-Calais.
Dupuis (Elvire), d'Hautmont, à Saint-Laurent-Blangy, Pas-de-Calais.

Dupuis (Gabrielle) et enf., d'Hautmont, à Auxi-le-Château, Pas-de-Calais.
Dupuis (Lumina) et fam., d'Haumont, à Mareuil, Pas-de-Calais.
Dupont (Léon) et fam., d'Hautmont, à Magnicourt-en-Comté, Pas-de-Calais.
Dupont (Maria) et enf., de Ferrière-la-Grande, à Monchy-Breton, Pas-de-C.
Dupont (Lydie) et enf., de Neufmésnil, à Houvin-Houvigneul, Pas-de-Calais.
Dupont (Aline), de Felleries, à Evreux, Eure.
Dupas (Laure), de Douchy, à Saumur, Maine-et-Loire.
Dupas (Berthe), de Douchy, à Saumur, Maine-et-Loire.
Dupas (Léone), de Douchy, à Saumur, Maine-et-Loire.
Dupas (Léon), de Douchy, à Saumur, Maine-et-Loire.
Dupas (Robert), de Douchy, à Saumur, Maine-et-Loire.
Dupas (Édouard), d'Haspres, à Gambais, Seine-et-Oise.
Dupuis (Raphaël), de Ferrière-la-Petite, à Brienon-sur-Armançon, Yonne.
Dupuis (Marie), de Ferrière-la-Petite, à Brienon-sur-Armançon, Yonne.
Dupuis (Hermant), de Ferrière-la-Petite, à Brienon-sur-Armançon, Yonne.
Dupire (Émilia), de Cambrai, à Cabourg, Calvados.
Dupont (Mme), de Valenciennes, à Saint-Jacques, Calvados.
Dupont (Eugénie) et fam., de Jolimetz, à Cresserons, Calvados.
Dupuis (Raphaël), de Ferrière-la-Petite, à Brienon-sur-Armançon, Yonne.
Duplessis de Grenédan, de Marolles, à Hennebont, Morbihan.
Duponnois (Abel), d'Ecluves, à Troix, Haute-Marne.
Dupluvinage (Sophie), de Busigny, à Mareil-sur-Loir, Sarthe.
Dupluvinage (Charles), de Busigny, à Mareil-sur-Loir, Sarthe.
Dupluvinage (Olga), de Busigny, à Mareil-sur-Loir, Sarthe.
Dupluvinage (Marie), de Busigny, à Mareil-sur-Loir, Sarthe.
Dupluvinage (Rachel), de Busigny, à Mareil-sur-Loir, Sarthe.
Dupluvinage (Henri), de Busigny, à Mareil-sur-Loir, Sarthe.
Dupluvinage (Charles), de Busigny, à Mareil-sur-Loir, Sarthe.
Dupont (Lia), de Wignehies, à Dirol, Nièvre.
Duprat (Octave), de Fourmies, à Plouider, Finistère.
Duprat (Eugénie), de Fourmies, à Plouider, Finistère.
Duprat (Jeanne), de Fourmies, à Plouider, Finistère.
Dupont (Paul), d'Hirson, à Plounéour-Ménez, Finistère.
Dupont (Marthe), d'Hirson, à Plounéour-Ménez, Finistère.
Dupont (Lucienne), d'Avesnes, à Plouvorn, Finistère.
Dupont (Armande), d'Avesnes, à Plouvorn, Finistère.
Dupont (Sylvie), d'Avesnes, à Plouvorn, Finistère.
Dupont (Blanche), de Solre-le-Château, à Plouzévédé, Finistère.
Dupixo (Célina) et enf., de Sepmeries, au Sap, Orne.
Dupont (Marie-Louise) et enf., de Douai, à Lourdes, Hautes-Pyrénées.
Dupré (Marthe), de Cousolre, à Arradon, Morbihan.
Dupuis (Hortense), d'Iwuy, à Rouen, Seine-Inférieure.
Dupont (Berthe), d'Aumont, à Pouilly-sur-Loire, Nièvre.
Dupont (Emery) et fam., de Boulogne, à Véron, Yonne.
Dupuis (François), d'Avesnes-le-Sec, à Villequiers, Cher.
Dupuis (Marie), d'Avesnes-le-Sec, à Villequiers, Cher.
Dupuis (Eugénie), d'Avesnes-le-Sec, à Villequiers, Cher.
Duquesnes (Célina), d'Avesnes, à Plouvorn, Finistère.
Duquesne (Mme), de Felleries, à Sillé-le-Guillaume, Sarthe.
Duquesne (Adolphe) et fam., de La Gorgue, à Lourdes, Hautes-Pyrénées.
Duquesnois (Jules), de Douai, à Frasne-le-Château, Haute-Saône.
Duquesnoy (Suzanne), de Fourmies, à Dorette, Rhône.
Duquesne (Alfred), d'Aulnoy, à Vayres, Gironde.
Duret (Marie), de Sous-le-Bois, à Lumbres, Pas-de-Calais.
Durieux (Charles), de Douai, à Saint-Romphaire, Manche.
Dursin (Marie), de Dimont, à Esmans, Seine-et-Marne.
Dursin (Georges), de Dimont, à Esmans, Seine-et-Marne.
Dursin (Georgette), de Dimont, à Esmans, Seine-et-Marne.
Durieux (Aline), de Bavay, à Glos, Calvados.
Durieux (Gaston) et fam., de Cambrai, à Cabourg, Calvados.
Durin (Henri) et fam., de Dunkerque, à Bretteville-sur-Odon, Calvados.
Durieux (François), d'Haumont, à Evron, Mayenne.
Durigneux (François), de Feignies, à Andouillé, Mayenne.
Durigneux (Hélène), de Feignies, à Andouillé, Mayenne.
Durigneux (Louise), de Feignies, à Andouillé, Mayenne.
Durigneux (Léon), de Feignies, à Andouillé, Mayenne.
Durigneux (Marcel), de Feignies, à Andouillé, Mayenne.
Durigneux (Élise), de Feignies, à Andouillé, Mayenne.
Dutrieux (Félicien), de Denain, à Montflours, Mayenne.
Dutrieux (Donatien), de Denain, à Montflours, Mayenne.
Durand (Angélina), de Solre-le-Château, à Sablé, Sarthe.
Durieux (Mme), d'Haumont, à Evron, Mayenne.
Durenne (Élise), de Neuf-Mesnil, à Herlincourt, Pas-de-Calais.
Duriau (Jules) et fam., de Feignies, à Lens, Pas-de-Calais.
Durand et enf., de Cerfontaine, à Samer, Pas-de-Calais.
Durieux (Julia) et enf., de Maubeuge, à Aire, Pas-de-Calais.
Durigneux (Irma) et enf., de Maubeuge, à Fauquembergues, Pas-de-Calais.
Durigneux (Mme) et enf., de Maubeuge, à Fauquembergues, Pas-de-Calais.
Durant (Achille) et enf., de Clairfayts, à Vrigny, Loiret.
Durand (Marie) et enf., d'Hautmont, à Hautecloque, Pas-de-Calais.
Durand (Mme), de Recquignies, à Rinxent, Pas-de-Calais.

Durieu (Jeanne), de Gommegnies, à Locquirec, Finistère.
Durant (Adèle), de Maubeuge, à Lourdes, Hautes-Pyrénées.
Durieux (Clémence), de Sepmeries, à Champignelles, Yonne.
Durieux (Ernest), de Sepmeries, à Champignelles, Yonne.
Durieux (Arthémise), de Sepmeries, à Champignelles, Yonne.
Durieux (Paule), de Sepmeries, à Champignelles, Yonne.
Durieux (Lucie), de Sepmeries, à Champignelles, Yonne.
Durieux (Ernest), de Sepmeries, à Champignelles, Yonne.
Durieux (Georges), de Sepmeries, à Champignelles, Yonne.
Dussaussois (Thérèse), de Ramousies, à Treigny, Yonne.
Dussaussois (Rose), de Ramousies, à Treigny, Yonne.
Dussaussois (Lucienne), de Ramousies, à Treigny, Yonne.
Dussaussois (Marie), de Ramousies, à Treigny, Yonne.
Dussaussois (Germaine), de Ramousies, à Treigny, Yonne.
Duscéaux (Joséphine), de Carnières, à Châtillon-sur-Loire, Loiret.
Dussart (Rose), de Maubeuge, à Fruges, Pas-de-Calais.
Dusehu (Mme) et enf., d'Hautmont, à Saint-Omer, Pas-de-Calais.
Dussart (Victorien) et fam., de Maubeuge, à St-Omer, Pas-de-Calais.
Dusehu (Rose), d'Hautmont, à Saint-Omer, Pas-de-Calais.
Dussart (M.) et enf., de Ferrière-la-Grande, à Blangy-sur-Ternoise, Pas-de-C.
Dusong (Pierre), de Maubeuge, à La Celle-sur-Loire, Nièvre.
Dusong (Joseph), de Maubeuge, à La Celle-sur-Loire, Nièvre.
Dusong (Maria), de Maubeuge, à La Celle-sur-Loire, Nièvre.
Dussausoye (Olga), de Dompierre, à Villeurbanne, Rhône.
Dussart (Maria), de Maubeuge, à Tours, Indre-et-Loire.
Dusart (François), de Sepmeries, au Sap, Orne.
Dusong (Jean-Baptiste) et fam., de Maubeuge, à Bonnières, Pas-de-Calais.
Dussart (Francis), de Douai, à Tamnay-en-Bazois, Nièvre.
Dutranoy (Victor), d'Anzin, à Saint-Sulpice-le-Guérétois, Creuse.
Dutremée (Mme), d'Obrechies, à Putot-en-Bessin, Calvados.
Dutemple (Edmond) et fam., de Proville, à Livarot, Calvados.
Dutrieux (Alphonse), du Quesnoy, à Essonnes, Seine-et-Oise.
Dutemple (Valentine), de Bouchain, à Quinéville, Manche.
Dutemple (Léonard) et fam., de Bruay, à Foucarmont, Seine-Inférieure.
Duteurdroir et enf., de Bavay, à Rouen, Seine-Inférieure.
Duvaux (Félicien) et fam., d'Hautmont, à Aire, Pas-de-Calais.
Duval (Rose) et enf., de Jeumont, à Lessard-en-Bresse, Saône-et-Loire.
Duval (Eugène), de Dunkerque, à Châtres, Mayenne.
Duval (Marie), du Quesnoy, à Saint-Gildas, Morbihan.
Ebel (Emile), de Maubeuge, à Saint-Omer, Pas-de-Calais.
Ebel (Firmin), de Maubeuge, à Saint-Omer, Pas-de-Calais.
Ebel (Lucie) et enf., de Maubeuge, à Saint-Omer, Pas-de-Calais.
Echevin (Léonie) et enf., de Maubeuge, à Aire, Pas-de-Calais.
Edart (Emilie) et enfants, de Maubeuge, à Saint-Omer, Pas-de-Calais.
Eidelmann (Sarah), de Paris, à Saint-Christophe-du-Bois, Maine-et-Loire.
Elaldieff (Alexandre), de Valenciennes, à Saint-Marcel, Aude.
Eliez (Victor), de Solre-le-Château, à La Chèze, Côtes-du-Nord.
Eliez (Elmire), de Solre-le-Château, à La Chèze, Côtes-du-Nord.
Elie (Antoinette) et enf., d'Hautmont, à Aire, Pas-de-Calais.
Elu (Louise), d'Hautmont, à Aire, Pas-de-Calais.
Eloire (Modeste), de Glajean, à Egreville, Seine-et-Marne.
Eloire (Léon), de Glajean, à Egreville, Seine-et-Marne.
Eloire (Amédée), de Glajean, à Egreville, Seine-et-Marne.
Eloy (Sylva), de Feignies, à Janzé, Ille-et-Vilaine.
Elliet (André), de Fourmies, à Concressault, Cher.
Elliet (Marthe), de Fourmies, à Concressault, Cher.
Elliet (Henri), de Fourmies, à Concressault, Cher.
Emart (Léa), d'Hargnies, à Neuillé-le-Lierre, Indre-et-Loire.
Emery (Juliette) et enf., de Recquignies, à Aire, Pas-de-Calais.
Emond (Ernest), de Rainsars, à Saint-Aubin-Château-Neuf, Yonne.
Emond (Isabelle), de Rainsars, à Saint-Aubin-Château-Neuf, Yonne.
Emond (Adelina), de Rainsars, à Saint-Aubin-Château-Neuf, Yonne.
Emond (Eva), de Rainsars, à Saint-Aubin-Château-Neuf, Yonne.
Empain (Aila), de Consolre, à Sablé, Sarthe.
Ensia (Mme) et enfants, d'Hautmont, à Saint-Laurent-Blangy, Pas-de-Cal.
Enée (Mme), de Cambrai, à Quettreville, Manche.
Enée (Georges), de Cambrai, à Quettreville, Manche.
Englebert (Jeanne), de Roubaix, à Saint-Quay-Portrieux, Côtes-du-Nord.
Enquebec (Jeanne), de Louvroil, au Mans, Sarthe.
Enquebec (Valentin), de Louvroil, au Mans, Sarthe.
Enquebec (Marie), de Louvroil, au Mans, Sarthe.
Ergot (Augustine), de Beugnies, à Saint-Satur, Cher.
Erhart (Emilie), de Lille, à Héric, Loire-Inférieure.
Erhart (Emile), de Lille, à Héric, Loire-Inférieure.
Erhart (Emilie), de Lille, à Héric, Loire-Inférieure.
Erpelding et fam., de Mairieux, à Arras, Pas-de-Calais.
Es (Albert), de Louvroil, à Bourgneuf-en-Retz, Loire-Inférieure.
Es (Hermine), de Louvroil, à Bayon, Gironde.
Es (Emma), de Louvroil, à Bayon, Gironde.
Escarmur (Albert), de Solre-le-Château, à Sablé, Sarthe.
Escarmur (Victorine), de Solre-le-Château, à Sablé, Sarthe.
Escarmur (Madeleine), de Solre-le-Château, à Sablé, Sarthe.
Escarmur (Marcelle), de Solre-le-Château, à Sablé, Sarthe.
Escotte (Mme), de Fourmies, à Nevers, Nièvre.
Estal (Julien), de Fourmies, à Louverné, Mayenne.
Esturbot (Adelin), de Lesselles, à Parné, Mayenne.
Etampes (Mme) et enf., de Ferrière-la-Grande, à Heuchin, Pas-de-Calais.
Etampes (Marie) et enf., de Ferrière-la-Grande, à Heuchin, Pas-de-Calai
Etruin (Joséphine), de Valenciennes, à Saint-Valery-en-Caux, Seine-Infé
Eustanus (Laure), de Maubeuge, à Savy-Berlette, Pas-de-Calais.
Evrard (Arsène) et fam., d'Avesnes-sur-Helpe, à Rouelles, Seine-Inférieure
Evrard (Emma), de Trélon, à Bueil, Eure.
Evrard (Marie), de Trélon, à Bueil, Eure.
Evrard (Eugénie), de Sains, à Saint-Martin-de-Fresnay, Calvados.
Evrard (Gilbert), de Fourmies, à Senan, Yonne.
Evrard (Gilberte), de Fourmies, à Senan, Yonne.
Evrard (Mme), de Fourmies, à Senan, Yonne.
Evrard (Alfred) et fam., de Maubeuge-sous-le-Bois, à Fruges, Pas-de-Calai
Everard (Pélagie) et enf., de Maubeuge, à Saint-Omer, Pas-de-Calais.
Everaert (Clotilde), de Maubeuge, à Hesdin, Pas-de-Calais.
Evrard (Léon) et fam., de Fourmies, à Dinard, Ille-et-Vilaine.
Exshavier (Appoline) et enf., d'Hautmont, à Aire, Pas-de-Calais.
Faivre (Joséphine) et fam., de Maubeuge, à Annoire, Jura.
Faipeur (Lydie), de Maubeuge, à Cambligneul, Pas-de-Calais.
Fagniart (Adeline), de Ferrière-la-Grande, à Auchy-lès-Hesdin, Pas-de-C
Faiwet (Marie), de Fourmies, à Villechétive, Yonne.
Fallet (Constance), de Saint-Quentin, à Briouze, Orne.
Faleur (Mme), de Solesmes, à Ifs, Calvados.
Faleur (Lucie), de Fourmies, au Lude, Sarthe.
Faleur (Blanche), de Fourmies, au Lude, Sarthe.
Faleur (Marie), de Fourmies, au Lude, Sarthe.
Faleur (Nelly), de Fourmies, au Lude, Sarthe.
Faleur (Marie-Louise), de Fourmies, au Lude, Sarthe.
Faleur (Paul), de Fourmies, à Longwy, Seine-Inférieure.
Faleur (Elise), de Fourmies, à Longwy, Seine-Inférieure.
Famechon (Louise), de Berlaimont, à Kerlouan, Finistère.
Famechon (Mme), de Berlaimont, à Kerlouan, Finistère.
Fanget (Marguerite), d'Anor, à Valbenoîte, Loire.
Fanget (Vincent), d'Anor, à Valbenoîte, Loire.
Fangot (Joseph), d'Anor, à Valbenoîte, Loire.
Fanget (Jean), d'Anor, à Valbenoîte, Loire.
Fardel (Eugène) et enf., de La Madeleine-lès-Lille, à Caen, Calvados.
Fareneau (François), de La Sentinelle, à Saint-Martin-de-Bienfaite, Calvado
Farez (Germaine), de Villers-Plouich, à Conlie, Sarthe.
Farez (André), de Villers-Plouich, à Conlie, Sarthe.
Farez (Irma), de Villers-Plouich, à Conlie, Sarthe.
Farez (Jean), de Villers-Plouich, à Conlie, Sarthe.
Faroux (Mme), d'Anor, à Saint-Léger-des-Vignes, Nièvre.
Faroux (Georgette), d'Anor, à Saint-Léger-des-Vignes, Nièvre.
Farineau (Estelle), de Valenciennes, à Planchez, Nièvre.
Fastré (Mme) et enf., de Maubeuge, à Hucqueliers, Pas-de-Calais.
Fatieu (Mme) et enf., de Maubeuge, à Saint-Pol, Pas-de-Calais.
Fatrez (Anna) et enf., de Ferrière-la-Grande, à Monchy-Breton, Pas-de-Cala
Fautroy (Dieudonné), de Hautmont, à Breteuil, Eure.
Fautray-Froment (Mme), de Hautmont, à Breteuil, Eure.
Fauveaux (Mme) et enf., de Hautmont, à Saint-Laurent-Blangy, Pas-de-Cala
Faux (Joseph), de Valenciennes, à Blismes, Nièvre.
Fauvaux (Blanche), de Hautmont, à Auty-le-Château, Pas-de-Calais.
Fauversienne-Lallemand (Vital.), de Ferrière-la-Gr., à Huby-St-Leu, P.-de-
Fauconnier Domithilde, de Ferrière-la-Grande, à Monchy-Cayeux, Pas-de-
Faucon (Jeanne), d'Anor, à Sillé-le-Guillaume, Sarthe.
Faucon (Félicie), d'Anor, à Sillé-le-Guillaume, Sarthe.
Faucon (Angèle), d'Anor, à Sillé-le-Guillaume, Sarthe.
Fauvergne (Jeanne), de Lille, à Courseulles, Calvados.
Fauconnier (Ghislaine), de Glageon, au Mazeau-Vignol, Nièvre.
Fauconnier (Marceau), de Glageon, au Mazeau-Vignol, Nièvre.
Fauconnier (Albert), de Glageon, au Mazeau-Vignol, Nièvre.
Fauconnier (Simonne), de Glageon, au Mazeau-Vignol, Nièvre.
Fauconnier (Clément), de Glageon, au Mazeau-Vignol, Nièvre.
Favro (Adolphine), de Douai, à Saint-Donan, Côtes-du-Nord.
Favro (Marguerite), de Douai, à Saint-Donan, Côtes-du-Nord.
Favro (Louis), de Douai, à Saint-Donan, Côtes-du-Nord.
Favier (Mme) et enf., de Ferrière-la-Grande, à Berneuilles, Pas-de-Cala
Fayard (Antoinette), du Cateau, à Saint-Etienne, Loire.
Feignie-Barra (Marie), de Feignies, à Saint-Thois, Finistère.
Felten (Coralie), de Fourmies, à Serignac, Finistère.
Félix (Mathilde), de La Madeleine-lès-Lille, à Caen, Calvados.
Fellier (Jules), du Cateau, à Chicheboville, Calvados.
Fénelez-Villette (Alphonsine) et enf., de Hautmont, à Achicourt, Pas-de-Cala
Fené (Mme) et enf., de Maubeuge, à Fruges, Pas-de-Calais.
Femeland (Edmond), de Maubeuge, à Izel-lez-Hameau, Pas-de-Calais.
Feton (Rose), de Maubeuge, à Boisjean, Pas-de-Calais.

Ferdinand (Mme) et enf., de Wargnies-le-Grand, à Anzin-St-Aubin, P.-d-C.
Féton (Rose), de Maubeuge, à Boisjean, Pas-de-Calais.
Férouillat (Marie), de Maubeuge, à Brimeux, Pas-de-Calais.
Fériez (Marie), du Cateau, à Oinville-Saint-Liphard, Eure-et-Loir.
Feret (Louise) et enf., de Wallers, à Saint-Jacques, Calvados.
Feret (Mme), de Wallers, à Saint-Jacques, Calvados.
Féret (Emilienne), de Solre-le-Château, à La Chèze, Côtes du-Nord.
Féret (Emilienne), de Solre-le-Château, à La Chèze, Côtes-du-Nord.
Féret (Appoline), de Solre-le-Château, à La Chèze, Côtes-du-Nord.
Férouillat (Augustine), de Maubeuge, à Brimeux, Pas-de-Calais.
Férouillat (Nestor), de Maubeuge, à Brimeux, Pas-de-Calais.
Férouillat (Berthe), de Maubeuge, à Brimeux, Pas-de-Calais.
Fernaudy (Marie), de Jeumont, à Guérande, Loire-Inférieure.
Fernaudy (Paulette), de Jeumont, à Guérande, Loire-Inférieure.
Fernaudy (Claire), de Jeumont, à Guérande, Loire-Inférieure.
Fernaudy (André), de Jeumont, à Guérande, Loire-Inférieure.
Fernaudy (Pierre), de Jeumont, à Guérande, Loire-Inférieure.
Férouillat (Mme), de Maubeuge, à Brimeux, Pas-de-Calais.
Ferté (Marthe) et enf., de Coucy-la-Ville, à Flers, Orne.
Ferté (Maurice), de Coucy-la-Ville, à Flers, Orne.
Feuillat (Jeanne), de Landrecies, à Urzy (Nièvre).
Feuillat (Roland), de Landrecies, à Urzy, Nièvre.
Feuillat (Yolande), de Landrecies, à Urzy, Nièvre.
Feuillette (Désirée) et fam., de Caudry, à Argences, Calvados.
Fuillet (Georges), de Valincourt, à Saint-Omer, Calvados.
Fevez (Pauline), de Haubourdin, à Lourdes, Hautes-Pyrénées.
Fevrier (Arthur), de Maubeuge, à Saint-Omer, Pas-de-Calais.
Feys (Louis), de Complien, à Cleder, Finistère.
Fiacre (Jules) et fam., de Hautmont, à Gouy-en-Ternois, Pas-de-Calais.
Ficheux (Mélanie) et enf., de Quiévrechain, à Villers-en Ouche, Orne.
Fiévet (Rosalie), de Denain, à Bruz, Ile-et-Vilaine.
Fiévet (Madeleine), de Solre-le-Château, à Déols, Indre.
Fiévet (Alfred), de Solre-le-Château, à Déols, Indre.
Fiévé (Amélie), de Bellignies, à
Fiévet (Jeanne), de Hautmont, à Rânes, Orne.
Fievet (Eugénie), de Hautmont, à Auxy-le-Château, Pas-de-Calais.
Figuer (Pierre), de Trélon, à Saint-Remy, Calvados.
Filliez (Roberte), de Trélon, à Cleder, Finistère.
Fillieur (Blanche), de Ramousies, à Treigny, Yonne.
Filliez (Abel), de Trélon, à Cleder, Finistère.
Filliez (Charles), de Trélon, à Cleder, Finistère.
Fillieur (Robert), de Ramousies, à Treigny, Yonne.
Fillion (Marie), de Hautmont, à Auxy-le-Château, Pas-de-Calais.
Fillez (Laure), de Fourmies, à Gennes-sur-Seiche, Ile-et-Vilaine.
Fillex (Anna) et fam., de Fresnes, à Laigle, Orne.
Filleur (Emérance), de Maubeuge, à Saint-Omer, Pas de Calais.
Filleur (Joséphine), de Maubeuge, à Saint-Omer, Pas-de-Calais.
Filleur (Eugène) et fam., de Maubeuge, à Essars, Pas-de-Calais.
Filleul (Mme) et enf., de Feignies, à Dohem, Pas-de-Calais.
Finet (Alphonse) et sa fam., de Marpent, à Sallebœuf, Gironde.
Finet, de Marpent, à Rouen, Seine-Inférieure.
Finet (Mme), et enf., de Marpent, à Rouen, Seine-Inférieure.
Flandwet (Pierre), de Maubeuge, à Fauquembergues, Pas-de-Calais.
Flandois (Mme), de Sous-le-Bois, à Arras, Pas-de-Calais.
Flament (Adèle), de Marpent, à Dohem, Pas-de-Calais.
Flamand (Edwige), de Gognies-Chaussée, à Morigny-Champigny, Seine-et-O.
Flamand (Marie), de Gognies-Chaussée, à Morigny-Champigny, S.-et-O.
Flamend (Célinie), de Maubeuge, à Saint-Omer, Pas-de-Calais.
Flamnu (Henri), de Hautmont, à Saint-Pol, Pas de Calais.
Flament (Mélanie), de Ferrière-la-Grande, à Fleury, Pas-de-Calais.
Flahaut (Marie), de Cambrai, à Bourg-de-Brain, Ile-et-Vilaine.
Flament (Marie) et enf, de Hautmont, à Saint-Nicolas, Pas-de-Calais.
Flamme (Louis) et fam., de Hautmont, à St-Laurent-Blangy, P.-de-C.
Flamme (Marie) et enf., de Hautmont, à Auxy-le-Château, Pas-de-Calais.
Flavigny (Pierre), de Rousies, à Manin, Pas-de-Calais.
Flamant (Lucien), de Busigny, à Châtillon-en Bazois, Nièvre.
Flamand (Germaine), de Hautmont, à Rânes, Orne.
Flament (Marthe) et sa fam., de Cambrai, à Cabourg, Calvados.
Flamand (Julia), de Hautmont, à Rânes, Orne.
Flamand (Julien), de Hautmont, à Rânes, Orne.
Flavigny (Henri), de Cambrai, à Conches, Eure.
Flament (Firmin), d'Avesnes, à Mardié, Loiret.
Flament (Rose), d'Avesnes, à Mardié, Loiret.
Flament (Juliette), d'Avesnes, à Mardié, Loiret.
Flamand (Désiré), de Hautmont, à Rânes, Orne.
Flamine (Alfred) et sa fam., de Feignies, à Mortrée, Orne.
Flament (Henri), de Niergnies, à Neuvy-Deux-Clochers, Cher.
Flament (Ernest), de Cambrai, à Neuvy-Deux-Clochers, Cher.
Flament (Mélanie), de Quiévrechain, à Villers-en-Ouche, Orne.
Flament (Eugénie), de Quiévrechain, à Villers-en-Ouche, Orne.
Flament (Augustine), de Masnières, à Messas, Loiret.
Flamand (Nestor), de Fourmies, à Louverné, Mayenne.
Flamand (Sidonie), de Saint-Waast, à Montjean, Mayenne.
Flahaut (Jules) et fam., de Mouveaux, à Aunay-sur-Odon, Calvados.
Fleury (Mme), de Catillon, à Redon, Ile-et-Vilaine.
Fleury (Jean-Baptiste), de Beuvrages, à Saint-Sulpice-le-Guérétois, Creuse.
Fleury (Louise), de Hautmont, à Ligny-sur-Canche, Pas-de-Calais.
Flo (Jeanne de), de Maubeuge, à Fruges, Pas-de-Calais.
Florimond (Suzanne) et enf., de Hautmont, à Aire, Pas-de-Calais.
Florentin (Virginie), de Felleries, à Saint-James, Sarthe.
Flore (Anna), de Louvroil, à Sablé, Sarthe.
Flore (Adrien), de Louvroil, à Sablé, Sarthe.
Flutetot (Mathilde), de Maubeuge, à Lumbres, Pas de-Calais.
Flucher (Louis) et enf., de Fourmies, à Nantes, Loire-Inférieure.
Flutetot (Charles), de Ferrière-la-Grande, à Diéval, Pas de-Calais.
Fontaine (Jules) et enf., de Caudry, à Caen, Calvados.
Fontaine (Mme), d'Anor, à Magny, Calvados.
Fortin (Aline), d'Anor, à Nevers, Nièvre.
Fontaine (Léonie) et enf., de Hautmont, au Ponchel, Pas-de-Calais.
Fontaine (Henri), de Hautmont, à Saint-Nicolas, Pas-de-Calais.
Fontaine (Augustine), de Maubeuge, à Houvin-Houvigneul, Pas-de-Calais.
Fontaine (Audivine) et enf., de Maubeuge, à Rebreuviette, Pas-de-Calais.
Fontenelle-Bernier (Aug.) et fam., de Beugnies, à Dammarie-les-Lys, S.-et-M.
Fontaine (Victorine), de Saint-Quentin, à Condé-sur-Huisne, Orne.
Fontaine (François), et fam., de Caudry, à Ceton, Orne.
Fontenelle (Berthe) et enf., de Rousies, à Frévin-Capelle, Pas-de-Calais.
Fontaine (Robert), de Jeumont, à Oissel, Seine-Inférieure.
Fontaine (Jeanne), de Jeumont, à Oissel, Seine-Inférieure.
Fontaine (Louise), de Jeumont, à Oissel, Seine-Inférieure.
Fontaine (Léona), de Jeumont, à Oissel, Seine-Inférieure.
Fontaine (Arthur), de Jeumont, à Oissel, Seine-Inférieure.
Fontaine (Emile) et fam., de Caudry, à Limoges, Haute-Vienne.
Fontaine-Dermoncourt (Pauline), de Fourmies, à Appoigny, Yonne.
Fontaine (Marie), de Hautmont, à Mardilly, Orne.
Fontenelle (Jeanne), de Sains-du-Nord, à Aron, Mayenne.
Fontenelle (Octavie), de Sains-du-Nord, à Aron, Mayenne.
Fontenelle (André), de Sains-du-Nord, à Aron, Mayenne.
Fontenelle (Gustave), de Sains-du-Nord, à Aron, Mayenne.
Fontenelle (René), de Sains-du-Nord, à Aron, Mayenne.
Fontenelle (Germaine), de Sains-du-Nord, à Aron, Mayenne.
Fontaine (Emile), de Caudry, à Yvré-le-Polin, Sarthe.
Fontaine (Elvina), de Sars-Poteries, à Coudrecieux, Sarthe.
Fontaine (Marie), de Mitry, à Vire, Calvados.
Fontenelle (Mme) et enf., de Solre-le-Château, à Rouen, Seine-Inférieure.
Fontenelle (Emile), de Solre-le-Château, à Rouen, Seine Inférieure.
Fontaine (Henri) et fam., d'Ors, à Uzerche, Corrèze.
Fontaine (Jeanne) et enf., de Maubeuge, à Aire, Pas-de-Calais.
Fontaine (Marguerite) et enf., de Sous-le-Bois, à Hesdin, Pas-de-Calais.
Fontaine (Louis), de Sous-le-Bois, à Hesdin, Pas-de-Calais.
Fontaine (Zélia), de Maubeuge, à Saint-Pol, Pas de-Calais.
Fontaine (Maria), d'Avesnes, à Bains, Ile-et-Vilaine.
Fontaine (Mme), d'Avesnes-sur-Helpe, à Quincy-Segy, Seine-et-Marne.
Fontaine (Augustine), de Caudry, à Sixt-Bourg, Ile-et-Vilaine.
Fontaine (Marcel), d'Avesnes-sur-Helpe, à Quincy-Ségy, Seine-et-Marne.
Fostier (Blanche) et enf., de Beaurepaire, à La Belliole, Yonne.
Forest (Marie), d'Etincourt, à Gurgy, Yonne.
Foret (Marthe) et enf., de Lille, à Lourdes, Hautes-Pyrénées.
Forbach (Marie) et enf., de Maubeuge, à Saint-Omer, Pas-de Calais.
Forler (Augustine), de Villers-Sire-Nicole, à Saint Molf, Loire-Inférieure.
Forget (Emile), de Fismes, à Vias, Hérault.
Forler (Rolande), de Villers-Sire Nicole, à Saint-Molf, Loire-Inférieure.
Forler (David), de Villers-Sire-Nicole, à Saint-Molf, Loire-Inférieure.
Forler (Julia), de Villers Sire Nicole, à Saint-Molf, Loire-Inférieure.
Fostier (Aldegonde), d'Anor, à Saint-Aubin-Château-Neuf, Yonne.
Fostier (Victor), d'Anor, à Saint-Aubin Château-Neuf, Yonne.
Fosse (Mathilde), de Haussy, à Pont-Hébert, Manche.
Fossé (Jules) et fam., de Solre-le-Château, au Sap, Orne.
Fosset (Léon), de Sains-du-Nord, à Sizun, Finistère.
Fosset (Julia), de Sains-du-Nord, à Sizun, Finistère.
Fosset (René), de Sains-du Nord, à Sizun, Finistère.
Fostier (Mme), d'Avesnes, à Entrammes, Mayenne.
Fostier (Henriette), d'Avesnes, à Entrammes, Mayenne.
Fostier (Mathilde), d'Anor, à Saint-Aubin-Château-Neuf, Yonne.
Fournier (Jeanne), de Maubeuge, à Fleurieu-sur-Saône, Rhône.
Fournier (Louise), de Maubeuge, à Fleurieu-sur-Saône, Rhône.
Fournier (Emile) et enf., de Lez-Fontaine, à Imphy, Nièvre.
Fouquart (Jules), de Fourmies, à Saint-Hervé, Côtes-du-Nord.
Fouquert (Suzanne), de Douai, à Marmagne, Cher.
Foucauld (Lucien), de Sars-Poteries, à Royan, Charente-Inférieure.
Foucauld (Emma) de Sars-Poteries, à Royan, Charente-Inférieure,
Fouriez (Maurice), de Famars, à Millay, Nièvre.
Fouriez (Marcel), de Famars, à Millay, Nièvre.

Fouriez (Lucile), de Famars, à Millay, Nièvre.
Fouriez (Mathilde), de Famars, à Millay, Nièvre.
Fouriez (Hélène), de Famars, à Millay, Nièvre.
Fouret et enf., de Felleries, à Rouen, Seine-Inférieure.
Fourquin (Martial), de Cambrai, à Rouen, Seine-Inférieure.
Fourquin (Mme) et enf., de Cambrai, à Rouen, Seine-Inférieure.
Fournier (Aglaé), de Denain, à Ploufragan, Côtes-du-Nord.
Fournier (Zélia), de Denain, à Ploufragan, Côtes-du-Nord.
Eournier (Aglaé), de Denain, à Ploufragan, Côtes-du-Nord.
Fournier (Philogone), de Denain, à Ploufragan, Côtes-du-Nord.
Fouque (Elisabeth), de Valenciennes, à Cosne, Nièvre.
Fouquart (Robert), de Fourmies, à Saint-Jean-d'Assé, Sarthe.
Fouquart (André), de Fourmies, à Saint-Jean-d'Assé, Sarthe.
Fouquart (Lucie), de Fourmies, à Saint-Jean-d'Assé, Sarthe.
Fouquart (Jeanne), de Fourmies, à Saint-Jean-d'Assé, Sarthe.
Fournoy (Eugénie) et enf., de Hautmont, à Aire, Pas-de-Calais.
Foulon (Aimé), et fam., de Cerfontaine, à Samer, Pas-de-Calais.
Fourmoy (Mme) et enf., de Cerfontaine, à Courset, Pas-de-Calais.
Fournier (Victor), de Hautmont, à Saint-Omer, Pas-de-Calais.
Fournier (Emilienne), de Ferrière-la-Gr., à St-Hilaire-du-Harc., Manche.
Fouquart (Augustine) et enf., de Neuf-Mesnil, à Saint-Omer, Pas-de-Calais.
Fougnié (Florimond) et fam., de Denain, à Caen, Calvados.
Foulon (Clara), de Cambrai, à Cabourg, Calvados.
Fouquet (Mme), de Fourmies, à Villaines-la-Juhel, Mayenne.
Foulon (Marie), d'Eppe-Sauvage, à Mormant, Loiret.
Foulart (Irma), de Bruay-sur-Escaut, à Yvré-l'Evêque, Sarthe.
Fouquet (Carmen), de Fourmies, à Villaines-la-Juhel, Mayenne.
Fougnies (Agnès), de Frasnoy, à Coullons, Loiret.
Foubert (Marie), d'Honnechy, à Châteauroux, Indre.
Fourlé (Claire), de Fourmies, à St-Pierre-sur-Dives, Calvados.
Fournier (Berthe), de Chantilly, à Theix, Morbihan.
Fourneaux (Marguerite) et enf., de Valenciennes, à Saint-Jacques, Calvados.
Fourmentin (Palmyre), de Cousolre, à Glos, Calvados.
Fournier (Alexand.), et fam., de Maubeuge, à Houvin-Houvigneul, P.-de-C.
Fournet (Julie), d'Arras, à Perron, Orne.
Foubert (Hélène), de Marly, au Sap, Orne.
Fourdrignier (Hélène), d'Etrœungt, à Saint-Aubin-Château-Neuf, Yonne.
Fourez (François), de Vieux-Reng, à Gouesnou, Finistère.
Fourdin-Poulet et enf., de Larouillies, à Pougny, Nièvre.
Fovez (Edmond), de Naves, à Caen, Calvados.
Frappart (Elise) et enf., de Maubeuge, à Ardres, Pas-de-Calais.
Fraval (Yves-Marie), de Hautmont, à La Mancellière-sur-Vire, Calvados.
François (Denise), de Frasnoy, à Redon, Ille-et-Vilaine.
François (Maria), de Frasnoy, à Redon, Ille-et-Vilaine.
François (Antoinette), de Frasnoy, à Redon, Ille-et-Vilaine.
François (Irma), de Frasnoy, à Redon, Ille-et-Vilaine.
François (Gaston), de Flaumont-Wandrechies, à Orléans, Loiret.
François (Apolline), du Quesnoy, à Essonnes, Seine-et-Oise.
François (Jules), du Quesnoy, à Essonnes, Seine-et-Oise.
François (Mélanie), de Marpent, à St-Nicolas, Manche.
François (Georges), de Marpent, à Saint-Nicolas, Manche.
Framboisier (Marie-Louise) et enf., de Maubeuge, à St-Omer, Pas-de-Calais.
Franck (Louis), de Hautmont, à Pamiers, Ariège.
Frasez (Léon), de Roubaix, à Gravigny, Eure.
Frasez (Françoise), de Roubaix, à Gravigny, Eure.
Frasez (Renée), de Roubaix, à Gravigny, Eure.
Frasez (Thérèse), de Roubaix, à Gravigny, Eure.
François (Jeanne), de La Madeleine, à Agen, Lot-et-Garonne.
François (Henri), de La Madeleine, à Agen, Lot-et-Garonne.
Franck (Lucienne), de Hautmont, à Pamiers, Ariège.
François (Eugène), et fam., de Bellignies, à Caen, Calvados.
François (Charles), de Wargnies, à Bavent, Calvados.
François (Madeleine), de Flaumont-Wandrec., à St-Denis-de-l'Hôtel, Loiret.
François (Gaston), de Vireux, à Maillot, Yonne.
Frémy (Gabrielle) et enf., de Maubeuge, à Saint-Omer, Pas-de-Calais.
Frémy (Mme) et enf., de Sous-le-Bois, à Lens, Pas-de-Calais.
Frère (Hortense), de Hautmont, à Enghien-les-Bains, Seine-et-Oise.
Frère (Armand) et fam., de Cousolre, à Montmagny, Seine-et-Oise.
Frénoy (Alfred), de Flines-lès-Raches, à Veigné, Indre-et-Loire.
Frénoy (René), de Flines-lès-Raches, à Veigné, Indre-et-Loire.
Frénoy (Elvire), de Flines-lès-Raches, à Veigné, Indre-et-Loire.
Frénoy (Louis), de Flines-lès-Raches, à Veigné, Indre-et-Loire.
Frénoy (Hector), de Flines-lès-Raches, à Veigné, Indre-et-Loire.
Fréhaut (Charles), de Boussignies-sur-Roc, à Kernouès, Finistère.
Fréhaut (Charles), de Boussignes-sur-Roc, à Kernouès, Finistère.
Fréhaut (Charlotte), de Boussignies-sur-Roc, à Kernouès, Finistère.
Fréhaut (Jean), de Boussignies-sur-Roc, à Kernouès, Finistère.
Fréhaut (Mireille), de Boussignies-sur-Roc, à Kernouès, Finistère.
Fréau (Reine), de Gommegnies, à Locquirec, Finistère.
Fréau (Rosa), de Gommegnies, à Locquirec, Finistère.
Fréau (Anna), de Gommegnies, à Locquirec, Finistère.
Fréau (Prosper), de Gommegnies, à Locquirec, Finistère.
Frémaux (Théodorine) et enf., de Hautmont, à Bonnières, Pas-de-Calais.
Fritte (Louise), de Floing, à La Clusaz, Haute-Savoie.
Friedrick (Mme) et enf., de Maubeuge, à Saint-Omer, Pas-de-Calais.
Friart (Clémence), de Maubeuge, à Ardres, Pas-de-Calais.
Frichet (Ernestine), de Gommegnies, à Coullons, Loiret.
Frichet (Martial), de Gommegnies, à Coullons, Loiret.
Friand (Odélie) et enf., d'Eclaibes, à Dinard, Ille-et-Vilaine.
Friart (Aglaé), de Hautmont, à Parigné-l'Evêque, Sarthe.
Friart (Suzanne), de Hautmont, à Parigné-l'Evêque, Sarthe.
Friart (Auguste), de Hautmont, à Parigné-l'Evêque, Sarthe.
Friart (Léon et Simone), de Hautmont, à Rânes, Orne.
Fritz (Marie), d'Avesnes, à Nantes, Loire-Inférieure.
Friot (Rose), de Maroilles, à Hennebont, Morbihan.
Fromont (Elodie), de Valenciennes, à Rennes, Ille-et-Vilaine.
Froissard (Désirée) et fam., de Trith-Saint-Léger, à Trouville, Calvados.
Froment (Alfred), de Marpent, à Batz, Loire-Inférieure.
Froment (Ida), de Marpent, à Batz, Loire-Inférieure.
Froment (Emilien), de Maubeuge, à Lierville, Seine-Inférieure.
Froment (Marie), de Maubeuge, à Lierville, Seine-Inférieure.
Froment (Emile), de Maubeuge, à Lierville, Seine-Inférieure.
Froment (Alice), de Maubeuge, à Hesdin, Pas-de-Calais.
Froment (Germaine), de Maubeuge, à Lierville, Seine-Inférieure.
Froment (Marguerite), de Maubeuge, à Lierville, Seine-Inférieure.
Frossard (Louis), de Maresches, à Rouen, Seine-Inférieure.
Froment (Gustave), de Jeumont, à Cosne, Nièvre.
Fumel (Camille), de Toul, à Meung-sur-Loire, Loiret.
Furgerot (Fernand), de Villers-Guislain, à Tarare, Rhône.
Furgerot (Lucien) et enf., de Villers-Guislain, à Marolles, Calvados.
Fuzillier (Aurore), de Felleries, à Villemoiron, Aube.
Gabet (Victor), de Caudry, à Villers-Bocage, Calvados.
Gabet (Pierre), de Caudry, à La Couture-Boussey, Eure.
Gabet (Robert), de Caudry, à La Couture-Boussey, Eure.
Gabet (Angèle), de Caudry, à La Couture-Boussey, Eure.
Gabet (Julia) et enf., d'Hautmont, à Achicourt, Pas-de-Calais.
Gaetane (Hurbin), de Jeumont, à Moidrey, Manche.
Gaillet (Fernande et Pauline), de Sepmeries, au Sap, Orne.
Gaillet (Auguste), de Raucourt, à Saint-Chamond, Loire.
Galois (Virginie), de Maubeuge, à Saint-Omer, Pas-de-Calais.
Gallet (Emilie), de Ferrière-la-Grande, à Wicquinghem, Pas-de-Calais.
Galien-Martens (Mme) et enf., de Maubeuge, à Essars, Pas-de-Calais.
Galien-Lanoy (Mme) et enf., de Maubeuge, à Essars, Pas-de-Calais.
Gallois (Blanche) et enf., de Ferrière-la-Grande, à Recques-sur-Courte, P.-de-C.
Gallez (Marthe) et enf., d'Hautmont, à Saint-Nicolas, Pas-de-Calais.
Galopin (Jules), de Cambrai, à Rouen, Seine-Inférieure.
Galichet (René), d'Etrœungt, à Loudéac, Côtes-du-Nord.
Gallais (Victor), de Maubeuge, à Coursan, Aude.
Gallais (Marie), de Maubeuge, à Coursan, Aude.
Gamache (Fernande), d'Hautmont, à Hautecloque, Pas-de-Calais.
Gambart (Georges), de Cambrai, à Courville, Eure-et-Loir.
Gambier (Hector), de Jeumont, à Caen, Calvados.
Gandras (Louise), d'Hautmont, à Saint-Pierre-sur-Dives, Calvados.
Gandele (Louis), de Bellignies, à Villaines-la-Juhel, Mayenne.
Gandaux (Edouard), de Coussolre, à Forcé, Mayenne.
Gary (Élisabeth), de Fourmies, à Vitré, Ille-et-Vilaine.
Gary (Philomène), de Fourmies, à Vitré, Ille-et-Vilaine.
Gary (Suzanne), de Fourmies, à Vitré, Ille-et-Vilaine.
Garin (Julia), de Jeumont, à Caen, Calvados.
Garin (Rosalie), de Jeumont, à Cambremer, Calvados.
Gary (Paul) et fam., de Fourmies, à St-Denis-de-Piles, Gironde.
Gard (Coralie), de Rousies, à Mingoval, Pas-de-Calais.
Garlois (Victor), de Raches, à Vias, Hérault.
Garde (Charles), de Masnières, à Evron, Mayenne.
Gassée (Raymond), de Lille, à Coutances, Manche.
Gasioronski (Casimir), d'Auby, à Saint-Lô, Manche.
Gasioronski (Jean), d'Auby, à Saint-Lô, Manche.
Gasioronski (Casimir), d'Auby, à Saint-Lô, Manche.
Gasioronski (Wanda), d'Auby, à Saint-Lô, Manche.
Gaspard (Hermine), d'Avesnes, à Loudéac, Côtes-du-Nord.
Cauthier (Jeanne), de Maubeuge, à Saint-Omer, Pas-de-Calais.
Gautier (Elise), de Maubeuge, à Saint-Omer, Pas-de-Calais.
Gautier (Léa), de Maubeuge, à Saint-Omer, Pas-de-Calais.
Gaubet (Aline), du Catelet, à Tiercé, Maine-et-Loire.
Gaudfrin (Charles), de Roubaix, à Cléder, Finistère.
Gaudon (Paulette), de Fourmies, à Saint-Étienne, Loire.
Gaudon (Anna), de Fourmies, à Saint-Étienne, Loire.
Gaudon (Mme), de Fourmies, à Saint-Étienne, Loire.
Gaudin (Pierrette), de Trélon, à Lyon, Rhône.
Gauchon (Sidonie), de Boussois, à Arras, Pas-de-Calais.
Gaudin (Maria), de Ferrière-la-Grande, à Diéval, Pas-de-Calais.
Gautier (Juliette), de Comminès, à Asnelles, Calvados.

Gaudeflier (Lucie), d'Hestrud, à Vrigny, Loiret.
Gautier (Yvonne), d'Hautmont, à Condé-sur-Noireau, Calvados.
Gauthé (Simone), de Famars, à Millay, Nièvre.
Gautier (Julienne), de Solre-le-Château, à La Chéze, Côtes-du-Nord.
Gaveriaux (Rachel), de Lille, à Caen, Calvados.
Gavériaux (Jules), d'Honnechy, à Fouvray, Indre-et-Loire.
Gavériaux (Clarine), d'Honnechy, à Fouvray, Indre-et-Loire.
Gavériaux (Irène), du Cateau, à Cannes, Alpes-Maritimes.
Gebhard (Aloïse), d'Avesnelles, à Caen, Calvados.
Geruert (Eugénie), de Maubeuge, à Brimeux, Pas-de-Calais.
Gébu (Germaine), de Lille, à Caen, Calvados.
Génot (Hélène), de Rousies, à Mingoval, Pas-de-Calais.
Genay (Alphonse), de Maubeuge, à Sierville, Seine-Inférieure.
Genay (Rose), de Maubeuge, à Sierville, Seine-Inférieure.
Genay (Armel), de Maubeuge, à Sierville, Seine-Inférieure.
Genay (Victor), de Maubeuge, à Sierville, Seine-Inférieure.
Genay (Marie), de Maubeuge, à Sierville, Seine-Inférieure.
Genay (Mathilde), de Maubeuge, à Sierville, Seine-Inférieure.
Génod (Joséphine), de Vieux-Reng, à Gouesnou, Finistère.
Génod (Philippe), de Vieux-Reng, à Gouesnou, Finistère.
Génod (Gustave), de Vieux-Reng, à Gouesnou, Finistère.
Genain (Marie), de Bellignies, à Caen, Calvados.
Georges (Jeanne), d'Hautmont, à Aire, Pas-de-Calais.
George (Émélia), de Maubeuge-sous-le-Bois, à Fruges, Pas-de-Calais.
Georges (Anne), de Maubeuge, à Lumbres, Pas-de-Calais.
Georges (Mme), de Solre-le-Château, à Lion-sur-Mer, Calvados.
Georges (Léonie), de Cousobre, à Deuil, Seine-et-Oise.
Georges (Jules), de Féron, à Appoigny, Yonne.
George (Paul), d'Hirson, à Pont-l'Abbé, Finistère.
Geoffroi (Victor), de Ferrière-la-Grande, à Campagne-les-Hesdin, P.-de-C.
George (Marie), de Saint-Quentin, à Cosne, Nièvre.
George (Renille), de Saint-Quentin, à Cosne, Nièvre.
Germain (Alfred et Jeanne), de Bavay, à Fresnes, Orne.
Germain (Louis), de Beauvais, à Port-Louis, Morbihan.
Germain (Denise), de Beauvais, à Port-Louis, Morbihan.
Gernez (Ludovic), de Grouard, à Cordebugle, Calvados.
Gervais (Marcel), d'Anor, à Crain, Yonne.
Gervais (Marie), d'Anor, à Crain, Yonne.
Gervais (Renée), d'Anor, à Crain, Yonne.
Germeaux (Vital), d'Anor, à Quelaines, Mayenne.
Gérard (Oscar), d'Avesnes-les-Aubert, à Clécy, Calvados.
Gérard (Henri), d'Avesnes-les-Aubert, à Clécy, Calvados.
Gérard (Rousseau), de Ramousies, à Clamecy, Nièvre.
Gérard (Dahlia), de Felleries, à Arnières, Eure.
Gérard (Maria), de Marbaix-la-Tour, à Avranches, Manche.
Gérard (Rachel), de Marbaix-la-Tour, à Avranches, Manche.
Gérard (Eugène), de Marbaix-la-Tour, à Val-Saint-Pair, Manche.
Gérard (Anna), de Marbaix-la-Tour, à Avranches, Manche.
Gérard (Eugénie), de Marbaix-la-Tour, à Avranches, Manche.
Gérard (Eugène), de Marbaix-la-Tour, à Avranches, Manche.
Gérard (Louis), d'Avesnes, à Plouvorn, Finistère.
Gérard (Charlot), d'Avesnes, à Plouvorn, Finistère.
Gérard (Rose), d'Avesnes, à Plouvorn, Finistère.
Gérard (Flore), d'Avesnes, à Plouvorn, Finistère.
Germain (Mme), de Maubeuge, à Berlencourt, Pas-de-Calais.
Germain (Mme), de Maubeuge, à Berlencourt, Pas-de-Calais.
Gernez (Louise), d'Hautmont, à Auxi-le-Château, Pas-de-Calais.
Gérardi-Mollet, de Maubeuge, à Frévent, Pas-de-Calais.
Gérardi (Clara), de Maubeuge, à Villers-l'Hôpital, Pas-de-Calais.
Gerecke (Marie), de Maubeuge, à Saint-Aubin-des-Châteaux, Loire-Inf.
Gérard (Rosa), de Ferrière-la-Grande, à Blangy-sur-Ternoise, P.-de-Calais.
Gerardy (Mme), de Marpent, à Neufchâtel, Pas-de-Calais.
Gervelt (Émile), de Maubeuge, à Fruges, Pas-de-Calais.
Germaux (Auguste) et fem., de Maubeuge, à Saint-Omer, Pas-de-Calais.
Gevelle (Laure) et enf., de Wignehies, à La Gouesnière, Ille-et-Vilaine.
Gheeraert (Marguerite), d'Hazebrouck, à Noyen-sur-Sarthe, Sarthe.
Ghienne (David) et son ép., d'Hautmont, à Saint-Nicolas, Pas-de-Calais.
Giard (Lucy) et enf., de Valenciennes, à Veulettes, Seine-Inférieure.
Giblot (Louise), de Jeumont, à Lansargues, Hérault.
Gibot (Maria), d'Haspres, à Gambais, Seine-et-Oise.
Gilson (Horace), de Ramousies, à Treigny, Yonne.
Gilson (Rose), de Ramousies, à Treigny, Yonne.
Gilbert (Mme), de Marpent, à Neufchâtel, Pas-de-Calais.
Gilson (Gilberte), de Ramousies, à Treigny, Yonne.
Gillion (Wilfrid), de Beugnies, à Sixt, Ille-et-Vilaine.
Gilson (Léontine), de Fourmies, à Vitré, Ille-et-Vilaine.
Gilson (Marcel), de Fourmies, à Vitré, Ille-et-Vilaine.
Gilliard (Laure), de Ferrière-la-Grande, à Huby-St-Leu, Pas-de-Calais.
Gilliard (Adonis), de Ferrière-la-Grande, à Marconnelle, Pas-de-Calais.
Gillion (Lise), de Marpent, à Dohem, Pas-de-Calais.
Gillard (Émile), de Maubeuge, à Saint-Omer, Pas-de-Calais.
Gillard (Marie), de Maubeuge, à Arques, Pas-de-Calais.
Gilliard (Mme), de Maubeuge, à Saint-Omer, Pas-de-Calais.
Gillot (Céline), de Boussignies-sur-Roc, à Kernouès, Finistère.
Gilly (Alfred), d'Anor, à Boisseron, Hérault.
Gilot (Zélia), de Denain, à Saint-Colombin, Loire-Inférieure.
Gilot (Zélia), de Denain, à Saint-Colombin, Loire-Inférieure.
Gilot (Léon), de Denain, à Saint-Colombin, Loire-Inférieure.
Gilles (Mme), de Jeumont, à Batz, Loire-Inférieure.
Gilles (François), de Jeumont, à Batz, Loire-Inférieure.
Gilles (Mélanie), de Jeumont, à Batz, Loire-Inférieure.
Gilles (Pierre), de Jeumont, à Batz, Loire-Inférieure.
Gilles (Léonie), de Jeumont, à Batz, Loire-Inférieure.
Gilles (Alméria), de Jeumont, à Batz, Loire-Inférieure.
Gillet (Eugène), de Sars-Poteries, à Coudrecieux, Sarthe.
Gillet (Virginie), de Sars-Poteries, à Coudrecieux, Sarthe.
Gillet (Azéma), de Sars-Poterie, à Coudrecieux, Sarthe.
Gillot (Mme), de Fresne-s.-Escaut, à Véretz, Indre-et-Loire.
Gillot (Lucien), de Fresne-s.-Escaut, à Véretz, Indre-et-Loire.
Gillot (Palmyre), de Fresne-s.-Escaut, à Véretz, Indre-et-Loire.
Giltaire (Jules), de Deux-Villes, à Poiseux, Nièvre.
Gilotaux (Julia), de Rousies, à Grand-Rullecourt, Pas-de-Calais.
Gilotaux (Berthe), de Rousies, à Grand-Rullecourt, Pas-de-Calais.
Gilloteau (Julien), de Jeumont, à Chalmaison, Seine-et-Marne.
Gillard (Arthur) et épouse, de Ferrière-la-Petite, à Ste-Catherine, P.-d.-C.
Gilbert (Léon), de Ramousies, à Clamecy, Nièvre.
Gilbert (Mme), de Ramousies, à Clamecy, Nièvre.
Gilbert (Albert), de Ramousies, à Clamecy, Nièvre.
Gilson (Isidore) et enf., de Rousies, à Bretteville-l'Org., Calvados.
Gilson (Charles), de Maubeuge, à Saint-Brevin-les-Pins, Loire-Inférieure.
Gilson (Charles), de Maubeuge, à Saint-Brevin-les-Pins, Loire-Inférieure.
Gilson (Hélène), de Maubeuge, à Saint-Brevin-les-Pins, Loire-Inférieure.
Girard (Mme) et enf., de Recquignies, à Saint-Omer, Pas-de-Calais.
Girard (Jeanne) et enf., de Recquignies, à Saint-Omer, Pas-de-Calais.
Giron (Marie), de Douai, à Dampierre, Maine-et-Loire.
Gisair (Raphaël) et son épouse, de Maubeuge, à Avesnes-le-Comte, P.-d.-C.
Giron (Madeleine), de Douai, à Dampierre, Maine-et-Loire.
Gittaire (Marguerite), de Deux-Villes, à Poiseux, Nièvre.
Givry (Fernande), de Solre-le-Château, à Sixt, Ille-et-Vilaine.
Givon (Albert), de Ferrière-la-Petite, à Brionne, Eure.
Glocet (Lucien) et son épouse, d'Hautmont, à Saint-Nicolas, Pas-de-Calais.
Goblet (Clara), de Clairfayts, à Vrigny, Loiret.
Gobert (Jean), de Fourmies, à Saint-Jean-d'Assé, Sarthe.
Gobert (Jeanne), de Fourmies, à Saint-Jean-d'Assé, Sarthe.
Gobet (Eugène), de Cambrai, à Clécy, Calvados.
Goblet (Eugène), de Semeries, à Saligny, Yonne.
Goblet (Pierre), de Semeries, à Saligny, Yonne.
Goblet (Fernand), de Semeries, à Saligny, Yonne.
Goblet (Léonie), de Semeries, à Saligny, Yonne.
Goblet (Fernand), de Semeries, à Saligny, Yonne.
Gobert (Pierre), de Maubeuge, à Saint-Omer, Pas-de-Calais.
Gobert (Juliette), de Maubeuge, à Fruges, Pas-de-Calais.
Gobert (Léon), d'Hautmont, à Aire, Pas-de-Calais.
Gobert (Marie), de Maubeuge, à Saint-Pol, Pas-de-Calais.
Gobert (Lucie), de Maubeuge, à Saint-Omer, Pas-de-Calais.
Gobert (Denise), de Jeumont, à Saint-Lô, Manche.
Gobert (Catherine), de Jeumont, à Saint-Lô, Manche.
Gobert (Mariette), de Boussois, à Saint-Lô, Manche.
Gobert (Jean-Baptiste), de Boussois, à Saint-Lô, Manche.
Gobert (Gilberte), de Boussois, à Saint-Lô, Manche.
Gobert (Mathilde), de Boussois, à Saint-Lô, Manche.
Gobled, d'Anor, à Rouen, Seine-Inférieure.
Gobled (Mme) et enf., d'Anor, à Rouen, Seine-Inférieure.
Gobron (Edouard) et enf., de Valenciennes, à Veigné, Indre-et-Loire.
Gobron (Edouard), de Valenciennes, à Veigné, Indre-et-Loire.
Gobron (Géorgina), de Valenciennes, à Veigné, Indre-et-Loire.
Godebille (Clara) et enf., de Rousies, à Izel-lez-Hameau, Pas-de-Calais.
Godart (Dalia) et enf., de Marpent, à Achicourt, Pas-de-Calais.
Godart (Marie) et enf., d'Hautmont, à Auxy-le-Château, Pas-de-Calais.
Godart (Mme), de Maubeuge, à Boisjean, Pas-de-Calais.
Godecaux (Achille), de Landrecies, à Montlherne, Maine-et-Loire.
Godécaux (Vital), de Bousies, à Oinville-Saint-Liphard, Eure-et-Loir.
Godécaux (Camille), de Bousies, à Oinville-Saint-Liphard, Eure-et-Loir.
Goderiaux (Francis), du Cateau, à Rochecorbon, Indre-et-Loire.
Goderiaux (Maria), du Cateau, à Rochecorbon, Indre-et-Loire.
Goderiaux (Francis), du Cateau, à Rochecorbon, Indre-et-Loire.
Godériaux (Lucienne), du Cateau, à Rochecorbon, Indre-et-Loire.
Goderiaux (Eugène), du Cateau, à Rochecorbon, Indre-et-Loire.
Godat (Marie) et enf., de Maubeuge, à Plombières, Côte-d'Or.
Godbille (Eugène) et enf., de Le Cateau, à Chicheboville, Calvados.
Godin (Louise), d'Avesnes-les-Aubert, à Cerqueux, Calvados.
Godart (Mme) et enf., de Marpent, à Crémarest, Pas-de-Calais.

Godart (Julie), de Maubeuge, à Boisjean, Pas-de-Calais.
Godart (Célestin) et fam., de Solesmes, à Ifs, Calvados.
Godart (Edouard) et enf., de Maubeuge, à Fruges, Pas-de-Calais.
Godart (Marie), de Maubenge, à Arques, Pas-de-Calais.
Goffraux (Paul), de Fourmies, à Nevers, Nièvre.
Goffraux (Gustave), de Fourmies, à Nevers, Nièvre.
Goffard (André), de Solesmes, à Brest, Finistère.
Goffard (Eugène), de Solesmes, à Brest, Finistère.
Goffard (Eugène), de Quarouble, à Plougastel-Daoulas, Finistère.
Goffard (André), de Quarouble, à Plougastel-Daoulas, Finistère.
Goffiaux (Marguerite) et enf., de Maubeuge, à Fauquembergues, P.-de-C.
Goire (Jean-Baptiste) et fam., de Cambrai, à Cabourg, Calvados.
Gombert (Jules), de Louvitbe, à Villaines-la-Juhel, Mayenne.
Gontier (Sophie), de Fourmies, à Tours, Indre-et-Loire.
Gonthier (Sophie), de Fourmies, à Tours, Indre-et-Loire.
Gontier (Lucien), de Fourmies, à Tours, Indre-et-Loire.
Gontier (Pauline), de Fourmies, à Tours, Indre-et-Loire.
Gonthier (Clovis), de Fourmies, à Neuville-sur-Vannes, Aube.
Gosset (Armande), de Maubeuge, à Aspet, Haute-Garonne.
Gosset (René), de Maubeuge, à Aspet, Haute-Garonne.
Gosset (Marthe), de Maubeuge, à Aspet, Haute-Garonne.
Gontier (Georges), de Trélon, à Saint-Pierre-lès-Nemours, Seine-et-Marne.
Gouthier (Alfred), de Trélon, à Maillot, Yonne.
Goorix (Eugénie) et enf., de Maubeuge, à Saint-Pol, Pas-de-Calais.
Goosen (Romain), d'Hautmont, à Gennes-Ivergny, Pas-de-Calais.
Gorain (Adélaïde), de Douai, à Saint-Aubin-sur-Mer, Seine-Inférieure.
Gosteau (Mme) et enf., de Boussois, à Arras, Pas-de-Calais.
Gosselin (Jeanne), de Néry, à Hennebont, Morbihan.
Gosse (Victoire), de Maubeuge, à Fruges, Pas-de-Calais.
Gosselin (Louise), du Qusnoy, à Pougues-les-Eaux, Nièvre.
Gosselin (René), du Quesnoy, à Pougues-les-Eaux, Nièvre.
Gosselin (Louis), du Quesnoy, à Pougues-les-Eaux, Nièvre.
Gosselin (Jules), du Quesnoy, à Pougues-les-Eaux, Nièvre.
Gossart (Gabrielle), de Ronchin, à Fontaine-le-Bourg, Seine-Inférieure.
Gossart (Marie), de Ronchain, à Fontaine-le-Bourg, Seine-Inférieure.
Gossart (Elie), de Ronchin, à Fontaine-le-Bourg, Seine-Inférieure.
Gossois (Mme), de Villers-Villain, à Rouen, Seine-Inférieure.
Gossois, de Villers-Villain, à Rouen, Seine-Inférieure.
Gossuin (Alphonse), d'Haspres, à Jargeau, Loiret.
Gossuin (Jeanne), d'Haspres, de Jargeau, Loiret.
Gosset (Léa), de Glageon, au Mans, Sarthe.
Gosse (Elise), de Rouillies, à Saint-André-de-Roquelongue, Aude.
Gosselain (Georgette), de Maubeuge, à Tours, Indre-et-Loire.
Gosselain (Louise), de Maubeuge, à Tours, Indre-et-Loire.
Gosset (Louis), de Saint-Quentin, à Villeromain, Loir-et-Cher.
Gosset (Camille), de Ligny-Cambrésis, à Blanquefort, Gironde.
Gosset (Marguerite), de Jeumont, à Chasseradès, Lozère.
Gosset (Hector), de Jeumont, à Chasseradès, Lozère.
Gosse (Léa), d'Hautmont, à Achicourt, Pas-de-Calais.
Gottignies (Jeanne) et enf., d'Hautmont, à Tollent, Pas-de-Calais.
Goursaux (Rose), d'Hautmont, à Breteuil, Eure.
Goursaux (François), d'Hautmont, à Breteuil, Eure.
Goursaux (Prosper), d'Hautmont, à Breteuil, Eure.
Goubet (Amélie), de Valenciennes, à Damgan, Morbihan.
Goursaux (Julien), d'Hautmont, à Breteuil, Eure.
Goubet (Louis), de Valenciennes, à Damgan, Morbihan.
Goubet (Gaston), de Valenciennes, à Damgan, Morbihan.
Goubet (Guy), de Valenciennes, à Damgan, Morbihan.
Goulard (Elise), d'Anor, à Evreux, Eure.
Gourtelsivili (Vassile), de Valenciennes, à Saint-Marcel, Aude.
Gouchet (Victoire), de Fourmies, à Saint-Pierre-lès-Nemours, Seine-et-M.
Goudry (Mme) et enf., de Bavay, à Asnelles, Calvados.
Gourdin (Edmond), de Felaine, à Clohars-Carnoët, Finistère.
Gourdin (Edmond), de Gaudry, à Clohars-Carnoët, Finistère.
Gourdin (Léon), de Fourmies, à Fixin, Côte-d'Or.
Gourmil (Emile), de Prisches, à Cézy, Yonne.
Gourmil (Alphonse), de Prisches, à Cézy, Yonne.
Gourmil (Auguste), de Prisches, à Cézy, Yonne.
Gourmil (Emilienne), de Prisches, à Cézy, Yonne.
Govin (Eugénie), d'Hautmont, à Villers-Brulin, Pas-de-Calais.
Govin (Théophile), d'Avesnelles, à Domats, Yonne.
Govin (René), d'Avesnelles, à Domats, Yonne.
Gravez (Catherine) et enf., d'Hautmont, à Auxy-le-Château, Pas-de-Calais.
Gravez (Noël), de Ramousies, à Treigny, Yonne.
Gravez (Zaïre), de Ramousies, à Treigny, Yonne.
Gravez (Fernand), de Ramousies, à Treigny, Yonne.
Gravez (Berthe), de Ramousies, à Treigny, Yonne.
Gravez (Renée), de Ramousies, à Treigny, Yonne.
Gravez (Martial), de Ramousies, à Treigny, Yonne.
Grard (Ida), de Fourmies, à Villemoutiers, Loiret.
Grard (Janine), de Glageon, à Villemoutiers, Loiret.

Grard (Jean), de Glageon, à Villemoutiers, Loiret.
Granger (Jules), d'Ageux, à Arradon, Morbihan.
Graise (Charles) et fam., de Cambrai, à Cabourg, Calvados.
Graise (Rosalie) et fam., de Cambrai, à Cabourg, Calvados.
Graise (Georges) et fam., de Cambrai, à Cabourg, Calvados.
Grassart (Gabrielle), de Maubeuge, à Elbeuf, Seine-Inférieure.
Grassart (Gabrielle), d'Hautmont, à Rouen, Seine-Inférieure.
Grandjean (Martin), d'Haussy, à Saint-Valery-en-Caux, Seine-Inférieure.
Grandibleux (Maria) et enf., de Maubeuge, à Guémappe, Pas-de-Calais.
Grandjean (Elise), d'Haussy, à Saint-Valery-en-Caux, Seine-Inférieure.
Grandorge (Alphonse), de Marpent, à Gratot, Manche.
Grandorge (Charles), de Marpent, à Gratot, Manche.
Grammont (Laure), de Maubeuge, à Fruges, Pas-de-Calais.
Grandorge (Marie), de Marpent, à Gratot, Manche.
Grandorge (Bertha), de Marpent, à Gratot, Manche.
Grauss (Georges), de Maubeuge, à Bourges, Cher.
Grassart (Madeleine), de Fourmies, à Chigy, Yonne.
Grard (Pélagie), de Fourmies, à Villemoutiers, Loiret.
Gravey (Ernest) et épouse, de Ferrière-la-Grande, à Henchin, Pas-de-Calais.
Grandmontagne (Lucie), d'Hautmont, à Herlin-le-Sec, Pas-de-Calais.
Gravez (Luc) (Mme), d'Etroeung, à Pougny, Nièvre.
Gravez (Emile), d'Hautmont, à Saint-Nicolas, Pas-de-Calais.
Grégoire (Eugène), de Biesne, à Loudéac, Côtes-du-Nord.
Grégoire (Mme), de Cerfontaine, à Longfossé, Pas-de-Calais.
Grégy (Mme), d'Avesnes-sur-Helpe, à Loudéac, Côtes-du-Nord.
Grévin (Louis), d'Avesnes, à Vire, Calvados.
Grégry (Louise), d'Avesnes-sur-Helpe, à Loudéac, Côtes-du-Nord.
Grégoire (Louis), d'Hautmont, à Saint-Omer, Pas-de-Calais.
Grenier (Charles), de Maubeuge, à Saint-Omer, Pas-de-Calais.
Grégoire (Adélaïde), de Maubeuge, à Aire, Pas-de-Calais.
Grégoire (Marthe), d'Hautmont, à Aire, Pas-de-Calais.
Grégnard (Marthe), de Cousoire, aux Iffs, Ille-et-Vilaine.
Grégoire (Marie), de Flamengrie, à Faverolles-la-Campagne, Eure.
Gremaud (Marcel), de Wignehies, à Parigny, Manche.
Gressier (Juliette), d'Hautmont, à Achicourt, Pas-de-Calais.
Gremaud (Louis), de Wignehies, à Parigny, Manche.
Gremaud (Louis), de Wignehies, à Parigny, Manche.
Gremaud (Aline), de Wignehies, à Parigny, Manche.
Grimart (Emile), de Maubeuge, à Saint-Pol, Pas-de-Calais.
Grisar (Mme) et enf., de Ferrière-la-Grande, à Anvin, Pas-de-Calais.
Grisbin (Gilbert), de Marpent, à Bécherel, Ille-et-Vilaine.
Grimée (François) et enf., de Coulsore, à Meymac, Corrèze.
Grisot (Clémentine) et enf., d'Hautmont, à Saint-Nicolas, Pas-de-Calais.
Grislin (Zelmire) et enf., de Jeumont, à Achicourt, Pas-de-Calais.
Grière (Berthe), d'Haspres, à Gambais, Seine-et-Oise.
Grisbin (Gilberte), de Marpent, à Bécherel, Ille-et-Vilaine.
Grière (Saïda), de Wignehies, à Locmaria-Berrien, Finistère.
Grière (Médéa), de Wignehies, à Locmaria-Berrien, Finistère.
Grière (Odille), de Wignehies, à Locmaria-Berrien, Finistère.
Gronier (Rosalia), de Prisches, à Saint-Valérien, Yonne.
Groussel (Germaine), d'Avesnes, à Plouyorn, Finistère.
Groux (Marie), de Jeumont, à Carantec, Finistère.
Groux (Simonne), de Jeumont, à Carantec, Finistère.
Groux (Yvonne), de Jeumont, à Carantec, Finistère.
Groux (Arthur), de Jeumont, à Carantec, Finistère.
Groux (Victor), de Jeumont, à Carantec, Finistère.
Grollot (Mme) et enf., de Jeumont, à Laigle, Orne.
Groff (Hélène), du Cateau, à Lion-sur-Mer, Calvados.
Grosnier (Emile), de Douai, à Alençon, Orne.
Grunault (Elise), de Sains-du-Nord, à Barbezieux, Charente.
Gronier (François), de Prisches, à Saint-Valérien, Yonne.
Grumiaux (Bernadette), de Sars-Poteries, à Saint-Satur.
Gruselle (Camille) et son épouse, de Ferrière-la-Grande, à Ecuires, P.-de-C.
Grumiaux (Jean-Baptiste), de Sars-Poteries, à Saint-Satur, Cher.
Grumiaux (Pierre), de Sars-Poteries, à Saint-Satur, Cher.
Grumiaux (Jeanne), de Sars-Poteries, à Saint-Satur, Cher.
Grumiaux (Yvonne), de Louvignies-Bavay, à Saint-Berthevin, Mayenne.
Guéritte (Henri) et fam., de Ferrière-la-Grande, au Parcq, Pas-de-Calais.
Guépin (Hippolyte) et son ép., de Ferrière-la-Grande, à Huby-St-Leu, P.-de-C.
Guelenne (Elise), d'Hautmont, à Aire, Pas-de-Calais.
Guersillon (Lucienne), de Maubeuge, à Saint-Omer, Pas-de-Calais.
Guérin (Lucie) et enf., d'Hautmont, à Penin, Pas-de-Calais.
Guérin (Fernand) et fam., de Tarzy, à Limoges, Haute-Vienne.
Guerbert (Simone), de Landrecies, à Marguerittes, Gard.
Guernard (Georges) et sa fam., de Feignies, à Mortrée, Orne.
Guéret (Irma), du Quesnoy, à Essonnes, Seine-et-Oise.
Guéret (Léontine), du Quesnoy, à Essonnes, Seine-et-Oise.
Guéret (Jean), du Quesnoy, à Essonnes, Seine-et-Oise.
Guéret (André), du Quesnoy, à Essonnes, Seine-et-Oise.
Guérin (Jean) et fam., de Lille, à Audenge, Gironde.
Guérin (Mme), de Fourmies, à Evron, Mayenne.

Guérin (Alphonse), de Fourmies, à Evron, Mayenne.
Guérin (Albert), de Fourmies, à Evron, Mayenne.
Guerry (Adrien), de Lille, à Saint-Jacques, Calvados.
Guilmain (Virgile), de Neuf-Mesnil, à Arras, Pas-de-Calais.
Guilbert (Marie) et enf., d'Hautmont, à Saint-Pol, Pas-de-Calais.
Guille (Jules), d'Hautmont, à Flers, Pas-de-Calais.
Guilmain (Emmalia) et enf., d'Hautmont, à Auxi-le-Château, Pas-de-Calais.
Guignot (Pascal) et son épouse, de Cassel, à Rennes, Ille-et-Vilaine.
Guilain (Fernand) et enf., de Solre-le-Château, à La Gouesnière, Ille-et-Vilaine.
Guidez (Mme), de Wambeix-Cambrai, à Ruelle, Charente.
Guibaurat (Léodie) et enf., de Maubeuge, à Fruges, Pas-de-Calais.
Guibert (Marie-Louise), de Maubeuge, à Saint-Omer, Pas-de-Calais.
Guidet (Armide), de Maubeuge, à Fruges, Pas-de-Calais.
Guilbert (Anne) et enf., de Maubeuge, à Fruges, Pas-de-Calais.
Guillaume (Marie), d'Aubry, à Dornes, Nièvre.
Guillaume (Constant), d'Aubry, à Dornes (Nièvre).
Guislain (Louisa), de Sars-Poteries, à Rugles, Eure.
Guislain (Aline) et enf., d'Hautmont, à Tincques, Pas-de-Calais.
Guillot-Parent, d'Helesmes, à Chavassieux, Loire.
Guillot (Germaine), d'Helesmes, à Chavassieux, Loire.
Guillot (Henri), d'Helesmes, à Chevassieux, Loire.
Guillemain, d'Haumesnil, à Rouen, Seine-Inférieure.
Guidez (Aurélie), de Saint-Waast, à Saint-Jean-sur-Erve, Mayenne.
Guiné (Mme) et enf., de Banteux, à Rouen, Seine-Inférieure.
Guiné, de Banteux, à Rouen, Seine-Inférieure.
Guiné (Mme) et enf., de Banteux, à Rouen, Seine-Inférieure.
Guillotin (Céline) et enf., de Caudry, à Rouen, Seine-Inférieure.
Guille (Julien), d'Hautmont, à Chevreville, Manche.
Gustin (Fernand), de Aulnoye, à Villaines-la-Juhel, Mayenne.
Guidez (Marie), de Saint-Waast, à Saint-Jean-sur-Erve, Mayenne.
Gustin (Adolphine) et enf., de Maubeuge, à Fruges, Pas-de-Calais.
Gustave (Jean) et fam., de Solesmes, à Caen, Calvados.
Guyon (Eva), de Cousoire, au Mans, Sarthe.
Guyon (Léon), de Trelon, au Mans, Sarthe.
Guyon (Léontine), de Trelon, au Mans, Sarthe.
Guyon (Renée), de Trelon, au Mans, Sarthe.
Guyot (Emilie), d'Honnechy, à Vouvray, Indre-et-Loire.
Guyot (Hollande), d'Honnechy, à Vouvray, Indre-et-Loire.
Habay (Alix), de Maubeuge, à La Turballe, Loire-Inférieure.
Habay (Alix), de Maubeuge, à La Turballe, Loire-Inférieure.
Hagard (Charles), de Villers-Guislain, à Marolles, Calvados.
Hainaut (Mme), de Sous-le-Bois, à Lens, Pas-de-Calais.
Hain (Eugénie) et fam., de Jeumont, à Sallenelles, Calvados.
Hainant (Yvonne), de Wignehies, à Carantec, Finistère.
Hainant (Simone), de Wignehies, à Carantec, Finistère.
Hainaist (Zélie), de Wignehies, à Carantec, Finistère.
Hainaut (Alexandre) et fam., d'Iwuy, à Saint-Laurent-Médoc, Gironde.
Hainaut (Edmond), de Jeumont, à Chalmaison, Seine-et-Marne.
Haimez (Gaston), de Landrecies, à Ploujean, Finistère.
Haimez (Louise), de Landrecies, à Ploujean, Finistère.
Haimez (Marie), de Landrecies, à Ploujean, Finistère.
Haimez (Isabelle), de Landrecies, à Ploujean, Finistère.
Haimez (Louise), de Landrecies, à Ploujean, Finistère.
Haimez (Laur), de Landrecies, à Ploujean, Finistère.
Haimez (Gaston), de Landrecies, à Ploujean, Finistère.
Haffemayer (Bertha), de Trelon, à Cognac, Charente-Inférieure.
Haffemayer (Louis), de Sars-Poteries, à Cognac, Charente-Inférieure.
Hageman (Mme) et enf., de Louvroil, à Wirwignes, Pas-de-Calais.
Hallet (Palmyre) et enf., de Neuf-Mesnil, à Aire, Pas-de-Calais.
Halgrain (Léa), de Maubeuge, à Rouen, Seine-Inférieure.
Halgrain (Eugénie), de Maubeuge, à Rouen, Seine-Inférieure.
Halgrain (Mme), de Maubeuge, à Rouen, Seine-Inférieure.
Halgrain (Eugène), de Maubeuge, à Rouen, Seine-Inférieure.
Halgrain (Madeleine), de Maubeuge, à Rouen, Seine-Inférieure.
Halgrin (Marie), de Maubeuge, à Saint-Omer, Pas-de-Calais.
Halgrain (Eugénie) et enf., de Sous-le-Bois, à Arras, Pas-de-Calais.
Hallin (Marie-Thérèse), de Fourmies, à Villechétive, Yonne.
Hallin (Zoé), de Fourmies, à Villechétive, Somme.
Hallier (Emile), de Fourmies, à Chatin, Nièvre.
Halette (Léon) et fam., d'Inchy, à Lourdes, Hautes-Pyrénées.
Halgrain (Julia), de Maubeuge, à Beaurainville, Pas-de-Calais.
Hamel (Léonie), d'Avesnes-sur-Helpe, à Bruère-Allichamps, Cher.
Hamel (Maria), de Vignehies, au Mans, Sarthe.
Hamard (Marie), de Maubeuge, à Alençon, Orne.
Hamart (Mathilde), de Maubeuge, à Alençon, Orne.
Hamon (Cornil), de Lille, à Rouen, Seine-Inférieure.
Hannecart (Marie) et fam., de Vieux-Reng, à Quetiéville, Calvados.
Hannecart (Mme), de Maubeuge, à Mondeville, Calvados.
Hancart (Joly) et enf., de Balves, à Vieux, Calvados.
Hanswith (Charles), de Fourmies, à Castries, Tarn.
Hannequart (Léon), de Jeumont, à Bouchemaine, Maine-et-Loire.
Hannequart (Maurice), de Jeumont, à Bouchemaine, Maine-et-Loire.
Hanon (Mme) et enf., de Maubeuge, aux Essars, Pas-de-Calais.
Hanquet (Héloïse) et enf., de Maubeuge-sous-le-Bois, à Fruges, Pas-de-Calais.
Hanquet (Elisa), de Maubeuge, à Fruges, Pas-de-Calais.
Hannoye (Mme) et enf., de Maubeuge, à Saint-Omer, Pas-de-Calais.
Hannoye (Constance) et enf., de Maubeuge, à Saint-Omer, Pas-de-Calais.
Hannecart (Marie), de Maubeuge, à Saint-Omer, Pas-de-Calais.
Hanchart (Jules) et fam., de Maubeuge, à Arques, Pas-de-Calais.
Hanoteau (Jules), d'Obain, à Migé, Yonne.
Hanoteau (Camille), d'Obain, à Migé, Yonne.
Hanoteau (Léontine), d'Obain, à Migé, Yonne.
Hanon (Alice), d'Obain, à Migé, Yonne.
Hanoteau (Zoé), de Consobre, à Intréville, Eure-et-Loir.
Hanoteau (Marie), de Consobre, à Intréville, Eure-et-Loir.
Hanoteau (Philomène), de Consobre, à Intréville, Eure-et-Loir.
Hannecart (Louise), de Maubeuge, à Tours, Indre-et-Loire.
Hannecart (Charles), de Maubeuge, à Tours, Indre-et-Loire.
Hanon (Hector), de Wallers-Trelas, à Migé, Yonne.
Hanon (Henriette), de Wallers-Trelas, à Migé, Yonne.
Hannapire (Blanche), du Cateau, à Châteauroux, Indre.
Hanon (Marie), de Ronsies, à Aubigny-en-Artois, Pas-de-Calais.
Hannebelle (Mme), de Maubeuge, à Frévent, Pas-de-Calais.
Hanceval (Léon), de Maubeuge, à Chemillé-Chang, Maine-et-Loire.
Hanoteau (Aline), de Trélon, à Loudéac, Côtes-du-Nord.
Hanquet (Jean), de Villers-Outréaux, à Moulines, Manche.
Hanquet (Célestin), de Villers-Outréaux, à Moulines, Manche.
Hanquet (Célestine), de Villers-Outréaux, à Moulines, Manche.
Hanquet (Célestine), de Villers-Outréaux, à Moulines, Manche.
Hanquet (Eva), de Villers-Outréaux, à Moulines, Manche.
Hanquet (Eva-Marguerite), de Villers-Outréaux, à Moulines, Manche.
Hanquet (Armand), de Villers-Outréaux, à Moulines, Manche.
Hanquet (Alfred), de Villers-Outréaux, à Moulines, Manche.
Hanquet (Alfred), de Villers-Outréaux, à Moulines, Manche.
Hanquet (Ursule), de Villers-Outréaux, à Moulines, Manche.
Hanquet (Ursule), de Villers-Outréaux, à Moulines, Manche.
Hanquet (Marthe), de Villers-Outréaux, à Moulines, Manche.
Hanquet (Olympe), de Villers-Outréaux, à Moulines, Manche.
Hanquet (Marthe), de Villers-Outréaux, à Moulines, Manche.
Hanquet (Célestin), de Villers-Outréaux, à Moulines, Manche.
Hanquet (Armand), de Villers-Outréaux, à Moulines, Manche.
Hanquet (Jean), de Villers-Outréaux, à Moulines, Manche.
Hanon, de Fourmies, à Nevers, Nièvre.
Happe (Marie), de Liessies, à Arcelles, Yonne.
Hapiot (Célive), de Sobre-le-Château, au Sap, Orne.
Harmand (Emile) et fam., de Sains, à Boissey, Calvados.
Harduin (Clémence), d'Eppe-Sauvage, à Saint-Goazec, Finistère.
Harduin (Gaston), d'Eppe-Sauvage, à Saint-Goazec, Finistère.
Hardy (Marie), de Donchery, à Evreux, Eure.
Harlez (Hélène), de Berlaimont, à Evreux, Eure.
Harduin (Louis), de Maubeuge, à Frévent, Pas-de-Calais.
Harlet (Pauline), de Cousobre, à Plouexat, Finistère.
Harlet (Marthe), de Cousobre, à Plouexat, Finistère.
Haraud (Lucien), de Glageon, à Saint-Martin-des-Champs, Finistère.
Harand (Mme), de Glageon, à Saint-Martin-des-Champs, Finistère.
Harlet (Zena), de Cousobre, à Plouexat, Finistère.
Haraud (Lucia), de Glageon, à Saint-Martin-des-Champs, Finistère.
Harnould (Amédé), d'Hautmont, à Ploaré, Finistère.
Haraud (Albert), de Glageon, à Saint-Martin-des-Champs, Finistère.
Hardy (Marie), de Douzies, à Fruges, Pas-de-Calais.
Hardy (Jules) et fam., d'Eppe-Sauvage, à Arces, Yonne.
Hardy (Marie), de Sars-Poterie, à Coudrecieux, Sarthe.
Hardy (Jeanne), de Beugnies, à Coudrecieux, Sarthe.
Hardy (Alexandre), de Beugnies, à Coudrecieux, Sarthe.
Hardy (Albertine), d'Anor, à Château-Chinon, Nièvre.
Hardy (Mme), d'Anor, à Château-Chinon, Nièvre.
Hautier (Cécile), d'Haumont, à Bourg, Gironde.
Hausmann (Sophie), de Cambrai, à Lury, Cher.
Hautcœur (Marie), de Maubeuge, à Arques, Pas-de-Calais.
Haucart (Marie), de Maubeuge, à Arras, Pas-de-Calais.
Haucart (Rosa), de Maubeuge, à Arras, Pas-de-Calais.
Hausnirth (Charles), de Fourmies, à Castries, Hérault.
Hautelet (Adèle), de Ferrière-la-Grande, à Etaples, Pas-de-Calais.
Hautier (Clotilde), de Ferrière-la-Grande, à Huby-St-Leu, Pas-de-Calais.
Hautmont (Eugénie), de Ferrière-la-Grande, à Auchy-lez-Hesdin, P.-de-C.
Hannecart (Christian) et enf., de Maubeuge, à Tours, Indre-et-Loire.
Haussy (Madeleine), de Férou, à Huelgoat, Finistère.
Haussy (Julia), de Férou, à Huelgoat, Finistère.
Haubreux (Adolphe), d'Avesnes-s-Helpes, à Saint-Martin-d'Ordon, Yonne.
Haubreux (Adeline), d'Avesnes-s-Helpes, à Saint-Martin-d'Ordon, Yonne.
Haubraich (Pierre), de Briastre, à Ecuillé, Maine-et-Loire.
Haubraich (Marthe), de Briastre, à Ecuillé, Maine-et-Loire.

Haubraich (Mme), de Briastre, à Ecuillé, Maine-et-Loire.
Hautier (Achille), et fam., de Fellières, à Albi, Tarn.
Haussy (Alphonse) et fam., d'Avesnes, à Longroy, Seine-Inférieure.
Haumbert (Marie), de Gouzeaucourt, à Glos, Calvados.
Havez (Mme), de Cambrai, à Morannes, Maine-et-Loire.
Havez (Gaston), de Cambrai, à Morannes, Maine-et-Loire.
Haye (Ida), de Fourmies, à Beautiron, Gironde.
Hazard (Mme) et fam., de Sars-Pateries, à Glos, Calvados.
Hazard (Emile), de Beugnies, à Sillé-le-Guillaume, Sarthe.
Hazard (Henri), de Beugnies, à Sillé-le-Guillaume, Sarthe.
Héanne (Marie), de Maubeuge, à Douriez, Pas-de-Calais.
Hecquet (Lucien) et fam., de Masnières, à Carmaux, Tarn.
Hecq (Paul), de Maubeuge, à Tamnay-en-Bazois, Nièvre.
Hecquet (Jeanne) et enf., d'Hautmont, à Saint-Valery-en-Caux, Seine-Inf.
Hecquet (Emilie), d'Hautmont, à Saint-Valery-en-Caux, Seine-Inférieure.
Hecquet (Jean-Baptiste), d'Haumont, à Saint-Valery-en-Caux, Seine-Infér.
Hecquet (Albert) et fam., d'Haumont, à Saint-Valery-en-Caux, Seine-Inf.
Hédon (Jules), d'Etrœungt, aux Sièges, Yonne.
Hédon (Madeleine), d'Etrœungt, aux Sièges, Yonne.
Hédon (Fernande), d'Etrœungt, aux Sièges, Yonne.
Hédon (Elise), d'Etrœungt, aux Sièges, Yonne.
Hédon (Andrée), d'Etrœungt, aux Sièges, Yonne.
Hédon (Elise), d'Etrœungt, aux Sièges, Yonne.
Hégo (Blaise), d'Avesnes-les-Aubert, à Cerqueux, Calvados.
Hégo (Maria), de Maubeuge, à Chambray, Indre-et-Loire.
Hégo (Camille), de Maubeuge, à Chambray, Indre-et-Loire.
Hégo (Germaine), de Maubeuge, à Chambray, Indre-et-Loire.
Hégo (Eugène), de Maubeuge, à Chambray, Indre-et-Loire.
Hégo (Maria), de Maubeuge, à Chambray, Indre-et-Loire.
Hégo (Camille), de Maubeuge, à Chambray, Indre-et-Loire.
Hégo (Hélène) de Fourmies, à Tours, Indre-et-Loire.
Hégo (Eugène), de Maubeuge, à Chambray, Indre-et-Loire.
Hégo (Germaine), de Maubeuge, à Chambray, Indre-et-Loire.
Hégo (Henri) de Fourmies, à Tours, Indre-et-Loire.
Heindrik (Cœcilia) de Jeumont, à Lormont, Gironde.
Helcine (Maxime), de Wallers, à Saint-Jacques, Calvados.
Héloir (Hélène), de Cambrai, à Courseulles, Calvados.
Hélin (Arthur), de Wignehies, à Plouzévédé, Finistère.
Heller (Marie), de Fourmies, à Concressault, Cher.
Hélin (Arthur), de Wignehies, à Plouzévédé, Finistère.
Hélin (Marthe), de Wignehies, à Plouzévédé, Finistère.
Hélin (Marthe), de Wignehies, à Plouzévédé, Finistère.
Hennebert (Charles), de Ferrière-la-Grande, à Saint-Omer, Pas-de-Calais.
Henry (Elmire), d'Hautmont, à Saint-Pol, Pas-de-Calais.
Hennebert (Blanche), de Ferrière-la-Grande, à Marconne, Pas-de-Calais.
Henry (Noémie), de Ferrière-la-Grande, à Heuchin, Pas-de-Calais.
Hennant (Louis), de Sous-le-Bois, à Lens, Pas-de-Calais.
Hendriekse (Marthe), de Maubeuge, à Hesdin, Pas-de-Calais.
Hennequin (Delmance), de Maubeuge, à Arras, Pas-de-Calais.
Henri (Joséphine), d'Hautmont, à Aire, Pas-de-Calais.
Henneton (Octave), de Cartignies, à Yèvre-le-Châtel, Loiret.
Henneton (Marie), de Beaurepaire, à Yèvre-le-Châtel, Loiret.
Hénin (Anne-Marie), d'Hautmont, à Montbizot, Sarthe.
Hénin (Emile), d'Hautmont, à Montbizot, Sarthe.
Hénin (Marie), d'Hautmont, à Montbizot, Sarthe.
Hennebert (Lucie), de Louvroil, à Ardentes, Indre.
Henry (Léontine), du Quesnoy, à Bourgneuf-la-Forêt, Mayenne.
Henry (Maurice), du Quesnoy, à Bourgneuf-la-Forêt, Mayenne.
Henry (Julia), du Quesnoy, à Bourgneuf-la-Forêt, Mayenne.
Henry (Edouard), du Quesnoy, à Bourgneuf-la-Forêt, Mayenne.
Henry (Eugène), du Quesnoy, à Bourgneuf-la-Forêt, Mayenne.
Henry (Maria), du Quesnoy, à Bourgneuf-la-Forêt, Mayenne.
Henry (Julia), du Quesnoy, à Bourgneuf-la-Forêt, Mayenne.
Henneuse (Rosalie), de Louvroil, à Cambligneul, Pas-de-Calais.
Henlard (Estelle) et enf., de Roussies, à Saint-Rémy, Calvados.
Henniaux (Mme) et enf., de Maubeuge, à Saint-Rémy, Calvados.
Henry (Marie), de Cambrai, à Cabourg, Calvados.
Henceval (Julia), de Maubeuge, à Chemillé-Change, Maine-et-Loire.
Henceval (Marguerite), de Maubeuge, à Chemillé-Change, Maine-et-Loire.
Henceval (Victor), de Maubeuge, à Chemillé-Change, Maine-et-Loire.
Henri (Raymond), de Ramonsies, à Treigny, Yonne.
Henry (Jean), d'Arras, à Frégimont, Lot-et-Garonne.
Hennotelle (Achille), du Quessy, à Azay-sur-Cher, Indre-et-Loire.
Henry (Léon), du Quesnoy, à Essonnes, Seine-et-Oise.
Henry (Léontine), du Quesnoy, à Essonnes, Seine-et-Oise.
Henry (Irma), du Quesnoy, à Essonnes, Seine-et-Oise.
Henry (Emile), du Quesnoy, à Essonnes, Seine-et-Oise.
Henry (Maria), du Quesnoy, à Essonnes, Seine-et-Oise.
Henry (Charles), du Quesnoy, à Essonnes, Seine-et-Oise.
Henry (Eugène), du Quesnoy, à Essonnes, Seine-et-Oise.
Henry (Marcelle), du Quesnoy, à Essonnes, Seine-et-Oise.
Henry (Marie), du Quesnoy, à Essonnes, Seine-et-Oise.
Henry (Maria), du Quesnoy, à Essonnes, Seine-et-Oise.
Henry (Prosper), du Quesnoy, à Essonnes, Seine-et-Oise.
Henneton (Léa), de Cartignies, à Yèvre-le-Chatel, Loiret.
Henry (Juliette), de Sobre-le-Château, à La Gouesnière, Ille-et-Vilaine.
Henry (Julia), de Sobre-le-Château, à La Gouesnière, Ille-et-Vilaine.
Henry (René), de Sobre-le-Château, à La Gouesnière, Ille-et-Vilaine.
Henry (Gustave), de Sobre-le-Château, à La Gouesnière, Ille-et-Vilaine.
Henry (Anna), de Sobre-le-Château, à La Gouesnière, Ille-et-Vilaine.
Henry (Clotilde), de Sobre-le-Château, à La Gouesnière, Ille-et-Vilaine.
Hénard (Mme), de Solesmes, à Hautot-sur-Mer, Seine-Inférieure.
Henrat (Jean) et son épouse, de Marpent, à Ecouché, Orne.
Henri (Madeleine), de Cambrai, à Moulins-la-Marche, Orne.
Henry (Fernand) et sa fam., de Rœulx, à Moulins-la-Marche, Orne.
Hénaut (Arthur), de Cousolre, à Intréville, Eure-et-Loir.
Hénaut (Germaine), de Cousolre, à Intréville, Eure-et-Loir.
Hénaut (Gabrielle), de Cousolre, à Intréville, Eure-et-Loir.
Hénaut (Emilia), de Cousolre, à Intréville, Eure-et-Loir.
Hennebelle (Georges et Angèle), de Maubeuge, à Frévent, Pas-de-Calais.
Henneduque (Mme), de Maubeuge, à Frévent, Pas-de-Calais.
Henneuse (Madeleine), de Maubeuge, à Cambligneul, Pas-de-Calais.
Henri (Anna), de Ramousies, à Treigny, Yonne.
Henrard (Maria), de Ferrières-la-Petite, à Brienon-sur-Armançon, Yonne.
Herbenne (Emile) et sa fam., de Feignies, à Caen, Calvados.
Herbin (Marie), d'Avesnes-les-Aubert, à Cordebugle, Calvados.
Herbin et sa fam., de Cambrai, à Pont-l'Évêque, Calvados.
Hermant (Henri) et fam., de Douai, à Thomery, Seine-et-Marne.
Herbin (Julma), d'Avesnes-lez-Aubert, à Saint-Ouen-des-Toits, Mayenne.
Herlem (Emile), d'Haspres, à Redon, Ille-et-Villaine.
Herlem (Catherine), d'Haspres, à Redon, Ille-et-Vilaine.
Herlem (Emilienne), d'Haspres, à Redon, Ille-et-Vilaine.
Herbin (Albert), d'Avesnes-lez-Aubert, à La Collancelle, Nièvre.
Héraut (Cécile) et enf., de Denain, à Longroy, Seine-Inférieure.
Hérouard (André), de Lille, à Nice, Alpes-Maritimes.
Herlem (Jeanne), d'Haspres, à Redon, Ille-et-Vilaine.
Hervé (Louis-Philippe), de Fresne-sur-Escaut, à Veretz, Indre-et-Loire.
Herment (Hector), de Colleret, à Pussay, Seine-et-Oise.
Herment (Berthe) et enf., de Colleret, à Pussay, Seine-et-Oise.
Herment (Aline) et enf., de Colleret, à Pussay, Seine-et-Oise.
Herbin (Numa), d'Avesnes-lez-Aubert, à Saint-Ouen-des-Toits, Mayenne.
Herbin (Eugénie), d'Avesnes-lez-Aubert, à Saint-Ouen-des-Toits, Mayenne.
Herbin (Antoinette), d'Avesnes-lez-Aubert, à Saint-Ouen-des-Toits, Mayenne.
Herbin (Marie), d'Avesnes-lez-Aubert, à Saint-Ouen-des-Toits, Mayenne.
Herbin (Henri), d'Avesnes-lez-Aubert, à Saint-Ouen-des-Toits, Mayenne.
Herbin (Eugénie), d'Avesnes-lez-Aubert, à Saint-Ouen-des-Toits, Mayenne.
Herbin (Numa), d'Avesnes-lez-Aubert, à Saint-Ouen-des-Toits, Mayenne.
Herbin (Léon), d'Avesnes-lez-Aubert, à Saint-Ouen-des-Toits, Mayenne.
Herbin (Valéri), d'Avesnes-lez-Aubert, à Saint-Ouen-des-Toits, Mayenne.
Herbin (Victoria), d'Avesnes-lez-Aubert, à Saint-Ouen-des-Toits, Mayenne.
Hermant (Justine), de Maubeuge, à Saint-Omer, Pas-de-Calais.
Herbin (Jules), de Fourmies, à Landivisiau, Finistère.
Herbin (Berthe), de Fourmies, à Landivisiau, Finistère.
Herbin (Marcel), de Fourmies, à Landivisiau, Finistère.
Herbin (Léontine), de Fourmies, à Landivisiau, Finistère.
Herbin (Kléber), de Fourmies, à Landivisiau, Finistère.
Herbin (Berthe), de Fourmies, à Landivisiau, Finistère.
Herbin (René), de Fourmies, à Landivisiau, Finistère.
Herbin (François), de Fourmies, à Landivisiau, Finistère.
Héry (Auguste), de Maubeuge, à Fruges, Pas-de-Calais.
Herbecq (Laure), de Cousolre, à Courcelles, Nièvre.
Herbecq (Marie), de Cousolre, à Courcelles, Nièvre.
Herlin (Louise), de Maubeuge, à Luisant, Eure-et-Loir.
Herlin (Alphonse), de Maubeuge, à Luisant, Eure-et-Loir.
Herlin (Gilbert), de Maubeuge, à Luisant, Eure-et-Loir.
Herbault (Lucie), de Lille, à Etrichet, Indre.
Herbin (Henri), d'Avesnes, à Poulgoazec, Finistère.
Herremans (Alice), d'Hautmont, à Auxi-le-Château, Pas-de-Calais.
Heurteaux (Paulette), de Lille, à Coutances, Manche.
Heurteaux (Lalo), de Lille, à Coutances, Manche.
Heurard (Esther), de Rousies, à Arras, Pas-de-Calais.
Heurteaux (Emile), de Lille, à Coutances, Manche.
Heurivaux (Gastonne), de Fourmies, à Saint-Sébastien, Loire-Inférieure.
Heuken (Marie-Louise), d'Haumont, à Escoublac, Loire-Inférieure.
Heuken (Léa), d'Hautmont, à Escoublac, Loire-Inférieure.
Heuken (Louis), d'Hautmont, à Escoublac, Loire-Inférieure.
Heurotin (Philomène), de Maubeuge, à La Turballe, Loire-Inférieure.
Heurotin (Jean-Baptiste), de Maubeuge, à La Turballe, Loire-Inférieure.
Heurotin (Odette), de Maubeuge, à La Turballe, Loire-Inférieure.
Heurotin (Paul), de Maubeuge, à La Turballe, Loire-Inférieure.
Heurotin (Napoléon), de Maubeuge, à La Turballe, Loire-Inférieure.
Heuken (Albert), d'Hautmont, à Escoublac, Loire-Inférieure.

Heusghem (Germaine), d'Anor, à Issé, Loire-Inférieure.
Heusghem (Mme), d'Anor, à Issé, Loire-Inférieure.
Heusghem (Emilia), d'Anor, à Issé, Loire-Inférieure.
Heuclin (Yvonne), de Ferrière-la-Grande, à Wicquinghem, Pas-de-Calais.
Heuclin (Ernest), de Ferrière-la-Grande, à Wicquinghem, Pas-de-Calais.
Heuclin (Joseph), de Maubeuge, à Alençon, Orne.
Heyvaert (Pierre), de Maubeuge, à Lumbres, Pas-de-Calais.
Heyvaort (Jeanne), de Louvroil, à Lumbres, Pas-de-Calais.
Hibon (Elisa), de Berlaimont, à Evreux, Eure.
Hibon (Yvonne), de Berlaimont, à Evreux, Eure.
Hideux (Pauline), de Solre-le-Château, à La Chèze, Côtes-du-Nord.
Hiernaux (Hélène), de Jeumont, à Sibiril, Finistère.
Hildebrand (Louise) et enf., de Maubeuge, à Caen, Calvados.
Hilaire (Pharon), de Glageon, à Monségur, Gironde.
Hilaire (Alphonse), de Solre-le-Château, à Rouen, Seine-Inférieure.
Hilaire (Mme), de Solre-le-Château, à Rouen, Seine-Inférieure.
Hinque (Albert), de Maubeuge, à Fauquenbergues, Pas-de-Calais.
Hintziger (Pauline), d'Hautmont, à Aire, Pas-de-Calais.
Hiolle (Charles), de Wargnies-le-Grand, à Anzin-Saint-Aubin, Pas-de-Calais.
Hiolle (Pierre), de Wargnies-le-Grand, à Anzin-Saint-Aubin, Pas-de-Calais.
Hiolin (Clément), du Cateau, à Lion-sur-Mer, Calvados.
Hiolin (Liévin), du Cateau, à Lion-sur-Mer, Calvados.
Hippolyte (Marcel), d'Hautmont, à Etaples, Pas-de-Calais.
Hippolyte (Lucienne), d'Hautmont, à Etaples, Pas-de-Calais.
Hivet (Antoinette), de Fourmies, à Cosne, Nièvre.
Hivet (Germaine), de Fourmies, à Cosne, Nièvre.
Hivet (Anne-Marie), de Fourmies, à Cosne, Nièvre.
Hivez (Julia), de Preux-aux-Bois, à Fresnes, Orne.
Hocqué (Mme), de Boussu, à Lens, Pas-de-Calais.
Hodin (Mme) et enf., de Seranvillers, à Rouen, Seine-Inférieure.
Hodin (Désiré), de Villers-Outréaux, à Châteauroux, Indre.
Hodin (Jean), de Villers-Outréaux, à Châteauroux, Indre.
Hodin (Elisa), de Villers-Outréaux, à Châteauroux, Indre.
Hodin (Charles), de Villers-Outréaux, à Châteauroux, Indre.
Hodin (Suzanne), de Villers-Outréaux, à Châteauroux, Indre.
Hodin (Lucie), de Villers-Outréaux, à Châteauroux, Indre.
Hodin (Gabrielle), de Villers-Outréaux, à Châteauroux, Indre.
Hodin (Flore), de Villers-Outréaux, à Châteauroux, Indre.
Holemans (Adeline), de Jeumont, à Beaulieu, Indre-et-Loire.
Holemans (Achille), de Jeumont, à Beaulieu, Indre-et-Loire.
Holemans (Jeanne), de Jeumont, à Beaulieu, Indre-et-Loire.
Holoye (Etienne), de Fourmies, à Villeurbanne, Rhône.
Hombert (Mme) et enf., de Cambrai, à Rouen, Seine-Inférieure.
Honoré (Alfred), de Fourmies, à Langon, Ille-et-Vilaine.
Horgnies (Désiré) et sa fam., de Marpent, à St-Georges-d'Annebecq, Orne.
Horchens (Jeanne), d'Anor, à Scrignac, Finistère.
Horchens (Jean), d'Anor, à Scrignac, Finistère.
Horchens (Marie), d'Anor, à Scrignac, Finistère.
Horemans (Orphise), de Maubeuge, à Fontainebleau, Seine-et-Marne.
Horemans (Marguerite), de Maubeuge, à Fontainebleau, Seine-et-Marne.
Horemans (Léonie), de Maubeuge, à Fontainebleau, Seine-et-Marne.
Horemans (Pierre), de Maubeuge, à Fontainebleau, Seine-et-Marne.
Horemans (Charles), de Maubeuge, à Fontainebleau, Seine-et-Marne.
Horemans (André), de Maubeuge, à Fontainebleau, Seine-et-Marne.
Horemans (Céline), du Quesnoy, à Fontainebleau, Seine-et-Marne.
Horemans (Justin), du Quesnoy, à Fontainebleau, Seine-et-Marne.
Horemans (Charles), de Maubeuge, à Fontainebleau, Seine-et-Marne.
Horemans (Gabrielle), du Quesnoy, à Fontainebleau, Seine-et-Marne.
Horemans (Justin), du Quesnoy, à Fontainebleau, Seine-et-Marne.
Horemans (Marie-Louise), du Quesnoy, à Fontainebleau, Seine-et-Marne.
Horemans (Jean), du Quesnoy, à Fontainebleau, Seine-et-Marne.
Horgnies (Emilienne), de Marpent, à Dohem, Pas-de-Calais.
Hornez (Alexandre), de Saint-Amand, à Port-en-Bessin, Calvados.
Hoslet (Henri), d'Avesnes, à Evreux, Eure.
Hoslet (Mathilde), d'Avesnes, à Evreux, Eure.
Hos (Léopold), de Boussois, à Rouen, Seine-Inférieure.
Hot (Sophie), de Wargnies-le-Grand, à Anzin-Saint-Aubin, Pas-de-Calais.
Hottois (Anatole) et sa fam., de Caudry, à La Réole, Gironde.
Hottelet (Mme) et enf., de Ferrière-la-Petite, à Ste-Catherine, Pas-deCalais.
Hot-Plichart (Céleste) et enf., de Maubeuge, à Erquières, Pas-de-Calais.
Hotte (Jules), de Maubeuge, à Frévent, Pas-de-Calais.
Hottelet (Lucie), de Ferrière-la-Petite, à Sainte-Catherine, Pas-de-Calais.
Hotte (Charles), d'Hautmont, à Saint-Hilaire-du-Harcouët, Manche.
Hotte (Augustine), d'Hautmont, à Saint-Hilaire-du-Harcouët, Manche.
Hotte (Charles), d'Hautmont, à Saint-Hilaire-du-Harcouët, Manche.
Hottois (Augusta), de Caudry, à Gironde, Gironde.
Hottois (Rosalie), de Caudry, à Gironde, Gironde.
Hottois (Louise), de Caudry, à Gironde, Gironde.
Hot (Claire) et fam., de Sars-Poteries, à Glos, Calvados.
Hottelet (Juliette), de Hon-Hergies, à Beire-le-Châtel, Côte-d'Or.
Hotois (Virginie), de Beauvois, à Tréboul, Finistère.
Hottelet (Armand), de Boussignies, à Paris, rue Sedaine, 28.
Hougard (Blanche) et enf., de Maubeuge, à Lincques, Pas-de-Calais.
Hourmont (Marie-Thérèse), de Ferrière-la-Grande, à Inxent, Pas-de-Calais.
Houze (Joseph) et fam., d'Erquelines, à Nantes, Loire-Inférieure.
Houyaux (Marie) et enf., d'Hautmont, à Auxi-le-Château, Pas-de-Calais.
Houssin (Albert) et enf., d'Etrœungt, à Evian, Haute-Savoie.
Hounay (Mathilde), de Feignies, à Saint-Thois, Finistère.
Houtart (Jules) et sa fam., d'Anzin, à St-Valéry-en-Caux, Seine-Inférieure.
Houry (Louis), de Hirson, à Evreux, Eure.
Hounay (Alphonse), de Feignies, à Saint-Thois, Finistère.
Houssière (Eugénie), de Maubeuge, à Saint-Omer, Pas-de-Calais.
Houssielle (Virginie), de Maubeuge, à Fruges, Pas-de-Calais.
Houiller (Laure), d'Hautmont, à Auxi-le-Château, Pas-de-Calais.
Houssière (Camille), d'Aulnoye, à Vilaines-la-Juhel, Mayenne.
Houssin (Delphine), d'Avesnes-sur-Helpe, à Bondaroy, Loiret.
Huron (Elmyre), de Maubeuge, à Frévent, Pas-de-Calais.
Hovens (Emma), d'Hautmont, à Auxi-le-Château, Pas-de-Calais.
Hoyaux (Abel), de Maubeuge, à Beaugency, Loiret.
Hoyez (Emilia) et son frère, d'Hautmont, à Vacquerie-le-Bouc, P.-de-C.
Hoyer (Emile) et sa sœur, de Maubeuge, à Frévent, Pas-de-Calais.
Hoyaux (Mélanie), de Maubeuge, à Beaugency, Loiret.
Huart (Claire), de Fourmies, à Sainte-Marie, Ille-et-Vilaine.
Huart (Honorée) et enf., de Maubeuge, à Fauquembergues, Pas-de-Calais.
Huart (Marie), d'Hautmont, à Saint-Pol, Pas-de-Calais.
Hubinet (Mme), de Louvroil, à Wirwignes, Pas-de-Calais.
Hubert (Olympe), de Maubeuge, à Aubin-Saint-Waast, Pas-de-Calais.
Hubert (Jeanne), de Maubeuge, à Saint-Omer, Pas-de-Calais.
Hubert (Elise), d'Avesnes, à Saint-Satur, Cher.
Hubert (Louis) et son épouse, d'Hautmont, à Vaulx, Pas-de-Calais.
Hubert (Juliette), de Maubeuge, à Saint-Pol, Pas-de-Calais.
Hubert (Irma), de Lez-Fontaines, à Saint-Valérien, Yonne.
Hubert (Aline), d'Hautmont, à Nogent-le-Roi, Eure-et-Loir.
Hubert (Angèle), d'Hautmont, à Nogent-le-Roi, Eure-et-Loir.
Hubert (Louis) et son épouse, de Maubeuge, à Frévent, Pas-de-Calais.
Hubert (Marie), de Louvroil, à Nouvoitou, Ille-et-Vilaine.
Hubert (Jules) et fam., d'Anor, à Dinard, Ille-et-Vilaine.
Hublet (Jeanne), d'Erquelines, à Saint-Valery-en-Caux, Seine-Inférieure.
Hubert (Noël), de La Madeleine, à Cuffy, Cher.
Huet (Evariste), de Trélon, à Montagnac, Hérault.
Huet (Jeanne) et enfant, de Colleret, à Pussay, Seine-et-Oise.
Huftier (Julia), d'Hautmont, à Aire, Pas-de-Calais.
Huftier (Andréa), de Glageon, à Châteaulin, Finistère.
Huftier (Joseph), de Glageon, à Châteaulin, Finistère.
Huger (Marie), de Ferrière-la-Grande, à Fleury, Pas-de-Calais.
Huppez (Berthe), d'Hautmont, à Hernicourt, Pas-de-Calais.
Huleux (Odette), de Douai, au Mans, Sarthe.
Huleux (Fernande), de Douai, au Mans, Sarthe.
Huleux (Maurice), de Douai, au Mans, Sarthe.
Hulet (Paul), de Jeumont, à Bouchemaine, Maine-et-Loire.
Hulet (Joseph), de Jeumont, à Bouchemaine, Maine-et-Loire.
Hulet (Anna), de Jeumont, à Bouchemaine, Maine-et-Loire.
Hulet (Claire), de Jeumont, à Bouchemaine, Maine-et-Loire.
Huon (Joseph), de Hasnon, à Tréboul, Finistère.
Humblet (Laure), de Bercillep-Merieux, à Beaufort-Blavincourt, P.-de-C.
Humiaux (Pierre), de Marpent, à Crosmières, Sarthe.
Huon (Emile), de Hasnon, à Caen, Calvados.
Huon (Clarisse), de Denain, à Caen, Calvados.
Hurez (Jeanne), de Maubeuge, à Saint-Pol, Pas-de-Calais.
Huriez (Henriette), d'Hautmont, à Sourdeval, Manche.
Hurier (Louis), d'Hautmont, à Sourdeval, Manche.
Hurier (Marcel), d'Hautmont, à Sourdeval, Manche.
Huriez (André), d'Anor, à Villeurbanne, Rhône.
Huriez (Joseph), d'Anor, à Villeurbanne, Rhône.
Huriaux (Jean-Baptiste) et fam., de Solre-le-Château, à Montachet, Yonne.
Huron (Elmire), de Maubeuge, à Rougefay, Pas-de-Calais.
Hurel (Augustine), de Rousies, à Aubigny-en-Artois, Pas-de-Calais.
Husniaux (Pierre), de Marpent, à Crosmières, Sarthe.
Husniaux (Louise), de Marpent, à Crosmières, Sarthe.
Husson (Ambroisine), d'Aulnoy, à Vaiges, Mayenne.
Husson, Léonie, de Fourmies, à Saint-Sébastien, Loire-Inférieure.
Husson (Léandre), de Douai, à Saint-Valery-en-Caux, Seine-Inférieure.
Husson (Fernand), de Douai, à Saint-Valery-en-Caux, Seine-Inférieure.
Hutin (Fénélon), d'Estourmel, à Mondeville, Calvados.
Hutin, de Walincourt, à Pont-l'Evêque, Calvados.
Huvenor (Augustine), de Brésilliers, à Avesnes-le-Comte, Pas-de-Calais.
Huvelle (Anna), d'Hautmont, à Flers, Pas-de-Calais.
Hyon (Mme) et enf., de Jeumont, à Nantes, Loire-Inférieure.
Hyanne (Camille) et enf., d'Hautmont, à Villeneuve, Gironde.
Huysman (Achille), d'Hautmont, à Saint-Georges-le Fléchard, Mayenne.
Huyberechte (Jean-Baptiste), de Valenciennes, à Crozon, Finistère.
Huygens (Marie-Louise), d'Hautmont, à Saint-Pol, Pas-de-Calais.

Ilyolle (Albertine), d'Inchy, à Lourdes, Hautes-Pyrénées.
Imbert (Antonia), de Fourmies, à Brest, Finistère.
Imbert (Antonin), de Fourmies, à Brest, Finistère.
Imbert (Germaine), de Fourmies, à Brest, Finistère.
Impens (Julie), de Maubeuge, à Fruges, Pas-de-Calais.
Isorez-Canonne (Mme), de Larouillies, à Pougny, Nièvre.
Jacob (Aline), de Douai, à Bordères, Pyrénées-Orientales.
Jacobs (Arsène) et fam., de Rombies, à Verson, Calvados.
Jacobs (Nelly), de Solesmes, à Saint-Hilaire-du-Harcouët, Manche.
Jacobs (Nelly), de Solesmes, à Saint-Hilaire-du-Harcouët, Manche.
Jacobs (Marguerite), de Solesmes, à Saint-Hilaire-du-Harcouët, Manche.
Jacobs (Henri), de Solesmes, à Saint-Hilaire-du-Harcouët, Manche.
Jacobs (Thérèse), de Solesmes, à Saint-Hilaire-du-Harcouët, Manche.
Jacquard (Flore), de Maubeuge, à Fruges, Pas-de-Calais.
Jacquart (Juliette et Angèle), à Ametles, Pas-de-Calais.
Jacquart (Louise), d'Anor, à Alais, Gard.
Jacquart (Jenny), d'Anor, à Alais, Gard.
Jacquart (Mme), de Fourmies, à Plounéour-Trez, Finistère.
Jacquart (Alzire), de Cousolre, à Intréville, Eure-et-Loir.
Jacquemin (Célina), de Caudry, à Thouarcé, Maine-et-Loire.
Jacquemin (Anna), de Caudry, à Thouarcé, Maine-et-Loire.
Jacquemin (Maria), d'Hautmont, à Saint-Nicolas, Pas-de-Calais.
Jacquemont (Léontine), de Landrecies, à Maillot, Yonne.
Jacques (Mme), de Marpent, à Lottinghen, Pas-de-Calais.
Jacquet (Léon), de Lille, à Châteauroux, Indre.
Jacquet (Louise), de Fourmies, à Tours, Indre-et-Loire.
Jacquot (Lucien), de Glageon, à Champs, Yonne.
Jacquot (Lucienne), de Glageon, à Champs, Yonne.
Jacquot (Mme), d'Anor, à Tourouvre, Orne.
Jacquot (Zoé), de Glageon, à Champs, Yonne.
Jacquin (Désiré) et enf., de Marcilles, à Arnouville, Seine-et-Oise.
Jacquin (Marie), de Marcilles, à Arnouville, Seine-et-Oise.
Jacquemin (Pierre), de Caudry, à Thouarcé, Maine-et-Loire.
Jacquot (Mme) et enf., d'Anor, à Tourouvre, Orne.
Jacquart (Emilie), d'Anor, à Alais, Gard.
Jacquemin (Joséphine), de Caudry, à Caen, Calvados.
Jacquart (François), de Cambrai, à Cabourg, Calvados.
Jadot (Mme), d'Hautmont, à Lens, Pas-de-Calais.
Jan (Angéla), de Cambrai, à Cabourg, Calvados.
Janot (Césarine), de Préseau-les-Valenciennes, à Léré, Cher.
Janot et fam., de Préseau, à Nantes, Loire-Inférieure.
Jangen (Jean), de Lesquin, à Louverné, Mayenne.
Jankoviak (Michel), de Douai, à Saint-Etienne, Loire.
Janin (Mme), de Sous-le-Bois, à Lens, Pas-de-Calais.
Janson (Célia), de Ferrière-la-Grande, à Rollancourt, Pas-de-Calais.
Janson (Arthur) et fam., de Ferrière-la-Grande, à Rollancourt, P.-de-Calais.
Jary (Hector), d'Ohain, à Vire, Ille-et-Vilaine.
Jaspar (Edmond) et fam., de Fourmies, à Pont-l'Evêque, Calvados.
Jaugeon (Domir) et son épouse, d'Hautmont, à Agnières, Pas-de-Calais.
Jaujeon (Hiltrude), d'Hautmont, à Agnières, Pas-de-Calais.
Jaugeon (Emile), de Liessies, à La Gouesnière, Ille-et-Vilaine.
Jaugeon (Julia), de Liessies, à La Gouesnière, Ille-et-Vilaine.
Jean (Augustine), d'Avesnes-sur-Helpe, à Saint-Martin-d'Ordon, Yonne.
Jean (Lucien), de Marvilles, à Sixt-Bruyère, Ille-et-Vilaine.
Jeanguillaume (Alexandrine) et enf., d'Anor, à Caen, Calvados.
Jeuniaux (Marie), de Maubeuge, à Cussac, Gironde.
Jennard (Léon), de Boussois, à Marœuil, Pas-de-Calais.
Jeuny-Haut (Mme), de Jeumont, à Nantes, Loire-Inférieure.
Jeoffroy (Joséphine) et enf., d'Hautmont, à Saint-Rémy, Calvados.
Jeoffroy (Gabrielle) et enf., d'Hautmont, à Villers-Sire-Simon, P-de-Calais.
Jobez (Pierre), de Valenciennes, à Noulac, Cher.
Jocaille (Céline) et enf., de Quiévy, à Caen, Calvados.
Jocaille (Abdon) et fam., de Quiévy, à Saint-Gervais, Gironde.
Jocaille (Abdon) et fam., de Quiévy, à Saint-Gervais, Gironde.
Joffroy (Jeanne), de Ferrières-la-Grande, à Estréelles, Pas-de-Calais.
Joffroy (Céline), de Cousolre, à Bruyères-sur-Oise, Seine-et-Oise.
Joffroy (Mme) et enf., à Bourecq, Pas-de-Calais.
Joiris (Edgard) et fam., de Trélon, à Chartrettes, Seine-et-Marne.
Joint (Louis), de Cambrai, à La Bonneville, Eure.
Joint (Laure), de Cambrai, à La Bonneville, Eure.
Joint (Marie), de Cambrai, à La Bonneville, Eure.
Joiris (Edgard) et fam., de Trélon, à Chartrettes, Seine-et-Marne.
Joigniaux (Aimé), et fam., de Maubeuge, à Verson, Calvados.
Joly (Mary) et enf., de Maubeuge, à Callian, Var.
Jongen (Henri), de Lesquin, à Louverné, Mayenne.
Joniaux (Alfred), de Rainsart, à Pontaubert, Yonne.
Joncret (Laure), d'Anzin, à Saint-Calais, Sarthe.
Joncret (Berthe), d'Anzin, de Saint-Calais, Sarthe.
Joncret (Virginie), d'Anzin, de Saint-Calais, Sarthé.
Jordens (Blondine), d'Hautmont, à Avesnes-le-Comte, Pas-de-Calais.
Jousset (Andrée), de Denain, à Azay-sur-Cher, Indre-et-Loir.
Jousset (Antoinette), de Denain, à Azay, Cher.
Jourdoy (Marie), du Quesnoy, à Essonnes, Seine-et-Oise.
Jourdoy (Léon-Charles), du Quesnoy, à Essonnes, Seine-et-Oise.
Jourdoy (Léon), du Quesnoy, à Essonnes, Seine-et-Oise.
Jourdoy (Jeanne), du Quesnoy, à Essonnes, Seine-et-Oise.
Jounyaux (Adeline), de Ferrières-la-Gr., à Campagne-les-Hesdin, P.-de-C.
Jourdain (Léontine), de Trélon, au Mans, Sarthe.
Jouhiaux (Henri), de Fourmies, au Lude, Sarthe.
Jouniaux (Julia), de Fourmies, au Lude, Sarthe.
Jouniaux (Léon), de Beugniez, à Saint-Satur, Cher.
Jouniaux (Louise), de Beugniez, à Saint-Satur, Cher.
Jouniaux (Zoé), de Fourmies, à La Gouesnière, Ille-et-Vilaine.
Jouniaux (Paul), de Fourmies, à La Gouesnière, Ille-et-Vilaine.
Jouniaux (Maria), de Fourmies, à La Gouesnière, Ille-et-Vilaine.
Jouniaux (Alphonse), de Fourmies, à Redon, Ille-et-Vilaine.
Journiaux (Marie), de Consolre, aux Iffs, Ille-et-Vilaine.
Journiaux (Gustave), de Consolre, aux Iffs, Ille-et-Vilaine.
Jauniaux (Francine), de Fourmies, à Châtin, Nièvre.
Jouniaux (Isabelle), de Fourmiés, à Châtin, Nièvre.
Jouniaux (Albert), de Fourmies, à Châtin, Nièvre.
Jouniaux (Jules), d'Etrœungt, aux Sièges, Yonne.
Jourdoy (Irma-Victorine), du Quesnoy, à Essonnes, Seine-et-Oise.
Jouigneau (Renelle), de Sains-du-Nord, à Berrien, Finistère.
Journeaux (Suzanne), d'Escaudeuvre, à Brennilis, Finistère.
Jouigneau (Camille), de Sains-du-Nord, à Berrien, Finistère.
Jouigneau (Zélia), de Sains-du-Nord, à Berrien, Finistère.
Journeaux (Jeanne), d'Escaudeuvre, à Brennilis, Finistère.
Jouniaux (Jules), de Maubeuge, à Capelle-Fermont, Pas-de-Calais.
Jouniaux (Zélia), de Jeumont, à Bouchemaine, Maine-et-Loire.
Jouniaux (Germaine), de Jeumont, à Bouchemaine, Maine-et-Loire.
Jouniaux (Raymonde), de Jeumont, à Bouchemaine, Maine-et-Loire.
Jouniaux (Céline), de Jeumont, à Bouchemaine, Maine-et-Loire.
Jouniau (Marie), de Maubeuge, à Fouffin-Ricametz, Pas-de-Calais.
Jouveneau (Mme), de Louvignies-Bavay, à Saint-Berthevin, Mayenne.
Jouglet (Marguerite), de Gommegnies, à Coullons, Loiret.
Jouglet (Rémy), de Gommegnies, à Coullons, Loiret.
Jouannel (Henri), de Cousorbe, à Saint-Satur, Cher.
Jouannet (Henriette), de Cousorbe, à Saint-Satur, Cher.
Jouanet (Henri), de Cousorbe, à Saint-Satur, Cher.
Jouanet (Victor), de Cousorbe, à Saint-Satur, Cher.
Jouniaux (Aline), de Beugniez, à Saint-Satur, Cher.
Jovenin (Henri), de Caudry, à Blanquefort, Gironde.
Joveniaux (Mme) et enf., de Maubeuge, à Essars, Pas-de-Calais.
Joyez (Angélique), de Valenciennes, à La Flèche, Sarthe.
Joyez (Joseph), de Valenciennes, à La Flèche, Sarthe.
Jullien (Clémence), d'Hautmont, à Parigné-l'Evêque, Sarthe.
Juniet-Carlier (Mme) et enf., de Ferrière-la-Gr., à Marconnelle, P.-de-C.
Juste (Rosa), de Vieux-Reng, à Gouesnou, Finistère.
Juste (Estelle), de Vieux-Reng, à Gouesnou, Finistère.
Juste (Siméon), de Vieux-Reng, à Gouesnou, Finistère.
Juste (Emile), de Vieux-Reng, à Gouesnou, Finistère.
Juste (Gustave), de Recquignies, à St-Saturnin-du-Limet, Mayenne.
Juste (Isabelle), de Recquignies, à St-Saturnin-du-Limet, Mayenne.
Juste (Louisa), de Recquignies, à St-Saturnin-du-Limet, Mayenne.
Juste (Pauline) et enf., de Ferrière-la-Grande, à Berniculles, P.-de-Calais.
Juste (Emilie), de Ferrière-la-Grande, à St-Hilaire-du-Harcouet, Manche.
Juste (Mme), de Ferrière-la-Grande, à St-Hilaire-du-Harcouet, Manche.
Juste (Sylvie), de Maubeuge, à Saint-Pol, Pas-de-Calais.
Karzka (François), de Douai, à St-Etienne, Loire.
Kaltenbach (Georges), de Villers-sur-Nicole, à Héric, Loire-Inférieure.
Kamette (Rosine), de Maubeuge, à Breteuil, Eure.
Kamette (Rose), de Maubeuge, à Breteuil, Eure.
Kamette (Fernand), de Maubeuge, à Breteuil, Eure.
Kamette (Eugénie), de Maubeuge, à Breteuil, Eure.
Kamette (Philippe) et fam., de Caudry, à Limoges, Haute-Vienne.
Kanda (Eugène), de Maubeuge, à Ouville, Manche.
Kauffer (Joséphine-Emilie), de Nancy, à Trans, Var.
Kersulec (Corentine), d'Ermont, à Saint-Yvi, Finistère.
Keymeulen (Alexis-Victor), de Maubeuge, à St-Michel-s.-Ternoise, P.-de-C.
Kicq (Fernand) et son épouse, de Boussois, à Marœuil, Pas-de-Calais.
Lieffer (Georgette), de Fismes, à Cosne, Nièvre.
Kieffer (Suzanne), de Fismes, à Cosne, Nièvre.
Kieffer (Jean), de Fismes, à Cosne, Nièvre.
Kieffer (Léocadie), de Fismes, à Cosne, Nièvre.
Kilianski (Joseph), du Nord, à Saint-Etienne, Loire.
Kimpyneck (Marcel), de Wattignies, à Nérondes, Cher.
Kindt (Henri), de Lille, à Limoges, Haute-Vienne.
Kinzin (Antoine), de Boussois, à Marœuil, Pas-de-Calais.
Kinon (Pauline), d'Hautmont, à Bophers-sur-Canche, Pas-de-Calais.
Kingen (Christophe), de Maubeuge, à St-Brevin-les-Pins, Loire-Inférieure.
Kingen (Mariette), de Maubeuge, à St-Brevin-les-Pins, Loire-Inférieure.

Kingen (Marguerite), de Maubeuge, à St-Brevin-les-Pins, Loire-Inférieure.

Klauss (Ludger) et fam., d'Avesnelle, à Brain, Ille et Vilaine.

Klès (Pierre), de Maubeuge, à Bourges, Cher.

Klès (Hortense), de Maubeuge, à Bourges, Cher.

Klès (Alice), de Maubeuge, à Bourges, Cher.

Koloter (Julia), d'Hautmont, à Camblin-l'Abbé, Pas-de-Calais.

Kneepkens (Louis), de Sous-le-Bois, à Conchy-sur-Canche, Pas-de-Calais.

Kniecik (François), de Douai, à Saint-Étienne, Loire.

Koniauty (Mazerski), de Douai, à Saint-Étienne, Loire.

Kriepens (Louis), de Maubeuge, à Frévent, Pas-de-Calais.

Kopf (Mélanie), de Gœgnies-Chaussée, aux Touches, Loire-Inférieure.

Kopf (Georges), de Gœgnies-Chaussée, aux Touches, Loire-Inférieure.

Kopf (Marie), de Gœgnies-Chaussée, aux Touches, Loire-Inférieure.

Kopf (Michel), de Gœgnies-Chaussée, aux Touches, Loire-Inférieure.

Kopaez (Antoine), de Douai, à Saint-Étienne, Loire.

Kuhn (Henri), de Courchaussée, à Héric, Loire-Inférieure.

Laborie (Mélanie), de Maubeuge, à Aubigny-en-Artois, Pas-de-Calais.

Laborie (Nelly), de Maubeuge, à Aubigny-en-Artois, Pas-de-Calais.

Labou (Cécile-Louise), de Wignehies, à Cezy, Ardennes.

Labois (Suzanne), d'Avesnes, à Gravigny, Eure.

Labois (Ernest), d'Avesnes, à Gravigny, Eure.

Labois (Léonie), d'Avesnes, à Gravigny, Eure.

Labrouche (Eugénie), de Fourmies, à Breteuil, Eure.

Laborie (Louis), et son épouse, de Maubeuge, à Aubigny-en-Artois, P.-de-C.

Labois (Camille), et fam., de Landrecies, à Port-en-Bessin, Calvados.

Labbe (Jeanne), de Maubeuge, à Pernes-en-Artois, Pas-de-Calais.

Laborde (Vincent) et fam., d'Hestrud, à Bègles, Gironde.

Laboureau (Élisabeth), du Quesnoy, à Essonnes, Seine-et-Oise.

Lacroix (Mme), d'Avesnes-les-Aubert, à La Chapelle-Basse-Mer, Loire-Inf.

Lacroix (Mme), d'Avesnes-sur-Epote, à St-Martin-des-Champs, Finistère.

Lacroix (Zacharie), d'Avesnes-s.-Epote, à St-Martin-des-Champs, Finistère.

Lacroix (Marcel), d'Avesnes-s.-Epote, à St-Martin-des-Champs, Finistère.

Lacour (Mme), de Busigny, à Cognac, Charente.

Lacour (Honoré), de Busigny, à Cognac, Charente.

Lacour (Jeanne), de Busigny, à Cognac, Charente.

Lacour (Nathalie), de Busigny, à Cognac, Charente.

Lacour (Georgette), de Busigny, à Cognac, Charente.

Lacour (Honoré-Louis-Joseph), de Busigny, à Cognac, Charente.

Lacour (Édouard), de Busigny, à Cognac, Charente.

Lachapelle (Julia), de Maubeuge, à Blessy, Pas-de-Calais.

Lacroix (Damase), de Quarouble, à Plougastel-Daoulas, Finistère.

Lacroix (Mireille), de Quarouble, à Plougastel-Daoulas, Finistère.

Lachambre (Zoé), de Prisches, à Cézy, Yonne.

Lacoche (Ghislain-Julien-Joseph), d'Hautmont, à Parigné-l'Évêque, Sarthe.

Lacoche (Angélique-Maria), d'Hautmont, à Parigné-l'Évêque, Sarthe.

Lacroix (Damas-Arthur), de Quarouble, à Plougastel-Daoulas, Finistère.

Lacroix (Mireille-Rosalie), de Quarouble, à Plougastel-Daoulas, Finistère.

Lacrez (Marie), de Fumay, à Plounevin-Aoz, Finistère.

Lacomblez (Léonie), d'Avesnes, à Varzy, Nièvre.

Lacroix (Arthur) et son ép., d'Haumont, à Magnicourt-en-Comté, P.-de-C.

Loëthem (Alphonse), deTourcoing, à Suipry, Ille-et-Vilaine.

Lafontaine (Julienne), d'Hautmont, à Auxi-le-Château, Pas-de-Calais.

Lafontaine (Arthur), de Bousignies-sur-Roc, à Poligny, Jura.

Lafleur (Maria), de Ferrière-la-Grande, à Montcavrel, Pas-de-Calais.

Laffineur (Orphiliée-Marie), d'Hautmont, à Parigné-l'Évêque, Sarthe.

Laffineur (Laetitia), d'Hautmont, à Parigné-l'Évêque, Sarthe.

Laffineur (Orphelia), d'Hautmont, à La Milesse, Sarthe.

Lagneau (Zéphir), de Coulsobre, à Sablé, Sarthe.

Lagneau (Irma), de Cousobre, à Sablé, Sarthe.

Lagneau (Fernand), de Cousobre, à Sablé, Sarthe.

Lagneaux (Berthe), de Fourmies, à Clever, Finistère.

Lagneaux (Zoé), de Fourmies, à Clévar, Finistère.

Lagneau (Paul) et enf., de Fourmies, à Limoges, Haute-Vienne.

Lagneaux (Gustave-Émile), de Fourmies, à St-Brice-de-Landelle, Manche.

Lagneaux (Berthe), de Fourmies, à St-Hilaire-du-Harcouet, Manche.

Lagneaux (Émile), de Fourmies, à St-Hilaire-du-Harcouët, Manche.

Lagouche (Jules), d'Hautmont, à Saint-Nicolas-d'Attez, Eure.

Lagouche (Anna), d'Hautmont, à Saint-Nicolas-d'Attez, Eure.

Lagouche (Maria), d'Hautmont, à Saint-Nicolas-d'Attez, Eure.

Lagouche (Almèria), d'Hautmont, à Saint-Nicolas-d'Attez, Eure.

Lagouche (Marthe), d'Hautmont, à Saint-Nicolas-d'Attez, Eure.

Lagouche (Arthur), d'Hautmont, à Saint-Nicolas-d'Attez, Eure.

Lagneau (Adèle), de Trélon, à Bueil, Eure.

Lagneau (Abdon), de Trelon, à Bueil, Eure.

Lagneau (Charles), de Trelon, à Bueil, Eure.

Lagneau (Victorine), de Damousies, à Hauteville, Pas-de-Calais.

Lagneaux (Germaine), de Fourmies, à Saint-Hilaire-du-Harcouet, Manche.

Lagneaux (Emilie), de Fourmies, à Saint-Hilaire-du-Harcouet, Manche.

Lagneau (Marie), de Sars-Poteries, à Châteaubriant, Loire-Inférieure.

Lagneau (André), de Sars-Poterie, à Châteaubriant, Loire-Inférieure.

Lagneau (Arthur), de Sars-Poteries, à Châteaubriant, Loire-Inférieure.

Lagneau (Lucien), de Sars-Porterie, à Châteaubriant, Loire-Inférieure.

Lagneau (Mme), de Sars-Poterie, à Châteaubriant, Loire-Inférieure.

Lagneaux (Carmen), de Fourmies, à Saint-Brice-de-Landelle, Manche.

Lagrâce (Marcel), de Cousolre, à Bécherel, Ille-et-Vilaine.

Lahaye (Marie) et enf., de Grimaucourt, à Auxonne, Côte-d'Or.

Lairlachapelle (Anne-Marie), de Gognies-Chaussée, à St-Goazec, Finistère.

Laigre, du Cateau, à Lion-sur-Mer, Calvados.

Laiseau (Albert), de Lille, à Saint-Ouen-le-Pin, Calvados.

Lainé (Germaine), de Maubeuge-sous-Bois, à Rouen, Seine-Inférieure.

Lainé (Emilie), de Maubeuge-sous-Bois, à Rouen, Seine-Inférieure.

Lainé (Marie), de Maubeuge-sous-Bois, à Rouen, Seine-Inférieure.

Lainé (Mme), de Maubeuge-sous-Bois, à Rouen, Seine-Inférieure.

Lajeunesse (Théodule), de Wignehies, à Lesneven, Finistère.

Lajeunesse (Emile), de Wignehies, à Lesneven, Finistère.

Lajeunesse (Marie), de Wignehies, à Lesneven, Finistère.

Lajeunesse (Kléber), de Wignehies, à Lesneven, Finistère.

Lajeunesse (Emmélie), de Wignehies, à Lesneven, Finistère.

Lajeunesse (Emilienne), de Wignehies, à Lesneven, Finistère.

Lalier (Mme) et enf., d'Avesnes-sur-Helpe, à Nouelles, Seine-Inférieure.

Lalisse (Clémence), de Bouchain, à Port-Louis, Morbihan.

Lalisse (Emile), de Bouchain, à Port-Louis, Morbihan.

Lalisse (Emile), de Bouchain, à Port-Louis, Morbihan.

Laligne (Louis), de Hautmont, à Troisvaux, Pas-de-Calais.

Lalisse (Nicolas) et fam., de Gouzeaucourt, à Cagny, Calvados.

Lallau (Henri), de Baillet, à Saint-Étienne, Loire.

Laloux (Augusta) et enf., de Ferrière-la-Grande, à Etaples, Pas-de-Calais.

Lamand (Mme) et enf., de Hautmont, à Saint-Nicolas, Pas-de-Calais.

Lamand (Olga), de Maubeuge, à Rouen, Seine-Inférieure.

Lamand (Zéphir), de Maubeuge, à Rouen, Seine-Inférieure.

Lamand (Mme), de Maubeuge, à Rouen, Seine-Inférieure.

Lamarcq (Léontine), de Ferrière-la-Grande, à Etaples, Pas-de-Calais.

Lamarque (Emile) et enf., de Mauveaux, à Caen, Calvados.

Lamand (André), de Hautmont, à Parigné-l'Évêque, Sarthe.

Lamand (Lucienne), de Hautmont, à Parigné-l'Évêque, Sarthe.

Lamand (Léa), de Hautmont, à Parigné-l'Évêque, Sarthe.

Lambert (Arthur), de Landrecies, à Maillot, Yonne.

Lambert (Arthur), de Landrecie, à Maillot, Yonne.

Lambert (Germaine), de Landrecie, à Mailliot, Yonne.

Lambert (Goelen), de Boussois, à Brattais, Manche.

Lambert (Oscar) et fam., de Villers-sur-Nicolle, à Rennes, Ille-et-Vilaine.

Lambert (Suzanne), de Valenciennes, à La Chapelle-Erbrée, Ille-et-Vilaine.

Lambert (Marie), de Jeumont, à l'Ile-aux-Moines, Morbihan.

Lambert (Jules), de Jeumont, à l'Ile-aux-Moines, Morbihan.

Lambert (Grégoire), de Jeumont, à l'Ile-aux-Moines, Morbihan.

Lambert (Henri), de Jeumont, à l'Ile-aux-Moines, Morbihan.

Lambert (Marguerite), de Maubeuge, à Hucqueliers, Pas-de-Calais.

Lambert, de Hirson, à Rouen, Seine-Inférieure.

Lambert (Mme) et enf., de Hirson, à Rouen, Seine-Inférieure.

Lambert (Mme) et enf., de Hirson, à Rouen, Seine-Inférieure.

Lambert (Jean-Baptiste), de Lille, à Nevers, Nièvre.

Lambert (Eugénie), de Villers-sur-Nicole, à Saint-Goazec, Finistère.

Lamblin (Marie-Louise), de Hautmont, à Saint-Nicolas, Pas-de-Calais.

Lambin (André), de Etouy, à Saint-Marcel, Indre.

Lambin (Alphonse), de Etouy, à Saint-Marcel, Indre.

Lambiot (Elise), de Maubeuge, à Brimeux, Pas-de-Calais.

Lambiot-Bochmans (Mme) et enf., de Maubeuge, à Frévent, Pas-de-Calais.

Lambour (Mathilde), du Quesnoy, à Avranches, Manche.

Lambour (Adèle), du Quesnoy, à Avranches, Manche.

Lambourt (Jules), de Glageon, à Bourg, Gironde.

Lambourg (Henri), de Hecq, à Cheillé, Indre-et-Loire.

Lamendin (Victoire), de Cousolre, à Evreux, Eure.

Lamdousi (Oscar), d'Avesnes, à Saint-Etienne, Loire.

Lamot (Marie) et enf., de Than, à Duingt, Haute-Savoie.

Lamotte (Paule), du Cateau, à Pontivy, Morbihan.

Lamotte (Anna), du Cateau, à Pontivy, Morbihan.

Lamour et fam., de Caudry, à Tinchebray, Orne.

Lamoureux (Jules), de Jeumont, à Courville, Eure-et-Loir.

Lamoureux (Louise), d'Anor, à Courville, Eure-et-Loir.

Lamoureux (Louise), d'Anor, à Courville, Eure-et-Loir.

Lamoureux (Jules), de Jeumont, à Courville, Eure-et-Loir.

Lambel (Jeanne), de Villers-Saint-Paul, à Francueil, Indre-et-Loire.

Lambel (Jeanne), de Villers-Saint-Paul, à Francueil, Indre-et-Loire.

Lamoitte (Jules) et fam., de Poix-du-Nord, à Bourg-St-Léonard, Orne.

Lamy (Marie), de Avesnelles, à Domats, Yonne.

Lamy (Renée), de Avesnelles, à Domats, Yonne.

Lamy (Fernande), de Avesnelles, à Domats, Yonne.

Lamy (Clovis), de Avesnelles, à Domats, Yonne.

Lambinet (Paul) et fam., de Boussois, à Marœuil, Pas-de-Calais.

Lamorlette (Mme), de Lille, à Gy-l'Évêque, Yonne.

Lamorlette (Jules), de Lille, à Gy-l'Évêque, Yonne.

Lamy (Stéphanie), de Gommegnies, à Coullons, Loiret.

Lanaverre (Mlle), du Cateau, à Lion-sur-Mer, Calvados.
Langlet (Amélie), de Neufmesnil, à Saint-Thois, Finistère.
Landrecies (Jules), de Villers-Sère-Nicolé, à Orléans, Loiret.
Langlet (Cyrille), de Montigny, à Clohars-Carnoët, Finistère.
Langlet (Albert), de Montigny, à Clohars-Carnoët, Finistère.
Langlet (Pierre), de Neufmesnil, à Saint-Thois, Finistère.
Langlet (Georges), de Neufmesnil, à Saint-Thois, Finistère.
Lannoy (Irma), de Landrecies, à Montauban, Tarn-et-Garonne.
Landouzy (Charles), de Wignehies, à Somentron, Yonne.
Lancelle (Jules), de Fourmies, à Dirol, Nièvre.
Lanselle (Marcel), de Fourmies, à Dirol, Nièvre.
Lannier (Ulysse), de Hautmont, à Eyrans, Gironde.
Lannoy (Flora), du Quesnoy, à Huelgoat, Fnistère.
Lannoy (Herménio), du Quesnoy, à Huelgoat, Finistère.
Lannoy (Alexandre), du Quesnoy, à Huelgoat, Finistère.
Langle (Marie) et enf., de Feignies, à Nortrée, Orne.
Lanneaux (Ernest), du Cateau, à Châlons-sur-Marne, Marne.
Lande (Eugène) et fam., de Poix-du-Nord, à Bourg-Saint-Léonard, Orne.
Lansel (Georges), de Mareschies, à Rouen, Seine-Inférieure.
Lansel (Georges), de Mareschies, à Rouen, Seine-Inférieure.
Langlet (Gabrielle), de Neuf-Mesnil, à Noailly, Loire.
Langlet (Aimé), de Neuf-Mesnil, à Noailly, Loire.
Langlet (Marie), de Neuf-Mesnil, à Noailly, Loire.
Langrand (Berthe), de Lourches, à Courcy, Manche.
Langrand (Joseph), de Lourches, à Courcy, Manche.
Langrand (Apollonie), de Lourches, à Courcy, Manche.
Langrand (Joseph), de Lourches, à Courcy, Manche.
Landes (Gustave) et fam., de Cambrai, à Cabourg, Calvados.
Lancelle (Louise) et enf., de Hautmont, à Villeneuve, Gironde.
Landeraux (Léon), de Valenciennes, à Chafluy, Nièvre.
Lanoux (Georges) et fam., du Cateau, à Cestas, Gironde.
Langlois (Georges), d'Assevant, à Melun, Seine-et-Marne.
Lantoine (Marie) et enf., de Caudry, à Canon, Calvados.
Landa (Fideline), de Ferrière-la-Grande, à Wicquinghem, Pas-de-Calais.
Langlois (Eugène), de Busigny-en-Clavy, à Bavent, Calvados.
Langlet (Julien) et fam., de Maurois, à Lion-sur-Mer, Calvados.
Landes (Albert) et fam., de Cambrai, à Cabourg, Calvados.
Lapostolle (Jules) et enf., de Maubeuge, à Fruges, Pas-de-Calais.
Laporte (Krüger), de Wignehies, à Locmaria-Berrien, Finistère.
Laporte (Rosa), de Wignehies, à Locmaria-Berrien, Finistère.
Laporte (Marceau), de Wignehies, à Locmaria-Berrien, Finistère.
Laporte (Bertha), de Wignehies, à Locmaria-Berrien, Finistère.
Laporte (Hoche), de Wignehies, à Locmaria-Berrien, Finistère.
Laporte (Andréa), de Wignehies, à Locmaria-Berrien, Finistère.
Lapeyre (Georges), de Louvreuil, à Bayon, Gironde.
Lapostolle (Mme), de Maubeuge, à Villaines-la-Juhel, Mayenne.
Lapostolle, de Maubeuge, à Villaines-le-Juhel, Mayenne.
Laquette (Philomène), de St-Waast-la-Vallée, à St-Mars-la-Jaille, Loire-Inf.
Lardinoit (René), de Hon-Hergies, à Beire-le-Châtel, Côte-d'Or.
Lardinoit (Léona), de Hon-Hergies, à Beire-le-Châtel, Côte-d'Or.
Lardinoit (Pierre), de Hon-Hergies, à Beire-le-Châtel, Côte-d'Or.
Larivière (Coralie), d'Iwuy, à Libourne, Gironde.
Larmigeaud (Aline), de Fourmies, à Saint-Benoît-du-Sault, Indre.
Larmigeaud (Adolphine), de Fourmies, à Saint-Benoît-du-Sault, Indre.
Larmigeaud (Fernande), de Fourmies, à Saint-Benoît-du-Sault, Indre.
Larivière (Raoul), de Grand-Foyt, à Guillon, Yonne.
Larive (Emilienne), d'Avesnes, à Locmelard, Finistère.
Larive (Marius), d'Avesnes, à Locmelard, Finistère.
Larive (Nestor), d'Avesnes, à Locmelard, Finistère.
Larive (Marie), de Hautmont, à Saint-Nicolas, Pas-de-Calais.
Larmignat (Georgette), du Quesnoy, à La Charité, Nièvre.
Lermignat (Lucie), du Quesnoy, à La Charité, Nièvre.
Larmignat (Henriette), du Quesnoy, à La Charité, Nièvre.
Larive (Nestor), d'Avesnes, à Landivisiau, Finistère.
Larmignat (Henri), du Quesnoy, à La Charité, Nièvre.
Larmignat (Marthe), du Quesnoy, à La Charité, Nièvre.
Larive (Marius), d'Avesnes, à Landivisiau, Finistère.
Larive (Emilienne), d'Avesnes, à Landivisiau, Finistère.
Larbouillat (Charles), d'Anor, à Indre, Loire-Inférieure.
Larbouillat (Joséphine), d'Anor, à Indre, Loire-Inférieure.
Larbalète (Aurélie), d'Anor, à Briare, Loiret.
Lassinat (Lucienne), de Cousolre, à Arradon, Morbihan.
Lassinat (Jules), de Cousolre, à Arradon, Morbihan.
Lassinat (Berthe), de Cousolre, à Arradon, Morbihan.
Lasselin (Jeanne), d'Avesnes-lès-Aubert, à La Chapelle Basse-Mer, L.-Inf.
Lasselin (Charlemagne), d'Avesnes-lès-Aubert, à La Chapelle-Basse-Mer, L.-Inf.
Lasselin (Elisa), d'Avesnes-lès-Aubert, à La Chapelle-Basse-Mer, Loire-Inf.
Lasselin (Charles), d'Avesnes-lès-Aubert, à La Chapelle-Basse-Mer, L.-Inf.
Lasselain (Gilberte), de Cambrai, à . . ., Loiret.
Lasseron (Juliette), d'Hautmont, à Tilloy-lez-Hermaville Pas-de-Calais.
Latour (Charlotte), de Fourmies, à Mûr, Côtes-du-Nord.
Latour (Maria), d'Obain, à Kernouès, Finistère.
Lauvergnaux (Marguerite), de Wignehies, à Semontron, Yonne.
Laurent (Jules) et son épouse, de Maubeuge, à Averdoingt, Pas-de-Calais.
Laurent (Marie), de Maubeuge, à Brimeux, Pas-de-Calais.
Laurent (Paul), de Jeumont, à Loiron, Mayenne.
Laude (Adolphe) et fam., de Malincourt, à Argences, Calvados.
Laugrand (Jeanne), de Bousies, à Oinville-Saint-Liphard, Eure-et-Loir.
Lauthier (Constant), de Maubeuge, à Caen Calvados.
Laurent (Palmyre) et enf., de Beaurepaire, à La Bellile, Yonne.
Laurent-Lefrancq (Mme), de Felleries, à Sillé-le-Guillaume, Sarthe.
Laurent (Germaine), d'Avesnes, à Roanne, Loire.
Laurent (René), d'Avesnes, à Roanne, Loire.
Laurent (Giselle), d'Avesnes, à Roanne, Loire.
Laurent (Alix), d'Anor, à Messac, Ille-et-Vilaine.
Laurent (Isidore), de Clairfayts, à Saint-Goazec, Finistère.
Laurent (Joseph), de Semelle, à Batz, Loire-Inférieure.
Laurent-Vieville (Mme), de Ferrière-la-Grande, à Marconnelle, P.-de-Calais.
Laval (Catherine), de Maubeuge, à Alençon, Orne.
Laval (Maria) et enf., de Béthune, à Bezons, Seine-et-Oise.
Lavandomme (André) et épouse, de Rousies, à Avesnes-le-Comte, P.-d.-C.
Lavaux (Marguerite), de Fives-Lille, à Châteauroux, Indre.
Lavèle-Melancée (Mme), de Ferrière-la-Grande, à Wavrans-s.-Tern., P.-d.-C.
Lavenat (Claudius), de Sous-le-Bois, à Ecouché, Orne.
Lavoine (Eugène), d'Anor, à Issé, Loire-Inférieure.
Lavoine (Jeanne), d'Anor, à Issé, Loire-Inférieure.
Lavoine (Ernest), d'Anor, à Issé, Loire-Inférieure.
Lavoine (Gaston), d'Anor, à Issé, Loire-Inférieure.
Lavoitte (Adrien) et son épouse, de Recquigny, à Cremarest, Pas-de-Calais.
Layral (Gabriel), d'Armentières, à Sévérac-le-Château, Aveyron.
Lebacq (Maria) et enf., de Boussois, à Rots, Calvados.
Lebargue (Jean-Baptiste) et fam., de Prouru, à Dives-sur-Mer, Calvados.
Lebargy (Marcel), de Lille, à Latresne, Gironde.
Lebecq (Camille), de Clary, à Brassy, Nièvre.
Lebas (Mercédès), de Fourmies, à Redon, Ille-et-Vilaine.
Lebas (Clémentine), de Maubeuge, à Redon, Ille-et-Vilaine.
Lebecq (Gilbert), de Clary, à Brassy, Nièvre.
Lebeau (Jeanne), de Maubeuge, à Chevry, Loiret.
Lebecq (Rachel), de Sabre-le-Château, à Sauvigny-le-Bois, Yonne.
Lebé (Marie) et enf., de Ferrière-la-Grande, à Etaples, Pas-de-Calais.
Leben (Elisa), de Jeumont, à Saint-Goazec, Finistère.
Le Berre (Marie), de Boussais, à Arradon, Morbihan.
Le Berre (Mme), de Boussais, à Arradon, Morbihan.
Le Berre (Emile), de Boussais, à Arradon, Morbihan.
Le Berre (Marcel), de Boussais, à Arradon, Morbihan.
Leblanc (Marthe), de Maubeuge, à Saint-Pol, Pas-de-Calais.
Leblanc (Elise), de Maubeuge, à Fruges, Pas-de-Calais.
Leblon (Louise), de Catillon, à Sainte-Jamme, Sarthe.
Leblon (César), de Felleries, à Sainte-Jamme, Sarthe.
Leblon (Robert), de Felleries, à Sainte-Jamme, Sarthe.
Leblond (Julia), de Lille, à Saint-Lambert-des-Levées, Maine-et-Loire.
Leblond (Edmond), de Lille, à Saint-Lambert-des-Levées, Maine-et-Loire.
Leblond (Célinie), de Cambrai, à Rouen, Seine-Inférieure.
Leblond (Paule), de Cambrai, à Rouen, Seine-Inférieure.
Leblond (André), de Louvignies, au Relecq-Kerhuon, Finistère.
Leblud (Maria), de Maubeuge, à Bazouges-sur-le-Loir, Sarthe.
Lebon (Lucienne) et enf., de Fourmies, à Beautiran, Gironde.
Leborgne (Mme), de Lille, à Nantes, Loire-Inférieure.
Lebouc (Léon), de Lille, à Bourguébus, Calvados.
Lebout (Sidonie), de Lille, à Condé-sur-Vire, Manche.
Lebrun (Célestine), de Ramousies, à Treigny, Yonne.
Lebrun (Alexis) et épouse, de Maubeuge, à Hesdin, Pas-de-Calais.
Leblond (Alcide) et fam., de Bousies, à Fresnes, Orne.
Leblond (Emile), de Somain, à Decazeville, Aveyron.
Le Brun (Eugène), d'Hertrud, à Tréboul, Finistère.
Lebrun (Marie), du Quesnoy, à Champignelles, Yonne.
Lebrun (Cyriaque), de Fourmies, à Criel, Seine-Inférieure.
Lebrun (Aurélie), de Sars-Poteries, à Villemoiron, Aube.
Lebrun (Fernand), de Poix-du-Nord, à Varennes-lès-Narcy, Nièvre.
Lebrun (François), d'Hestrud, à Guipavas, Finistère.
Le Brun (Marie), de Landrecies, à Ploujean, Finistère.
Le Brun (Philippe), de Landrecies, à Ploujean, Finistère.
Lebrun (Mélanie), d'Hestrud, à Guipavas, Finistère.
Lebrun (Eugène), d'Hestrud, à Guipavas, Finistère.
Lebrun (Rachel), de Fourmies, à La Charité, Nièvre.
Lebrun (Marcel), de Fourmies, à La Charité, Nièvre.
Lebrun (Mireille), de Fourmies, à La Charité, Nièvre.
Lebrun (Marthe), de Fourmies, à La Charité, Nièvre.
Lebrun (Adolphine) et enf., d'Hautmont, à Saint-Pol, Pas-de-Calais.
Lecat (Céline), de Felleries, à Déols, Indre.
Lecas (Adeline), de Douai, à Clamecy, Nièvre.
Lecat (Charles), de Felleries, à Déols, Indre.

Lecat (Henri), de Monceaux-Saint-Vat, à Orléans, Loiret.
Lechévin (Georgina), de Valenciennes, à Landivisiau, Finistère.
Lecerf (Suzanne), de Montay, à Pontivy, Morbihan.
Leclerc-Lauvaye (Mme), d'Iwuy, à Rouen, Seine-Inférieure.
Leclerc (Benoît), de Quessy, à Azay-sur-Cher, Indre-et-Loire.
Leclerc (Mme), de Quessy, à Azay-sur-Cher, Indre-et-Loire.
Leclerc (Constant), de Quessy, à Azay-sur-Cher, Indre-et-Loire.
Leclerc (Robert), de Quessy, à Azay-sur-Cher, Indre-et-Loire.
Leclerc (Geneviève), de Quessy, à Azay-sur-Cher, Indre-et-Loire.
Leclerc (Oscar), de Frasnoy, à Frontignan.
Leclerc, de Cambrai, à Nevers, Nièvre.
Leclercq (Marthe), de Liessies, à Kernouës, Finistère.
Leclercq (Maria), de Liessies, à Kernouës, Finistère.
Leclerc (Henriette), de Caudry, à Canon, Calvados.
Leclercq (Odile), de Quiévy-le-Petit, à La Folletière-Abenon, Calvados.
Leclercq (Aline), de Quiévy-le-Petit, à La Folletière-Abenon, Calvados.
Leclercq (Gabrielle), de Marpent, à Batz, Loire-Inférieure.
Leclercq (Marie), d'Iwuy, à Challuy, Nièvre.
Leclercq (Jean-Marie), d'Iwuy, à Challuy, Nièvre.
Leclercq (Marie), de Walincourt, à Châteauroux, Indre.
Leclercq (Pierre), de Troisvillle, à Châteauroux, Indre.
Leclercq (Lucienne), de Beauvois, à Châteauroux, Indre.
Leclercq (Edouard), de Lille, à Saint-Christophe-en-Bouchérie, Indre.
Leclercq (Elisée), de Quiévy, à Jazennes, Charente-Inférieure.
Leclercq (Oscar), de Fourmies, à La Courtine, Creuse.
Leclerc (Auguste) et fam., de Wignehies, à Semontron, Yonne.
Leclercq (Elisée), de Liessies, à Moulitherne, Maine-et-Loire.
Leclerin (Camille), de Ramousies, à Creigny, Yonne.
Leclercy (Oscar) et fam., de Fresnoy, à Frontignan.
Leclercq (Nestor), de Marpent, à Batz, Loire-Inférieure.
Leclercq (Marthe), de Marpent, à Batz, Loire-Inférieure.
Leclercq (Léontine), d'Hautmont, à Auxi-le-Château, Pas-de-Calais.
Leclercq-Rousseau (Mme), de Maubeuge, à Frévent, Pas-de-Calais.
Leclecq (Ferdinand), d'Hautmont, à Auxi-le-Château, Pas-de-Calais.
Leclercq (Paul), de Marpent, à Batz, Loire-Inférieure.
Leclercq (Marie) et enf., de Maubeuge, à Noyal-sur-Vilaine, Ille-et-Vilaine.
Leclercq (Lucie), de Fourmies, à . . . , Ille-et-Vilaine.
Leclercq (Sidonie) et fam., de Recquignies, à Marœuil, Pas-de-Calais.
Lécluse (Eugène), de Catillon, à Sainte-Jamme, Sarthe.
Lécluse (Eugène), de Catillon, à Sainte-Jamme, Sarthe.
Lécluse (Louise), de Catillon, à Sainte-Jamme, Sarthe.
Lecœur (Léon), d'Estaires, à Saint-Ouen-le-Pin, Calvados.
Lecomte (Adeline), de Somain, à Sillé-le-Guillaume, Sarthe.
Lecocq (Charlotte) et enf., de Maubeuge, à Hesdin, Pas-de-Calais.
Lecocq (Maria) et enf., de Maubeuge, à Fruges, Pas-de-Calais.
Lecompte (M.), de Maubeuge, à Flers, Orne.
Lecomte (Palmyre), de Jeumont, à Dammarie-les-Lys, Seine-et-Marne.
Lecomte (Constant), d'Hautmont, à Chevreville, Manche.
Lecomte (Léontine) et fam., de Ferrière-la-Grande, à Marconne, P.-de-Calais.
Lecomte (Mme), de Willies, à Oinville-Saint-Liphard, Eure-et-Loir.
Lecomte (Charles), du Quesnoy, à Essonnes, Seine-et-Oise.
Lecomte (Adolphine), du Quesnoy, à Essonnes, Seine-et-Oise.
Lecomte (Charles), du Quesnoy, à Essonnes, Seine-et-Oise.
Lecomte (Zulma), du Quesnoy, à Essonnes, Seine-et-Oise.
Lecomte (Aimée) et fam., d'Hautmont, à St-Laurent-Blangy, Pas-de-Calais.
Lécrivain (Mme) et fam., de Gerloutaine, à Samer, Pas-de-Calais.
Lecron (Zélie), de Rocq-Recquigny, à Vaiges, Mayenne.
Lecron (Prudent), de Marpent, à Vaiges, Mayenne.
Lecron (Augustin), de Bousigny-sur-Roc, à Escolives, Yonne.
Leclère (Mme), de Trélon, à Cognac, Charente.
Leclère (Georgine), de Trélon, à Cognac, Charente.
Lécluse (Suzanne), de Catillon, à Sainte-Jamme, Sarthe.
Lecoq (Paul), de Jolimetz, à Landivy, Mayenne.
Lecobier (Théophile) et fam., d'Avesnes-s.-Helpe, à Lourdes, H.-Pyrénées.
Lecomte (Anselme), d'Arsimont, à Renazé, Mayenne.
Lecoq (Alexandre), de Ligny-Cambrai, à Bretteville-sur-Laize, Calvados.
Lecomte (Maurice) et fam., de Maubeuge, à La Vespière, Calvados.
Lecoq (Palmyre) et enf., de Cousolre, à Deuil, Seine-et-Oise.
Lecot (Remy), de Neuilly, à Redon, Ille-et-Vilaine.
Lécuyer (Stéphanie), d'Anor, à Collot, Yonne.
Lécuyer (Arthur), de Wignehies, à Locmaria-Berrien, Finistère.
Lécuyer (Martial), de Wignehies, à Locmaria-Berrien, Finistère.
Lécuyer (Germaine), de Wignehies, à Locmaria-Berrien, Finistère.
Lécuyer (Clément), de Poix-du-Nord, à Plouégneau, Finistère.
Lécuyer (Solange), de Wignehies, à Locmaria-Berrien, Finistère.
Lécuyer (René), de Wignehies, à Locmaria-Berrien, Finistère.
Lécuyer (Gilberte), de Wignehies, à Locmaria-Berrien, Finistère.
Lécuyer (Camille), de Ferrière-la-Grande, à Dieval, Pas-de-Calais.
Leduc-Sottiau (Mme), de Maubeuge, à Rouen, Seine-Inférieure.
Leduc-Descutuère (Mlle), de Maubeuge-sous-Bois, à Rouen, Seine-Infér.
Leduc (Emile), de Maubeuge-sous-Bois, à Rouen, Seine-Inférieure.
Leduc-Descutuère (Marcel), de Maubeuge-sous-Bois, à Rouen, Seine-Infér.
Leduc (Renée), de Maubeuge-sous-Bois, à Rouen, Seine-Inférieure.
Leduc (Mlle), de Maubeuge-sous-Bois, à Rouen, Seine-Inférieure.
Ledoux (Edmond), du Cateau, à Moult, Calvados.
Leduc (Achille), et son épouse, de Maubeuge, à Saint-Pol, Pas-de-Calais.
Leduc (Elise), de Maubeuge, à Chambray, Indre-et-Loire.
Leduc (Laure), de Maubeuge, à Chambray, Indre-et-Loire.
Leduc (Eugène), d'Hautmont, à Auxi-le-Château, Pas-de-Calais.
Ledent (Stéphania), d'Hautmont, à Saint-Laurent-Blangy, Pas-de-Calais.
Leduc (Jules), de Fontaine-Notre-Dame, à Rouen, Seine-Inférieure.
Leduc (Emilie) et fam., d'Avesnes-sur-Gré, à Cernay, Calvados.
Leduc (François), et fam., de Naves, à Caen, Calvados.
Leemans (Pauline), d'Hautmont, à Cauchin-Verloingt, Pas-de-Calais.
Lesueur (Maria), de Rousies, à Hermaville, Pas-de-Calais.
Lefèvre (Emilie), de Trelon, à Cognac, Charente-Inférieure.
Lefèvre (Marie), de Trelon, à Cognac, Charente-Inférieure.
Lefebvre (Marie), d'Aulnoye, à Vierzon, Cher.
Lefebvre (Mme), de Busigny, à Langoëlan, Morbihan.
Lefebvre (Eugénie) et fam., d'Hautmont, à Savy-Berlette, Pas-de-Calais.
Lefèvre (Alphonse), d'Hirson, à Saint-Selve, Gironde.
Lefèvre (Marie), de Quarouble, à Villers-en-Ouche, Orne.
Lefebvre (Victor) et fam., de La Madeleine, à Lourdes, Hautes-Pyrénées.
Lefebvre (Emmanuel), de Landrecies, à Quettreville, Manche.
Lefebvre (Julien), de Lille, à Hyenville, Manche.
Lefèvre (Adrienne), de Maubeuge, à Saint-Etienne, Loire.
Lefebvre (Léontine, de Landrecies, à Quettreville, Manche.
Lefebvre (Robert), de Landrecies, à Quettreville, Manche.
Lefebvre (Raymonde), de Landrecies, à Quettreville, Manche.
Lefèvre (Geneviève), de Caudry, à Issoudun, Indre.
Lefaivre (Jean-Baptiste), d'Hautmont, à Willencourt, Pas-de-Calais.
Lefranc (Irma), de Fellcries, à Sillé-le-Guillaume, Sarthe.
Lefour (Paul), de Fourmies, à Saint-Roman, Drôme.
Lefebvre (Porphyre), de Fontaine-au-Pire, à Ploufragan, Côtes-du-Nord.
Lefebvre (Hortense), de Fontaine-au-Pire, à Ploufragan, Côtes-du-Nord.
Lefebvre (Louise) et enf., de Ferrière-la-Grande, à Marconne, Pas-de-Cal.
Lefebvre (Adolphe), de Maubeuge, à Marconne, Pas-de-Calais.
Lefebvre (Marie), de Caudry, à Beaugency, Loiret.
Lefebvre (Jeanne) et enf., de Louvroil, à Wirwignes, Pas-de-Calais.
Lefebvre (Jules) et fam., de Quiévy, à Saint-Loup-en-Fribois, Calvados.
Lefèvre (Jules) et fam., d'Aulnoy, à Vayres, Gironde.
Lefebvre (Henri), de Busigny, à Tamnay-en-Bazois, Nièvre.
Lefebvre-Soulié (Léontine), d'Avesnes-lez-Aubert, à Vierzon, Cher.
Lefebvre (Jean), d'Avesnes-les-Aubert, à Vierzon, Cher.
Lefebvre (Marie), de Fourmies, à St-Pierre-les-Nemours, Seine-et-Marne.
Lefèvre (Mme), de Bouffioulx, à Montsûrs, Mayenne.
Lefebvre (Pierre), d'Aulnoye, à Vierzon, Cher.
Lefebvre (Marie-Louise), d'Aulnoye, à Vierzon, Cher.
Lefebvre (Hector), d'Aulnoye, à Vierzon, Cher.
Lefebvre (Armand), de Fourmies, à St-Pierre-les-Nemours, Seine-et-Marne.
Lefebvre (Jules), de Quiévy, à Saint-Loup-de-Fribois, Calvados.
Lefebvre (Jules) et fam., de Quiévy, à Saint-Loup-de-Fribois, Calvados.
Lefour (Athaniel) et fam., d'Avesnes, à Croully, Calvados.
Lefèvre (Louis) et fam., d'Inchy, à Audrieu, Calvados.
Lefèvre et fam., de Caudry, à Canon, Calvados.
Lefèvre (Georges), de Maubeuge, à La Vespière, Calvados.
Lefèvre (Marie) et fam., de Fourmies, à Saint-Pierre-sur-Dives, Calvados.
Lefebvre (Marthe) et fam., de Villers-Guislain, à Argences, Calvados.
Lefebvre (Jules) et fam., de Quiévy, à Percy-en-Auge, Calvados.
Lefebvre (Jean-Baptiste) et fam., de Caudry, à Caen, Calvados.
Lefebvre (Rosa) et fam., de Cambrai, à Cabourg, Calvados.
Lefaivre (Lucienne), de Saint-Just-des-Marais, à St-Ouen-le-Pin, Calvados.
Lefebvre (Jules), d'Aulnoy-les-Valenciennes, à Rouen, Seine-Inférieure.
Lefebvre (Arnold), du Cateau, à Teillay, Ille-et-Vilaine.
Lefebvre (Arnoldine), du Cateau, à Teillay, Ille-et-Vilaine.
Lefebvre (Anna), du Cateau, à Teillay, Ille-et-Vilaine.
Lefebvre (Anna), du Cateau, à Teillay, Ille-et-Vilaine.
Lefour (Adèle), de Fourmies, à Nevers, Nièvre.
Lelou, de Fourmies, à Nevers, Nièvre.
Lefèvre (Auguste), de Saint-Saulve, à St-Sulpice-le-Guérétois, Creuse.
Lefebvre-Plaquet (Mme), de Maubeuge, à Frévent, Pas-de-Calais.
Lefebvre (Marie) et enf., de Maubeuge, à Frévent, Pas-de-Calais.
Lefebvre (Marie) et enf., d'Hautmont, à Auxi-le-Château, Pas-de-Calais.
Lefranc (Mme), de Ferrière-la-Petite, à Sainte-Catherine, Pas-de-Calais.
Lefranc (Alvire), de Ferrière-la-Grande, à Frévillers, Pas-de-Calais.
Lefebvre (Félicie), de Douai, à Pellevoisin, Indre.
Lefebvre (Maria), de Douai, à Pellevoisin, Indre.
Lefèvre (Emilien), de Quiévy, à Mas-de-Bourdic, Gard.
Lefèvre (Germaine), de Hargnies, à Neuillé-le-Lierre, Indre-et-Loire.
Lefèvre (Roger), de Hargnies, à Neuillé-le-Lierre, Indre-et-Loire.
Lefèvre (Madeleine), de Hargnies, à Neuillé-le-Lierre, Indre-et-Loire.
Lefèvre (Roger), de Hargnies, à Neuillé-le-Lierre, Indre-et-Loire.

Lefèvre (Louis), de Hargnies, à Neuillé-le-Lierre, Indre-et-Loire.
Lefèvre (Catherine), de Hargnies, à Neuillé-le-Lierre, Indre-et-Loire.
Lefèvre-Pontalis (Jean), d'Avesnes-le-Sec, à St-Louis-de-Montferrand, Gir.
Lefebvre (Clarisse), de Caudry, à Tréboul, Finistère.
Lefebvre (Angèle), de Caudry, à Tréboul, Finistère.
Lefèvre (Arthur), de Guise, au Crès, Hérault.
Lefebvre (Henri), de Caudry, à Tréboul, Finistère.
Lefebvre (Clarisse), de Caudry, à Tréboul, Finistère.
Lefebvre (Eugène), de Caudry, à Tréboul, Finistère.
Lefour (Mme), de Fourmies, à Saint-Guen, Côtes-du-Nord.
Legay (Hortense), de Landrecies, à Maillon, Yonne.
Legarrières (Jacques), de Lille, à Châteauroux, Indre.
Legrand (Augustine), de Maubeuge, à Givenchy-le-Noble, Pas-de-Calais.
Legrand (Mme) et enf., de Ferrière-la-Grande, à Etaples, Pas-de-Calais.
Legrand (Marie), d'Hautmont, à Vacquerie-le-Boucq, Pas-de-Calais.
Legrand (Jules), de Boussies, à Villencourt, Pas-de-Calais.
Legrand (Aline), de Maubeuge, à Givenchy-le-Noble, Pas-de-Calais.
Léger (Marthe), de Glageon, à Passy, Cher.
Legrand (Rita), de Cousolre, à Saint-Satur, Cher.
Léger (Louis), de Maubeuge, à Alençon, Orne.
Legrand (Adolphe), de Fémy, à Messac-Port, Ille-et-Vilaine.
Legrand (Gaston), du Cateau, à Renac, Ille-et-Vilaine.
Legrand (Céline), d'Estrœugt, à Redon, Ille-et-Vilaine.
Legrand (Robert), d'Hautmont, à Redon, Ille-et-Vilaine.
Legrand (Marie), d'Haumont, à Redon, Ille-et-Vilaine.
Legrand (Madeleine), d'Avesnelles, à Redon, Ille-et-Vilaine.
Legrand (Hubert), d'Haumont, à Redon, Ille-et-Vilaine.
Legrand (Mme), de Seranvillers, à Rouen, Seine-Inférieure.
Legrand, de Seranvillers, à Rouen, Seine-Inférieure.
Legros (Joséphine), de Caudry, à Ernée, Mayenne.
Legros (Marguerite), de Caudry, à Ernée, Mayenne.
Legros (Germaine), de Caudry, à Ernée, Mayenne.
Legros (Noémie), de Caudry, à Ernée, Mayenne.
Legros (Mme), d'Anderlues, à Louverné, Mayenne.
Legros (Camille), d'Anderlues, à Louverné, Mayenne.
Legros (Marthe), d'Anderlues, à Louverné, Mayenne.
Legros (Renée), d'Anderlues, à Louverné, Mayenne.
Legrand (François) et fam., à Courseulles, Calvados.
Legros (Paul), du Cateau, à Noyers, Calvados.
Legrand (Fanie), de Quiévy, à Perey-en-Auge, Calvados.
Legrand-Lacombiez (Mme) et fam., du Cateau, à Trouville, Calvados.
Legrand (Edmond), de Boussies, à Fresnes, Orne.
Legrand (Célestine), de Montigny, à Clohars-Carnoët, Finistère.
Legrand (Joséphine), de Montigny, à Clohars-Carnoët, Finistère.
Legay (Adèle), de Trelon, à Maillot, Yonne.
Le Grand (Marie), de Fourmies, à Saint-Caradec, Finistère.
Legrand (Clémentine), de Marpent, à Batz, Loire-Inférieure.
Legrand (Julia), de Marpent, à Batz, Loire-Inférieure.
Legrand (Louise), de Marpent, à Batz, Loire-Inférieure.
Legrand (Marguerite), de Marpent, à Batz, Loire-Inférieure.
Legrand (Joséphine), de Maubeuge, à Fruges, Pas-de-Calais.
Legrand (Henri), de Tourcoing, à Mesnil-Hermeu, Manche.
Legrand (Renée), d'Avesnes, à Saint-Hilaire-du-Harcouët, Manche.
Ligne (Georges), de Ronchin-Mont, à Bruz-Delambre, Ille-et-Vilaine.
Leitem (Marie), d'Hautmont, à Pamiers, Ariège.
Philippot (Lucie), de Cambrai, à Verneuil-sur-Igneraie, Indre.
Lejeune (Thomas) et son épouse, de Maubeuge, à Frévent, Pas-de-Calais.
Lejeune (Jules), de Wignehies, à Cézy, Yonne.
Lejeune (Virginie), d'Hautmont, à Étampes, Seine-et-Oise.
Lejuste (Palmire), de Solre-le-Château, à Sablé, Sarthe.
Lejeune (Elisa), de Wignehies, à Cézy, Yonne.
Lejeune (Alice), d'Anor, à Guérande, Loire-Inférieure.
Lejeune (Thomas), et son épouse, de Maubeuge, à Rougefay, Pas-de-Calais.
Lejeune (Lucienne), d'Anor, à Guérande, Loire-Inférieure.
Lejeune (Yvonne), d'Anord, à Guérande, Loire-Inférieure.
Leleu (Mme), de Villers-sur-Nicole, à Trouville, Calvados.
Lelest (Émile), de Somain, à Argentré, Mayenne.
Leleu, de Tournai, à Landivy, Mayenne.
Leleu (Flora), de Tournai, à Landivy, Mayenne.
Lelièvre (Georges), de Maubeuge, au Cellier, Loire-Inférieure.
Leleux (Augustin), de Sains-du-Nord, à Crosmières, Sarthe.
Leleux (Louise), de Sains-du-Nord, à Crosmières, Sarthe.
Leleux (Marie), d'Avesnelles, à Broin-Saint-Vilaine, Ille-et-Vilaine.
Leleu (Vincent), de Fourmies, à Belvédère, Ille-et-Vilaine.
Leleup (Mme), de Jeumont, à Château-Chinon-Ville, Nièvre.
Leleup (Raymond), de Jeumont, à Château-Chinon-Ville, Nièvre.
Lelong (Marie), d'Avesnes-sur-Helpe, à Fresnaye-sur-Chédouet, Sarthe.
Leleux (Rosalie), de Jeumont, à Bourg-des-Comptes, Ille-et-Vilaine.
Lemé (Marie) et enf., de Saint-Pythos, à Rouen, Seine-Inférieure.
Lemaire (Alphonse), de Lille, à Limoges, Haute-Vienne.
Lemoine (Victor), de Wallers-Trelon, à Versailles, Seine-et-Oise.
Lemoine (Irma), de Wallers-Trelon, à Versailles, Seine-et-Oise.
Lemoine (Victor), de Wallers-Trelon, à Versailles, Seine-et-Oise.
Lemoine (Hortense), de Hautmont, à Avesnes-le-Comte, Pas-de-Calais.
Lemaire (Clémence), de Caudry, à Glandon, Haute-Vienne.
Lemoine (Simone), de Fourmies, à Montpellier, Hérault.
Lemaire (François), de Landrecies, à Maillot, Yonne.
Lemaire (Denise), d'Avesnes-sur-Helpe, à Véru, Maine-et-Loire.
Lemoine (Jean-Baptiste) et fam., de Gouzeaucourt, à Pin-la-Garenne, Orne.
Lemoine (Marguerite), de Fourmies, à Montpellier, Hérault.
Lemaire (Elise), du Cateau, à Pont-Salomon, Haute-Loire.
Lemaire (Zénaïs), de Feignies, à Morigny-Champigny, Seine-et-Oise.
Lemaire (Sophie), de Rousies, à Izel-lez-Hameau, Pas-de-Calais.
Lemaire (Eugénie), de Cambrai, à Beaugency, Loiret.
Lenain (Omer), d'Avesnes, à Orléans, Loiret.
Lemaire (Henri) et fam., de Cambrai, à Bourg, Ille-et-Vilaine.
Lemaire (Henri) et fam., de Ligny, à Bourg, Ille-et-Vilaine.
Lemaire (Maria) et fam., de Ligny, à Bourg, Ille-et-Vilaine.
Lempereur (René), de Cousolre, à Redon, Ille-et-Vilaine.
Lemaître (Mme) et enf., de Marpent, à Rouen, Seine-Inférieure.
Lemaire-Baudouin, de Caudry, à Rouen, Seine-Inférieure.
Lemaire-Baudouin (Mme) et enf., de Caudry, à Rouen, Seine-Inférieure.
Lemoine (Louise) et enf., de Gouzeaucourt, au Pin-la-Garenne, Orne.
Lemaire (Albert), d'Haussy, à Saint-Valery-en-Caux, Seine-Inférieure.
Lemaire (Fernande) et enf., d'Haussy, à Saint-Valery-en-Caux, Seine-Infér.
Lemoine (Cyrille), de Busigny, à Tamnay-en-Bazois, Nièvre.
Lemaire-Desprès, de Roquigny, à Saint-Martin-Choquel, Pas-de-Calais.
Lemaire (Céline), de Wargnies-le-Grand, à Anzin-St-Aubin, Pas-de-Calais.
Lemoine (Pierre) et son épouse, de Maubeuge, à Essars, Pas-de-Calais.
Lempereur (Maurice), de Fourmies, à Landivisiau, Finistère.
Lempereur (Martel), de Fourmies, à Landivisiau, Finistère.
Lempereur (Henri), de Fourmies, à Landivisiau, Finistère.
Lempereur (Jeanne), de Fourmies, à Landivisiau, Finistère.
Lempereur (Suzanne), de Fourmies, à Landivisiau, Finistère.
Lempereur (Madeleine), de Fourmies, à Landivisiau, Finistère.
Lempereur (Jean), de Fourmies, à Landivisiau, Finistère.
Le Meine (Maurice), d'Avesnes, à Mûr, Côtes-du-Nord.
Lemaire (Mme), de Creil, à Vierzon, Cher.
Limelette (Marie), d'Eppe-Sauvage, à Esmans, Seine-et-Marne.
Lemaire (Louise), de Valenciennes, à Saint-Jacques, Calvados.
Lemon (Henri) et fam., du Cateau, à Vieux, Calvados.
Lemoine (Mme), d'Aunay-Quiévy, à Pont-l'Évêque, Calvados.
Lemoine (Madeleine), d'Avesnes, à Entrammes, Mayenne.
Lemoine, d'Avesnes, à Entrammes, Mayenne.
Lenoble (Maria), de Lourches, à Arthon-en-Retz, Loire-Inférieure.
Lenoble (Frédéric), de Lourches, à Arthon-en-Retz, Loire-Inférieure.
Lenoble (Gabriel), de Lourches, à Arthon-en-Retz, Loire-Inférieure.
Lenoble (Marcel), de Lourches, à Arthon-en-Retz, Loire-Inférieure.
Lenglet (Palmyre), de Maubeuge, à Fruges, Pas-de-Calais.
Lengrand (Léa), d'Escaudin, à Chevreville, Manche.
Lengrand (Marie), de Ferrière-la-Grande, à Auvin, Pas-de-Calais.
Lenoir (Jeanne), de La-Neuville-à-Maire, à Montigny-la-Resle, Yonne.
Lenglet (Eugénie), de Maubeuge, à Fruges, Pas-de-Calais.
Lengrand (Sophie), d'Étrœungt, aux Sièges, Yonne.
Lengère (Alix), d'Hautmont, à La Londe, Seine-Inférieure.
Lengrand (Anna), de Quiévy, à Jazennes, Charente-Inférieure.
Lengrand (Julia), de Fourmies, à Antrain, Ille-et-Vilaine.
Lengrand (Denise), de Fourmies, à Antrain, Ille-et-Vilaine.
Lengrand (Lucien), de Fourmies, à Antrain, Ille-et-Vilaine.
Lengrand (Simone), de Fourmies, à Antrain, Ille-et-Vilaine.
Lenoir (Mme) et enf., d'Anzin, à Saint-Valery-en-Caux, Seine-Inférieure.
Lenne (Louis) et fam., de Clairfayts, à Lourdes, Hautes-Pyrénées.
Lens (Philémon) et son épouse, de Fourmies, à Beautiran, Gironde.
Leporq (Léa), d'Aulnoye, à Ouville-la-Bien-Tournée, Calvados.
Leporq (Alexandre) et fam., d'Aulnoye, à Ouville-la-Bien-Tournée, Calvados.
Lenry (Céline) et enf., de Maubeuge, à Caudéran, Gironde.
Lendron (Mme), de Neufmesnil, à Louverné, Mayenne.
Lendron (Adelin), de Neufmesnil, à Louverné, Mayenne.
Lendron (Robert), de Neufmesnil, à Louverné, Mayenne.
Lenormand (Angèle), de Cambrai, à Bretteville-sur-Laize, Calvados.
Lenain (Maurice) et son épouse, d'Avesnes, à Lion-sur-Mer, Calvados.
Lenain (Paul) et fam., de Gonnelieu, à Caen, Calvados.
Léonard (Jean) et son épouse, de Cousolre, à Saint-Émilion, Gironde.
Léonard (Emilienne), de Fumay, à Pontmain, Mayenne.
Lepreux (Gabrielle) et fam., de Vieux-Berquin, à Lourdes, Htes-Pyrénées.
Lepan (Émile), d'Iwuy, à Challuy, Nièvre.
Lepan (Adélaïde), d'Iwuy, à Challuy, Nièvre.
Lepan (Auguste), d'Avesnes-le-Sec, à Villequiers, Cher.
Lépan (Servais), d'Avesnes-le-Sec, à Villequiers, Cher.
Lepan (Philippine), d'Avesnes-le-Sec, à Villequiers, Cher.
Lepan (Germaine), d'Iwuy, à Challuy, Nièvre.
Lepan (Adélaïde), d'Iwuy, à Challuy, Nièvre.

Lepan (Émile), d'Iwuy, à Chailuy, Nièvre.
Lepan (Flore), d'Iwuy, à Chailuy, Nièvre.
Leporcq (Marie), d'Hautmont, à Willeucourt, Pas-de-Calais.
Leporcq (Adèle), d'Étrœungt, à Plougastel-Daoulas, Finistère.
Lépine (Charles), de Caudry, à Clohars-Carnoët, Finistère.
Lépine (Henriette), de Caudry, à Clohars-Carnoët, Finistère.
Lépine (Simone), de Caudry, à Clohars-Carnoët, Finistère.
Leprince (Marie), de Lille, à Saint-Barthelemy, Maine-et-Loire.
Lepan (Auguste), d'Avesnes-le-Sec, à Paudy, Indre.
Lepaige (Jeanne) et enf., de Liessies, à Véron, Yonne.
Lepan (Marie), de Claye-Souilly, à Coray, Finistère.
Lepaige (Marguerite) et enf., de Liessies, à Véron, Yonne.
Lépan, de Cambrai, à Nevers, Nièvre.
Lepoint (Angèle), d'Hautmont, à Saint-Nicolas-d'Attez, Eure.
Lepers (Henri), de Roubaix, à Gravigny, Eure.
Lepers (Léonie), de Roubaix, à Gravigny, Eure.
Lequiné (Marie) et fam., d'Hautmont, à Saint-Pierre-sur-Dives, Calvados.
Leroy (Marie) et fam., de Jeumont, à Caen, Calvados.
Lequion (Mme), d'Iwuy, à Dragey, Manche.
Léquime (Jules) et fam., d'Avesnes, à Caen, Calvados.
Lequimme (Théophile), de Douai, à Bourges, Cher.
Léquimme-Lejean (Louise), de Douai, à Bourges, Cher.
Lequy (Joseph) et fam., de Sars-Poteries, à Bègles, Gironde.
Lermigeaux (Mme), de Fourmies, à Givors, Rhône.
Lermigeaux (Paul), de Fourmies, à Givors, Rhône.
Lermigeaux (Mlle), de Fourmies, à Givors, Rhône.
Leroy (Marcel), de Fourmies, à Concressault, Cher.
Leroy (Philoxime), de Fourmies, à Concressault, Cher.
Lerche (Henri) et fam., de Villers-au-Tertre, à Houdan, Seine-et-Oise.
Leroy, d'Hirson, à Rouen, Seine-Inférieure.
Leroy-Marchand (Mme) et fam., de Fourmies, à Limoges, Haute-Vienne.
Leroy (Louise), de Dunkerque, à Meaves-sur-Loire, Nièvre.
Lernou (Henri) et son épouse, du Cateau, à Flers, Orne.
Leriche (Philippe), de Banteux, à Pouilly-sur-Loire, Nièvre.
Leroy (Paul), de Saint-Quentin, à Roanne, Loire.
Leroy (Isodore), de Trelon, à Rouez, Sarthe.
Leroux (Paul) et fam., de Roubaix, au Bouscat, Gironde.
Lerouge (Malvina), de Sailly-les-Cambrai, à Saligny-le-Vif, Cher.
Lermusiaux (Delphine), d'Etrœungt, aux Sièges, Yonne.
Lermigeaux (Louis), de Fourmies, au Mans, Sarthe.
Lermigeaux (Adrien), de Fourmies, au Mans, Sarthe.
Lermigeaux (Gabrielle), de Fourmies, au Mans, Sarthe.
Lermigeaux (Andrée), de Fourmies, au Mans, Sarthe.
Leroy (Louis), de Gouzeaucourt, à Beauficel, Manche.
Lerminiaux (Louise), de Cousolre, à Saint-Hilaire-du-Harcouet, Manche.
Lerminiaux (Jean-Baptiste), de Cousolre, à St-Hilaire-du-Harcouet, Manche.
Lerminiaux (René), de Cousolre, à Saint-Hilaire-du-Harcouet, Manche.
Lerminiaux (Louise), de Cousolre, à Saint-Hilaire-du-Harcouet, Manche.
Leroy (Joseph), de Jeumont, à Pornichet, Loire-Inférieure.
Leroy (Maria), de Jeumont, à Pornichet, Loire-Inférieure.
Leroy (Louise), de Jeumont, à Pornichet, Loire-Inférieure.
Leroy (Irma), de Solre-le-Château, à La Chèze, Côtes-du-Nord.
Leroy (Alexandre), de Solre-le-Château, à La Chèze, Côtes-du-Nord.
Lerat (Albert), de Fourmies, à Parné, Mayenne.
Lerat (François), de Fourmies, à Parné, Mayenne.
Lerat (Alice), de Fourmies, à Parné, Mayenne.
Leroy (Charlotte), de Marpent, à Vaiges, Mayenne.
Leroy (Robert), de Claye-Souilly, à Coray, Finistère.
Leroy (Louis), de Gouzeaucourt, à Beauficel, Manche.
Leroy (Marie), de Damousies, à Lattre-Saint-Quentin, Pas-de-Calais.
Lespilette (Robert), de Maubeuge, à Liencourt, Pas-de-Calais.
Lestoquois (Élise), du Cateau, à Châteauroux, Indre.
Lestoquois (Charles), du Cateau, à Châteauroux, Indre.
Lesne (Joséphine), de Sains-du-Nord, à Sizun, Finistère.
Lesne (François), de Solesmes, dans le Finistère.
Lesne (Suzanne), de Solesmes à Plougastel-Daoulas, Finistère.
Lesne (François), de Solesmes, à Plougastel-Daoulas, Finistère.
Lesne (Célestine), de Solesmes, à Plougastel-Daoulas, Finistère.
Lestoquoy (Émile), de Boussois, à La-Baîre-de-Semilly, Manche.
Lestoquoy (Émilie), de Boussois, à Agneaux, Manche.
Lesne (Julie), de Landrecies, à Montauban, Tarn-et-Garonne.
Lespagnol et enf., d'Iwuy, à Rouen, Seine-Inférieure.
Lespagnol, d'Iwuy, à Rouen, Seine-Inférieure.
Lesoil (Alice), de Bousignies, à Corps-Nuds, Ille-et-Vilaine.
Lesne (Marie) et fam., d'Avesnes, à Caen, Calvados.
Lesabvre (Camille) et fam., de Feignies, à Barbeville, Calvados.
Lesabvre (Camille) et fam., de Feignies, à Barbeville, Calvados.
Lesoil (Charles), de Bousignies, à Corps-Nuds, Ille-et-Vilaine.
Lesne (Marie), de Fourmies, à Saint-Hervé, Côtes-du-Nord.
Lesigne (Marie) et enf., de Maubeuge, à Fruges, Pas-de-Calais.
Lesage (Mme), de Lons-le-Bois, à Lens, Pas-de-Calais.

Lescut (Mme) et enf., de Maubeuge, à Essars, Pas-de-Calais.
Lesne (Angello), du Cateau, à Teillay, Ille-et-Vilaine.
Lesueur (Eugénie), de Jeumont, à Antrain, Ille-et-Vilaine.
Lesage (Olodie), de Clary, à Rennes, Ille-et-Vilaine.
Letellier (Jean), de Maubeuge, à Portbail, Manche.
Letellier (Gracienne), de Maubeuge, à Portbail, Manche.
Letellier (Charles), de Fourmies, à Criel, Seine-Inférieure.
Letellier, de Fourmies, à Criel, Seine-Inférieure.
Leté (Émilia), de Maubeuge, à Fruges, Pas-de-Calais.
Letondeur (Madeleine), de Fourmies, à Villechétive, Yonne.
Leutier (Marie), de Bertry, à Clohars-Carnoët, Finistère.
Leurot (Victoria), de Leval, à Thiéville, Calvados.
Levant (Anna) et enf., de Maubeuge, à Beaurainville, Pas-de-Calais.
Lévêque (Marie), de Caudry, à Issoudun, Indre.
Level (Jeanne) et enf., de Maubeuge, à Douriez, Pas-de-Calais.
Ledent (Maria) et enf., de Ferrière-la-Gr., à Campagne-les-Hesdin, P.-de-C.
Levent (Anna) et enf., de Ferrière-la-Gr., à Campagne-les-Hesdin, P.-de-C.
Leveaux (Jeanne), et enf., de Villers-Outréaux, à Briouze, Orne.
Leveau (Bertha), de Felleries, à Arnières, Eure.
Leveau (Achille), de Felleries, à Arnières, Eure.
Levaux (Jean), de Boussois, à Savigné-l'Évêque, Sarthe.
Levert (Marcel), d'Avesnes, à Avranches, Manche.
Levêque (Yvonne), de Fourmies, à Saint-Hilaire-du-Harcouet, Manche.
Levert (Paul), d'Avesnes, à Avranches, Manche.
Levêque (Eugénie), de Fourmies, à St-Hilaire-du-Harcouet, Manche.
Levêque (Cécile), de Fourmies, à St-Hilaire-du-Harcouet, Manche.
Levieux (Germaine), de Béthune, à Courceulle, Calvados.
Levecq (Germaine), de Ferrière-la-Grande, de Wicquinghem, Pas-de-Cal.
Levecq (Marthe), de Ferrière-la-Grande, à Wicquinghem, Pas-de-Calais.
Levêque et sa fille, de Denain, à Nantes, Loire-Inférieure.
Levecq (Fernand), de Maubeuge-sous-Bois, à Rouen, Seine-Inférieure.
Levecq (Marceau), de Maubeuge-sous-Bois, à Rouen, Seine-Inférieure.
Levêque (Alfreda), de Maubeuge-sous-Bois, à Rouen, Seine-Inférieure.
Levêque (Mme), de Maubeuge-sous-Bois, à Rouen, Seine-Inférieure.
Levesque (Mme), de Cousolre, à Rentière, Orne.
Lhatellery (Alexandre), de Wallers, à St-Martin-des-Champs, Finistère.
Lhain (Charles), de Fourmies, à Huelgoat, Finistère.
Lherbier (Mathilde), de Fourmies, à Redon, Ille-et-Vilaine.
Lhost (Paul), de Boussois, à Marœuil, Pas-de-Calais.
Lhoir (Clara) et enf., de Maubeuge, à Saint-Pol, Pas-de-Calais.
Lhote (Gontaut) et sa fille, d'Anor, à Lion-sur-Mer, Calvados.
Lhuillierz et enf., de Seranvillers, à Rouen, Seine-Inférieure.
Lhuilliez, de Seranvillers, à Rouen, Seine-Inférieure.
Libert (Louise), de Cambrai, à Roanne, Loire.
Libert (Suzanne), de Cambrai, à Roanne, Loire.
Libert (Odile), de Villers-Sire-Nicole, à Villeneuve, Lot-et-Garonne.
Licot (Louis), de Valenciennes, à Saint-Sénier-sous-Avranche, Manche.
Liévrard (Lucienne), d'Haumont, à Ploaré, Finistère.
Liévrard (Désiré), d'Haumont, à Ploaré, Finistère.
Liévrard (Louise), d'Hautmont, à Ploare, Finistère.
Liénard (Victor) et fam., de Saint-Aubin, à Arveyres, Gironde.
Liénard (Sophie) et enf., de Ferrière-la-Grande, de Blingel, Pas-de-Calais.
Liénard (Désiré) et fam., de Ferrière-la-Grande, à Eclimeux, Pas-de-Calais.
Liébecq (Léon) et enf., d'Hautmont, à Diéval, Pas-de-Calais.
Liénard (Jeanne) et enf., d'Haumont, à Saint-Pol, Pas-de-Calais.
Liénard (Mathilde) et enf., de Damousies, à St-Rémy, Calvados.
Liénard (Émile) et fam., d'Avesne, à Dives-sur-Mer, Calvados.
Liénard (Élise), de Solre-le-Château, à Courtenay, Loiret.
Liénard (Mme) et enf., de Sous-le-Bois, à Lens, Pas-de-Calais.
Liétard (Orphélie) et enf., de Maubeuge, à St-Pol, Pas-de-Calais.
Liétard (Léonard), de Denain, à Indre, Loire-Inférieure.
Liénard (Auguste), de Ferrière-la-Petite, à Tillières-sur-Aire, Eure.
Liénard (Julia), de Ferrière-la-Petite, à Tillières-sur-Aire, Eure.
Liénard (Lucien), de Ferrière-la-Petite, à Tillières-sur-Aire, Eure.
Liénard (Édouard), de Ferrière-la-Petite, à Tillières-sur-Aire, Eure.
Liénard (Irma) et enf., d'Hautmont à Laurent-Blangy, Pas-de-Calais.
Liénard (Henri), de Maubeuge, à Héry, Nièvre.
Liénard (Hortense), de Maubeuge, à Héry, Nièvre.
Liézin (Marie), de Wallers-Trélas, à Migé, Yonne.
Liézin (Georges), de Waller-Trélas, à Migé, Yonne.
Liévin (Germaine), de La Flamengrie, à Mailly, Yonne.
Liénard (Mme) du Quesnoy, à Séné, Morbihan.
Liétard (Marie), de Denain, à Indre, Loire-Inférieure.
Liénard (Marie), de Maubeuge, à Héry, Nièvre.
Liévin-Hébn (Lucien), de Wignehies, à Longroy, Seine-Inférieure.
Liénard (Céline), de Solre-le-Château, à Renac, Ille-et-Vilaine.
Liénard (Julienne), de Solre-le-Château, à Renac, Ille-et-Vilaine.
Liégeois (Jean-Baptiste), d'Hargnies, à Neuillé-le-Lierre, Indre-et-Loire.
Liégeois (Eugénie), d'Hestrud, à Garigny, Cher.
Liégeois (Nicolas), d'Hestrud, à Garigny, Cher.
Limousin (Albertine) et fam., de Maubeuge, à Frévin-Capelle, Pas-de-Cal.

Lion (Georgina), de Lille, à Lyon, Rhône.
Lion (Jeanne), de Larouillies, à Cholet, Maine-et-Loire.
Lion (Marie), de Larouillies, à Cholet, Maine-et-Loire.
Lion (Berthe), de Larouillies, à Cholet, Maine-et-Loire.
Lion (Céline) et enf., de Maubeuge, à Fruges, Pas-de-Calais.
Linard-d'Huinault (Antoinette), de Jeumont, à Avranches, Manche.
Linoir (Yvonne), d'Anor, à Bolazec, Finistère.
Linard (Marie), de La Sentinelle, à St-Martin-du-Bieufait, Calvados.
Linéatte (Blanche), du Cateau, à Hédé, Ille-et-Vilaine.
Lisse (Charles), de Salomé, aux Forges, Morbihan.
Lixon (Léon), de Maubeuge, à Lansac, Gironde.
Lixon (Rosine), de Maubeuge, à Tincques, Pas-de-Calais.
Lobel (Rose), d'Anor, à St-Aubin-Château-Neuf, Yonne.
Lobet (Marie), d'Anor, à St-Aubin-Château-Neuf, Yonne.
Lobet (Alucia), de Jeumont, à La Planche, Loire-Inférieure.
Lobet (Albert), de Jeumont, à La Planche, Loire-Inférieure.
Lobet (André), de Jeumont, à La Planche, Loire-Inférieure.
Lobet (Marguerite), d'Anor, à Neuvy-sur-Loire, Nièvre.
Lobet (Fernand), d'Anor, à Neuilly-sur-Loire, Nièvre.
Lobet (Germaine), d'Anor, de Neuvy-sur-Loire, Nièvre.
Lobet (Gaston), d'Anor, à Neuvy-sur-Loire, Nièvre.
Lobet (Alice), d'Anor, à Neuvy-sur-Loire, Nièvre.
Lobet (Gustave), d'Anor, à Neuvy-sur-Loire, Nièvre.
Lobet-Lecoyer (Aline), d'Anor, à Neuvy-sur-Loire, Nièvre.
Lobet (Emma), d'Anor à Conlie, Sarthe.
Lobet (Alice), d'Anor, à Conlie, Nièvre.
Lobre (Louis), à Vieux-Condé, à Lyon, Rhône.
Locqueneux (Charles), d'Avesnes, à Caen, Calvados.
Locqueneux (Juliette), d'Avesnes, à Caen, Calvados.
Logez (Donot), de Montigny, à Courville, Eure-et-Loir.
Logez (Clotilde), de Montigny, à Courville, Eure-et-Loir.
Logé et son épouse, d'Inchy, à Nantes, Loire-Inférieure.
Loiseau (Julie), de Wignehies, à Roussay, Maine-et-Loire.
Loiseau (René), de Wignehies, à Roussay, Maine-et-Loire.
Loiseau (Blanche), de Wignehies, à Roussay, Maine-et-Loire.
Loiseau (Marcel), de Wignehies, à Roussay, Maine-et-Loire.
Loiseau (Madeleine), de Wignehies, à Roussay, Maine-et-Loire.
Loiseau (Hélène), de Wignehies, à Roussay, Maine-et-Loire.
Loiseau (Hermance) et enf., de Sous-le-Bois, à Lens, Pas-de-Calais.
Loiseau (Mme) et enf., de Bersillies, à Sombrin, Pas-de-Calais.
Loiselet (Aurélie), d'Avesnes-sur-Helpe, à Quincy-Ségy, Seine-et-Marne.
Loiselet (Carmen), d'Avesnes-sur-Helpe, de Quincy-Ségy, Seine-et-Marne.
Loignon (Hermance), de Fourmies, à Courcelles, Sarthe.
Loiseau-Lebas (Blanche), de Clary, à Rennes, Ille-et-Vilaine.
Loisel (André), d'Anor, à Elbeuf, Seine-Inférieure.
Loisel (Mme), d'Anor, à Elbeuf, Seine-Inférieure.
Loisel (Germaine), d'Anor, à Elbeuf, Seine-Inférieure.
Loison (Noël) et fam., de Quarouble, à Villers-en-Ouche, Orne.
Loir (Mariette), de Trélon, à La Voulte, Ardèche.
Loir (Émile), de Trélon, à La Voulte, Ardèche.
Loir (Marguerite), de Trélon, à La Voulte, Ardèche.
Loir (Pierre), de Trélon, à La Voulte, Ardèche.
Loir (Sophie), de Trélon, à La Voulte, Ardèche.
Loir, Uramie), de Douchy à Rouen, Seine-Inférieure.
Loir (Uramie), de Douchy, à Rouen, Seine-Inférieure.
Lobles (Georges), de Douai, à Parfouru-sur-Odon, Calvados.
Lombard (Jean), de Compiègne, à Léré, Oise.
Lombard (Henri), de Compiègne, à Léré, Cher.
Lomond (Gabrielle), de Jeumont, à Château-Chinon-Ville, Nièvre.
Lomond (Mme), de Jeumont, Château-Chinon-Ville, Nièvre.
Lomond (Solange), de Jeumont, à Château-Chinon, Nièvre.
Lomond (Mme), de Jeumont, à Château-Chinon, Nièvre.
Lomond (Gabrielle), de Jeumont, à Château-Chinon, Nièvre.
Lomond (Madeleine), de Jeumont, à Château-Chinon, Nièvre.
Lomond (Alphonse), de Jeumont, à Château-Chinon, Nièvre.
Lomont (Jules), de Jeumont, à Château-Chinon, Nièvre.
Loncq, d'Haufmont, à Rouen (Seine-Inférieure.
Loncq (Mme) et enfants, d'Haumont, à Rouen, Seine-Inférieure.
Lone (Mme) et enfant, d'Hautmont, à Rouen, Loire-Inférieure.
Lone, d'Hautmont, à Rouen, Seine-Inférieure.
Longatté (Julienne), de Masnières, à Coutres, Sarthe.
Longueville (Marthe), de Maubeuge, à Auchy-lez-Hesdin, Pas-de-Calais.
Longuet (Lucienne), de Walincourt, à Maisoncelles-Pelvey, Calvados.
Longuepé (Marie), du Quesnoy, à Alençon, Orne.
Longuet (Marie-Thérèse), de Maubeuge, à Chevry, Loiret.
Loore (de) (Célestin), de Maubeuge, à Saint-Omer, Pas-de-Calais.
Lor (Alexandre), de Maretz, à Aubie-Espessas, Gironde.
Loraux (Eloi), de Marbais, à Coutances, Manche.
Lorban (Fortuné), de Marpent, à Bécherel, Ille-et-Vilaine.
Lorent (Joseph), de Vieux-Reng, à Guipry, Ille-et-Vilaine.
Lorrain (Emilie), d'Anor, à Sillé-le-Guillaume, Sarthe.
Lorriaux (Ernest), de Poix-du-Nord, à Plouigneau, Finistère.
Lorriaux (Hector), de Fourmies, à Dirol, Nièvre.
Lorthiois (Clotilde) et famille, de Denain, à Bordeaux, Gironde.
Lorthoin (Louise), de Saint-Amand-les-Eaux, au Bouscat, Gironde.
Lousin (Mme), de Fourmies, à Loudéac, Côtes-du-Nord.
Louyigné (Emile) et famille, de Denain, à Caen, Calvados.
Louvion (Jean-Baptiste), de Rieux, à Apt, Vaucluse.
Loubatier (Hector), de Blanc-Misseron, à Rouen, Seine-Inférieure.
Louvegnies (Lucia), de Beaurepaire, à Vaux, Yonne.
Louchet (Jules), de Madeleine-Leslé, à Plougastel-Daoulas, Finistère.
Louchet (Irène), de Madeleine-Leslé, à Plougastel-Daoulas, Finistère.
Loucq (Cécile), de Caudry, à Clohars-Carnoët, Finistère.
Louvet (Eugène), de Caudry, à Yvré-le-Pôlin, Sarthe.
Louis (Aunalde), de Ferrière-la-Petite, à Sainte-Catherine, Pas-de-Calais.
Louward (Nicolas), d'Hautmont, à Redon, Ille-et-Vilaine.
Louward (Jeanne), d'Hautmont, à La Digne-Redon, Ille-et-Vilaine.
Louward (Hubert), d'Haumont, à Redon, Ille-et-Vilaine.
Louis (Victor), de Ramousies, à Treiguy, Yonne.
Loux (Marie), d'Hautmont, à Saint-Laurent-Blangy, Pas-de-Calais.
Louward (Armand), d'Haumont, à Redon, Ille-et-Vilaine.
Loyer (Rosine), de Donzies-Maubeuge, à Vern, Maine-et-Loire.
Lover (Mme), d'Avesnes-sur-Helpe, à Vern, Maine-et-Loire.
Lubin (Hélène), de Jeumont, à Bouchemaine, Maine-et-Loire.
Lubin (Louise), de Jeumont, à Bouchemaine, Maine-et-Loire.
Lucas (Lucie), de Gouzeaucourt, à Bellengreville, Seine-Inférieure.
Lucas (Lucienne), de Gouzeaucourt, à Bellengreville, Seine-Inférieure.
Lucas (Jules), de Gouzeaucourt, à Bellengreville, Seine-Inférieure.
Lucas (Arthur), de Gouzeaucourt, à Bellengreville, Seine-Inférieure.
Lucas (Mathilde), de Rousies, à Hermaville, Pas-de-Calais.
Lucien (Jean), de Maroilles, à Caden, Morbihan.
Lucien (Marie), de Maroilles, à Caden, Morbihan.
Lucz (Jacques), de Villerspol, à Saint-Armel, Ille-et-Vilaine.
Lucz (Eugène), de Villerspol, à Saint-Armel, Ille-et-Vilaine.
Lussiez (Adolphe) de Sain-du-Nord, au Cellier, Loire-Inférieure.
Lussiez (Anna), de Sain-du-Nord, au Cellier, Loire-Inférieure.
Lussiez (Zélia), de Sain-du-Nord, au Cellier, Loire-Inférieure.
Lussiez (Auguste), de Sain-du-Nord, au Cellier, Loire-Inférieure.
Lussiez (Auguste), de Sain-du-Nord, au Cellier, Loire-Inférieure.
Lussiez (Charles), de Gouzeaucourt, à Quincé, Maine-et-Loire.
Lussiez (Fenélon), de Maroilles, à Yvré-le-Polin, Sarthe.
Lutaud (Louise), de Ferrière-la-Grande, à Brionne, Eure.
Lutaud (Simonne), de Ferrière-la-Grande, à Brionne, Eure.
Lutaud (Louis), de Ferrière-la-Grande, à Brionne, Eure.
Lutaud (Jean), de Ferrière-la-Grande, à Brionne, Eure.
Lyonnet (Adolphe), de Denain, à Alais, Gard.
Mabilat (Eugénie), de Cambrai, à Myennes, Nièvre.
Mabille (Laure), de Bavai, à Beaumont-le-Roger, Eure.
Macaigne (Marie) et famille, de Cambrai, à Cabourg, Calvados.
Macaigne (Pierre) et famille, de Cambrai, à Cabourg, Calvados.
Machez (Hortense), d'Etrœungt, aux Sièges, Yonne.
Machy (Marie), de Ferrières-la-Grande, à Montcavrel, Pas-de-Calais.
Marcq (Jeanne), de Sepmeries, au Sap, Orne.
Macquigny (Marie), de Louvroil, à Caumont, Calvados.
Madjeski (Adolphe), de Maubeuge, au Pouliguen, Loire-Inférieure.
Madjeski (Jeanne), de Maubeuge, au Pouliguen, Loire-Inférieure.
Magnon (Fernand), de Jeumont, à Domfront, Orne.
Magy (Victorien), de Ferrière-la-Grande, à Diéval, Pas-de-Calais.
Maginé (Aline) et enf., de Maubeuge, à Hucqueliers, Pas-de-Calais.
Magy (Elvire) et enf., de Ferrière-la-Grande, à Beutin, Pas-de-Calais.
Mafière (Irma), de Roubaix, à Châteauroux, Indre.
Magnan (Alfred), de Mortefontaine, à Maux, Nièvre.
Magnan (Zélia), de Mortefontaine, à Maux, Nièvre.
Magnan (Elisa), du Vieux-Reng, à Quétiéville, Calvados.
Magnès (Irma), d'Aulnont, à Saint-Remy, Calvados.
Magrez (Eugénie) et enf., de Cambrai, à Rouen, Seine-Inférieure.
Magrez (Télesphor), de Cambrai, à Rouen, Loire-Inférieure.
Magy (Louis), de Solre-le-Château, à Saint-Jean-de-Braye, Loiret.
Magy (Céline), de Solre-le-Château, à Saint-Jean-de-Braye, Loiret.
Mahaut (Eugénie) et enf., de Ferrière-la-Grande, à Beutin, Pas-de-Calais.
Mahaut (Sophie), de Ferrière-la-Petite, à Brienon-sur-Armançon, Yonne.
Mahaut (Berthe), de Ferrière-la-Petite, à Brienon-sur-Armançon, Yonne.
Mahieu (Angèle), de Pont-Allant, à Lens, Pas-de-Calais.
Mahieu (Célestine), de Maubeuge, à Bouret-sur-Canche, Pas-de-Calais.
Mahieux (Auguste), de Busigny, à Chazeuil, Nièvre.
Mahieux, de Busigny, à Nevers, Nièvre.
Mahy (Emile), de Fourmies, à Goulven, Finistère.
Mahy (Clara), de Fourmies, à Goulven, Finistère.
Mahy (Lucien), de Fourmies, à Goulven, Finistère.
Mahy-Créquint (Mme), de Maubeuge, à Capelle-Fermont, Pas-de-Calais.
Mailfait (Prosper) et famille, de Floing, à Saint-Gervais, Gironde.
Maillard (Delphine), de Landrecies, à Montauban, Tarn-et-Garonne.

Maillé (Angélique), d'Haussy, à St-Valery-en-Caux, Seine-Inférieure.
Maillard (Zéphir), de Fourmies, à Saint-Laurent-Médoc, Gironde.
Maillard (Elise) et fam., de Fourmies, à Saint-Laurent-Médoc, Gironde.
Maillard (Louis), d'Anzin, à Port-Brillet, Mayenne.
Maillard-Jeannesson (Veuve), de Rocroi, à Vaudours, Yonne.
Maillard (Edmond), de Sars-Poteries, à Coudrecieux, Sarthe.
Maillard (Irma), de Sars-Poteries, à Coudrecieux, Sarthe.
Maillet (Léon), de Berlaimont, à Evreux, Eure.
Maillet (Pauline), de Berlaimont, à Evreux, Eure.
Maillet (Laure), d'Eppe-Sauvage, à Mormant, Loiret.
Maillot, de Caudry, à Nevers, Nièvre.
Maillot (Marie), de Valincourt, à Premery, Nièvre.
Maillot (Rosine), de Maubeuge, à Fruges, Pas-de-Calais.
Mainil (Mme), de Marpent, à Neufchâtel, Pas-de-Calais.
Mairiaux (Ulysse), de Bousignies-sur-Roc, à Corps-Nuds, Ille-et-Vilaine.
Mairesse (Olga), d'Avesnes, à Saint-Servais, Finistère.
Mairesse (Henri) et famille, de Cousolre, à Lormont, Gironde.
Mairesse (Gustave), d'Avesnes, à Saint-Servais, Finistère.
Mairesse (Marie-Anne), d'Avesnes, à Saint-Servais, Finistère.
Mairesse (Alexis), d'Avesnes, à Saint-Servais, Finistère.
Mairy (Eloïse), de Cousolre, à Bécherel, Ille-et-Vilaine.
Maitte (Delphine), de Maubeuge, à Hucqueliers, Pas-de-Calais.
Maitre (Marie), de Saint-Souplet, à Cosne, Nièvre.
Maitre (Jeanne), de Saint-Souplet, à Cosne, Nièvre.
Maitre (Geneviève), de Saint-Souplet, à Cosne, Nièvre.
Maitre (Jacqueline), de Saint-Souplet, à Cosne, Nièvre.
Maitret (Adolphe), d'Avesnes, à Tarare, Rhône.
Maitret (Anastasie), d'Avesnes, à Tarare, Rhône.
Maitret (Emilie), d'Avesnes, à Tarare, Rhône.
Maitret (Constant), d'Avesnes, à Tarare, Rhône.
Malaux (Eva), de Jeumont, à Huelgoat, Finistère.
Malaux (Henri), de Jeumont, à Huelgoat, Finistère.
Malaux (Blanche), de Jeumont, à Huelgoat, Finistère.
Malaux (Philippine), de Jeumont, à Huelgoat, Finistère.
Malbaux (Alfred), de Cousolre, à Vauville, Manche.
Malbaux (Julien), de Cousolre, à Vauville, Manche.
Malempré (Auguste), de Maubeuge, au Conquet, Finistère.
Malempré (Simone), de Maubeuge, au Conquet, Finistère.
Malempré (Marie), de Maubeuge, au Conquet, Finistère.
Malengroux (Louise), de Jeumont, à Pornichet, Loire-Inférieure.
Malengraux (Arthur), de Jeumont, à Pornichet, Loire-Inférieure.
Mallet (Benjamin), de Saint-Waast-lès-Mesles, à Varades, Loire-Inférieure.
Mallet (Marie), de Saint-Waast-lès-Mesles, à Varades, Loire-Inférieure.
Malengraux (Juliette), de Jeumont, à Pornichet, Loire-Inférieure.
Malézieux (Léonie), de Maurois, à Guipavas, Finistère.
Maliet (Abel), de Chauny-Mareschés, à Mesland, Loir-et-Cher.
Malfoy (Edouard) et son épouse, de Caudry, aux Herbiers, Vendée.
Matter (Zénon) et sa fam., d'Anor, à Ballaison, Haute-Savoie.
Malrait (Jules), de Solre-le-Château, à La Chèze, Côtes-du-Nord.
Malvache (Jean-Baptiste), de Marbaix, à St-Martin-du-Tertre, Yonne.
Manfroy (Félicité), de Ferrière-la-Grande, à Monchy-Cayeux, P.-de-Calais.
Manfroy (Aline), de Ferrière-la-Grande, à Monchy-Cayeux, Pas-de-Calais.
Manesse (Léontine), de Favril, à Latresne, Gironde.
Manesse (Léon) et famille, de Favril, à Latresne, Gironde.
Manesse-Bouvelle et famille, du Cateau, à Trouville, Calvados.
Manesse-Sorcy (Sophie), de Fourmies, au Lude, Sarthe.
Manfroy, de Maubeuge, à Nantes, Loire-Inférieure.
Mangin (Elvire), de Jeumont, à Beaulieu, Indre-et-Loire.
Mangin (Alice), de Jeumont, à Beaulieu, Indre-et-Loire.
Mangin (Lucie), de Jeumont, à Beaulieu, Indre-et-Loire.
Mangin (Edgard), de Jeumont, à Beaulieu, Indre-et-Loire.
Mangin (Aline), de Jeumont, à Beaulieu, Indre-et-Loire.
Mannochez (François), de Cambrai, à Audierne, Finistère.
Many (Émile) et fam., de Preux-au-Bois, à Fresnes, Orne.
Many (Alice), de Bousies, à Fresnes, Orne.
Maraîches (Mme), d'Avesnes, à Loudéac, Côtes-du-Nord.
Marchal (Auguste) et fam., de Jeumont, à Lormont, Gironde.
Mary (Albert), d'Avesnelle, à Appoigny, Yonne.
Mary-Bétry (Alice), d'Avesnelle, à Appoigny, Yonne.
Marchal (Ernest) et fam., de Jeumont, à Lormont, Gironde.
Marchand (Camillia), de Ferrière-la-Grande, à Étaples, Pas-de-Calais.
Marchand (Raymonde), de Ferrière-la-Grande, à Étaples, Pas-de-Calais.
Mariage (Jean), de Quarouble, à Villers-en-Ouche, Orne.
Marié (Marcel) et son épouse, de Glageon, à Évreux, Eure.
Marini (Jean) et fam., de Louvroil, à Tauriac, Gironde.
Margerin (Léon), d'Étrœungt, aux Sièges, Yonne.
Margerin (Hortense), d'Étrœungt, aux Sièges, Yonne.
Margat (Robert), de Lille, à Vendœuvres, Indre.
Margat (Berthe), de Lille, à Vendœuvres, Indre.
Marchand (Allaire) et fam., d'Étrœungt, à Pougny, Nièvre.
Marliot (Raymond), d'Élincourt, à Roanne, Loire.
Marliot (Juliette), d'Élincourt, à Roanne, Loire.
Martain (Désiré), de Lille, à Hyenville, Manche.
Martin (Fernand), d'Étrœungt, à Plougastel-Daoulas, Finistère.
Martin (Louise), d'Étrœungt, à Plougastel-Daoulas, Finistère.
Martin (Arthur), d'Étrœungt, à Plougastel-Daoulas, Finistère.
Martin (Fernande), d'Étrœungt, à Plougastel-Daoulas, Finistère.
Martin (Eugénie), d'Étrœungt, à Plougastel-Daoulas, Finistère.
Martin (Mme), d'Anor, à Château-Chinon-Ville, Nièvre.
Martin (Louise), d'Anor, à Château-Chinon-Ville, Nièvre.
Martin-Hupé (Mme), d'Anor, à Château-Chinon-Ville, Nièvre.
Mars (Antoinette), de Troyes, à Nevers, Nièvre.
Martin (Nelly), d'Anor, à Château-Chinon-Ville, Nièvre.
Martin (Arthur), d'Anor, à Château-Chinon-Ville, Nièvre.
Martin (Vital), d'Anor, à Château-Chinon-Ville, Nièvre.
Martin (André), d'Anor, à Château-Chinon-Ville, Nièvre.
Martin (Raoul), d'Anor, à Château-Chinon-Ville, Nièvre.
Martin (Mme), de Jeumont, à Château-Chinon-Ville, Nièvre.
Maréchal (Jean-Baptiste) et son ép., d'Obrechies, à Putot-en-Bessin, Calvados.
Martin (Jules), de Bonne-Espérance, à Ernée, Mayenne.
Martin (Ernest) et fam., de Fourmies, à Friardel, Calvados.
Martin (Roger), de Della, à Azé, Mayenne.
Martin (Reine), de Della, à Azé, Mayenne.
Maréchal (Élise), d'Obrechies, à Putot-en-Bessin, Calvados.
Marouze (Désiré) et fam., d'Haspres, à Gambais, Seine-et-Oise.
Marouze (Jean-Baptiste), d'Haspres, à Gambais, Seine-et-Oise.
Marécaille (Louise), de Wignehies, à Bourdonné, Seine-et-Oise.
Marécaille (Hermance) et enf., d'Anor, à Bourdonné, Seine-et-Oise.
Marchand (Nelly), de Lille, à Courseulles, Calvados.
Marcaille (Blanche), d'Avesnes, à Lion-sur-Mer, Calvados.
Marcoux (Célina), de Marpent, à Batz, Loire-Inférieure.
Marcoux (Célina), de Marpent, à Batz, Loire-Inférieure.
Marquet (Henri) et fam., de Maubeuge, à Fruges, Pas-de-Calais.
Martelle (Charles), de Jeumont, à Batz, Loire-Inférieure.
Martelle (Simone), de Jeumont, à Batz, Loire-Inférieure.
Martelle (Gaston), de Jeumont, à Batz, Loire-Inférieure.
Martelle (Léa), de Jeumont, à Batz, Loire-Inférieure.
Marcoux (Omer), de Marpent, à Batz, Loire-Inférieure.
Marcon (Zélida), de Marpan, à Saint-Hilaire-du-Harcouët, Manche.
Marivoët (Louis), de Louvroil, à Chevreville, Manche.
Maréchal (Joseph) et enf., de Fourmies, à Neuvy-Sautour, Yonne.
Marchand (Alexandre) et fam., d'Avesnes, à Couches, Eure.
Marcy (Pauline) et enf., d'Hautmont, à Tollent, Pas-de-Calais.
Marlières (Céline) et enf., de Cousolre, à Mesterrieux, Gironde.
Maréchal (Victorine) et enf., d'Hautmont, à Auxi-le-Château, Pas-de-Calais.
Maronet (André), de Sars-Poteries, à Châteaubriant, Loire-Inférieure.
Maronet (Julia), de Sars-Poteries, à Châteaubriant, Loire-Inférieure.
Maronet (Maxime), de Sars-Poteries, à Châteaubriant, Loire-Inférieure.
Maronet (Charles), de Sars-Poteries, à Châteaubriant, Loire-Inférieure.
Maronet (Henriette), de Sars-Poteries, à Châteaubriant, Loire-Inférieure.
Maronet (Benoîte), de Sars-Poteries, à Châteaubriant, Loire-Inférieure.
Maronet (Anthime), de Sars-Poteries, à Châteaubriant, Loire-Inférieure.
Marouse (Louis), de Mareschés, à Rouen, Seine-Inférieure.
Marron (Joseph) et enf., de Sous-le-Bois, à Rebreuve-sur-Canche, Pas-de-C.
Martin (Angèle), de Glageon, à Courcelles, Nièvre.
Martinache (Marie), de Douai, à Clamecy, Nièvre.
Martin (Célestine), de Felleries, à Oinville-Saint-Liphard, Eure-et-Loir.
Marmottin (Louise), de Maubeuge, à Saint-Pol, Pas-de-Calais.
Marchand (Clara), de Ferrière-la-Grande, à Fleury, Pas-de-Calais.
Martin (Marie) et enf., d'Hautmont, à Saint-Pol, Pas-de-Calais.
Maréchal (Justin) et son épouse, de Neuf-Mesnil, à Lens, Pas-de-Calais.
Mariselle (François) et son épouse, de Cerfontaine, à Selles, Pas-de-Calais.
Marsal (Fernand), de Lille, à Coutances, Manche.
Marécaux (Julia), de Marpent, à Cosne, Nièvre.
Marécaux (Arthur), de Marpent, à Cosne, Nièvre.
Marécaux (Nelly), de Marpent, à Cosne, Nièvre.
Marécaux (Lydie), de Marpent, à Cosne, Nièvre.
Marécaux (Ernest), de Marpent, à Cosne, Nièvre.
Marchand (Camille), de Ferrière-la-Grande, à Beussent, Pas-de-Calais.
Marchand (Élise), de Ferrière-la-Grande, à Wicquinghem, Pas-de-Calais.
Martin (Mme) et enf., de Ferrière-la-Grande, à Beussent, Pas-de-Calais.
Marchelou (Gustave), d'Avesnes, à Loudéac, Côtes-du-Nord.
Marche (Rose), d'Avesnes, à Loudéac, Côtes-du-Nord.
Maraîches (Gaëta), d'Avesnes, à Loudéac, Côtes-du-Nord.
Marchand (Marcel), de Pelleries, à Marolles-les-Braules, Sarthe.
Marchand (Louise), de Pelleries, à Marolles-les-Braules, Sarthe.
Marchand (Marie-Louise), de Pelleries, à Marolles-les-Braules, Sarthe.
Marquette (Armand), de Fourmies, à Saint-Roman, Drôme.
Marcy (Constant), d'Anor, à Kernonès, Finistère.
Maréchal (Césarine), de Wignehies, au Folgoet, Finistère.
Maréchal (Jean-Baptiste), de Wignehies, au Folgoet, Finistère.
Marquiset (Eugénie) et enf., de Maubeuge, à Fruges, Pas-de-Calais.

Martin-Delfosse, de Marpent, à Dohem, Pas-de-Calais.
Martin (Mlle), d'Auberive, à Monéteau, Yonne.
Martin (Zéphir), d'Anor, à Monéteau, Yonne.
Martin (Mme), d'Auberive, à Monétau, Yonne.
Martin (Pauline), d'Auberive, à Monéteau, Yonne.
Mars (Bertha), d'Avesnelles, à Domats, Yonne.
Marouzé (Paul), de Sepmeries, à Champignelles, Yonne.
Marouzé (Clémence), de Sepmeries, à Champignelles, Yonne.
Marouzé (Esther), de Sepmeries, à Champignelles, Yonne.
Mariez (Marcel), de Valenciennes, à Roanne, Loire.
Marage (Marcelle), de Louvigny-Bavan, Chambray, Indre-et-Loire.
Marage (Rolande), de Louvigny-Bavan, à Chambray, Indre-et-Loire.
Marage (Jeanne), de Louvigny-Bavan, à Chambray, Indre-et-Loire.
Marquay (Euphrosine), de Villerspol, à Saint-Armel, Ille-et-Vilaine.
Marage (Fernand), de Louvigny-Bavan, à Chambray, Indre-et-Loire.
Martens (Auguste), d'Orchies, à Criel, Seine-Inférieure.
Martens (Eugénie) et enf., d'Orchies, à Criel Seine-Inférieure.
Mareville (Catherine), de Busigny, à Savonnières, Indre-et-Loire.
Marchandise (Mme) et enf., de Glageon, à Rouen, Seine-Inférieure.
Marquet (Élise), de Valenciennes, à Xaintrailles.
Marceaux (Arthur), de Marquette, à Malbret-Boussac, Creuse.
Marécaille (Mme), d'Avesnes, à Varzy, Nièvre.
Marécaille (Maria), d'Avesnes, à Varzy, Nièvre.
Marsal (Roger), d'Haubourdin, à Ornaisons, Aude.
Marsal (Stéphanie), d'Haubourdin, à Ornaisons, Aude.
Martin (Fernand), de Della, à Azé, Mayenne.
Martin (Mme), de Della, à Azé, Mayenne.
Martin (Ernest), de Della, à Azé, Mayenne.
Martin (André), de Della, à Azé, Mayenne.
Maryn (Jules), de Lille, à Limoges, Haute-Vienne.
Masse (Élise) et enf., de Maubeuge, à Boyaval, Pas-de-Calais.
Massart (Mme), de Requigny, à Saint-Martin-Choquel, Pas-de-Calais.
Massié (Élise), de Busigny, à Cognac, Charente-Inférieure.
Massé (Jean Baptiste), de Poix-du-Nord, à Varennes-lès-Narcy, Nièvre.
Mascaut (Jeanne) et fam., de Ferrière-la-Grande, à Estréelles, Pas-de-Cal.
Massy (Laurent), de Maubeuge, à Merlimont, Pas-de-Calais.
Massart (Charles), de Maubeuge, à Mareuil, Pas-de-Calais.
Mascart (Octave) et fam., de Quarouble, à Villers-en-Ouche, Orne.
Masclet (Désiré), d'Annœulin, à Orival, Seine-Inférieure.
Masclet (Sophie), d'Annœulin, à Orival, Seine-Inférieure.
Massif (Robert), de Roubaix, à Elbeuf, Seine-Inférieure.
Massif (Mme), de Roubaix, à Elbeuf, Seine-Inférieure.
Masclet (Désiré), d'Annœulin, à Orival, Seine-Inférieure.
Massin (Colombe) et fam., d'Aulnoye, à Saint-Pierre-sur-Dives, Calvados.
Massart (Émilie) et fam., de Lille, à Courseulles, Calvados.
Mathey (Désiré), de Ferrière-la-Petite, à Tillières-sur-Avre, Eure.
Mathey (Juliette), de Ferrière-la-Petite, à Tillières-sur-Avre, Eure.
Mathias (Mathilde), de Bavay, à Glos, Calvados.
Mathieu (Édouard) et fam., de Berlemont, à Saint-Pierre-sur-Dives, Calvados.
Mathieu (Aimé), de Wasmes, à Montsûrs, Mayenne.
Matrau (Fernand), de Lille, à Nevers, Nièvre.
Mathieu (Jules), de Villers-Sire-Nicole, à Orléans, Loiret.
Mathieu (Marie), de Bertrichamps, à Montret, Saône-et-Loire.
Mathieu (Blanche), de Ferrière-la-Grande, à Écuires, Pas-de-Calais.
Mathieu (Nicolas), de Maubeuge, à Hucqueliers, Pas-de-Calais.
Mathieu (Henri), de Maubeuge, à Hucqueliers, Pas-de-Calais.
Mathieu (Ernest), de Maubeuge, à Enquin-sur-Baillons, Pas-de-Calais.
Mathieu (Marie), de Maubeuge, à Hucqueliers, Pas-de-Calais.
Matha (Marie) et enf., de Maubeuge, à Fruges, Pas-de-Calais.
Maton (Julia) et enf., d'Hautmont, à Avesnes-le-Comte, Pas-de-Calais.
Maton (Angèle), de Fourmies, à Saint-Brice-de Landelle, Manche.
Mathieu (Fernande), de Ramousies, à Treigny, Yonne.
Mathieu (Louise), de Ramousies, à Treigny, Yonne.
Maton (Germaine), de Louvroil, à Quiberon, Morbihan.
Mathias (Lucette), de Maubeuge, à Saintry, Seine-et-Oise.
Mathias (Pierre), de Maubeuge, à Saintry, Seine-et-Oise.
Mathias (Jean), de Maubeuge, à Saintry, Seine-et-Oise.
Mathias (Lucie), de Maubeuge, à Saintry, Seine-et-Oise.
Mathé (Adrienne), de Marpent, à Batz, Loire-Inférieure.
Mathé (Thérèse), de Marpent, à Batz, Loire-Inférieure.
Maton (Eugène), d'Etrœungt, à Orléans, Loiret.
Maufroid (Émilia) et enf., de Damousies, à Hauteville, Pas-de-Calais.
Maufroy (Ernest) et enf., de Damousies, à Lattre-St-Quentin, Pas-de-Calais.
Maufroy (René), de Ferrière-la-Grande, à Campagne-lès-Hesdin, Pas-de-C.
Maufroy (Jeanne), de Ferrière-la Grande, à Campagne-lès-Hesdin, Pas-de-C.
Maufroy (Mathilde), de Ferrière-la-Grande, à Campagne-lès-Hesdin, Pas-de-C.
Maufroy (Élise), de Ferrière-la-Grande, à Campagne-lès-Hesdin, Pas-de-C.
Maufroy (Angèle), de Ferrière-la-Grande, à Campagne-lès-Hesdin, Pas-de-Calais.
Mauhin (Joséphine), de Boussois, à Braffais, Manche.
Mauhin (Hubert), de Boussois, à Avranches, Manche.

Maunier (Annette), de Maubeuge, à Villeurbanne, Rhône.
Maunier (Antoinette), de Maubeuge, à Villeurbanne, Rhône.
Mauquet (Marie) et enf., de Neufmesnil, à Auxi-le-Château, Pas-de-Calais
Mauraige (Nelly de) et enf., de Gerfontaine, à Bordeaux, Gironde.
Maurage (Oscar), d'Hautmont, à Bouville, Seine-et-Oise.
Mauraux (Joséphine) et enf., d'Hautmont, à Auxi-le-Château, Pas-de-Calais
Maureaux (Georges), de Fourmies, à Mûr, Côtes-du-Nord.
Maureaux (Reine), de Fourmies, à Mûr, Côtes-du-Nord.
Mauroy (Adèle), de Novion-Porcien, à Avallon, Yonne.
Maufroy (Joseph) et fam., de Ferrière-la-Grande, à Marconnelle, Pas-de-C
Maufroy (Marie) et enf., de Ferrière-la-Grande, à Eclimeux, Pas-de-Calais
Maufroy (Marie) et enf., de Ferrière-la-Grande, à Marconnelle, Pas-de-Calais
Maufroy (Catherine) et enf., de Ferrière-la-Grande, à Erin, Pas-de-Calais
Mayer (Amélie) et enf., d'Hautmont, à Pierremont, Pas-de-Calais.
Mayer (Célestine), d'Hautmont, à Pierremont, Pas-de-Calais.
Mayné (Éléonore) et enf., de Maubeuge, à Fruges, Pas-de-Calais.
Mayé (Marguerite), de Fourmies, à Dinard, Ille-et-Vilaine.
Mayer (Mme), de Sous-le-Bois, à Rouen, Seine-Inférieure.
Mayeux (Augustine) et fam., de Cambrai, à Cabourg, Calvados.
Mayeux (Achille) et fam., de Cambrai, à Cabourg, Calvados.
Mayeux (Mme), de Maubeuge, à Berlencourt, Pas-de-Calais.
Méaux (Aglaé) et enf., de Maubeuge, à Auchy-lès-Hesdin, Pas-de-Calais.
Meersman (Maurice), de Jeumont, à La Courtine, Creuse.
Meersmann (Mme), de Sous-le-Bois, à Lens, Pas-de-Calais.
Méhaux (Georges), de Chain, à Givors, Rhône.
Méhaut (Jules) et fam., de Trélon, à Lourdes, Hautes-Pyrénées.
Meister (Louis), de Maubeuge, à Oullins, Rhône.
Meister (Fleury), de Maubeuge, à Oullins, Rhône.
Meister (Cécile), de Maubeuge, à Oullins, Rhône.
Meister (François), de Maubeuge, à Oullins, Rhône.
Meister (Marie), de Maubeuge, à Oullins, Rhône.
Melot (Ismérie) et enf., de Sous-le-Bois, à Fruges, Pas-de-Calais.
Melkebeke (Isabelle) et enf., de Maubeuge, à Brimeux, Pas-de-Calais.
Melisse (M.) et fam., de Cambrai, à Lion-sur-Mer, Calvados.
Ménard (Bernard) et fam., de Solesmes, à Hautot-sur-Mer, Seine-Infér.
Ménard (Hélène), de Solesmes, à Hautot-sur-Mer, Seine-Inférieure.
Ménard (Réal), de Solesmes, à Hautot-sur-Mer, Seine-Inférieure.
Ménard (Léontine), de Solesmes, à Hautot-sur-Mer, Seine-Inférieure.
Ménard-Cardon et enf., de Solesmes, à Hautot-sur Mer, Seine-Inférieur
Ménard (Amand), de Solesmes, à La Courtine, Creuse.
Menke (Marie), d'Hautmont, à Pamiers, Ariège.
Mennessier (Laure), de Fourmies, à Beaumont-le-Roger, Eure.
Mennessier (Eugénie), de Fourmies, à Beaumont-le-Roger, Eure.
Mennessier (Marie), de Fourmies, à Beaumont-le-Roger, Eure.
Mennesson (Clémence), de Maubeuge, à Izel-les-Hameaux, Pas-de-Calais.
Ménin (Gustave), du Châtelet, à Renazé, Mayenne.
Ménin, du Châtelet, de Renazé, Mayenne.
Ménin (Mme), du Châtelet, à Renazé, Mayenne.
Menet (Désirée), de Beuvrage, à Saint-Pierre-sur-Dives, Calvados.
Menter (Émilienne) et enf., d'Hautmont, à Auxi-le-Château, Pas-de-Cala
Ménétré (Jean-Baptiste), de Maubeuge, à Saint-Mars-du-Désert, Loire-I
Mention (Hippolyte), de Moret, à Migennes, Yonne.
Menut (Augustin), de Ramousies, à Treigny, Yonne.
Ménin, de Bruxelles, à Renazé, Mayenne.
Menut (Aurélie), de Ramousies, à Treigny, Yonne.
Menu (Louis), de Trélon, à Saint-Laurent, Nièvre.
Menu (Marguerite), de Trélon, à Saint-Laurent, Nièvre.
Menu (Pierrette), de Trélon, à Saint-Laurent, Nièvre.
Méquin (Louise), de Ramousies, à Treigny, Yonne.
Mercier (Edmond), d'Olhain, à Dinard, Ille-et-Vilaine.
Mercier (Marthe), d'Avesnes, à Saint-Hilaire-du-Harcouët, Manche.
Mercier (Nelly), de Marbaix, à Coutances, Manche.
Mercier (Raymonde), de Marbaix, à Coutances, Manche.
Mercier (Renée), de Marbaix, à Coutances, Manche.
Mercier (Marie), du Quesnoy, à Huelgoat, Finistère.
Mercier (Aurélie), de Caudry, à Clohars-Carnoët, Finistère.
Mercier (Flore) et enf., de Marpent, à Achicourt, Pas-de-Calais.
Mercier (Irma), d'Etrœungt, aux Sièges, Yonne.
Meresse (Marie) et fam., du Cateau, à Courseulles, Calvados.
Méresse (Paul), de Saint-Python, à Saint-Ouen-des-Toits, Mayenne.
Méresse (Victorine), du Quesnoy, à Pougues-les-Eaux, Nièvre.
Méresse (Henri), du Quesnoy, à Pougues-les-Eaux, Nièvre.
Méresse (Marthe), du Quesnoy, à Pougues-les-Eaux, Nièvre.
Mériaux (Charles), d'Haspres, à La Turballe, Loire-Inférieure.
Mériaux (Augustine), d'Haspres, à La Turballe, Loire-Inférieure.
Mériaux (Marie), d'Haspres, à La Turballe, Loire-Inférieure.
Mériaux (Charlotte), d'Haspres, à La Turballe, Loire-Inférieure.
Mériaux (Pauline), d'Haspres, à La Turballe, Loire-Inférieure.
Mériaux (Lucien), d'Haspres, à La Turballe, Loire-Inférieure.
Mériaux (Apollon), d'Haspres, à La Turballe, Loire-Inférieure.
Mériaux (Jeanne), d'Haspres, à La Turballe, Loire-Inférieure.

Merveaux (Jules), d'Hautmont, à Rouen, Seine-Inférieure.
Merveaux (Odelly) et enf., d'Hautmont, à Rouen, Seine-Inférieure.
Merveaux-Ribier (Mme) et enf., d'Hautmont, à Rouen, Seine-Inférieure.
Mériaux (Léonie), de Louvignies-Bavay, à Saint-Berthevin, Mayenne.
Mériot (Albert), de Fourmies, à Saint-Guen, Côtes-du-Nord.
Merveaux (Palmyre), de Louvroil, à Bailleul-aux-Cornailles, Pas-de-Calais.
Mervaux (Jorain), d'Hautmont, à Auxi-le-Château, Pas-de-Calais.
Merveille (Gisèle), de Jeumont, à Saumur, Maine-et-Loire.
Mester (Marc), de Wasmes, à La Chapelle-au Riboul, Mayenne.
Messin (Rosa), de Wasmes, à Chailland, Mayenne.
Mettrey (Irma) et enf., d'Hautmont, à Boubers-sur-Canche, Pas-de-Calais.
Metayer (Adolphe), de Fourmies, à Broteuil, Eure.
Meulemau (Zulma), de Solre-le-Château, à La Chèze, Côtes-du-Nord.
Meuleman (Yvette), de Solre-le-Château, à La Chèze, Côtes-du-Nord.
Meuleman (Germaine), de Solre-le-Château, à La Chèze, Côtes-du-Nord.
Méuleman (Zulma), de Solre-le-Château, à La Chèze, Côtes-du-Nord.
Meulemans (Blanche) et enf., de Ferrière-la-Grande, à Huclier, Pas-de-C.
Meunier (Marie) et enf., de Floyon, à La Belliole, Yonne.
Meunier (Georges), de Pâturages, à Chailland, Mayenne.
Meunier (Max), de Strée, à Larchamp, Mayenne.
Meunier (Louis), de Fourmies, à Prémery, Nièvre.
Meunier (Jeanne), de Maubeuge, à Izel-les-Hameaux, Pas-de-Calais.
Meunier (Georges), de Wignehies, à Bémécourt, Eure.
Meunier (Marie), de Wignehies, à Bémécourt, Eure.
Meunier (Paul), de Wignehies, à Bémécourt, Eure.
Meunier (Alfred), de Feignies, au Boulay, Indre-et-Loire.
Memisse (Angèle), de Sains, à Rennes, Ille-et-Vilaine.
Meunier (Yves), et fam., de Marpent, à Aumale, Seine-Inférieure.
Meunier (Ernestine), de Trélon, à Orléans, Loiret.
Meunier (Maurice), de Fourmies, à La Digue-Redon, Ille-et-Vilaine.
Meunier (Yvonne), de Fourmies, à La Digue-Redon, Ille-et-Vilaine.
Meunier (Vital), de Cousolre, à Asnières-sur-Vègre, Sarthe.
Meunier (Zélia), de Cousolre, à Asnières-sur-Vègre, Sarthe.
Meunier (César), d'Anor, à Messac, Ille-et-Vilaine.
Meurant (Léon), de Jeumont, à Château-Chinon-Ville, Nièvre.
Meurant (Mme), de Jeumont, à Château-Chinon-Ville, Nièvre.
Meurant (Marguerite), de Jeumont, à Château-Chinon-Ville, Nièvre.
Meurant (Lucia), de Jeumont, à Château-Chinon-Ville, Nièvre.
Meurant (Rolande), de Jeumont, à Château-Chinon-Ville, Nièvre.
Meurant (Hippolyte), de Fourmies, à Hédé, Ille-et-Vilaine.
Meuran (Mme) et enf., d'Anor, à Rouen, Seine-Inférieure.
Meurilhon (Baptiste), de Verlinghem, à Aryeyres, Gironde.
Meunier (Georges), de Wignehies, à Roussay, Maine-et-Loire.
Meunier (Marguerite), de Wignehies, à Roussay, Maine-et-Loire.
Meunier (Albert), de Saint-Hilaire-sur-Helpe, à Saint-Goazec, Finistère.
Meunier (Jules), de Glageon, au Mans, Sarthe.
Meunier (Hermance), de Glageon, au Mans, Sarthe.
Meunier (Abel), de Strée, à Larchamp, Mayenne.
Meurant (Marcelle), de Trélon, à Lyon, Rhône.
Meurant (Eugénie), de Fourmies, à Evreux, Eure.
Meurant (Jules), de Fourmies, à Evreux, Eure.
Meurant (Gabrielle), de Fourmies, à Evreux, Eure.
Meurant (Louis), de Fourmies, à Evreux, Eure.
Meurant (Olga), d'Etrœungt, à Evian, Haute-Savoie.
Meurant (Charles), d'Hautmont, à Savy-Berlette, Pas-de-Calais.
Meurant (Marthe), d'Hautmont, à Savy-Berlette, Pas-de-Calais.
Meurant (Philomène), d'Hautmont, à Beaufort-Blavincourt, Pas-de-Calais.
Meurisse (Robert), de Lille, à Saint-Christophe-en-Boucherie, Indre.
Meyer (Eugène), de Cambrai, à Rouen, Seine-Inférieure.
Meyer (Albert), de Fourmies, à Limoges, Haute-Vienne.
Meyer (Mme de), de Louvroil-sous-Bois, à Saint-Omer, Pas-de-Calais.
Meyer (Marie de), de Maubeuge, à Saint-Omer, Pas-de-Calais.
Michaux (Joséphine), de Ferrière-la-Grande, à Etaples, Pas-de-Calais.
Michel (Georges), d'Avesnes-sur-Helpe, à La Fresnaye-sur-Chédanet, Sarthe.
Michel (Jean), d'Avesnes-sur-Helpe, à La Fresnaye-sur-Chédanet, Sarthe.
Michel (Jeanne), d'Avesnes-sur-Helpe, à La Fresnaye-sur-Chédanet, Sarthe.
Michel (Célestin), de Cousolre, à Boissy-aux-Cailles, Seine-et-Marne.
Michel (Léna), de Cousolre, à Boissy-aux-Cailles, Seine-et-Marne.
Michel (Paul), de Migneville, à Tournon, Ardèche.
Michel (Berthe), de Trélon, à Vermenton, Yonne.
Michel (Jules), de Cousolre, à Boissy-aux-Cailles, Seine-et-Marne.
Michel (Céline), de Lourches, à Rocquancourt, Calvados.
Michel (Victor), de Solre-le-Château, à La Chèze, Côtes-du-Nord.
Michel (Albert), de Solre-le-Château, à Le Chèze.
Michel (Louis), de Cambrai, à Quettreville, Manche.
Michel (Germaine), de Cambrai, à Quettreville, Manche.
Michel (René), de Cambrai, à Quettreville, Manche.
Michel (Mlle), de Cambrai, à Quettreville, Nord.
Michel (Mme), de Cambrai, à Quettreville, Manche.
Michel (Amélie), de Fourmies, à Gleder, Finistère.
Michel (Anatole), d'Hautmont, à Saint-Nicolas, Pas-de-Calais.
Michel (Céline), de Lourches, à Rocquancourt, Calvados.
Michel (Angèle), de Cartignies, à Yèvre-le-Châtel, Loiret.
Michel (Arnould), de Moustier-en-Fagne, à Vermenton, Yonne.
Michel (Yvonne), du Cateau, à Flers, Orne.
Midoux (Raoul), de Maubeuge, au Touquet, Pas-de-Calais.
Mignonat (Mme) et fam., d'Anor, à Labège, Haute-Garonne.
Mignonat (Paul), d'Anor, à Labège, Haute-Garonne.
Mignonat (Marius), d'Anor, à Labège, Haute-Garonne.
Mignonat (Antoinette), d'Anor, à Labège, Haute-Garonne.
Mignot (Léontine), de Cambrai, à Courseulles, Calvados.
Milice (Eugénie), de Bruay-sur-Escaut, à Yvré-l'Evêque, Sarthe.
Milice (Albert), de Bruay-sur-Escaut, à Yvré-l'Evêque, Sarthe.
Milice (Adeline), de Bruay-sur-Escaut, à Yvré-l'Evêque, Sarthe.
Milice (Henri), de Bruay-sur-Escaut, à Yvré-l'Evêque, Sarthe.
Milon (Louis), de Somain, à Tamnay-en-Bazois, Nièvre.
Millau (Marie), de Roubaix, à Guipry, Ille-et-Vilaine.
Millot (Joséphine), d'Hautmont, à Ramecourt, Pas-de-Calais.
Millard (Irma), de Ferrière-la-Grande, à Etaples, Pas-de-Calais.
Minaux (Ernest), de Wignehies, à Caen, Calvados.
Miquel (Lucienne), de Solre-le-Château, au Pla, Ariège.
Miquel (Honorine), de Solre-le-Château, au Pla, Ariège.
Miroux (Denis), de Bouchain, à Audrieu, Calvados.
Miroux (Louise), de Ferrière-la-Grande, à Auchy-les-Hesdin, Pas-de-Calais.
Mispolaere (Alphonse), d'Avesnes-s.-Helpe, à Ouchy-les-Hesdin, P.-de-Calais.
Mô (Julia), de Ferrière-la-Grande, à Bernieulles, Pas-de-Calais.
Madjeski (Antoine), de Maubeuge, au Pouliguen, Loire-Inférieure.
Madjeski (Marie), de Maubeuge, au Pouliguen, Loire-Inférieure.
Moers (Marguerite), d'Hautmont, à Saint-Pol, Pas-de-Calais.
Moguet (Arthur), de Locquignol, à Saint-Goazec, Finistère.
Moine (Victor) et sa femme, d'Aulnoye, à Ouville-la-Bien-Tournée, Calvados.
Moisy (Marie), de Wallers-Trelin, à Montsûrs, Mayenne.
Moisy (Aline), de Wallers-Trelin, à Montsûrs, Mayenne.
Moisy (Mme), de Wallers-Trelin, à Montsûrs, Mayenne.
Moitiy (Mathilde) et fam., de Glageon, à St-Pierre-les-Nemours, S.-et-M.
Moitiy (Camille) et fam., de Glageon, à St-Pierre-les-Nemours, S.-et-M.
Molard (Louise), de Marpent, à Retz, Loire-Inférieure.
Molard (Marcelle), de Marpent, à Retz, Loire-Inférieure.
Molin, de Saint-Quentin, à Folligny, Manche.
Molino (Gaspard), de Senelle, à Batz, Loire-Inférieure.
Molle (Thérèse), de Ferrière-la-Grande, au Parcq, Pas-de-Calais.
Molle (Yvonne), d'Avesnes, à Evreux, Eure.
Molle (Georges), d'Avesnes, à Evreux, Eure.
Molle-Beau, de Bavay, à Rouen, Seine-Inférieure.
Molle-Beau (Mme) et fam., de Bavay, à Rouen, Seine-Inférieure.
Molle-Deudon, de Bavay, à Rouen, Seine-Inférieure.
Molle-Deudon (Mme) et enf., de Bavay, à Rouen, Seine-Inférieure.
Molle (Victor) et fam., de Bavay, à Rouen, Seine-Inférieure.
Mollet (Paul), d'Haucourt, à Houlme, Seine-Inférieure.
Moller (Irène), de Ramousies, à Treigny, Yonne.
Müller (Désirée), de Ramousies, à Treigny, Yonne.
Mollet (Adèle) et fam., de Cambrai, à Cabourg, Calvados.
Mollet (Marthe), de Vouel, à Nogent-le-Roi, Eure-et-Loir.
Mollet (Mme), de Maubeuge, à Locon, Pas-de-Calais.
Molmans (Mathilde), de Maubeuge, à Saint-Pol, Pas-de-Calais.
Monbouchar (Louis), de Feignies, au Boulay, Indre-et-Loire.
Montigue (Louise), d'Avesnes-sur-Helpe, à Villeneuve-la-Dondagre, Yonne.
Monfroy (Benoît), de Beaurieux, à Villeneuve-le-Roi, Seine-et-Oise.
Monfroy (Eliane), de Beaurieux, à Villeneuve-le-Roi, Seine-et-Oise.
Montfort (Odile), de Gognies-Chaussée, à Morigny-Champigny, Seine-et-Oise.
Monfort (Odile), de Gognies-Chaussée, à Morigny-Champigny, Seine-et-Oise.
Monfroy (Lydie), de Beaurieux, à Villeneuve-le-Roi, Seine-et-Oise.
Monfroy (Rosalie), de Louvroil, à Saint-Berthevin, Mayenne.
Monfroy (Léon), de Louvroil, à Saint-Berthevin, Mayenne.
Monier (Oscar), de St-Waast-la-Vallée, à St-Mars-la-Jaille, Loire-Inférieure.
Monier (Rachel), de St-Waast-la-Vallée, à St-Mars-la-Jaille, Loire-Inférieure.
Montagne (Renée), d'Avesnes-sur-Helpe, à Villeneuve-la-Dondagre, Yonne.
Montagne (Louis), d'Avesnes-sur-Helpe, à Villeneuve-la-Dondagre, Yonne.
Monier (Alfred), de Maubeuge, à Tamnay-en-Bazois, Nièvre.
Monjez (Angélique), d'Avesnes-les-Aubert, à La Collancelle, Nièvre.
Monfils (Azeline), de Fourmies, à Cosne, Nièvre.
Monfils (Blanche), de Fourmies, à Cosne, Nièvre.
Monier (Aurélie), de Landrecies, à Quettreville, Manche.
Monier (Valentine), de Ferrière-la-Grande, à Campagne-Hesdin, Pas-de-C.
Monier (Gustave), du Cateau, à Oinville-Saint-Liphard, Eure-et-Loir.
Monier (Marguerite), du Cateau, à Oinville-Saint-Liphard, Eure-et-Loir.
Monnier (Jeanne), d'Avesnes, à Saint-Jean-le-Thomas, Manche.
Monnier (Léonie), d'Avesnes, à Saint-Jean-le-Thomas, Manche.
Monnier (Marie), de Trélon, à Sablé, Sarthe.
Monnier (Jules), de Trélon, à Sablé, Sarthe.
Monnier (Adrien), de Trélon, à Sablé, Sarthe.
Monnerey (Julien), de Valenciennes, à Aubie-Espessas, Gironde.

Monory (Jacques), de Valenciennes, à Vierzon, Cher.
Monory (Robert), de Valenciennes, à Vierzon, Cher.
Monory (Blanche), de Valenciennes, à Vierzon, Cher.
Montay (Julia) et fam., de Caudry, à Andrieu, Calvados.
Montay (Flore), d'Hautmont, à Saint-Nicolas, Pas-de-Calais.
Montausier (Georges), du Cateau, à Frosselines, Creuse.
Montay (Henrion), d'Hautmont, à Auxi-le-Château, Pas-de-Calais.
Monté (Eugénie), de Cambrai, à Montauban, Tarn-et-Garonne.
Montigny (Pierre), de Fourmies, à Louverné, Mayenne.
Montigny (Elvire), de Maubeuge, à Saint-Pol, Pas-de-Calais.
Monfils (René), de Fourmies, à Mûr, Côtes-du-Nord.
Montay (Marie), de Fourmies, à Uzel, Côtes-du-Nord.
Montay (Mme), de Fourmies, à Uzel, Côtes-du-Nord.
Morale (Louise), de Landrecies, à Vieux-Vy, Ille-et-Vilaine.
Morcresse (Adelaïde), de Maubeuge, à Saint-Pol, Pas-de-Calais.
Morcrette (Emile) et fam., de Busigny, à Lourdes, Hautes-Pyrénées.
Morcrette (Monot), de Moretz, à Migennes, Yonne.
Moreau (Elise), de Ferrière-la-Grande, à Bernieulles, Pas-de-Calais.
Moreau (Germaine), d'Hautmont, à Auxi-le-Château, Pas-de-Calais.
Moreau (Camille), de Fourmies, à Plounéour-Trez, Finistère.
Moreau (Paul), de Fourmies, à Plounéour-Trez, Finistère.
Moreau (Léon), de Fourmies, à Plounéour-Trez, Finistère.
Moreau (Esther), de Fourmies, à Plounéour-Trez, Finistère.
Moreau (Marie), de Fourmies, à Plounéour-Trez, Finistère.
Moreau (Marie), de Lille, à Châteauroux, Indre.
Moreau (Usmélie), d'Hautmont, à Auxi-le-Château, Pas-de-Calais.
Moreau (Fernand), d'Hautmont, à Bouville, Seine-et-Oise.
Moreau (Julien) et fam., d'Anor, à Laigle, Orne.
Moreau (Emilie), d'Hautmont, à Bouville, Seine-et-Oise.
Moreau (André), d'Hautmont, à Bouville, Seine-et-Oise.
Moreau (Yvon), d'Hautmont, à Bouville, Seine-et-Oise.
Moreau (Marie), d'Haspres, à La Turballe, Loire-Inférieure.
Moreau (Pierre), d'Haspres, à La Turballe, Loire-Inférieure.
Moreau (Elisa), d'Haspres, à La Turballe, Loire-Inférieure.
Moreau (Rosine), d'Aulnoy, à Évreux, Eure.
Moreau (Marie), de Lille, à Châteauroux, Indre.
Moreau (Anaclet), de Sains-du-Nord, à Saint-Sauveur, Finistère.
Moreau (Anaclet), de Sains-du-Nord, à Saint-Sauveur, Finistère.
Moreau (Arthur), de Fourmies, à Plounéour-Trez, Finistère.
Moreau (Henri), de Lille, à Châteauroux, Indre.
Moreau (Valérie), de Rousies, à Izel-les-Hameau, Pas-de-Calais.
Moreau (Marcel), de Masnières, à Messas, Loiret.
Moreau (Jules), de Masnières, à Messas, Loiret.
Moreau (Hélène), de Masnières, à Messas, Loiret.
Moreau (Paul), de Masnières, à Messas, Loiret.
Moreau (François), de Masnières, à Messas, Loiret.
Moreau (Zénom), de Maubeuge, à Loiron, Mayenne.
Moreau (Arthur) et fam., de Rocroi, à Villenave-d'Ornon, Gironde.
Moreau (Anna), de Ferrière-la-Grande, à Anvin, Pas-de-Calais.
Moreau (Laure), d'Haspres, à La Turballe, Loire-Inférieure.
Moreau (Georges), d'Haspres, à La Turballe, Loire-Inférieure.
Moreaux (Georges), de Sains-du-Nord, à Kernouès, Finistère.
Moreaux (Marie), de Sains-du-Nord, à Kernouès, Finistère.
Moreaux (Maurice), de Sains-du-Nord, à Kernouès, Finistère.
Moreaux (Remy), d'Escaudain, à Bavent, Calvados.
Moreaux (Henri), de Sains-du-Nord, à Mouliherne, Maine-et-Loire.
Moreaux (Marguerite), de Marett, à Comps, Gironde.
Morel (Frédéricka) et enf., de Ferrière-la-Grande, à Bajus, Pas-de-Calais.
Morel (Louise), de Douai, à Savennières, Maine-et-Loire.
Morel (Lucien), de Cambrai, à Jargeau, Loiret.
Morel (Alexis) et son ép., de Ferrière-la-Gr., à Magnicourt-en-Comté, Pas-de-C.
Morel (Louis), de Chaunay, à Tréboul, Finistère.
Morel (Marie-Thérèse), de Paris, à St-Aquilin-de-Pacy, Eure.
Morel (Rosalie), d'Haspres, à Brionne, Eure.
Morel (Léocadie), d'Haspres, Brionne, Eure.
Morel (Charles), d'Haspres, à Brionne, Eure.
Morel (Joseph) et fam., de Jeulain, à Vincelottes, Yonne.
Moret (Jules), de Fourmies, à St-Hilaire-St-Florent, Maine-et-Loire.
Moriaux (Marie), de Cambrai, à Lury, Cher.
Moriaux (Paul), de Cambrai, à Lury, Cher.
Morel (Aline), de Douai, à Savennières, Maine-et-Loire.
Morin (Augusta), de Hautmont, à Chelers, Pas-de-Calais.
Morin (Eugénie), de Hautmont, à Chelers, Pas-de-Calais.
Morin (Alvina), de Haumont, à Evreux, Eure.
Moriseaux (Léon) et fam., d'Avesnes-les-Aubert, à Cordebugle, Calvados.
Moreau (Armand) et fam., de Fourmies, à Caen, Calvados.
Morlette (André), de Fourmies, à Ste-Marie, Ille-et-Vilaine.
Morosoff (Michel), de Valenciennes, dans la Loire.
Mortecrette (Florina), de Cambrai, à Lury, Cher.
Mortier (Joseph), d'Anor, à Lesneven, Finistère.
Mortier (Marie), d'Anor, à Lesneven, Finistère.
Mortier (Luce), d'Anor, à Lesneven, Finistère.
Mortier (Emile), de Carop, à Lanmeur, Finistère.
Mortier (Juliette), de Carop, à Lanmeur, Finistère.
Mortier (Madeleine), de Carop, à Lanmeur, Finistère.
Mortier (Emile), de Carop, à Lanmeur, Finistère.
Mortier (Angèle), de Carop, à Lanmeur, Finistère.
Morwazée (Célina), de Denain, à Ploufragan, Côtes-du-Nord.
Morwazée (Auguste), de Denain, à Ploufragan, Côtes-du-Nord.
Morwazée (Marie), de Denain, à Ploufragan, Côtes-du-Nord.
Motte (Marie), d'Hautmont, à Beaugency, Loiret.
Motte (Adolphe), d'Hautmont, à Beaugency, Loiret.
Motte (Emile), d'Hautmont, à Beaugency, Loiret.
Motte (Albert), de Trélon, à Vermenton, Yonne.
Motte (Ghislaine), de Trélon, à Vermenton.
Motte (Roger), de Trélon, à Les Sièges, Yonne.
Motte (Henriette), de Trélon, à Les Sièges, Yonne.
Motte (Alfred) et fam., de Sains-du-Nord, à Boissey, Calvados.
Motte (Arthur), d'Hautmont, à Nogent-le-Roi, Eure-et-Loir.
Motte (Louise), d'Hautmont, à Nogent-le-Roi, Eure-et-Loir.
Motte (Fabienne), d'Hautmont, à Nogent-le-Roi, Eure-et-Loir.
Motte (Alia), d'Hautmont, à Nogent-le-Roi, Eure-et-Loir.
Motte (Jules) et fam., du Cateau, à Moult, Calvados.
Mouriaux-Lernon (Mme) et enf., de Busigny, à Rouen, Seine-Inférieure.
Moutard (Joseph), de Landrecies, à Cleder, Finistère.
Moutay (Mme), de Fourmies, à Merléac, Côtes-du-Nord.
Moutay (Marie), de Fourmies, à Merléac, Côtes-du-Nord.
Mouche (Fernand), d'Aulnoye, au Loroux-Bottereau, Loire-Inférieure.
Moularde (Pauline) et fam., de Sains-du-Nord, à La Belliole, Yonne.
Mouillat (Jules), d'Hautmont, à Marœuil, Pas-de-Calais.
Moulin (Marie), de Dunkerque, à Firminy, Loire.
Moulin (Claudia), de Dunkerque, à Firminy, Loire.
Moulin (Henri), de Dunkerque, à Firminy, Loire.
Moutier (Marcel), du Quesnoy, à Essonnes, Seine-et-Oise.
Mousry (Juliette), du Quesnoy, à Caulaines, Sarthe.
Mousry (Edmond), du Quesnoy, à Caulaines, Sarthe.
Moussit (Alphonsine), de Ferrière-la-Grande, à Etaples, Pas-de-Calais.
Moutuy (Berthe), de Ferrière-la-Grande, à Etaples, Pas-de-Calais.
Mulliez (Jeanne), de Rouchin-lès-Lille, à Moisdon-la-Rivière, Loire-Inf.
Mulliez (Marguerite), de Rouchin-lès-Lille, à Moisdon-la-Rivière, Loire-Inf.
Mulliez (Jean), de Rouchin-lès-Lille, à Moisdon-la-Rivière, Loire-et-Inf.
Mulliez (Clotaire), de Rouchin-lès-Lille, à Moisdon-la-Rivière, Loire-Inf.
Mulliez (Clotaire), de Rouchin-lès-Lille, à Moisdon-la-Rivière, Loire-Inf.
Mutte (César) et fam., de Jeumont, à Lens, Pas-de-Calais.
Musmeaux (Mme), d'Hautmont, à Auxi-le-Château, Pas-de-Calais.
Nacey (Marie), de Maubeuge, à Hesdin, Pas-de-Calais.
Naessens (Jules), d'Armentières, à Limoges, Haute-Vienne.
Nancy (Georges), de Jeumont, à Montbazon, Indre-et-Loire.
Nancy (Henriette), de Jeumont, à Montbazon, Indre-et-Loire.
Nancy (Renée), de Jeumont, à Montbazon, Indre-et-Loire.
Naomé (Raoul), d'Aulnoye, à Évreux, Eure.
Naomé (Auguste), d'Aulnoye, à Évreux, Eure.
Naomé (Mme), d'Aulnoye, à Évreux, Eure.
Narvarre (Eugène), de Fourmies, à Redon, Ille-et-Vilaine.
Naret (Gabrielle), de Douai, à Clamecy, Nièvre.
Naussy (Mme), de Rousies, à Berlencourt, Pas-de-Calais.
Naurtier (Henry), de Lille, à Lacourt-St-Pierre, Tarn-et-Garonne.
Naveau (Mme), d'Avesnes, à Nîmes, Gard.
Navet (Jeanne), de Clairfayts, à Bondaroy, Loiret.
Navet (Marie), de Clairfayts, à Bondaroy, Loiret.
Navez (René), de Maubeuge, à Alençon, Orne.
Navarre (Léa), de Landrecies, à Quettreville, Manche.
Navarre (Xavier) et fam., d'Étrœungt, à St-Cornier-des-Landes, Orne.
Navarre (Célina), de Ferrière-la-Grande, à Campagne-les-Hesdin, Pas-de-C
Navez (Alice) et fam., de Bresilliers, à Avesnes-le-Comte, Pas-de-Calais.
Naveau (Olivier), de Ramousies, à Treigny, Yonne.
Naveau (Marie-Louise), de Ramousies, à Treigny, Yonne.
Naveau (Louis), de Ramousies, à Treigny, Yonne.
Naveau (Héloïse) de Etrœungt, à Treigny, Yonne.
Naveau (Elise), de Ramousies, à Treigny, Yonne.
Naveau (Germaine), de Ramousies, à Treigny, Yonne.
Naveau (Claire), de Ramousies, à Treigny, Yonne.
Naveau (Edgard), de Ramousies, à Treigny, Yonne.
Naveau (Charles), de Ramousies, à Troignies, Yonne.
Navet (Paul), de Clairfayts, à Bondaroy, Loiret.
Navet (Madeleine), de Clairfayts, à Bondaroy, Loiret.
Navet (Pierre), de Clairfayts, à Bondaroy, Loiret.
Navet (Marie-Thérèse), de Clairfays, à Bondaroy, Loiret.
Navet (Germaine), de Clairfayts, à Bondaroy, Loiret.
Navet (Gaston), de Clairfayts, à Bondaroy, Loiret.
Navet (Marthe), de Clairfayts, à Bondaroy, Loiret.
Nesquenne (Irma), de Marpent, à Villiers-Fossard, Manche.

Neuilly (Louise), et enf., de Solre-le-Château, à Montacher, Yonne.
Neumez-Perrin (Romain) et ép., de Jeumont, à Arnouville, Seine-et-Oise.
Neuvèns (Juliette), de Cour-sur-Heure, à Thibouville, Eure.
Nève (Ernest), d'Hordain, à Teuillac, Gironde.
Nève (Achille), d'Hordain, à Teuillac, Gironde.
Nève (Léocadie), d'Hordain, à Teuillac, Gironde.
Nève (Marie) et enf., d'Hordain, à Audrieu, Calvados.
Nève (Ferdinand) et fam., de Hordain, à Teuillac, Gironde.
Neveu (Jeanne), de Ferrière-la-Grande, à Beutin, Pas-de-Calais.
Niarquin (Marcelle), de Douai, à Clamcy, Nièvre.
Nicolas et fam., du Cateau, à Nantes, Loire-Inférieure.
Nicodeme (Armand), de Villers Sire-Nicole, à Orléans, Loiret.
Nicaise (Adolphe), de Trelon, à Orléans, Loiret.
Nicaise (Mme), de Glageon, à Courcelles, Nièvre.
Nicaise (Alphonse), de Glageon, à Courcelles, Nièvre.
Nicaise (Marcel), de Neufmesnil, à Villeneuve, Gironde.
Nicodème (Jeanne), de Maubeuge, à Tincques, Pas-de-Calais.
Nicolleto (Joseph), de Fourmies, à Cartelègue, Gironde.
Nicolas (Moïse), de Felleries, aux Sièges, Yonne.
Nicaise (Jeanne), de Ferrière-la-Grande, à Ecuires, Pas-de-Calais.
Nigeou (Constance), de Lille, à Fresnaye-sur-Sarthe, Sarthe.
Nigot (Gustave), de Frasnoy, à Coullons, Loiret.
Nilles (Henry), de Maubeuge, à Treffieux, Loire-Inférieure.
Ninite (Hector), de Hirson, à Pommeuse, Seine-et-Marne.
Ninforge (Marie), de Neufménille, à Cauchin-Verloingt, Pas-de-Calais.
Ninore (Robert), du Quesnoy, à Val-St-Pair, Manche.
Ninove (Maria), de Maubeuge, à Borainville, Pas-de-Calais.
Nimal (Jules), de Caulnoye, à Lourdes, Hautes-Pyrénées.
Nimal (Ferdinand), de Fourmies, à Uzel, Côtes-du-Nord.
Nimal (Ferdinand), de Fourmies, à Uzel, Côtes-du-Nord.
Nimal (Andréa), de Fourmies, à Uzel, Côtes-du-Nord.
Nimal (Ferdinand), de Fourmies, à Merléac, Côtes-du-Nord.
Nimal (Ferdinand), de Fourmies, à Merléac, Côtes-du-Nord.
Nimal (Andréa), de Fourmies, à Merléac, Côtes-du-Nord.
Nocent (Germaine), de Valenciennes, à Valençay, Indre.
Nocent (Emélie), de Valenciennes, à Valençay, Indre.
Nocent (Edouard), de Valenciennes, à Valençay, Indre.
Noël (Pauline), d'Etouy, à St-Marcel, Indre.
Noirfalise (Arthur), de Maubeuge, à Merrey, Aube.
Noiret (Marguerite) et enf., de Ferrière-la-Grande, à Valhuon, Pas-de-C.
Noiret (Mme), de Jolimetz, à Landivy, Mayenne.
Noiret (Marie), de Jolimetz, à Landivy, Mayenne.
Noiret (Eugène), de Jolimetz, à Landivy, Mayenne.
Noiret (André), d'Avesnes, à Varzy, Nièvre.
Noiret (Mme), d'Avesnes, à Varzy, Nièvre.
Noiret (Pauline) et fam., de Jeumont, à Caen, Calvados.
Noiret (Urbain), d'Avesnes, à Varzy, Nièvre.
Nollevaux (Joseph), d'Aubry-Gilly, à Nicorps, Manche.
Noterman (Adolphine), de Ferrière-la-Grande, à Bains, Pas-de-Calais.
Noterman (Philomène), de Ferrière-la-Grande, à Magnicourt-en-Comté, P.-d-C.
Noyelle (Marcelle), de Honnechy, à Vouvray, Indre-et-Loire.
Noyelles (Lucienne), de Honnechy, à Vouvray, Indre-et-Loire.
Noyelles (Elie), de Honnechy, à Vouvray, Indre-et-Loire.
Noyelle (Eloi), de Fourmies, à Cleder, Finistère.
Noyelle (Lucienne), de Fourmies, à Cleder, Finistère.
Nuyttens (Blanche) et enf., de Maubeuge, à Saint-Pol, Pas-de-Calais.
Objoie (Marie), de Landrecies, à Montauban, Tarn-et-Garonne.
Odion (Augustine) et enf., de Maubeuge, à Hucqueliers, Pas-de-Calais.
Offelman (Henri), de Fourmies, à Saint-Jean-d'Assé, Sarthe.
Offelman (Alida), de Fourmies, à Saint-Jean-d'Assé, Sarthe.
Ogé (Juliette), de Fourmies, à Chigy, Yonne.
Ogé (Céleste), de Fourmies, à Chigy, Yonne.
Olivier (Sidonie) et enf., de Damousies, à Hautcville, Pas-de-Calais.
Olivaux (Edouard), de Ramousies, à Treigny, Yonne.
Olivier (Marguerite) et enf., de Vieux-Berquin, à Lourdes, Hautes-Pyrénées.
Oliviès-Duprez (Camille), de Vieux-Berquin, à Lourdes, Hautes-Pyrénées.
Pagès (Mme), de Willies, à Oinville-Saint-Liphard, Eure-et-Loir.
Paillet (Lucienne), d'Aulnoye, à Kerlouan, Finistère.
Paillet (Numa), de Cousolre, à Glos, Calvados.
Painparé (Marie), de Cousolre, à Evreux, Eure.
Paillet (Vauxelles), d'Aulnoye, à Kerlouan, Finistère.
Paillet (Pauline), d'Aulnoye, à Kerlouan, Finistère.
Paillet (Paul), d'Aulnoye, à Kerlouan, Finistère.
Pallard (Emma), de Cousolre, à Sablé, Sarthe.
Pallard (Edmond), de Cousolre, à Sablé, Sarthe.
Pamart (Adélaïde), d'Iwuy, à Ploaré, Finistère.
Pamart (Louis), d'Iwuy, à Ploaré, Finistère.
Pamelle (Emile) et fam., de Cambrai, à Cabourg, Calvados.
Pamelle (Anzémie), de Cambrai, à Cabourg, Calvados.
Pamart (Hélène), de Caudry, à Ernée, Mayenne.
Pamart (Sylvie), de Caudry, à Ernée, Mayenne.

Pamart (Émile), de Caudry, à Ernée, Mayenne.
Pamart-Salandre (Julienne), d'Avesnelles, à Villeneuve-la-Dondagre, Yonne.
Pamart (Irène), d'Avesnelles, à Villeneuve-la-Dondagre, Yonne.
Pamart (Marguerite), d'Avesnelles, à Villeneuve-la-Dondagre, Yonne.
Panier (Estelle), de Villers-Plouich, à Conlie, Sarthe.
Pamart (Marie) et enf., de Denain, à Rosel, Calvados.
Panien (Cunégonde), de Valenciennes, à Limoges, Haute-Vienne.
Panier (Jules), d'Avesnelles, à Brain-Village, Ille-et-Vilaine.
Papin (Ernest), de Hestrud, à Tréboul, Finistère.
Paquet (Clémence), de Gommegnies, à Coullons, Loiret.
Paquot (Jeanne), de Ferrière-la-Grande, à Blangy-s-Ternoise, Pas-de-Calais.
Paquet (Arthur), de Wrecquigny, à Rouen, Seine-Inférieure.
Paquet (Mme) et enf., de Wrecquigny, à Rouen, Seine-Inférieure.
Parent (Jean-Baptiste), de Helesmes, à Chavassieux, Loire.
Parent (Albert), de Helesmes, à Chavassieux, Loire.
Parent (Mme), de Helesmes, à Chavassieux, Loire.
Parent (Marie-Louise), de Helesmes, à Chavassieux, Loire.
Paringaux (Gustave), du Cateau, à Neuvy-en-Mauges, Maine-et-Loire.
Partarieu (Berthe) et enf., de Fourmies, à Dinard, Ille-et-Vilaine.
Paris (Henri), de Hautmont, à Bouville, Seine-et-Oise.
Paris (Georges), de Floyon, à Pouldergat, Finistère.
Paris (Emile), de Floyon, à Pouldavid-en-Pouldergat, Finistère.
Paris (Bienvenu), de Floyon, à Pouldergat, Finistère.
Pierrat (Aline), d'Anor, à Briare, Loiret.
Paris (Jean) et fam., de Mareuil-sur-Ourcq, à Saint-Loup, Nièvre.
Paris (Edmond) et fam., de Lille, à Courseulles, Calvados.
Parent (Léontine), d'Etrœungt, aux Sièges, Yonne.
Parmentier (Berthe), d'Avesnes-sur-Helpe, à Loudéac, Côtes-du-Nord.
Parthiau (Marie) et fam., de Feignies, à Ostreville, Pas-de-Calais.
Parée (Honorine) et enf., de Maubeuge, à Hautecloque, Pas-de-Calais.
Paray (Odile) et enf., de Ferrière-la-Grande, à Ostreville, Pas-de-Calais.
Parsy (Léon), de Gognies-Chaussée, à Morigny-Champigny, Seine-et-Oise.
Parsy (Pierre), de Gognies-Chaussée, à Morigny-Champigny, Seine-et-Oise.
Parmentier (François), d'Avesnes, à Loudéac, Côtes-du-Nord.
Parsy (Anna), de Gognies-Chaussée, à Morigny-Champigny, Seine-et-Oise.
Parent (Mme) et fam., d'Obrechies, à Putot-en-Bessin, Calvados.
Parmentier (Léon) et fam., de Fourmies, à Creil, Seine-Inférieure.
Parmentier (Emile) et son épouse, de Fourmies, à Criel, Seine-Inférieure.
Parez (Augusta), de Hautmont, à Montbazon, Indre-et-Loire.
Pasqual (Henriette), d'Avesnes, à Nevers, Nièvre.
Paternote (Mme), de Maubeuge-sous-Bois, à Rouen, Seine-Inférieure.
Paternote (Rosa), de Maubeuge-sous-Bois, à Rouen, Seine-Inférieure.
Paternoster (Marie), de Hautmont, à Ploaré, Finistère.
Paternostre (Domitilde) et enf., de Ferrière-la-Grande, à Montcavrel, Pas-d-C.
Paternotte (Mme) et enf., de Maubeuge, à Locon, Pas-de-Calais.
Patin (Henri-Louis), du Cateau, à Aubigny-sur-Nère, Cher.
Patin (Henri), du Cateau, à Aubigny-sur-Nère, Cher.
Patin (Marcel), du Cateau, à Aubigny-sur-Nère, Cher.
Paternoster (Marie), de Hautmont, à Ploaré, Finistère.
Patte (Marcel), de Boulier, à Glos, Calvados.
Paul (Victorine), de Wallers-Trélon, à Versailles, Seine-et-Oise.
Paul (Gaston), de Wallers-Trélon, à Versailles, Seine-et-Oise.
Paul (Yvonne), de Wallers-Trélon, à Versailles, Seine-et-Oise.
Paul (René), de Wallers-Trélon, à Versailles, Seine-et-Oise.
Paul (André), de Wallers-Trélon, à Versailles, Seine-et-Oise.
Pauwels (Léonie), de Maubeuge, à Hucqueliers, Pas-de-Calais.
Pancot-(Palmyre), de Maubeuge, à Ligny-Saint-Flochel, Pas-de-Calais.
Paucot (Thélimire) et enf., de Rousies, à Maisnil, Pas-de-Calais.
Paulin-Désenfant, de Sains-du-Nord, à La Rochefoucauld, Basses-Pyrénées.
Pavot (Catherine), de Caudry, à Sixt, Ille-et-Vilaine.
Paveyranne (Mme) et enf., de Maubeuge, à Berlemont, Pas-de-Calais.
Pavot (Madeleine), du Cateau, à Lion-sur-Mer, Calvados.
Payen (Henri), d'Avesnes, à Bains, Ille-et-Vilaine.
Payen (Julien), d'Avesnes, à Bains, Ille-et-Vilaine.
Payen (Lucien), d'Avesnes, à Bains, Pas-de-Calais.
Payen (Aurore), de Villers-Sire-Nicole, à La Chapelle-St-Sépulcre, Loiret.
Payen (Paul), d'Avesnes, à Bains, Ille-et-Vilaine.
Payen (Mme), de Villers-Sire-Nicole, à Saint-Wolf, Loire-Inférieure.
Payen (Marie) et enf., de Beauvois-en-Cambrésis, à St-Pierre-s-Dives, Calv.
Payen (Narcisse), de Haussy, à Pont-Hébert, Manche.
Payen (Narcisse), de Haussy, à Airel, Manche.
Payen (Elisa), d'Avesnes-les-Aubert, à Cerqueux, Calvados.
Payen (Gaston) et enf., de Berlemont, à Saint-Pierre-sur-Dives, Calvados.
Pécriaux (Angèle), de Hautmont, à Coutances, Manche.
Pecqueriaux (Victoire) et enf., de Hautmont, à Gennes-Ivergny, Pas-de-Calais.
Pecquériaux (Mme) et fam., de Maubeuge, à Rebreuvette, Pas-de-Calais.
Pécheny (Herman), de Fourmies, à Dinard, Ille-et-Vilaine.
Pecqueu (Marie), de Solre-le-Château, à Renac, Ille-et-Vilaine.
Pécri (Maria), d'Estrud, à Bègles, Gironde.
Pecker (Mme), de Trelon, à Nevers, Nièvre.
Pelé (Marie) et enf., de Louvroil, à Fontaine-lez-Croisilles, Pas-de-Calais.

Pellé (Simone), de Neuf-Ménil, à Évron, Mayenne.
Pellé (Stella), de Neuf-Ménil, à Évron, Mayenne.
Pellé (Léonie), de Neuf-Ménil, à Évron, Mayenne.
Pelabon (Céline), de Denain, à Sillé-le-Guillaume, Sarthe.
Pelletier (Georges), de Landrecies, à Nîmes, Gard.
Pélabon (Angélique), de Denain, à Sillé-le-Guillaume, Sarthe.
Pelletier (Gaston), du Cateau, à Oinville-Saint-Liphard, Eure-et-Loir.
Pelletier (Jean-Baptiste), du Cateau, à Oinville-Saint-Liphard, Eure-et-Loir.
Pellerin (Marie-Thérèse), de Maubeuge, à Saint-Pol, Pas-de-Calais.
Pelingre (Joséphine), de Fourmies, à Durette, Rhône.
Pelingre (Jeanne), de Fourmies, à Durette, Rhône.
Pellier (Marie), du Cateau, à Lion-sur-Mer, Calvados.
Pelletier (Mme), de Saint-Maximin, à Saint-Sever, Calvados.
Pelcé (Robert et Lina), de Lecelles, à Lion-sur-Mer, Calvados.
Pelcé (Mme), du Quesnoy, à Lion-sur-Mer, Calvados.
Peninque (Joséphine) et enf., de Verdun, à Bassy, Haute-Savoie.
Penan (Paul), de Maresches, à Rouen, Seine-Inférieure.
Pépin (Blanche), de Fourmies, à Nevers, Nièvre.
Philippart-Hannion (Berthe), de Rèvigny, à Bourges, Cher.
Péquériaux, d'Avesnes, à Laigle, Orne.
Péquériaux (Mme) et enf., de Maubeuge, à Essars, Pas-de-Calais.
Péqueux (Paul), de Marbaix, à Magny-le-Freule, Calvados.
Pépin (César), de Hon-Hergie, à Saint-Pierre-sur-Dives, Calvados.
Pépin (Blanche), de Fourmies, à Nevers, Nièvre.
Perrier (Auguste) et fam., de Reims, à Coulerne, Orne.
Perrhérancier (Jeanne), d'Avesnes-le-Sec, à St-Louis-de-Montferrand, Gironde.
Pérot (Louis), de Fourmies, à Saint-Roman, Drôme.
Perrein (Victor), de Cambrai, à La Réole, Gironde.
Perrin (René), de Valenciennes, à Maillé, Vendée.
Péronne (Zulma) et enf., de Gouzeaucourt, à Clos, Calvados.
Péron (Julien), de Dunkerque, à Trouville, Calvados.
Perdu (Paul) et fam., de Cambrai, à Cabourg, Calvados.
Perceval (Albert), de Douai, à Cornot, Haute-Saône.
Pertrizot (François), de Cons-la-Granville, à Brest, Finistère.
Pertuzan (Nestor), de Maresches, à Rouen, Seine-Inférieure.
Pertrizot (Marie-Anne), de Cons-la-Granville, à Brest, Finistère.
Pertois (Clotilde), de Maubeuge, à Alençon, Orne.
Petremant (Zulmire) et fam., de Rumbies, à Cresserons, Calvados.
Pétrault (Rose) et enf., d'Aulnaie, à Saint-Rémy, Calvados.
Petit (Alfred) et fam., de Gouzeaucourt, à Cagny, Calvados.
Pétriaux (Paula), de Sars-Poteries, à Saint-Hilaire-du-Harcouet, Manche.
Pétriaux (Henri), de Sars-Poteries, à Saint-Hilaire-du-Harcouet, Manche.
Petit (Marie), de Wignehies, à Roussay, Maine-et-Loire.
Petit (Célestine), de Cambrai, à Morannes, Maine-et-Loire.
Petit (Jeanne), de Caudry, à Saumur, Maine-et-Loire.
Perrier (Jean), d'Anor, à Plougourvest, Finistère.
Perrier (Irène-Marie), d'Anor, à Plougourvest, Finistère.
Perrier (Marie-Joséphine), d'Anor, à Plougourvest, Finistère.
Perrier (Jean), d'Anor, de Plougourvest, Finistère.
Petit (Florence), de Montigny, à Saumur, Maine-et-Loire.
Petit (Albertine, de Fourmies, à Durtal, Maine-et-Loire.
Pétoux (Blanche), à Valenciennes, à La Montagne, Loire-Inférieure.
Pétruxie (Mme), de Jeumont, à Guérande, Loire-Inférieure.
Petit (Juvénal) et fam., d'Anor, à Bordeaux, Gironde.
Petit (André), d'Avesnes, à Évreux, Eure.
Petit (Olympe), d'Avesnes, à Évreux, Eure.
Petit (Léon), d'Avesnes, à Évreux, Eure.
Petit (Émile), d'Avesnes, à Évreux, Eure.
Petit (Auguste-Henri), de Gouzeaucourt, à Morières, Calvados.
Petit fils (Clovis), d'Avesnelles, à Brain, Ille-et-Vilaine.
Petit (Grégorine), de Fourmies, à Redon, Ille-et-Vilaine.
Petit (Blanche), de Fourmies, à Redon, Ille-et-Vilaine.
Petit fils (André), de Hautmont, à Brain, Ille-et-Vilaine.
Petit fils (Lise), de Hautmont, à Brain, Ille-et-Vilaine.
Petit fils (Oscar), de Hautmont, à Brain, Ille-et-Vilaine.
Petit (Joséphine-Odil), de Fourmies, à Redon, Ille-et-Vilaine.
Pétriaux (Égérie), de Poix-du-Nord, à Bourg-St-Léonard, Orne.
Pétruxie (Élisa), de Jeumont, à Guérande, Loire-Inférieure.
Pézier (Madeleine), de Fourmies, à Chigy, Yonne.
Pézier (Prosper), de Fourmies, à Chigy, Yonne.
Pézier (Angèle), de Fourmies, à Chigy, Yonne.
Philippe (Alexandre) et enf., d'Anor, à Lourdes, Hautes-Pyrénées.
Philippe (Joséphine), de Cerfontaine, à Saint-Pol, Pas-de-Calais.
Philippe (Sidonie), de Ferrière-la-Grande, dans le Pas-de-Calais.
Philippe (Léa), d'Avesnes, à Évreux, Eure.
Philippe (Émilie), d'Avesnes, à Évreux, Eure.
Philippe (Arthur-Joachim), de Maubeuge, à Rebreuviette, Pas-de-Calais.
Philippart (Jeanne), de Caudry, à Mennecy, Seine-et-Oise.
Philippe (Georges), d'Avesnes, à Roscoff, Finistère.
Philippe (Élise), d'Avesnes, à Roscoff, Finistère.
Philippe (Georges), d'Avesnes, à Roscoff, Finistère.

Philippe (Pierre-Émile), d'Avesnes, de Roscoff, Finistère.
Philip (François), du Quesnoy, à Déols, Indre.
Philip (Berthe), du Quesnoy, à Déols, Indre.
Philip (Maurice), du Quesnoy, à Déols, Indre.
Philip (Pierre), du Quesnoy, à Déols, Indre.
Philip (Mathilde), du Quesnoy, à Déols, Indre.
Philippe (Camille) et ép., de Ferrière-la-Grande, à Houchin, Pas-de-Calais.
Philippot (Marie-Louise), de Sains-du-Nord, à Jobourg, Manche.
Pignolet (Marie-Joséphine), de Sains-du-Nord, à Jobourg, Manche.
Picardin-Druon (Palmyre) et enf., de Maubeuge, à Fruges, Pas-de-Calais.
Picardin (Zulma) et enf., de Maubeuge, à Fruges, Pas-de-Calais.
Picot (Dauphine), d'Avesnes, à Clamecy, Nièvre.
Picque (Eugénie), d'Escoupon, à Perron, Orne.
Picquart (Célestine-Catherine), de Fourmies, à Lyon, Rhône.
Picot (Élise), de Cambrai, à Tours, Indre-et-Loire.
Picquart (Jean-Louis), de Fourmies, à Lyon, Rhône.
Picquart (Jeanne-Marie), de Fourmies, à Lyon, Rhône.
Picquart (Louis-Edmond), de Fourmies, à Lyon, Rhône.
Picquart (Marcelle-Jeanne), de Fourmies, à Lyon, Rhône.
Pichon (Élisa), de La Madeleine-les-Filles, à Rugles, Eure.
Piegay (Louise), de Maubeuge, à Brimeux, Pas-de-Calais.
Picquart (Marthe-Alexandrine), de Fourmies, à Lyon, Rhône.
Picard (Marcel), de Lille, à Caen, Calvados.
Picard (Madeleine), de Lille, à Caen, Calvados.
Pierreville (Marie) et enf., de Lille, à Cannes, Alpes-Maritimes.
Pierre (Augustine), de Maubeuge, à Brimeux, Pas-de-Calais.
Piette (Adolin), de Bouvines, à Pontchâteau, Loire-Inférieure.
Piette (Marie), de Bouvines, à Pontchâteau, Loire-Inférieure.
Piettin (Marie-Thérèse), de Bouvines, à Pontchâteau, Loire-Inférieure.
Pierre (Rosalie), de Bouvines, à Pontchâteau, Loire-Inférieure.
Piette (Louise), de Louvroil, à Pussay, Seine-et-Oise.
Piette (Marie-Louise), de Louvroil, à Pussay, Seine-et-Oise.
Piette (Marcel), de Fourmies, à Saint-Guen, Côtes-du-Nord.
Piette (Mme), de Buay-sur-Escot, à Nantes, Loire-Inférieure.
Piette et fam., de Bruay-sur-Escot, à Nantes, Loire-Inférieure.
Piérard et fam., de Solesmes, à Hautot-sur-Mer, Seine-Inférieure.
Piette (Robert), de Fourmies, à Saint-Guen, Côtes-du-Nord.
Piette (Gabrielle), de Fourmies, à Saint-Guen, Côtes-du-Nord.
Piette (René), de Fourmies, à Saint-Guen, Côtes-du-Nord.
Piette (Arthur), de Fourmies, de Saint-Guen, Côtes-du-Nord.
Piette (Auguste), de Fourmies, à Saint-Guen, Côtes-du-Nord.
Piette (Aglaé), de Boussois, à Rouen, Seine-Inférieure.
Pierrat (Madeleine), d'Anor, à Briare, Loiret.
Pierrat (Blanche-Alice), d'Anor, à Briare, Loiret.
Pierrat (Marie), d'Anor, à Briare, Loiret.
Pierrat (Camille), d'Anor, à Briare, Loiret.
Piérard (Alphonse), de Crépin, à Sceaux-du-Gâtinais, Loiret.
Piérard (Émile-Joseph), de Crépin, à Sceaux-du-Gâtinais, Loiret.
Piérard (Alphonse), de Crépin, à Sceaux-du-Gâtinais, Loiret.
Piérard (Arsène), de Crépin, à Sceaux-du-Gâtinais, Loiret.
Piette (Paul), de Fourmies, à Vermenton, Yonne.
Piérard (Arile), de Ferrière-la-Grande, à Monchy-Cayeux, Pas-de-Calais.
Piens (Isidore) et fam., de Feignies, à Lens, Pas-de-Calais.
Piette (Rose), de Fourmies, à Saint-Hervé, Côtes-du-Nord.
Pierrard (Alex.) et son épouse, de Ferrière-la-Grande, à Anvin, P.-de-Cal.
Piette (Leblanc), de Fourmies, à Vermenton, Yonne.
Piette (Clément), de Fourmies, à Vermenton, Yonne.
Piette (Jeanne), de Fourmies, à Vermenton, Yonne.
Piette (Eugénie-Mathilde), de Wignehies, à Cézy, Yonne.
Pierquin (Maurice), de Hautmont, à Croisilles, Calvados.
Pigon (Hélène), du Cateau, à Saint-Hilaire-du-Harcouet, Manche.
Pigot (Jules) et fam., de Beauvois-en-Cambrésis, à Blanquefort, Gironde.
Pignaud (Irène), du Cateau, à Cannes, Alpes-Maritimes.
Pigot (Fénelon) et son épouse, de Caudry, à Caen, Calvados.
Pillot (Hélène), d'Etrœungt, à Treigny, Yonne.
Pillette (Joseph-Léopold), de Lille, à Dormelles, Seine-et-Marne.
Pillion (Fernande), de Valenciennes, à Lyon, Rhône.
Pilot (Aline), de Hautmont, à Auxi-le-Château, Pas-de-Calais.
Pillion (Sidonie), du Cateau, à Déols, Indre.
Pilon (Mme) et fam., du Quesnoy, à Orbec, Calvados.
Pilloy (Marie), d'Anor, à Sainte-Croix-de-Saint-Lô, Manche.
Pilois (Mme) et enf., de Boussois, à Rouen, Seine-Inférieure.
Pilave (Madeleine), de Landrecies, à Bouex, Charente.
Pimbère (Adèle), de Bersillies, à Noyellette, Pas-de-Calais.
Pinard (Alphonse), de Cambrai, à Guémené, Morbihan.
Pinson (Valérine-Félicie), de Féron, à Appoigny, Yonne.
Pinson (André), de Féron, à Appoigny, Yonne.
Pinson (Marie-Louise), de Sains, à Appoigny, Yonne.
Pinson (Julia), de Sains, à Appoigny, Yonne.
Pinson (Alcide), de Sains, à Appoigny, Yonne.
Pinson-Dufrenne (Désirée), de Sains, à Appoigny, Yonne.

Pinson (André), de Sains, à Appoigny, Yonne.
Pinson (Aimée), de Sains, à Appoigny, Yonne.
Pirard (Arthur), de Hautmont, à Sadirac, Gironde.
Pirard (Anne Marie), de Hautmont, à Sadirac, Gironde.
Picard (Jacques-Joseph), de Hautmont, à Sadirac, Gironde.
Piret (Roland), de Jeumont, à Chasseradès, Lozère.
Pirnay (Mme) et enf., de Maubeuge, à Locon, Pas-de-Calais.
Pirée (Émélie-Marie), de Neuf-Mesnil, à Saint-Pol, Pas-de-Calais.
Pirlot (Marie-Emma), de Solre-le-Château, à Sixt, Ille-et-Vilaine.
Pirrat (Mme), de Maubeuge, à Saint-Pol, Pas-de-Calais.
Piret (Virgile), de Quiévy-le-Petit, à La Chapelle-au-Riboux, Mayenne.
Piret (Nelly), de Quiévy-le-Petit, à La Chapelle-au-Riboux.
Piret (Gabrielle), de Quiévy-le-Petit, à La Chapelle-au-Riboux, Mayenne.
Pirard (Constant et fam., de Solre-le-Château, à Lieury, Calvados.
Pireaux (Émile), de Neuf-Mesnil, à Louverné, Mayenne.
Pireaux (Mme), de Neuf-Mesnil, à Louverné, Mayenne.
Pireaux (Germaine), de Neuf-Mesnil, à Louverné, Mayenne.
Pireaux (Léon, de Neuf-Mesnil, à Louverné, Mayenne.
Pireaux (Simone), de Neuf-Mesnil, à Louverné, Mayenne.
Pissevin (Philippe), de Rocroi, à Beaumont, Yonne.
Pissevin (Clémence), de Rocroi, à Beaumont, Yonne.
Pissaro (Maria-Júlia), de Jeumont, à Arnouville, Seine-et-Oise.
Pisson (Emile), du Quesnoy, à Elbeuf, Seine-Inférieure.
Planchon (Juliette), de Cambrai, à Nevers, Nièvre.
Platat-Gausset (Suzanne), de Hautmont, à Flers, Pas-de-Calais.
Plataret (Jacques), de Valenciennes, à Cosne, Nièvre.
Plataret (Jacqueline), de Valenciennes, à Cosne, Nièvre.
Plataret (Yvonne), de Valenciennes, à Cosne, Nièvre.
Plataret (Jeanne), de Valenciennes, à Cosne, Nièvre.
Plaquin (Louis) et fam., de Fourmies, à Dinard, Ille-et-Villaine.
Plazart (Charles), d'Élesmes, à Loiron, Mayenne.
Planckaert (Malvina), de Flers, à Capdenac, Aveyron.
Plancot-Boursier (Mme), de Glageon, à Rouen, Seine-Inférieure.
Plancot-Boursier, de Glageon, à Rouen, Seine-Inférieure.
Planard (Léon), de Sars-Poteries, à Royan, Charente-Inférieure.
Planard (Reine), de Fourmies, à Royan, Charente-Inférieure.
Planard (Marie), de Sars-Poteries, à Royan, Charente-Inférieure.
Plançot (Cécile), de Wignehies, à Plounevez-Lochrist, Finistère.
Plancot (Henri-Alfred), de Wignehies, à Plounevez-Lochrist, Finistère.
Plancot (Marcelle), de Wignehies, à Plounevez-Lochrist, Finistère.
Plancot (Jeanne-Marie), de Wignehies, à Plounevez-Lochrist, Finistère.
Plancot (Alfrede-Gilberte), de Wignehies, à Plounevez-Lochrist, Finistère.
Plançot (Reine), de Wignehies, à Plounévez-Lochrist, Finistère.
Plancot (Kléber), de Wignehies, à Plounévez-Lochrist, Finistère.
Plancat (Jeanne), de Wignehies, à Plounévez-Lochrist, Finistère.
Planart (Mathilde), de Ferrière-la-Grande, à Blangy-sur-Ternoise, P.-de-C.
Plainecassagnes (Louise), de Lille, à Viviez, Aveyron.
Plaetens (Aline), de Maubeuge, à Essars, Pas-de-Calais.
Place (Ernestine), de Gommegnies, à Coullons, Loiret.
Place (Emile), de Gommegnies, à Coullons, Loiret.
Place (Stéphanie), de Gommegnies, à Coullons, Loiret.
Plez (Hippolyte), de Caudry, à Ointille-Saint-Liphard, Eure-et-Loir.
Plé (Félicie), de Caudry, à Rennes, Ille-et-Vilaine.
Plet (François), de Caudry, à Nantes, Loire-Inférieure.
Plisson (Marcelle), d'Avesnelles, à Giry, Nièvre.
Plichon (Alexandre), de Saint-Amand-les-Eaux, au Bouscat, Gironde.
Plichon (Gaston), de Saint-Amand-les-Eaux, au Bouscat, Gironde.
Plichon (Mélanie), de Saint-Amand-les-Eaux, au Bouscat, Gironde.
Plichart (Palmyre), de Maubeuge, à Erquières, Pas-de-Calais.
Plichon (Jules), d'Onnaing, à Redon, Ille-et-Vilaine.
Plichard (Mme), de Maubeuge, à Frévent, Pas-de-Calais.
Plonart (Laure) et enf., de Maubeauge, à Avesnes-le-Comte, Pas-de-Calais.
Plouvier (Adèle) et enf., de Hautmont, à Ramecourt, Pas-de-Calais.
Plouchard (Arthur), de Haussy, à Pont-Hébert, Manche.
Plouchard (Ida), de Haussy, à Pont-Hébert, Manche.
Plouchard (Hector), de Haussy, à Pont-Hébert, Manche.
Pluchard (Marie), d'Inchy, à Canon, Calvados.
Pluchart (Raymond), de Maubeuge, à Fruges, Pas-de-Calais.
Pluchard (Pulchérie) et enf., de Maubeuge, à Fruges, Pas-de-Calais.
Plumart (Marie) et enf., de Maubeuge, à Beaurainville, Pas-de-Calais.
Pluque (Jules), du Quesnoy, à Essonnes, Seine-et-Oise.
Pluvinage (Fernand), de Bauvois-en-Cambrésis, à Gétigné, Loire-Inférieure.
Pluvinage (Florine), de Bauvois-en-Cambrésis, à Gétigné, Loire-Inférieure.
Pluvinage (Charles), de Bauvois-en-Cambrésis, à Gétigné, Loire-Inférieure.
Pochez (Jeanne), de Jeumont, à Moidrey, Manche.
Poëte (Eugène), de Douai, à Rouperroux-le-Coquet, Sarthe.
Poichard (Roger), de Solesmes, à Saint-Benoît-des-Ondes, Ille-et-Vilaine.
Poix (Aubert), de Valenciennes, à Ingrandes, Maine-et-Loire.
Poix (Abel), de Valenciennes, à Ingrandes, Maine-et-Loire.
Poix (Philomène), de Valenciennes, à Ingrandes, Maine-et-Loire.
Poisson (François) et fam., de Busigny, à Courseulles, Calvados.

Poirier (Maurice) et fam., de Busigny, à Saint-Pierre-sur-Dives, Calvados.
Pougnaud (Abel), de Naves, à Caen, Calvados.
Polvent (Florentin), de Poix-du-Nord, à Plouigneau, Finistère.
Poligny (François), de Landrecies, à Quettreville, Manche.
Pole (Renault) et fam., de Cambrai, à Nantes, Loire-Inférieure.
Polard (Emile), d'Hasnon, à Saint-Pierre-sur-Dives, Calvados.
Pomas (Aline), de Fourmies, à Dinard, Ille-et-Vilaine.
Pommier (Aurélois) et fam., de Masnières, à St-André-d'Hebertot, Calvados.
Ponthier (Jean) et son épouse, d'Hautmont, à Mardilly, Orne.
Ponchaux (Julia), de Fourmies, à Rennes, Ille-et-Vilaine.
Ponthieu (Pierre), de Guesnain, à Clohars-Carnoët, Finistère.
Poquet (Fernand), d'Aulnoye, à Gradignan, Gironde.
Poquet (Ovide) et fam., de Bertry, à Gradignan, Gironde.
Poquet (Renée), de Fourmies, à Redon, Ille-et-Vilaine.
Porcq (Charles), de Lille, à Villerable, Loir-et-Cher.
Porez (Gaston), de Cousolre, à La Trinité-des-Laitiers, Orne.
Portenseigne (Mirel), de Fourmies, à Renac, Ille-et-Vilaine.
Portier (Mme), de Maubeuge, à Rouen, Seine-Inférieure.
Potrait (Gabrielle) et fam., de Jeumont, à Bègles, Gironde.
Pottier (Laure), de Bousies, à La Feuillée, Finistère.
Pottier (Noémie), de Bousies, à La Feuillée, Finistère.
Pottier (Maurice), de Bousies, à La Feuillée, Finistère.
Pottier (Henri), de Bousies, à La Feuillée, Finistère.
Pot (Marie), de Maubeuge, à Saint-Pol, Pas-de-Calais.
Potelle (Augustin), de Banteux, à Pouilly-sur-Loire, Nièvre.
Potelle (Elisa), de Banteux, à Pouilly-sur-Loire, Nièvre.
Potiez (Georges), d'Iwuy, à Challuy, Nièvre.
Pot-Westeel (Louisa), de Maubeuge, à Saint-Pol, Pas-de-Calais.
Potiez (François), d'Iwuy, à Challuy, Nièvre.
Potiez (Kléber), d'Iwuy, à Challuy, Nièvre.
Potiez (Pauline), d'Iwuy, à Challuy, Nièvre.
Potiez (Gaston), d'Iwuy, à Challuy, Nièvre.
Pot (Odette), de Gognies-Chaussée, à Guérande, Loire-Inférieure.
Potel (Augustine), de Gouzeaucourt, à Evreux, Eure.
Pot (Adolphe), de Gognies-Chaussée, à Guérande, Loire-Inférieure.
Potiez (Celenie), de Maubeuge, à Brimeux, Pas-de-Calais.
Potiez (Clara), de Denain, à Indre, Loire-Inférieure.
Potie (Mme), de Maubeuge, à Hesdin, Pas-de-Calais.
Potie (Valentin) et son épouse, de Maubeuge, à Hesdin, Pas-de-Calais.
Potigny (Zulma) et enf., de Lille, à Lourdes, Hautes-Pyrénées.
Potiez-Plançon, de Cambrai, à Nevers, Nièvre.
Potiez, de Cambrai, à Nevers, Nèvre.
Potis (Zélie), de Cousolre, à Bruyères-sur-Oise, Seine-et-Oise.
Potiau (Anna), de Villers-Sire-Nicole, à La Chapelle-Saint-Sépulcre, Loiret.
Pottau (Marie), de Villers-Sire-Nicole, à La Chapelle-Saint-Sépulcre, Loiret.
Potier (Mlle), de Cambrai, à Pont-l'Évêque, Calvados.
Pouvil (Antoine), de Lille, à Tours, Indre-et-Loire.
Pouvil (Antoine), de Lille, à Tours, Indre-et-Loire.
Pouvil (Jeanne), de Lille, à Tours, Indre-et-Loire.
Pouvil (Mathilde), de Lille, à Tours, Indre-et-Loire.
Poullet-Allaire (Mme), d'Entrœungt, à Pougny, Nièvre.
Poulin (Marguerite) et enf., d'Hautmont, à Auxi-le-Château, Pas-de-Calais.
Poulin (Edouard) et fam., d'Hautmont, à Achicourt, Pas-de-Calais.
Poumay (Joséphine), de Marpent, à Neufchâtel, Pas-de-Calais.
Pouchain (Eugénie) et enf., de Maubeuge, à Hucqueliers, Pas-de-Calais.
Poulet (Henri), de Marpent, à Cosne, Nièvre.
Poulet (Silvère), de Marpent, à Cosne, Nièvre.
Poulet (Aline), de Marpent, à Cosne, Nièvre.
Poupart (Estelle), d'Hestrud, à Guipavas, Finistère.
Pouchet (Herminie), de Maubeuge, à Beaugency, Loiret.
Poupart (Marie) et enf., de Ferrière-la-Grande, à Eclimeux, Pas-de-Calais.
Poumay (Mme) et enf., de Marpent, à Neufchâtel, Pas-de-Calais.
Pouleur (Mme) et enf., de Sous-le-Bois, à Lens, Pas-de-Calais.
Poulain (Pélagie), de Ferrière-la Grande, à Wavrans-s.-Ternoise, P.-de-C.
Poussard (Irésia), de Hannogue, à Brienon, Yonne.
Pouleur (Marie), de Maubeuge, à Thiéville, Calvados.
Poulat (Marie), de Jeumont, à Coutances, Manche.
Poulat (Victor), de Jeumont, à Coutances, Manche.
Poulat (Alfred), de Jeumont, à Coutances, Manche.
Poulat (Auguste), de Jeumont, à Coutances, Manche.
Pouillon (Germaine), de Boussoy, à Saint-André-de-l'Epine, Manche.
Pouillon (Horace), de Boussoy, à Saint-André-de-l'Epine, Manche.
Pouillon (Léopold), de Boussoy, à Saint-André-de-l'Epine, Manche.
Poulet (Anicet), de Bousignies, à Corps-Nuds, Ille-et-Vilaine.
Poulet (Arille), de Bousignies, à Corps-Nuds, Ille-et-Vilaine.
Poulet (Georges), de Bousignies, à Corps-Nuds, Ille-et-Vilaine.
Poulet (Constance), d'Avesnelles, à Domats, Yonne.
Poulet (Mme), d'Avesnelles, à Domats, Yonne.
Poulet (Mme), d'Avesnelles, à Domats, Yonne.
Poulain (Mme), de Gravelines, au Conquet, Finistère.
Poulain (Paul), de Gravelines, au Conquet, Finistère.

Poulain (Elisa), de Verdun, à Sainte Marie-aux-Anglais, Calvados.
Poulain (Louis) et enf., de Marpent, à Rouen, Seine-Inférieure.
Pouillon (Marie-Thérèse), de Boussoy, à Saint-André-de-l'Epine, Manche.
Pouillon (Emile), de Boussoy, à Saint-André-de-l'Epine, Manche.
Pradal (Augustin), de Maubeuge, à Alais, Gard.
Pradal (Louise), de Maubeuge, à Alais, Gard.
Prahe (Marie) et enf., de Douai, à Cornot, Haute-Saône.
Prass (Marie), de Maubeuge, à Hucqueliers, Pas-de-Calais.
Prévost (Edmond), de Jeumont, à Malansac, Morbihan.
Prévost (Marie), de Jeumont, à Malansac, Morbihan.
Prévost (Raymond), de Jeumont, à Malansac, Morbihan.
Prévot (Virginie), de Maubeuge, à Cussac, Gironde.
Prevot (Jenny) et enf., d'Hautmont, à Cussac, Gironde.
Prévost (Céleste), de La Longueville, à Chaptelat, Haute-Vienne.
Prévost (Emile), d'Aulnoye, à Batz, Loire-Inférieure.
Prédouna (Henry) et fam., d'Abscon, à Fresney-le-Puceux, Calvados.
Prévost (Gabrielle), d'Aulnoye, à Batz, Loire-Inférieure.
Preux (Alfred) et fam., d'Hautmont, à Achicourt, Pas-de-Calais.
Preux (Mme), de Saultain, à Vesdun, Cher.
Preux (Constant) et son épouse, de Caudry, à Villenave-d'Ornon, Gironde.
Prévost (Marie), de Gommegnies, à Goulions, Loiret.
Prévost (Joseph) et fam., de Maubeuge, à Hesdin, Pas-de-Calais.
Prévost (Valentine), de Villers-Guislain, à Houlgate, Calvados.
Prévost (Edmond), de Villers-Guislain, à Houlgate, Calvados.
Prévost (Casimir) et enf., de Villers-Guislain, à Houlgate, Calvados.
Précelle (Octave), de Vieux-Reng, à Quetiéville, Calvados.
Princelle (Gustave) et fam., d'Hautmont, à Trincques, Pas-de-Calais,
Princelle (Mme) et enf., d'Hautmont, à St-Laurent-Blangy, Pas-de-Calais,
Princelle (Aline) et enf., d'Hautmont, à Tincques, Pas-de-Calais.
Prisette (Gyselle), d'Avesnes, à Evreux, Eure.
Prissette (Isma), d'Avesnes, à Evreux, Eure.
Prissette (Fernand), d'Avesnes, à Evreux, Eure.
Prieur (Rosine), d'Anor, à Gambais, Seine-et-Oise.
Privat (Angèle), de Wignehies, à Longroy, Seine-Inférieure.
Procureur (Marie) et enf., de Saint-Amand, à Audrieu, Calvados.
Pronier (Jean), de Solre-le-Château, à Renac, Ille-et-Vilaine.
Proy (Céline), de Neuvilly, à Redon, Ille-et-Vilaine.
Proy (César), de Neuvilly, à Redon, Ille-et-Vilaine.
Proy (Céline), de Neuvilly, à Redon, Ille-et-Vilaine.
Prouveur (Sophie) et fille, de Douai, à Bezons, Seine-et-Oise.
Provin (Rachelle), du Cateau, à Saint-Hilaire-du-Harcouet, Manche.
Provin (Mélanie), du Cateau, à Saint-Hilaire-du-Harcouët, Manche.
Provin (Henri), du Cateau, à Saint-Hilaire-du-Harcouët, Manche.
Provin (Florentine), du Cateau, à Saint-Hilaire-du-Harcouët, Manche.
Procureur (Camille) et fam., de Maubeuge, à Saint-Pol, Pas-de-Calais.
Pronier (Pauline) et enf., de Maubeuge, à Saint-Pol, Pas-de-Calais.
Prouveur (Odile), de Lieu-Saint-Amand, à Saint-Cosme-de-Vair, Sarthe.
Prouveur (Clémence), de Lieu-Saint-Amand, à St-Cosme-de-Vair, Sarthe.
Prohon (Gaston), de Sevigny, à Sainte-Solange, Cher.
Pruvost (Mathilde) et enf., de Maubeuge, à Lourdes, Hautes-Pyrénées.
Pruthon (Philippe), de Valenciennes, à Huisseau-sur-Cosson, Loir-et-Cher.
Prudhomme (Eugénie), de Fourmies, à Friardel, Calvados.
Psigazzi (Philippo), de Fenain, à Saint-André-de-Cubzac, Gironde.
Pupin (Sidonie), d'Hestrud, à Guipavas, Finistère.
Pupin (Ernest), d'Hestrud, à Guipavas, Finistère.
Puche (Fernand) et fam., d'Hautmont, à Rânes, Orne.
Purenne (Marguerite), d'Hautmont, à Ludon, Gironde.
Puteaux (Lucien), d'Anor, à Sainte-Croix-de-Saint-Lô, Manche.
Puteaux (Lucienne), d'Anor, à Sainte-Croix-de-Saint-Lô, Manche.
Puteaux (Louis), d'Anor, à Sainte-Croix-de-Saint-Lô, Manche.
Puteaux (Lucie), d'Anor, à Sainte-Croix-de-Saint-Lô, Manche.
Puteaux (Madeleine), d'Anor, à Sainte-Croix-de-Saint-Lô, Manche.
Puteaux (Marcelle), d'Anor, à Sainte-Croix-de-Saint-Lô, Manche.
Purquin (Fernand), de Marpent, à Saint-Hilaire-du-Harcouët, Manche.
Purquin (Léa), de Marpent, à Saint-Hilaire-du-Harcouet, Manche.
Purquin (Joseph), de Marpent, à Saint-Hilaire-du-Harcouet, Manche.
Pynson (Arthur), de Lille, à Limoges, Haute-Vienne.
Quersin (Victor), de Solesmes, à Essarts-Varimpré, Seine-Inférieure.
Quertain (Emile) et fam., de Cousolre, à Rennes, Ille-et-Vilaine.
Quévy (Elise de), de Maubeuge, à Saint-Omer, Pas-de-Calais.
Quenée (Renée) et fils, d'Hautmont, à Enghien-les-Bains, Seine-et-Oise.
Quertier (Virginie), de Busigny, à Chazeuil, Nièvre.
Quertainmont (François) et enf., de Maubeuge, à Saint-Pol, Pas-de-Calais.
Queniez (Mélanie), de Ferrière-la-Grande, à Anvin, Pas-de-Calais.
Quennesson, de Caudry, à Rouen, Seine-Inférieure.
Quennesson (Mme) et enf., de Caudry, à Rouen, Seine-Inférieure.
Quehen (Marie), d'Anor, à Evreux, Eure.
Quehen (Marie), d'Anor, à Evreux, Eure.
Quehen (Gaston), d'Anor, à Evreux, Eure.
Quehen (Emile), d'Anor, à Evreux, Eure.
Quétel (Marie), de Solre-le-Château, à Saint-Jean-de-Braye, Loiret.

Quesnay (Zulma), d'Avesnes-sur-Helpe, à Nonglard, Haute-Savoie.
Quévy (Denise), de Maubeuge, à Folletière-Abenon, Calvados.
Quévy (Maurice), de Maubeuge, à Folletière-Abenon, Calvados.
Quinzin (Odile), de Boussois, à Croisette, Pas-de-Calais.
Quinzin (Marie), de Boussois, à Croisette, Pas-de-Calais.
Quinzin (Louise), de Boussois, à Croisette, Pas-de-Calais.
Quinzin (Julia) et enf., de Boussois, à Croisette, Pas-de-Calais.
Quinzain (Joseph), de Ferrière-la-Grande, à Étaples, Pas-de-Calais.
Quinzin (Zéphyr), de Maubeuge, à Hesdin, Pas-de-Calais.
Quinzin (Louise) et enf., de Maubeuge, à Hesdin, Pas-de-Calais.
Quinqueret (Marie), de Ferrière-la-Grande, à Praires, Pas-de-Calais.
Quin (Julia), de Roubaix, à Saint-Hilaire-de-Riez, Vendée.
Rabout-Rapez et fille, de Maubeuge, à Frévent, Pas-de-Calais.
Rabout-Carnail et enf., de Maubeuge, à Frévent, Pas-de-Calais.
Ralenquin (Mme) et enf., de Bouligny, à Pont-l'Evêque, Calvados.
Ramel (Gabrielle) et fille, de Maubeuge, à Tours, Indre-et-Loire.
Ramart (Maria) et enf., d'Hautmont, à Boubers-sur-Canche, Pas-de-Cal.
Ramette (Julie), de Raray, à Roanne, Loire.
Ramillon (Henri), de Rœulx, à Agen, Lot-et-Garonne.
Ramelot (Edouard), d'Etrœungt, aux Sièges, Yonne.
Ramelot (Maria), d'Etrœungt, aux Sièges, Yonne.
Rançon (Simonne), de Fourmies, au Lude, Sarthe.
Rançon (Joseph), de Fourmies, au Lude, Sarthe.
Rançon (Andrée), de Fourmies, au Lude, Sarthe.
Rançon (Julia), de Fourmies, au Lude, Sarthe.
Rançon (Elisabeth), de Fourmies, au Lude, Sarthe.
Ranquest (Alexandre), du Cateau, à Joué-Etias, Maine-et-Loire.
Ranquest (Alexandre), du Cateau, à Joué-Etias, Maine-et-Loire.
Ranquest (Julia), du Cateau, à Joué-Etias, Maine-et-Loire.
Randamme (Alanki) et ép., de Sous-le-Bois, à Lens, Pas-de-Calais.
Randa (Mathilde) et enf., de Maubeuge, à Fruges, Pas-de-Calais.
Ranson (Sara), d'Assevant, à Melun, Seine-et-Marne.
Rancurel (Joseph), de Saint-Maxime, à Saint-Doulchard, Cher.
Raoût (Jeanne) et enf., de Ferrière-la-Grande, à Preures, Pas-de-Calais.
Rascart (Anna), de Fourmies, à Beautiran, Gironde.
Rathez (Julien), de Glageon, à Bourg, Gironde.
Raûlin (Joséphine) et enf., de Maubeuge, à Saint-Pol, Pas-de-Calais.
Raux (Marie) et enf., de Maubeuge, à Hesdin, Pas-de-Calais.
Raux (Jeanne), de Bavai, à Beaumont-le-Roger, Eure.
Raveau (Marie), de Glageon, à Monségur, Gironde.
Raveau (Albert), de Glageon, à Monségur, Gironde.
Raviart (Joséphine), du Quesnoy, à Mérignac, Gironde.
Raveau (Eva), de Glageon, à Monségur, Gironde.
Raveau (Jean) et ép., de Gouzeaucourt, à Pin-la-Garenne, Orne.
Raymond (Théophile), de Clairfayts, à La Gouesnière, Ille-et-Vilaine.
Raymond (Antoinette), de Sars-Poteries, à Villemoiron, Aube.
Raymond (Amélie), de Felleries, à Villemoiron, Aube.
Raymond (Jeanne), de Felleries, à Villemoiron, Aube.
Raymond (Jules), de Felleries, à Villemoiron, Aube.
Raynaud (Renée), d'Avesnelles, à Bruère-Allichamps, Cher.
Réal (Gérard), de Solesmes, à Mas-de-Viarès, Gard.
Réal (Pierre), de Saint-Supplex, à Montagnac, Hérault.
Redanna (Henri), d'Abscon, à Bretteville-sur-Laize, Calvados.
Régnier (Raphaël), de Lille, à Saint-Sauveur, Yonne.
Regnault (Marie) et enf., de La Madeleine-les-L., à St-Valéry-en-Caux, S.-I.
Régnier (Elisa), de Sepmeries, à Champignelles, Yonne.
Régniez (Flavie), de Sepmeries, à Champignelles, Yonne.
Reghem (Juliette) et enf., de Feignies, à Condé-sur-Noireau, Calvados.
Reinbolt (Georges), de Marchiennes, à Seurre, Côte-d'Or.
Reine (Edouard), de Marpent, à Dohem, Pas-de-Calais.
Remy (Claire), de Denain, à Saint-Colombin, Loire-Inférieure.
Remy (Druon), de Sebourg, à Penmarch, Finistère.
Rémy (Anna), de Cousolre, à Saint-Méloir-des-Ondes, Ille-et-Vilaine.
Remy (Chéri), de Cousolre, à Saint-Méloir-des-Ondes, Ille-et-Vilaine.
Remy (Louise), de Maubeuge, à Fruges, Pas-de-Calais.
Renneçon (Rosa), de Felleries, à Sainte-Jamme, Sarthe.
Reneau (Lucie), d'Hautmont, à Dehault, Sarthe.
Reneau (Armand), d'Hautmont, à Dehault, Sarthe.
Reneau (Joseph), d'Hautmont, à Dehault, Sarthe.
Reneau (Fernande), d'Hautmont, à Dehault, Sarthe.
Reneau (Simone), d'Hautmont, au Mans, Sarthe.
Rencelot (Emile), de Maubeuge, à Ardentes, Indre.
Renaux (Charlotte) et enf., de Maubeuge, à Beaurainville, Pas-de-Calais.
Renon (Julia) et enf., d'Hautmont, à Berles, Pas-de-Calais.
Renard (Louis), d'Hargnies, à Chailland, Mayenne.
Renard (Zéphirine) et enf., d'Hellerines, à Elbeuf, Seine-Inférieure.
Renne (Maurice), de Caudry, à Sixt, Ille-et-Vilaine.
Renne (Henri), de Caudry, à Sixt, Ille-et-Vilaine.
Renotte (Feminette), de Maubeuge, à Alençon, Orne.
Renson (Yvonne) et enf., de Bersillies, à Noyelle-Vion, Pas-de-Calais.
Renard (Laure), d'Hautmont, à Cauchin-Verloingt, Pas-de-Calais.

Renaux (Eugénie), de Banteux, à Saint-Hilaire-du-Harcouët, Manche.
Renard (Joseph) et fam., de Cambrai, à Courseulles, Calvados.
Repaire (Alfred), de Bavai, à Beaumont-le-Roger, Eure.
Repaire (Michelle), de Bavai, à Beaumont-le-Roger, Eure.
Reppert (Louise), de Maubeuge, à Alais, Gard.
Reumont (Paul), de Fourmies, à Saint-Hervé, Côtes-du-Nord.
Reumont (Fernande), de Fourmies, à Saint-Hervé, Côtes-du-Nord.
Reumont (Marius), de Fourmies, à Saint-Hervé, Côtes-du-Nord.
Ribot (Armandine) et enf., de Maubeuge, à Hucqueliers, Pas-de-Calais.
Ribeaucoup (Marcelle), de Sémeries, à Saligny, Yonne.
Ribeaucoup (Fernand), de Sémeries, à Saligny, Yonne.
Ribeaucourt (Gilbert), d'Anzin, à Saint-Calais, Sarthe.
Ribot (Maria) et enf., de Rousies, à Izel-lès-Hameau, Pas-de-Calais.
Ribaux (Léontine) et enf., d'Hautmont, à Tilloy-les-Hermaville, P.-de-C.
Ribière (Élise) et enf., d'Hautmont, à Saint Pol, Pas-de-Calais.
Richard (Jules) et fam., d'Hirson, à Albi, Tarn.
Richard (Charles) et fam., de Séboul, à Ménil-Gondouin, Orne.
Richez (Henri), de Marpent, à Châteauroux, Indre.
Richez (Claire), de Marpent, à Châteauroux, Indre.
Richez (Henri), de Marpent, à Châteauroux, Indre.
Richez (Julie), de Marpent, à Châteauroux, Indre.
Riche (Berthe), de Landrecies, à Cléder, Finistère.
Riche (Marie-Louise), de Landrecies, à Cléder, Finistère.
Riche (André), de Landrecies, à Cléder, Finistère.
Richard (Alzire), de Fourmies, à Saint-Hervé, Côtes-du-Nord.
Richard (Gustave), de Fourmies, à Saint-Hervé, Côtes-du-Nord.
Richard (Germain), de Maroilles, à Saint-Benoît-des-Ondes, Ille-et-Vilaine.
Richer (Laure), de Rieux-Angicourt, à Forges-les-Eaux, Seine-Inférieure.
Richelet (Marie-Louise) et fille, de Tourcoing, à St-Valery-en-Caux, S.-I.
Richelet (Prosper), de Tourcoing, à St-Valery-en-Caux, Seine-Inférieure.
Richard (Claire), d'Ovillers, à Saint-Benoît-des-Ondes, Ille-et-Vilaine.
Richard (Louis), de Fourmies, à Redon, Ille-et-Vilaine.
Richard (Paul), d'Ovillers, à Saint-Benoît-des-Ondes, Ille-et-Vilaine.
Richard-Lucas (Mme) et enf., de Banteux, à Rouen, Seine-Inférieure,
Richard-Bellot (Mme) et enf., de Banteux, à Rouen, Seine-Inférieure.
Richard-Bellot, de Banteux, à Rouen, Seine-Inférieure.
Richard (Etienne), de Lille, à Bar-sur-Seine, Aube.
Richard (Denise), de Lille, à Bar-sur-Seine, Aube.
Richard (Marie), de Lille, à Bar-sur-Seine, Aube.
Richard (Renée), de Lille, à Bar-sur-Seine, Aube.
Richard (Alice), de Lille, à Bar-sur-Seine, Aube.
Richez (François) et fam., de Bertry, à Vire, Calvados.
Riche-Darche (Jeanne), de Gognies-Chaussée, à Morigny-Champigny, S.-et-O.
Riche (Zélie), de Maubeuge, à Morigny-Champigny, Seine-et-Oise.
Richard (Aveline), de Denain, à Saint-Hilaire-du-Harcouët, Manche.
Ricaux (Marguerite), du Cateau, à Châteauneuf-sur-Sarthe, Maine-et-L.
Ricaux (Marcelle), du Cateau, à Châteauneuf-sur-Sarthe, Maine-et-Loire.
Ricaux (Albert), du Cateau, à Châteauneuf-sur-Sarthe, Maine-et-Loire.
Richez (Virginie), du Cateau, à Courseulles, Calvados.
Richet (Hélène), de Feignies, à Andouillé, Mayenne.
Ricaux (Mathilde), du Cateau, à Châteauneuf-sur-Sarthe, Maine-et-Loire.
Ridon (Maurice), de Landas, à Saint-Macaire, Maine-et-Loire.
Riedelle-Dewoelde (Mme) et enf., de Maubeuge, à Frévent, Pas-de-Calais.
Riez (Alice) et enf., d'Hautmont, à Auxi-le-Château, Pas-de-Calais.
Rigaud (François) et fam., de Maurois, à Lion-sur-Mer, Calvados.
Rigal (Jeanne), de Bousignies-sur-Roc, à Saint-Pol-de-Léon, Finistère.
Rigal (Oscar), de Bousignies-sur-Roc, à Saint-Pol-de-Léon, Finistère.
Rigal (Zoé), de Bousignies-sur-Roc, à Saint-Pol-de-Léon, Finistère.
Rigal (Oscar), de Bousignies-sur-Roc, à Saint-Pol-de-Léon, Finistère.
Rigal (Henriette), de Valenciennes, à Damgan, Morbihan.
Rigon (René), de Mons-en-Barœul, à Châteauroux, Indre.
Rigon (Julie), de Mons-en-Barœul, à Châteauroux, Indre.
Rigon (Simone), de Mons-en-Barœul, à Châteauroux, Indre.
Rimpyneck (Marcel), de Wattignies, à Nérondes, Cher.
Rimbert (Pierre), d'Avesnes-le-Sec, à St-Louis-de-Montferrand, Gironde.
Ringeval (Marie), du Cateau, à Lion-sur-Mer, Calvados.
Ringevanne (Alphonse), de Bâteux, à Plougastel-Daoulas, Finistère.
Ringevanne (Céleste), de Bâteux, à Plougastel-Daoulas, Finistère.
Ringuet (Aimée), d'Avesnes, à Evreux, Eure.
Ringuet (Henri), d'Avesnes, à Evreux, Eure.
Ringuet (Emélie), d'Avesnes, à Evreux, Eure.
Ringuet (Mme), de Trélon, à Châteauroux, Indre.
Ringuet (Martial), de Trélon, à Châteauroux, Indre.
Riquart (François), de Dorignies, à Saint-André-de-Cubzac, Gironde.
Riquette (Antoine), d'Honnecourt, à Virey, Manche.
Riquet (Philomène), de Flines-lès-Raches, à Veigné, Indre-et-Loire.
Riquet (Simon), de Flines-lès-Raches, à Veigné, Indre-et-Loire.
Riquet (Thérèse), de Flines-lès-Raches, à Veigné, Indre-et-Loire.
Riquart (Olga), de Dorignies, à Saint-André-de-Cubzac, Gironde.
Riquart (Blanche), de Dorignies, à Saint-André-de-Cubzac, Gironde.
Riquart (Celénie), de Dorignies, à Saint-André-de-Cubzac, Gironde.

Rivière (Léocadie), de Maubeuge, à Frévent, Pas-de-Calais.
Rives (Henri), de Féron, à Appoigny, Yonne.
Rivage (Albert), de Jeumont, à Villers-Bocage, Calvados.
Robinet (Céleste) et enf., de Louvroil, à Fontaine-lès-Croisilles, Pas-de-Cal.
Robert (Arthur) et fam., de Moustiers, à Orveau, Loiret.
Robert (Sophie), de Saint-Python, à Mayenne, Mayenne.
Robert (Paul), de Sains-du-Nord, à Barbezieux, Charente.
Robert (Pierre), de Sains-du-Nord, à Barbezieux, Charente.
Robe (Abel), de Fourmies, à La Gouesnière, Ille-et-Vilaine.
Robe (Germaine), de Fourmies, à La Gouesnière, Ille-et-Vilaine.
Robe (Madeleine), de Fourmies, à La Gouesnière, Ille-et-Vilaine.
Robin (Annette), de Maubeuge, à Fruges, Pas-de-Calais.
Robert (Marguerite), de Fourmies, à Landivisiau, Finistère.
Robert (Jeanne), de Fourmies, à Landivisiau, Finistère.
Robert (Jules), de Fourmies, à Landivisiau, Finistère.
Robert (Mme Vve), de Corfontaine, à Courset, Pas-de-Calais.
Robert (Aline), de Ferrière-la-Grande, à Auchy-lès-Hesdin, Pas-de-Calais.
Robinet (Pauline), d'Hargnies, à Neuillé-le-Lierre, Indre-et-Loire.
Robout (Mme) et enf., de Douai, à Bordères, Hautes-Pyrénées.
Robache (Célestine), d'Hautmont, à Achicourt, Pas-de-Calais.
Roche (Suzanne), de Valenciennes, à Châteauroux, Indre.
Roche (René), de Valenciennes, à Châteauroux, Indre.
Roche (Denise), de Valenciennes, à Châteauroux, Indre.
Rocca (Madeleine), de Maubeuge, à Mehun-sur-Yèvre, Cher.
Rocca (Geneviève), de Maubeuge, à Mehun-sur-Yèvre, Cher.
Rocca (Virginie), de Maubeuge, à Mehun-sur-Yèvre, Cher.
Rocca (Guy), de Maubeuge, à Mehun-sur-Yèvre, Cher.
Rochelet (Alexandrine), de Louvroil, à Boisseron, Hérault.
Roch (Alfred), d'Haisnes, à Alençon, Orne.
Rodriguez (Eugénie), de Ferrière-la-Grande, à Marconne, Pas-de-Calais.
Roffidal (Antoine), d'Haybes, à Trouville, Calvados.
Roger (Robert), de Villers-Sire-Nicole, à Gouesnou, Finistère.
Roger (Albert), de Villers-Sire-Nicole, à Gouesnou, Finistère.
Roger (Marie), de Villers-Sire-Nicole, à Gouesnou, Finistère.
Roger (Blanche), de Villers-Sire-Nicole, à Gouesnou, Finistère.
Rogister (Mme Vve) et enf., de Maubeuge, à Fruges, Pas-de-Calais.
Rogée (Marie-Louise), de Roubaix, à Saint-Hilaire-de-Riez, Vendée.
Roland (Hippolyte), d'Hautmont, à Gennes-Ivergny, Pas-de-Calais.
Roland et enf., du Cateau, à Nantes, Loire-Inférieure.
Roland (Célina) et enf., de Rousies, à Aubigny-en-Artois, Pas-de-Calais.
Rolland (Marie), du Cateau, à Aubigny-sur-Nère, Cher.
Roland (Mme), d'Aulnoye, à Rohan, Morbihan.
Rolier (Georges), de Lille, à Saint-Sébastien, Loire-Inférieure.
Rombouts (Georges), de Moustiers-en-Fagne, à Vermenton, Yonne.
Romanoff (Inorès), de Valenciennes, à Saint-Marcel, Aude.
Rombouts (Louise) et fam., de Baines, à Vieux, Calvados.
Ronchin et enf., de Maubeuge, à Attin, Pas-de-Calais.
Ronchin (Victorine), de Maubeuge, à Attin, Pas-de-Calais.
Roseleur (Désirée), de Cartignies, à Bazainville, Seine-et-Oise.
Roseleur (Ambroise), de Cartignies, à Bazainville, Seine-et-Oise.
Roseau (Octavie), de Valenciennes, à Saint-Valery-en-Caux, Seine-Infér.
Rose (Hélène), de Jeumont, à Pornichet, Loire-Inférieure.
Rose (Moïse), de Jeumont, à Pornichet, Loire-Inférieure.
Rose (Raoul), de Jeumont, à Pornichet, Loire-Inférieure.
Rose (Yvonne), de Jeumont, à Pornichet, Loire-Inférieure.
Rosin-Moré (Mme) et enf., de Maubeuge, à Frévent, Pas-de-Calais.
Rosin (Marie) et enf., d'Hautmont, à Villers-l'Hôpital, Pas-de-Calais.
Rosel (Ferdinand), d'Asnie, à Pouldreuzec-en-Ploubinec, Finistère.
Rosel (Jean-Baptiste), d'Asnie, à Pouldreuzec-en-Ploubinec, Finistère.
Rosa (Henri), de Maubeuge, à Merlimont, Pas-de-Calais.
Roty (Julia), de Berlaimont, à Thiéville, Calvados.
Roussiez (Jules), de Bouchain, au Mans, Sarthe.
Roussiez (Lucie), de Bouchain, au Mans, Sarthe.
Rousseau (Marie), de Mons-en-Barœul, à Châteauroux, Indre.
Roussel (Arthur), de Lille, à Coutances, Manche.
Roussel (Arthur), de Lille, à Coutances, Manche.
Roussier (Rosalie), de Bouchain, à Saint-Cosme-de-Vair, Sarthe.
Roussier (Juliette), de Bouchain, à Saint-Cosme-de-Vair, Sarthe.
Roussier (Jean), de Bouchain, à Saint-Cosme-de-Vair, Sarthe.
Roussier (Madeleine), de Bouchain, à Saint-Cosme-de-Vair, Sarthe.
Rousseau (Berthe), de Fourmies, à Tréflaouénan, Finistère.
Rousseau (Lucie), de Fourmies, à Tréflaouénan, Finistère.
Rousseau (Julien), de Fourmies, à Tréflaouénan, Finistère.
Rousseau (Paul), de Fourmies, à Tréflaouénan, Finistère.
Rousseau (Simone), de Fourmies, à Tréflaouénan, Finistère.
Rousseau (Marie), de Fourmies, à Tréflaouénan, Finistère.
Rousseau (Virginie), de Fourmies, à Tréflaouénan, Finistère.
Rousseau (Emile), de Fourmies, à Tréflaouénan, Finistère.
Rousseau (René), de Fourmies, à Coulanges, Nièvre.
Rousseau (Léontine), de Fourmies, à Coulanges, Nièvre.
Rousseau (Octave), de Fourmies, à Coulanges, Nièvre.

Rousseau (Vitaline) et enf., d'Hautmont, à Auxi-le-Château, Pas-de-Calais.
Roussier (Henri), de Walincourt, à Prémery, Nièvre.
Rouzaut (Mme Vve) et enf., de Sous-le-Bois, à Lens, Pas-de-Calais.
Rousseau (Léon) et fam., de Caudry, à Villenave-d'Ornon, Gironde.
Roussillon (Clara) et enf., de Louvroil, à Fontaine-lès-Croisilles, Pas-de-C.
Rousseau-Dupont (Blanche) et enf., de Ferrièr.-la-Gr., à Huby-St-Leu, P.-de-C.
Rousseau-Huvelle (Joséphine) et enf., de Ferr.-la-Gr., à Huby-St-Leu, P.-de-C.
Rousseau (Simone), de Jeumont, à Moidrey, Manche.
Rousseau (Marie), de Sous-le-Bois, à Torcy, Seine-et-Marne.
Rousseau (Paula), de Clairfayts, à Vrigny, Loiret.
Rousseau (Andréa), de Sous-le-Bois, à Torcy, Seine-et-Marne.
Rousseau (Emile), de Sous-le-Bois, à Torcy, Seine-et-Marne.
Rousseau (Hortense), de Crépin, à Sceaux, Loiret.
Rouge (Albert), de Jussy, à Chevreville, Manche.
Rouy (Angèle), de Caudry, à Issoudun, Indre.
Rousies (Louise) et enf., de Maubeuge, à Aubigny-en-Artois, Pas-de-Calais.
Rouby-Vouloir (Germaine), de Cousolre, à Sablé, Sarthe.
Rouly (Germaine), de Cousolre, à Sablé, Sarthe.
Roussel (Roger), de Marpent, à La Barre-de-Semilly, Manche.
Roussel (Lionel), de Marpent, à La Barre-de-Semilly, Manche.
Roussel (Louise), de Marpent, à La Barre-de-Semilly, Manche.
Rousseaux (Marius), de Ramousies, à Treigny, Yonne.
Rousseaux (Félix), de Ramousies, à Treigny, Yonne.
Rousseaux (Raymonde), de Ramousies, à Treigny, Yonne.
Rousseaux (Robert), de Ramousies, à Treigny, Yonne.
Rousseaux (Marguerite), de Ramousies, à Treigny, Yonne.
Rousseaux (Félix), de Ramousies, à Treigny, Yonne.
Rousseau (Henri), de Ramousies, à Clamecy, Nièvre.
Rousseau (Mme), de Ramousies, à Clamecy, Nièvre.
Rousseau (Camille), de Rocq-Recquigny, à Vaiges, Mayenne.
Rousseau (Alfred), de Rocq-Recquigny, à Vaiges, Mayenne.
Rousseau (Germaine), d'Aulnoy, à Vaiges, Mayenne.
Rousseau (Maurice), de Rocq-Recquigny, à Vaiges, Mayenne.
Rousseau (Paul), de Rocq-Recquigny, à Vaiges, Mayenne.
Rousseau (Mme), de Rocq-Recquigny, à Vaiges, Mayenne.
Rousseau (Alfred), de Rocq-Recquigny, à Vaiges, Mayenne.
Rousset (André), de Lille, à Nice, Alpes-Maritimes.
Roussel (Albert), d'Avesnes, à Serignac, Finistère.
Roussel (Blanche), d'Avesnes, à Serignac, Finistère.
Rouget (Fernande), de Trélou, à Serignac, Finistère.
Rouget (Fernand), de Trélou, à Serignac, Finistère.
Rouget (Julia), de Trélou, à Serignac, Finistère.
Rousseau (Octave), de Fourmies, à Nevers, Nièvre.
Rousseau (Mme), de Ramousies, à Clamecy, Nièvre.
Rousseau (Nicolas), de Ramousies, à Clamecy, Nièvre.
Rousseau et enf., de La Flamangerie-Bavey, à Rouen, Seine-Inférieure.
Rousseau (Augustin) et enf., d'Hautmont, à Vitré, Ille-et-Vilaine.
Rousseau (Félicien), d'Hautmont, à Vitré, Ille-et-Vilaine.
Rousseau (Irène) et fam., de Caudry, à Rennes, Ille-et-Vilaine.
Rousseau (Madeleine), d'Hautmont, à Vitré, Ille-et-Vilaine.
Rousseau (Olga), d'Hautmont, à Vitré, Ille-et-Vilaine.
Roullat (Pierre), de Fourmies, à Dinard, Ille-et-Vilaine.
Rouly (Adèle), de Dinant, à Esmans, Seine-et-Marne.
Rouly (Lucien), de Dinant, à Esmans, Seine-et-Marne.
Rouaux (Nathalie), de Bellignies, à Oudon, Loire-Inférieure.
Rouaux (Désiré), de Bellignies, à Oudon, Loire-Inférieure.
Rouaux (Célestine), de Bellignies, à Oudon, Loire-Inférieure.
Royal (Léon), de Ferrière-la-Grande, à Wicquinghem, Pas-de-Calais.
Royal (Léontine), de Ferrière-la-Grande, à Wicquinghem, Pas-de-Calais.
Royal (Cécile) et enf., de Maubeuge, à Hucqueliers, Pas-de-Calais.
Roy (Charles), de Feignies, à Oudan, Nièvre.
Roy (Jeanne), de Feignies, à Oudan, Nièvre.
Roy (Berthe), de Feignies, à Oudan, Nièvre.
Roy (Maxime), de Feignies, à Oudan, Nièvre.
Rozeleur (Emile), de Cartignies, à Magny-le-Freule, Calvados.
Rubigny (Mme) et enf., de Corfontaine, à Longfossé, Pas-de-Calais.
Ruffin (Cécilia) et enf., de Valenciennes, à Limoges, Haute-Vienne.
Ruffin (Marie), de Wargnies-le-Grand, à Landivisiau, Finistère.
Ruffin (Eugène), de Wargnies-le-Grand, à Landivisiau, Finistère.
Ruffin (Paul), de Wargnies-le-Grand, à Landivisiau, Finistère.
Ruffin (Alfreda), de Wargnies-le-Grand, à Landivisiau, Finistère.
Ruffin (Madeleine), de Wargnies-le-Grand, à Landivisiau, Finistère.
Ruffin (Adèle), de Wargnies-le-Grand, à Landivisiau, Finistère.
Ruffin (Paul), de Saint-Python, à Saint-Léger, Mayenne.
Ruinard (Victoria), d'Harzicourt, à Châteaubourg, Ardèche.
Ruol (Chrysoline), de Clary, à Brassy, Nièvre.
Rupe (Angèle), de Maubeuge, à Ardentes, Indre.
Ruth (Mme), de Jeumont, à Lens, Pas-de-Calais.
Sacye (Jeanne), de Ferrière-la-Grande, à Écuires, Pas-de-Calais.
Sadeleer (de) [Prudence], de Maubeuge, à Fruges, Pas-de-Calais.
Sadeleer (Dominique), de Sous-le-Bois, à Marœuil, Pas-de-Calais.
Sadreux (Elise), de Jeumont, à Saumur, Maine-et-Loire.
Sadeleer (de) [Julienne], de Maubeuge, à Fruges, Pas-de-Calais.
Saint (Marie) et fam., de Tourcoing, à Caen, Calvados.
Saint-Aubert (de) [Adelaïde], de Beaudignies, à Frontignan, Hérault.
Saint-Aubert (de) [Antoinette], du Quesnoy, à Frontignan, Hérault.
Saint-Aubert (de) [André], du Quesnoy, à Frontignan, Hérault.
Sainte (Aline) et enf., de Ferrière-la-Grande, à Campagne-les-Hesdin, Pas-de-C.
Sainthuile (Marie), de Recquignies, à Meigné-sur-Doué, Maine-et-Loire.
Sainthuile (Léa), de Recquignies, à Meigné-sur-Doué, Maine-et-Loire.
Sainthuile (Marie-Louise), de Recquignies, à Meigné-sur-Doué, Maine-et-L.
Sainthuile (Laure), de Recquignies, à Meigné-sur-Doué, Maine-et-Loire.
Saint-Auber (Raymonde), de Cambrai, à Montauban, Tarn-et-Garonne.
Saint-Auber (Clémence), de Cambrai, à Montauban, Tarn-et-Garonne.
Saint-Auber (Octave), de Cambrai, à Montauban, Tarn-et-Garonne.
Salomé (Clara), d'Hazebrouck, à Noyen-sur-Sarthe, Sarthe.
Saligot (Irma), de Vieux-Reng, à Gouesnou, Finistère.
Saligot (Luc), de Vieux-Reng, à Gouesnou, Finistère.
Salmon (Oscar), de Fourmies, à Saint-Hervé, Côtes-du-Nord.
Salomé (Marie), et enf., de Douai, à St-Aubin-sur-Mer, Seine-Inférieure.
Salome (Albert), de Douai, à Saint-Aubin-sur-Mer, Seine-Inférieure.
Salugot (Oscar), de Marpent, à Elbeuf, Seine-Inférieure.
Saladin (Marie), d'Hautmont, à Ploaré, Finistère.
Salmon (Oscar), de Fourmies, à Saint-Hervé, Finistère.
Saladin (Maximilien), d'Haumont, à Ploaré, Finistère.
Saladin (Alice), d'Haumont, Ploaré, Finistère.
Samain (Henri), de Lille, à Montsûrs, Mayenne.
Samson (Louis) et fam., de Revin, à Trouville, Calvados.
Samain (Noël), de Marpent, à Andresy, Seine-et-Oise.
Samain (Malvine), de Marpent, à Andresy, Seine-et-Oise.
Sandrart (Juliette), de Ferrière-la-Grande, à Beussent, Pas-de-Calais.
Sandrart (Lucienne), de Felleries, à Saint-Jammes, Sarthe.
Sanders (Nicolas) et son épouse, de Lille, à Barsac, Gironde.
Sanders (Désiré) et son épouse, de Lille, à Barsac, Gironde.
Sandward (Madeleine), de Glageon, à Châteaulin, Finistère.
Santeure (Marie), de Ferrière-la-Grande, à Heuchin, Pas-de-Calais.
Sandret (Marie), d'Avesnes, à Luisant, Eure-et-Loir.
Sandret (Arthur), d'Avesnes, à Luisant, Eure-et-Loir.
Sandret (Jeanne), d'Avesnes, à Luisant, Eure-et-Loir.
Sandret (Elise), d'Avesnes, à Luisant, Eure-et-Loire.
Sanier (Alphonsine), de Ferrière-la-Grande, à Marçonnelle, Pas-de-Calais.
Sanier (Hubert), de Bruay-sur-Escaut, à Longroy, Seine-Inférieure.
Santerre (André), de Fourmies, à Bains, Ille-et-Vilaine.
Sandra (Ameline), d'Ohain, à Epiniac, Ille-et-Vilaine.
Sandamaud (Edouard) et fam., de Villers-sur-Nicole, à Aspet, Hte-Garonne.
Santerre, d'Esqueheries, à Renazé, Mayenne.
Santerre (Sylvain), d'Esqueheries, à Renazé, Mayenne.
Santerre (Mme), d'Esqueheries, à Renazé, Mayenne.
Santerre, d'Esqueheries, à Renazé, Ille-et-Vilaine.
Santerre, d'Esqueheries, à Renazé, Mayenne.
Sartelet (Jules), de Fourmies, à Trêve, Côtes-du-Nord.
Sarcy (Victorine), de Fourmies, à Nevers, Nièvre.
Sarsi, de Fourmies, à Nevers, Nièvre.
Sarteaux (Ernestine), de Fourmies, à Neuville-sur-Vannes, Aube.
Sarteaux (Marie), de Fourmies, à Neuville-sur-Vannes, Aube.
Sarax (Mlle), de Douai, à Bordères, Hautes-Pyrénées.
Sarcy (Alfred) et son épouse, de Fourmies, à Sixt-Villebeau, Ille-et-Vilaine.
Sarcy, (Marius) et fam., du Cateau, à Authenay, Eure.
Sauvage (Marie), de Sars-Poteries, à Saint-Satur, Cher.
Sauvalle (Modestine), de Ferrières, à La Roussière, Eure.
Sauret (Etienne), de Fourmies, à Castelsarrasin, Tarn-et-Garonne.
Sauret (François), de Fourmies, à Castelsarrasin, Tarn-et-Garonne.
Sauret (Madeleine), de Fourmies, à Castelsarrazin, Tarn-et-Garonne.
Sautières (Henri), de Caudry, à Lansargues, Hérault.
Sautières (François), de Caudry, à Lansargues, Hérault.
Saussey (Jeanne), de Lille, à Condé-sur-Vire, Manche.
Sauvage (Mme), de Maubeuge, à Frévent, Pas-de-Calais.
Sauvage (Hortense) et enf., d'Iwuy, à Saint-Laurent-Medoc, Gironde.
Sauvage (Joséphine), de Louvroile, à Bourgneuf-en-Retz, Loire-Inférieure.
Sauvage (Marie), de Louvroile, à Bourgneuf-en-Retz, Loire-Inférieure.
Sauvage (Yvonne), de Louvroile, à Bourgneuf-en-Retz, Loire-Inférieure.
Sauvage (Jean), de Louvroile, à Bourgneuf-en-Retz, Loire-Inférieure.
Sauvage (Simone), de Louvroile, à Bourgneuf-en-Retz, Loire-Inférieure.
Sauvage (Louis), de Louvroille, à Bourgneuf-en-Retz, Loire-Inférieure.
Sauvage (Marguerite), d'Iwuy, à Rouen, Seine-Inférieure.
Sauvage (Marie) et enf., d'Iwuy, à Rouen, Seine-Inférieure.
Sauvet (Ermandine), de Gougeancourt, à Mozières, Calvados.
Sautus (Alice), de Feignies, à Jauzé, Ille-et-Vilaine.
Saussier (Uranie), de Cambrai, à Cabourg, Calvados.
Sauvenière (Victoire), de Boussois, à Saint-Saturnin-du-Limet, Mayenne.
Sauvage (Léopold), de Denain, à Aron, Mayenne.
Sauvage (Mlle), d'Iwuy, à Grez-en-Bouère, Mayenne.

Sauvage (Mme), d'Iwuy, en Grez-en-Bouère, Mayenne.
Sauvage (Marie-Louise) et enf., de Maubeuge, à Hennebont, Morbihan.
Saudras (Irénée), de Condré, à Saint-Jean-de-Corcoué, Loire-Inférieure.
Sauguin (Jules), d'Hautmont, à Montoir, Loire-Inférieure.
Sauquet (Eugénie), de Boussois, à Agneaux, Manche.
Saudraps (Jeanne), d'Hautmont, à Saint-Nicolas, Pas-de-Calais.
Sauvenay (Mme), de Maubeuge, à Attin, Pas-de-Calais.
Sauvenay (Mme) et enf., de Maubeuge, à Attin, Pas-de-Calais.
Saucez (Albert), de Maubeuge, à Frevin-Capelle, Pas-de-Calais.
Savary (Stephan), de Lille, à Penmarch, Finistère.
Savreux (Jean), de Jeumont, à Saumur, Maine-et-Loire.
Saye (Arthur), de Jeumont, à Bourg-des-Comptes, Ille-et-Vilaine.
Saye (Pétronille) et fam., de Blanc-Missoron, à Bourg-des-Comptes, Ille-et-V.
Saye (Elvire) et enf., de Jeumont, à Bourg-des-Comptes, Ille-et-Vilaine.
Scarscriaux (Marie), de Marpent, à Cosne, Nièvre.
Scarez (Jules) et son épouse, de Maubeuge, à Boisjean, Pas-de-Calais.
Scarcériaux (Sidonie) et enf., d'Hautmont, à Auxi-le-Château, Pas-de-Calais.
Scarcez (Jules) et son épouse, de Maubeuge, à Boisjean, Pas-de-Calais.
Schneitz (Frantz), de Dunkerque, à Montsûrs, Mayenne.
Scheyers (Henriette), d'Avesnes-sur-Helpe, à Saint-Martin-d'Ordon, Yonne.
Scheyers (Charles), d'Avesnes-sur-Helpe, à Saint-Martin-d'Ordon, Yonne.
Schneider (Alois), de Couchaussée, à Héric, Loire-Inférieure.
Schmitt (Emile), de Felleries, à Saint-Mars-du-Désert, Loire-Inférieure.
Schmitt (Georgette), de Felleries, à Saint-Mars-du-Désert, Loire-Inférieure.
Schmitt (Marthe), de Felleries, à Saint-Mars-du-Désert, Loire-Inférieure.
Schmitt (Simone), de Felleries, à Saint-Mars-du-Désert, Loire-Inférieure.
Schmitt (Yvonne), de Felleries, à Saint-Mars-du-Désert, Loire-Inférieure.
Schmitt (Marceau), de Felleries, à Saint-Mars-du-Désert, Loire-Inférieure.
Schlepp (Suzanne), d'Avesne, à Varzy, Nièvre.
Schleppe (Solange), d'Avesne, à Varzy, Nièvre.
Schlepp (Maurice), d'Avesne, à Varzy, Nièvre.
Schlepp (Charlotte), d'Avesne, à Varzy, Nièvre.
Schlepp (Mme), d'Avesne, à Varzy, Nièvre.
Scharff (Jean) et enf., de Cousolre, à Montmagny, Seine-et-Oise.
Schramme (Eugénie), de Louvroil, à Bourgneuf-en-Retz, Loire-Inférieure.
Schramme (Edmond), de Louvroil, à Bourgneuf-en-Retz, Loire-Inférieure.
Schlosser (Louis) et fam., de Sains, à Saint-Martin-des-Fresnay, Calvados.
Schramme (Rémi), de Louvroil, à Bourgneuf-en-Retz, Loire-Inférieure.
Schramme (Maurice), de Louvroil, à Bourgneuf-en-Retz, Loire-Inférieure.
Schmit (Adèle), de Maubeuge-sous-le-Bois, à Fruges, Pas-de-Calais.
Schœnaers (Virginie) et enf., de Rousies, à Tilloy-lez-Hermaville, Pas-de-C.
Schallenberg (Auguste), du Cateau, à Lion-sur-Mer, Calvados.
Schomblond (Eugène), de Lille, à Issoudun, Indre.
Scher (Marie), de Busigny, à Clohars-Carnoët, Finistère.
Sciocmenider-Barant (Octavie), de Ferrière-la-Grande, à Bealencourt, P.-de-C.
Sclavons (Marie), de Hautmont, à Achicourt, Pas-de-Calais.
Scliffet (Blanche), de Fourmies, à Saint-Hilaire-St-Florent, Maine-et-Loire.
Scliffet (Jeanne), de Fourmies, à Saint-Hilaire-St-Florent, Maine-et-Loire.
Scohier (Alphonsine), de Coulsore, à Sablé, Sarthe.
Scoliège (Alcide), de Soissons, à La-Roche-sur-Yon, Vendée.
Scory (Philomène), d'Anor, à Vivier-sur-Mer, Ille-et-Vilaine.
Scory (Florestan), d'Anor, à Nozay, Loire-Inférieure.
Scory (Zélie), d'Anor, à Nozay, Loire-Inférieure.
Scory (Apolline), d'Anor, à Nozay, Loire-Inférieure.
Scory (Marceau), d'Anor, à Nozay, Loire-Inférieure.
Scoquet (Gabrielle), de Maubeuge, à Givenchy-le-Noble, Pas-de-Calais.
Scrive (Pierre), de Lille, à Lourdes, Hautes-Pyrénées.
Sculier (Marie), de Hautmont, à Achicourt, Pas-de-Calais.
Seblanne (Mohamed), de Douai, à Saint Etienne, Loire.
Sébastien (Roger), de Sainte-Armentières, à Valence, Drôme.
Sédent (Julia), de Hautmont, à Pierremont, Pas-de-Calais.
Sedruc (Marie) et fam., de Cambrai, à Cabourg, Calvados.
Sédme (Adolphe), et fam., du Câteau, à Boissy, Calvados.
Seigeiz (Gabrielle), de France, à Brain, Ille-et-Vilaine.
Selve (Rosalie), de Hautmont, à Humières, Pas-de-Calais.
Semal (Georgina), de Douai, à Pezé-le-Robert, Sarthe.
Semail (Eugène), de Douai, à Gueret, Creuse.
Senez (Désiré), de Roubaix, à Chemazé, Mayenne.
Senez (Adrienne), de Roubaix, à Chemazé, Mayenne.
Senez (Antoinette), de Roubaix, à Chemazé, Mayenne.
Senez (Eugène), de Roubaix, à Chemazé, Mayenne.
Senez (Louis), de Roubaix, à Chemazé, Mayenne.
Sénéchal (Ghislain) et fam., de Lieu-Saint-Amand, à Mondeville, Calvados.
Sénéchal (Lucie) et enf., de Hautmont, à Saint-Pierre-sur-Dives, Calvados.
Sénéchal (Maria), d'Estourmel, à Mondeville, Calvados.
Senaux (Veuve), de Troisvilles, à Loudéac, Côtes-du-Nord.
Sénéchal (Charles) et fam., de Tréton, à Lormont, Gironde.
Senigs (Veuve) et enf., de Ferrière-la-Petite, à Ste-Catherine, Pas-de-Calais.
Senz (Charles), de Lourches, à Treboul, Finistère.
Senz (Henri), de Lourches, à Treboul, Finistère.
Senaux (Elise), de Troisvilles, à Loudéac, Côtes-du-Nord.

Servais (Julia) et enf., de Maubeuge, à Fruges, Pas-de-Calais.
Servais (Joachim) et son épouse, de Maubeuge, à Fruges, Pas-de-Calais.
Servais (Elvire) et enf., de Maubeuge, à Fruges, Pas-de-Calais.
Servais (Félicien), de Maubeuge, à Saint-Hilaire-du-Harcouët, Manche.
Servais (Eugène), de Maubeuge, à Saint-Hilaire-du-Harcouët, Manche.
Servais (Robert), de Louvroil, à Chèdreville, Manche.
Servaes (Gaston), de Bruai-sur-Escaut, à Poullan, Finistère.
Servaës (Jeanne), de Bruai-sur-Escaut, à Poullan, Finistère.
Serbet (Thérèse), de Fourmies, à Guiclan, Finistère.
Serbet (Adèle), de Fourmies, à Guiclan, Finistère.
Servoise (Veuve), de Obain, à Tours, Indre-et-Loire.
Servais (Mme), de Maubeuge, à Essars, Pas-de-Calais.
Servoise (Mme) et enf., de Maubeuge, à Locon, Pas-de-Calais.
Servoise (Irma) et enf., de Ferrière-la-Grande, à Rollencourt, Pas-de-Calais.
Seruzier (Zélie), de Wargnès-le-Grand, à Landivisiau, Finistère.
Seruzier (André), de Wargnès-le-Grand, à Landivisiau, Finistère.
Serisier (Zélie), de Ramousies, à Treigny, Yonne.
Seruzier (Maurice), de Wargnès-le-Grand, à Landivisiau, Finistère.
Seruzier (Clément), de Wargnès-le-Grand, à Landivisiau, Finistère.
Seruzier (Augustine), de Wargnès-le-Grand, à Landivisiau, Finistère.
Serre (Claude), de Béthune, à Elbeuf, Seine-Inférieure.
Seruzier (Lucien), de Wargnès-le-Grand, à Landivisiau, Finistère.
Seruzier (Paulette), de Wargnès-le-Grand, à Landivisiau, Finistère.
Seruzier (Marcel), de Wargnès-le-Grand, à Landivisiau, Finistère.
Séruzier (Marius), de Wargnès-le-Grand, à Landivisiau, Finistère.
Sèruzier (Victoria), de Wargnès-le-Grand, à Landivisiau, Finistère.
Séruzier (Zéphir), de Wargnès-le-Grand, à Landivisiau, Finistère.
Séruzier (Marie), de Wargnès-le-Grand, à Landivisiau, Finistère.
Serisier (Adelson) et fam., d'Iwuy, à Ifs, Calvados.
Servais (Maria), d'Anor, à Condé-sur-Noireau, Calvados.
Sétan (René), de Valenciennes, à Quincé, Maine-et-Loire.
Seveirai (Marguerite) et fam., de Berlemont, à Garnetot, Calvados.
Sevrin (Julia), de Fourmies, à Dirol, Nièvre.
Sévrin (Victorine), de Ferrière-la-Grande, à Blingel, Pas-de-Calais.
Sicard (Bernard), de Feignies, à Pamiers, Ariège.
Sicard (Juliette), de Feignies, à Pamiers, Ariège.
Sigard (Blanche), de Valenciennes, à Château-Landon, Seine-et-Marne.
Simil (Frédéric), de Tourcoing, à Nîmes, Gard.
Simon (Constant), de Hargnies, à Montlouis, Indre-et-Loire.
Simon (Victor), de Hargnies, à la Société des Étrangers, Indre-et-Loire.
Simon (Pauline), de Hargnies, à la Société des Étrangers, Indre-et-Loire.
Simon (Louis), de Hargnies, à la Société des Étrangers, Indre-et-Loire.
Simon (Louise), de Hargnies, à la Société des Étrangers, Indre-et-Loire.
Simon (Fernand), de Cousolre, à Cannes, Alpes Maritimes.
Simon (Victor) et fam., de Hautmont, à Marœuil, Pas-de-Calais.
Simon (Herman) et fam., de Maubeuge, à Avesnes-le-Comte, Pas-de-Calais.
Siou (Paul), d'Anor, à Sillé-le-Guillaume, Sarthe.
Siou (Raymonde), d'Anor, à Sillé-le-Guillaume, Sarthe.
Sirant (Juliette), de Cousolre, à Arradon, Morbihan.
Sirant (Amélie), de Cousolre, à Arradon, Morbihan.
Sirant (Emilia), de Cousolre, à Arradon, Morbihan.
Sirant (Auguste), de Cousolre, à Arradon, Morbihan.
Siros (Paul), de Busigny, à Clohars-Carnoët, Finistère.
Siraut (Emilia), de Ferrière-la-Grande, à Tenem, Pas-de-Calais.
Siriey (Mme) et enf., de Maubeuge, à Locon, Pas-de-Calais.
Sirot (Elisabeth), de Felleries, à Evreux, Eure.
Sirot (Suzanne), de Felleries, à Evreux, Eure.
Sirot (Léa), de Felleries, à Evreux, Eure.
Sirot (Abel), de Felleries, à Evreux, Eure.
Sirot (Berthe), de Felleries, à Evreux, Eure.
Sirot (Marie), de Felleries, à Evreux, Eure.
Sire (Alfred), de Fourmies, à Chens, Haute-Savoie.
Sire (Héléna) et enf., de Fourmies, à Chens, Haute-Savoie.
Sivigny (Germaine) et enf., de Rousies, à Ambrines, Pas-de-Calais.
Six (Louis), de Valenciennes, à Damgan, Morbihan.
Sizaire (Robert), de Maubeuge, à Loudéac, Côtes-du-Nord.
Sizaire (Zelia), de Maubeuge, à Loudéac, Côtes-du-Nord.
Smet (Anne de), de Maubeuge, à Saint-Michel-sur-Ternoise, Pas-de-Calais.
Sodoyer (Angélèvre), de Maubeuge, à Rennes, Ille-et-Vilaine.
Soilleux (Veuve), de Gouraticourt, à Port-Louis, Morbihan.
Soisson (Julia), de Caudry, à Caen, Calvados.
Soisson (Emile) et fam., de Caudry, à Caen, Calvados.
Soufflet (Charles) et fam., du Cateau, à Canon, Calvados.
Soiron (Philomène), de Maubeuge, à Forges-les-Eaux, Seine-Inférieure.
Solier (Ernestine), de Jeulain, à Cassagnes-Bégonhès, Aveyron.
Sol-Vigroux (Veuve), de Maretz, à Cassagnes-Bégonhès, Aveyron.
Sol (Laure), de Maretz, à Cassagnes-Bégonhès, Aveyron.
Solet (René), de Dimont, à Esmans, Seine-et-Marne.
Solet (Rosa), de Dimont, à Esmans, Seine-et-Marne.
Sol (Madelaine), de Ferrière-la-Grande, à Wicquinghem, Pas-de-Calais.
Sol (Marie), de Ferrière-la-Grande, à Wicquinghem, Pas-de-Calais.

Somón (Maurice), à Gheillé, Indre-et-Loire.
Soret (Léon), de Maubeuge, à Lansac, Gironde.
Sory (Henry), de Maubeuge, à Rouen, Seine-Inférieure.
Soret (Emile), de Maubeuge, à Bourgneuf-en-Retz, Loire-Inférieure.
Soret (Jeanne), de Maubeuge, à Bourgneuf-en-Retz, Loire-Inférieure.
Sory (Mme), de Maubeuge, à Rouen, Seine-Inférieure.
Sory (Marie), de Maubeuge, à Rouen, Seine-Inférieure.
Sory (Rosa) et enf., de Maubeuge, à Elbeuf, Seine-Inférieure.
Sottieau (Marie), de Maubeuge, à Merlimont, Pas-de-Calais.
Sotteau (Eloi), de Hautmont, à Gennes-Ivergny, Pas-de-Calais.
Sottiau (Mme), de Maubeuge-sous-Bois, à Rouen, Seine-Inférieure.
Sottiau (Gilbert), de Maubeuge, à Rouen, Seine-Inférieure.
Sottiau (Gilberte), de Maubeuge, à Rouen, Seine-Inférieure.
Sottiau (Gisèle), de Maubeuge, à Rouen, Seine-Inférieure.
Sotière (Pierre), de Briastre, à Saint-Malo, Ille-et-Vilaine.
Soutens (Mme) et fam., de Maubeuge, à Locon, Pas-de-Calais.
Soumillon-Linard (Anna), de Jeumont, à Avranches, Manche.
Soumillon (Madeleine), de Jeumont, à Avranches, Manche.
Sousous (Paul), d'Inchy, à Audrieu, Calvados.
Soumillon (Jules), de Jeumont, à Avranches, Manche.
Soufflet (Charles), de Lille, à Hyenville, Manche.
Sournay (Lætitia), de Douai, à Gimouille, Nièvre.
Sournay (Jules), de Douai, à Gimouille, Nièvre.
Sonris (Désiré) et fam., de Ohain, à St-Germain-les-Corbeil, Seine-et-Oise.
Soufflet (François) et fam., du Cateau, à Cannes, Alpes-Maritimes.
Souland (Adolphe), de Fourmies, à Armeau, Yonne.
Soyez (Marcel), de Haut-Lieu, à Redon, Ille-et-Vilaine.
Soyez (Marthe), de Haut-Lieu, à Redon, Ille-et-Vilaine.
Soyez (Maurice), de Haut-Lieu, à Redon, Ille-et-Vilaine.
Spako (Julia), de Maubeuge, à Fruges, Pas-de-Calais.
Spulart (Maria), de Ferrière-la-Grande, à Campagne-lès-Hesdin, Pas-de-C.
Speyser (Alphonse), de Seclin, à Saint-Aubin-des-Châteaux, Loire-Inférieure.
Spelliès (Gaston), de Bergues, à Villefranche, Rhône.
Spital (Arsène), de Fourmies, à Villemoutiers, Loiret.
Stassart (Mme), de Maubeuge, à Locon, Pas-de-Calais.
Staumont (Victor), de Jeumont, à Chasseradès, Lozère.
Staumont (Marie), de Jeumont, à Chasseradès, Lozère.
Staumont (Jules), de Jeumont, à Chasseradès, Lozère.
Staumont (Irma), de Jeumont, à Chasseradès, Lozère.
Standaert (Marie), d'Hautmont, à Saint-Laurent-Blangy, Pas-de-Calais.
Statins (Gabriel), de Roubaix, à Paillet, Gironde.
Stanus (Philomène), de Ferrière-la-Grande, à Inxent, Pas-de-Calais.
Stéphanie (Jeanne), d'Hautmont, à Ligny-sur-Canche, Pas-de-Calais.
Steinmetz (Mme), d'Hautmont, à Saint-Laurent-Blangy, Pas-de-Calais.
Stein (Ignace), de Roussies, à Treffieux, Loire-Inférieure.
Steinmetz (Justin), de Villers-Sire-Nicole, à Héric, Loire-Inférieure.
Stilmant (Emile) et fam., de Recquigny, à Canon, Calvados.
Stiévenard (Mme) et enf., de Bruay-sur-Escaut, à Longroy, Seine-Inférieure.
Stiévenard (Georges), de Bruay-sur-Escaut, à Longroy, Seine-Inférieure.
Stiévenard (Moïse) et fam., de Bellignies, à Accolay, Yonne.
Stiévenard (Victor) et fam., de Bellignies, à Accolay, Yonne.
Stoupy (Louise), de Louvroil, à Cambligneul, Pas-de-Calais.
Stoclet (Yvonne), d'Hautmont, à Etaples, Pas-de-Calais.
Stordeurd (Edouard), de Rocq-Recquigny, à Vaiges, Mayenne.
Stordeur (Marie), de Cousoire, à Saint-Berthevin, Mayenne.
Stourne (Hubert), de Maubeuge, à Fruges, Pas-de-Calais.
Sulzer (Maria), de Saint-Wast-la-Vallée, à Héric, Loire-Inférieure.
Sulzer (Pauline), de Saint-Wast-la-Vallée, à Héric, Loire-Inférieure.
Sulzer (Joseph), de Saint-Wast-la-Vallée, à Héric, Loire-Inférieure.
Surelle (Georges), de Cantin, à Port-Louis, Morbihan.
Surelle (Colette), de Cantin, à Port-Louis, Morbihan.
Surelle (Juliette), de Cantin, à Port-Louis, Morbihan.
Surelle (Madeleine), de Cantin, à Port-Louis, Morbihan.
Swarte (Jean de) et enf., de Vieux-Berquin, à Lourdes, Hautes-Pyrénées.
Swiader (Ignace), de Douai, à Avrillé, Maine-et-Loire.
Tabary (Fanny), de Villers-Guislain, à Tarare, Rhône.
Tabary (Andrée), de Villers-Guislain, à Tarare, Rhône.
Tabary (Jeanne), de Villers-Guislain, à Tarare, Rhône.
Tacquenier (Lucie), de Feignies, à La Chapelle-St-Sulpice, Seine-et-Marne.
Tache (Hermance), de Ferrière-la-Grande, à Ecuires, Pas-de-Calais.
Tacquenier (Lucie), de Feignies, à La Chapelle-St-Sulpice, Seine-et-Marne.
Taine (Maurice), de Maretz, à Blois, Loir-et-Cher.
Taine (Sophie), de Ramousies, à Treigny, Yonne.
Taine (Clara) et enf., de Ferrière-la-Grande, à Huby-St-Leu, Pas-de-Calais.
Tallon (Eugène), de Sains-du-Nord, à Saint-Ouen-des-Toits, Mayenne.
Tallon (Georgette), de Sains-du-Nord, à Saint-Ouen-des-Toits, Mayenne.
Tallon (Reine), de Sains-du-Nord, à Saint-Ouen-des-Toits, Mayenne.
Tamboise (Lucie) et fam., de Beaumont, à Canon, Calvados.
Tamboise (Henri) et fam., de Caudry, à Caen, Calvados.
Tamboise et fam., du Cateau, à Courseulles, Calvados.
Tangre (Jules), de Fourmies, à Villechétive, Yonne.
Tangré (Simonne), de Fourmies, à Villechétive, Yonne.
Tangre (Madeleine), de Fourmies, à Villechétive, Yonne.
Taquet (Marie), de Rousies, à Aubigny-en-Artois, Pas-de-Calais.
Taquet (Hortense), de Valenciennes, à Brionne, Eure.
Taquet (Elise), de Valenciennes, à Brionne, Eure.
Taquet (Ernestine), de Valenciennes, à Brionne, Eure.
Taquet (Gustave), de Valenciennes, à Brionne, Eure.
Taquet (Jeanne) et enf., du Quesnoy, à Elbeuf, Seine-Inférieure.
Taquet (Eugène), du Quesnoy, à Elbeuf, Seine-Inférieure.
Tarlet et enf., de Cerfontaine, à Samer, Pas-de-Calais.
Tarteret (Mme), de Maubeuge, à Lens, Pas-de-Calais.
Tatez (Oscar), de Neuvilly, à Saint-Malo, Ille-et-Vilaine.
Taugre, de Fourmies, à Nevers, Nièvre.
Tauriaux (Marie-Louise) et enf., de Boussois, à Ceton, Orne.
Taupar, de Cambrai, à Rouen, Seine-Inférieure.
Taulet (Roger), d'Aulnoye à Evreux, Eure.
Taulet (Mme), d'Aulnoye, à Evreux, Eure.
Tavion (Emile), de Baudignies, à Saint-Gildas, Morbihan.
Taverne (Emile), de Cousolre, à Mesterrieux, Gironde.
Taviaux (Marie-Thérèse), de Felleries, à Evreux, Eure.
Taviaux (Edmond), de Felleries, à Evreux, Eure.
Taviaux (Catherine), de Felleries, à Evreux, Eure.
Tchieb (Albert), de Gognies-Chaussée, à Héric, Loire-Inférieure.
Tearson (Joséphine), de Caudry, à Chevreville, Manche.
Tellier (Paul), de Wignalies, à Gorges, Loire-Inférieure.
Tellier (Marie), de Wignalies, à Gorges, Loire-Inférieure.
Tellier (Georges), de Cambrai, à Tamnay-en-Bazois, Nièvre.
Tellier (Adrienne), de Wignalies, à Gorges, Loire-Inférieure.
Tenret (Julien), de Neuf-Mesnil, à Linzeux, Pas-de-Calais.
Tenret (Jules), de Neuf-Mesnil, à Guinécourt, Pas-de-Calais.
Tenret (Rosalie), de Trelon, à Rouez, Sarthe.
Terbécourt (Berthe), d'Iwuy, à Ploaré, Finistère.
Ternois (Mme) et enf., de Maubeuge, à Nantes, Loire-Inférieure.
Terrier (Georgina), d'Hautmont, à Beaugency, Loiret.
Terminet (Jeanne), de Denain, à Mehun-sur-Yèvre, Cher.
Terminet (Gaston), de Denain, à Mehun-sur-Yèvre, Cher.
Ternier (Charles), de Lesquin, à Sainte-Solange, Cher.
Terrine (Edith) et enf., de Caudry, à Argenton, Indre.
Tétart (Mme) et enf., de Réquigny, à St-Martin-Choquel, Pas-de-Calais.
Teugre (Camille), de Fourmies, à Nevers, Nièvre.
Teugels (Maria), d'Hautmont, à Mardilly, Orne.
Theunissen (Léonie), de Quarouble, à Villers-en-Ouche, Orne.
Tevinot (Auguste), de Solre-le-Château, à Sauvigny-le-Bois, Yonne.
Thauner (Léon), de Gognies-Chaussée, à Héric, Loire-Inférieure.
Théry (Victor), de Cambrai, à Tamnay-en-Bazois, Nièvre.
Théry (Emile), de Ferrière-la-Grande, à Estréelles, Pas-de-Calais.
Théry (Julie), de Ferrière-la-Grande, à Estréelles, Pas-de-Calais.
Thévenot (Fernand), de Lille, à Appoigny, Yonne.
Théry (Marie) et fam., de Cambrai, à Cabourg, Calvados.
Thévenin (Amédée), de Liécy, à Thiéville, Calvados.
Thibaut (Antoine) et fam., d'Hautmont, à Bretteville-sur-Laize, Calvados.
Thiébaut (Louis), d'Avesnes-sur-Helpe, à Villefargeau, Yonne.
Thieret (Serge), de Louvigné-de-Bais, Ille-et-Vilaine.
Thiébaut (Henriette), de Fourmies, à Serignac, Finistère.
Thiébaut (Lucienne), de Fourmies, à Serignac, Finistère.
Thiébaut (Louise), de Fourmies, à Serignac, Finistère.
Thiébaut (Lucien), de Fourmies, à Serignac, Finistère.
Thiébaut (Couronnée), de Fourmies, à Serignac, Finistère.
Thiébaut (Renaud), de Fourmies, à Serignac, Finistère.
Thibault (Alphonsine), d'Anor, à Morigny-Champigny, Seine-et-Oise.
Thibault (Eugène), d'Anor, à Morigny-Champigny, Seine-et-Oise.
Thilot (Gabrielle), de Maubeuge, à Brimeux, Pas-de-Calais.
Thiempourt (Charles), de Louvroile, à Bourgneuf-en-Retz, Loire-Inférieure.
Thiempourt (Philomène), de Louvroile, à Bourgneuf-en-Retz, Loire-Infér.
Thiempourt (Eugénie), de Louvroile, à Bourgneuf-en-Retz, Loire-Inférieure.
Thiempourt (Marceau), de Louvroile, à Bourgneuf-en-Retz, Loire-Inférieure.
Thiéfaine (Albert), de Sains-du-Nord, à Berrien, Finistère.
Thiéfaine (Renelle), de Sains-du-Nord, à Berrien, Finistère.
Thiéfaine (Maurice), de Sains-du-Nord, à Berrien, Finistère.
Thiéfaine (Mathilde), de Sains-du-Nord, à Berrien, Finistère.
Thiéfaine (Marie), de Sains-du-Nord, à Berrien, Finistère.
Thiery (Marie-Louise), de Valenciennes, à Belleville, Rhône.
Thiery (Paul), de Valenciennes, à Belleville, Rhône.
Thiery (Marie-Louise), de Valenciennes, à Belleville, Rhône.
Thiery (Maurice), de Valenciennes, à Belleville, Rhône.
Thiery (Pauline), de Villers-Guizelin, à Breuil-Barret, Vendée.
Thiriet (Julia), d'Hautmont, à Saint-Valery-en-Caux, Seine-Inférieure.
Thébaut (Aline), de Fourmies, à Maillé, Vendée.
Thébault (Numa), de Fourmies, à Maillé, Vendée.
Thomas (Luc), de Cousolre, à Vitré, Ille-et-Vilaine.
Thomas (Mme), d'Avesnelles, à Bains, Ille-et-Vilaine.

Thomas (Octavie), de Gommegnies, à Coullons, Loiret.
Thomassin (Alfred), de Cousoire, à Sablé, Sarthe.
Thomas (Gaston) et fam., d'Hautmont, à Saint-Nicolas, Pas-de-Calais.
Thory (Louise), de Fourmies, à La Meilleraye, Loire-Inférieure.
Thomas (Victorine), de Maubeuge, à Luisant, Eure-et-Loir.
Thomas (Jean), de Maubeuge, à Luisant, Eure-et-Loir.
Thomas (Henri) et fam., de Maubeuge, à Locon, Pas-de-Calais.
Thomas (Rosalie), d'Hautmont, à Ternas, Pas-de-Calais.
Thorlet (Mme), de Fourmies, à Loudéac, Côtes-du-Nord.
Thorlet (Émile), de Fourmies, à Loudéac, Côtes-du-Nord.
Thorlet (Marie), de Fourmies, à Loudéac, Côtes-du-Nord.
Thorlet (Madeleine), de Fourmies, à Loudéac, Côtes-du-Nord.
Thomas (Louis), de Poix-du-Nord, à Plouigneau, Finistère.
Tholomé (Lucienne), de Féron, à Huelgoat, Finistère.
Tholomé (Édouard), de Féron, à Huelgoat, Finistère.
Tholomé (Laure), de Féron, à Huelgoat, Finistère.
Tholomé (Léona), de Féron, à Huelgoat, Finistère.
Thuliez (Alexandre), de Villers-Plouich, à Piégros-la-Clastre, Drôme.
Thubez, Jeanne, de Lille, à Saint-Père, Nièvre.
Thuillier (Édouard), de Cambrai, à Rouen, Seine-Inférieure.
Thuillier (Mme) et enf., de Cambrai, à Rouen, Seine-Inférieure.
Thuilliez (Jean), de Solesmes, à Brest, Finistère.
Thuilliez (Eugène), de Solesmes, à Brest, Finistère.
Tilliard-Molle (Mme) et enf., de Bavay, à Rouen, Seine-Inférieure.
Tilliard (Mme) et enf., de Bavay, à Rouen, Seine-Inférieure.
Tilliard (Mlle), de Bavay, à Rouen, Seine-Inférieure.
Tilquin-Bal (Mme) et enf., de Maubeuge, à Frévent, Pas-de-Calais.
Tilmont (Émile) et fam., de Révin, à Trouville, Calvados.
Tilquin (Mme), de Sous-le-Bois, à Conchy-sur-Canche, Pas-de-Calais.
Tilmant (Édouard), de Caudry, à Cany, Seine-Inférieure.
Tilmant (Alphonse), de Caudry, à Cany, Seine-Inférieure.
Tilmant (Alphonse), de Caudry, à Cany, Seine-Inférieure.
Tilmant (Pauline), de Solre-le-Château, à Sauvigny-le-Bois, Yonne.
Tilmant (Lia), de Caudry, à Cany, Seine-Inférieure.
Timmermann (Albert), de Fourmies, à Châtin, Nièvre.
Timal et famille, de Cambrai, à Courseulles, Calvados.
Tinnitte-Lagtre, de Maubeuge, à Frévent, Calvados.
Tissot (Louise), de Ferrière-la-Grande, à Hucqueliers, Pas-de-Calais.
Tissier (Octave), de Vireux, à Maillot, Yonne.
Tison (Marcel), de Douchy, à Saumur, Maine-et-Loire.
Tison (Paul), de Douchy, à Saumur, Maine-et-Loire.
Tison (Aline), de Douchy, à Saumur, Maine-et-Loire.
Tisseraud (Mme), de Creil, à Vierzon, Cher.
Tison (Jules), de Naves, à Caen, Calvados.
Tisserand (Élise), de Fourmies, à Sainte-Marie, Ille-et-Vilaine.
Tition (Fernand), de Lille, à Mannaque, Cher.
Toffin (Achille), de Walincourt, à Saint-André-de-Cubzac, Gironde.
Toisoul (Victor) et famille, à Cuy, Yonne.
Tolet (Angélique), de Ferrière-la-Petite, à Sainte-Catherine, Pas-de-Calais.
Tomasi, de Lille, à Limoges, Haute-Vienne.
Tombois (Alphonsine), d'Anor, de Morigny-Champigny, Seine-et-Oise.
Tonnerre (Célestin), de Senain, à Saint-André-de Cubzac, Gironde.
Tonini (Pauline), de Maubeuge, à Frévin-Capelle, Pas-de-Calais.
Tampoen (Marie), de Lille, à Courseulles, Calvados.
Tondeur (François) et fam., de Landrecies, à Caen, Calvados.
Tondeur (Camille), de Landrecies, à Marguerittes, Gard.
Tondeur (Élise), de Landrecies, à Marguerittes, Gard.
Tondeur (Jules), de Landrecies, à Marguerittes, Gard.
Tondeur (Sophie), de Landrecies, à Marguerittes, Gard.
Tondeur (Marie), du Cateau, à Oinville-Saint-Liphard, Eure-et-Loir.
Torlet (Sophie), de Fourmies, à Sainte-Marie, Ille-et-Vilaine.
Torls (Maria) et enf., de Rousies, à Aubigny-en-Artois, Pas-de-Calais.
Torlet (Marguerite) et enf., de Louvroil, à Cambligneul, Pas-de-Calais.
Tordeux (Jean-Baptiste), de Gouzeaucourt, à Glos, Calvados.
Tossein (Hortense), de Maubeuge, à Croisette, Pas-de-Calais.
Tournier (Geneviève), de Masnières, à Contres, Sarthe.
Tournier (André), de Masnières, à Contres, Sarthe.
Tournier (René), de Masnières, à Contres, Sarthe.
Tournier (Berthe), de Masnières, à Contres, Sarthe.
Tournay (Denise), de Jeumont, à Loiron, Mayenne.
Tournay (Grégoire), de Jeumont, à Loiron, Mayenne.
Tournay (Émile), de Jeumont, à Loiron, Mayenne.
Toulotte (Jules) et fam., de Denain, à Caen, Calvados.
Toussaint (Célestin) et fam., d'Amiens, à Aumale, Seine-Inférieure.
Toubeau (Reine) et enf., d'Hautmont, à St-Michel-sur-Tardenois, P.-de-C.
Tranchant (Louise), de Cambrai, à Liré, Maine-et-Loire.
Tranchant (Henri), de Cambrai, à Liré, Maine-et-Loire.
Tranchant (Henriette), de Cambrai, à Liré, Maine-et-Loire.
Tranchant (Angèle), de Cambrai, à Liré, Maine-et-Loire.
Tranchant-Wiart (Angèle), de Cambrai, à Liré, Maine-et-Loire.
Trassart (Blanche), de Sars-Poteries, à Châteaubriant, Loire-Inférieure.

Trucot (François), de Trélon, à Palégry, Pyrénées-Orientales.
Trapp (Nicolas), de Jeumont, à Rennes, Ille-et-Vilaine.
Trap (Albert), de Jeumont, à Rennes, Ille-et-Vilaine.
Treilly-Depardieu (Mme) et enf., de Maubeuge, à Frévent, Pas-de-Calais.
Tretan (Mme), de Maubeuge, à Lens, Pas-de-Calais.
Trelcat (Emma), de Blanc-Misseron, à Rouen, Seine-Inférieure.
Tréant (Marguerite), de Valenciennes, à Saint-Martin-Église, Seine-Inférieure.
Tricot (Henri), de Ramousies, à Treigny, Yonne.
Trichot (Angèle), de Ramousies, à Treigny, Yonne.
Trichot (Hélène), de Ramousies, à Treigny, Yonne.
Triqueneaux (Marcelle), d'Avesnes-sur-Helpe, à Vern, Maine-et-Loire.
Triqueneaux (Léa), d'Avesnes-sur-Helpe, Maine-et-Loire.
Triboulliard (Marthe), de Landrecies, à Ploujean, Finistère.
Triboulliard (Léon) de Landrecies, à Ploujean, Finistère.
Tricart (Marcel), de Rosult, à Brest, Finistère.
Tricart (Françoise), de Rosult, à Brest, Finistère.
Tricart (Hélène), de Rosult, à Brest, Finistère.
Tricart (Cléopha), de Rosult, à Brest, Finistère.
Trioux-Lespagnole (Marie) et enf., d'Iwuy, à Rouen, Seine-Inférieure.
Trioux-Guide, d'Iwuy, à Rouen, Seine-Inférieure.
Trioux-Lespagnole (Marthe) et enf., d'Iwuy, à Rouen, Seine-Inférieure.
Trioux-Lespagnole (Angèle) et enf., d'Iwuy, à Rouen, Seine-Inférieure.
Trioux-Guide (Mme) et enf., d'Iwuy, à Rouen, Seine-Inférieure.
Trigaut (Blanche), de Cousolre, à Corrouges, Orne.
Tricot (Léon), d'Anor, à Nevers, Nièvre.
Triquet (Louise), d'Hautmont, à Auxi-le-Château, Pas-de-Calais.
Trotin (Albert), de Fourmies, à Quelaines, Mayenne.
Trottin (Marchand), de Fourmies, à Saint-Caradec, Côtes-du-Nord.
Trottin (Robert), de Fourmies, à Saint-Caradec, Côtes-du-Nord.
Trottin (Pailiot), de Fourmies, à Saint-Caradec, Côtes-du-Nord.
Trottin (Gobied), de Fourmies, à Saint-Caradec, Côtes-du-Nord.
Trottin (Rousseau), de Fourmies, à Saint-Caradec, Côtes-du-Nord.
Trottin (Madeleine), de Fourmies, à Saint-Caradec, Côtes-du-Nord.
Trotin (Lucie), de Fourmies, à Saint-Hervé, Côtes-du-Nord.
Trotin (Alexandre), de Fourmies, à Saint-Hervé, Côtes-du-Nord.
Trotin (Henri), de Fourmies, à Saint-Hervé, Côtes-du-Nord.
Trottin (Aline), de Fourmies, à Mûr, Côtes-du-Nord.
Trossard (Édouard), d'Anor, à Ballaison, Haute-Savoie.
Trouillez (Marthe), de Neuf-Mesnil, à Houvin-Houvigneul, Pas-de-Calais.
Trouillez-Bévère et son épouse, de Maubeuge, à Frévent, Pas-de-Calais.
Trouillez (César) et son épouse, de Maubeuge, à Vaulx, Pas-de-Calais.
Trouillez (Eugénie), de Maubeuge, à Vaulx, Pas-de-Calais.
Trochu (Clémence), de Beugnies, à Coudrecieux, Sarthe.
Trouilliez-Gesnoux, de Maubeuge, à Frévent, Pas-de-Calais.
Trouillez (Marguerite), de Maubeuge, à Houvin-Houvigneul, Pas-de-Calais.
Trokay (Sidonie), de Ferrière-la-Grande, à Etaples, Pas-de-Calais.
Tronet (Mme) et enf., de Fontaine-Notre-Dame, à Rouen, Seine-Inférieure.
Trouillet (Célestin), de Poix-du-Nord, à Varennes-lès-Narcy, Nièvre.
Troupé (Marie), du Quesnoy, de Saint-Gildas, Morbihan.
Trouillet (Georges) et fam., de Vendegnies-au-Bois, à Moult, Calvados.
Trouillet (Adolphine), de Bavey, à Saint-Mathurin, Maine-et-Loire.
Trognée (Célina), de Ferrière-la-Grande, de Montcavrel, Pas-de-Calais.
Trouillez (Jean-Baptiste), de Solesmes, à Rennes, Ille-et-Vilaine.
Truilie (Julie), de Lille, à Issoudun, Indre.
Tuillez (Camille), de Caudry, à Clohars-Carnoet, Finistère.
Tuillez (Camille), de Caudry, à Clohars-Carnoet, Finistère.
Turotte (Mme), de Wambeix-Cambrai, à Ruelle, Charente.
Turotte (Henri), de Wambeix-Cambrai, à Ruelle, Charente.
Turotte (Gaston), de Wambeix-Cambrai, à Ruelle, Charente.
Turette (Marie), d'Avesnes-le-Sec, à Villequiers, Cher.
Turquin (Malvina), de Fourmies, à Maraye-en-Othe, Aube.
Turquin (Marie), de Fourmies, à Maraye-en-Othe, Aube.
Turbout (Ernestine), de Jeumont, à Argentan, Orne.
Turpin (Jeanne), de Rousies, à Villers-Brûlin, Pas-de-Calais.
Tys (Léonie), d'Haulchin, à Plouézoch, Finistère.
Plouchart (Charlotte), d'Haumont, à Bonnières, Pas-de-Calais.
Uguen (Gisèle), de Valenciennes, à Kerlouan, Finistère.
Uguen (Aline), de Valenciennes, à Kerlouan, Finistère.
Uytterhaybe (Jean), de Valenciennes, à Mesnil-Hérman, Manche.
Vacquier (Louis), d'Orchies, à Cleder, Finistère.
Vacosin (Georges) et fam., de Lille, à Courseulles, Calvados.
Varcin (Gaston) et fam., de Maubeuge, à Sallebœuf, Gironde.
Vaduret (Marie), de Faches, à Alençon, Orne.
Vaillant (Maurice) et fam., d'Aulnoye, à Amayé-sur-Orne, Calvados.
Vallois (Marie), de Waziers, à Saint-André-de-Cubzac, Gironde.
Vallée (Léon), de Saint-Python, à Pré-en-Pail, Mayenne.
Valoir (Solange) et frère, de Ferrière-la-Grande, à Wicquinghem, P.-de-C.
Valentin-Baës (Mme), de Maubeuge, à Frévent, Pas-de-Calais.
Valloise (Marie), de Ferrière-la-Grande, à Etaples, Pas-de-Calais.
Valengin (Angèle), de Cambrai, à Beaugency, Loiret.
Valin-Jacquier (Mme), de Felleries, à Sillé-le-Guillaume, Sarthe.

Valmansart (Pauline), de Wignehies, à Loudéac, Côtes-du-Nord.
Valloz (Marie), de Denain, à Ploufragan, Côtes-du-Nord.
Vallez, de Denain, à Ploufragan, Côtes-du-Nord.
Vallois (Elise), de Wazius, à Saint-André-de-Cubzac, Gironde.
Valin (Pierre), de Felleries, à Sillé-le-Guillaume, Sarthe.
Valentin (Adolphe), de Maubeuge, à Achiet-le-Grand, Pas-de-Calais.
Vallet (Noël), de Ferrière-la-Grande, à Preures, Pas-de-Calais.
Valtier (Laure), de Maubeuge, à Dordives, Loiret.
Valard (Joseph), d'Ohain, à Kernouès, Finistère.
Vallery (Zoé), de Ferrière-la-Grande, à Dievel, Pas-de-Calais.
Vallet (Mme) et enf., de Caudry, à Rouen, Seine-Inférieure.
Vallet, de Caudry, à Rouen, Seine-Inférieure.
Vallée (Léon), de Hautmont, à Sargé-lès-Le Mans, Sarthe.
Vandendaele (Marie-Louise), de Louvroil, à St-Valéry-en-Caux, Seine-Infér.
Vandendaele (Catherine), de Louvroil, à St-Valéry-en-Caux, Seine-Infér.
Vandendaele (Emile), de Louvroil, à St-Valery-en-Caux, Seine-Inférieure.
Vannier (Victor), de Maubeuge, à Narbonne, Aude.
Vanassche (Alexandre), de Anor, à Bordeaux, Gironde.
Vanassche (Gustave), de Anor, à Bordeaux, Gironde.
Vandenbonen (Alice), de Hautmont, à Berles, Pas-de-Calais.
Van Wynendaele, de Maubeuge, à Frévent, Pas-de-Calais.
Van Vambeke (Pierre) et femme, de Maubeuge, à Bonnières, Pas-de-Calais.
Van Schoubrock (Franç.) et f., de Hautmont, à Magnicourt-en-Comté, P.-de-C.
Vanlierde (Pierre) et f., de Hautmont, à Auxi-le-Château, Pas-de-Calais.
Vancelst (Elvire), de Rousies, à Liencourt, Pas-de-Calais.
Vancxnick (Julia), de Hautmont, à Achicourt, Pas-de-Calais.
Vaneste (Charles), de Jeumont, à La Planche, Loire-Inférieure.
Vandevelde (Hippolite), de Louvroile, à Bourgneuf-en-Retz, Loire-Infér.
Vandevelde (Marie), de Louvroile, à Bourgneuf-en-Retz, Loire-Inférieure.
Vandevelde (Marceau), de Louvroile, à Bourgneuf-en-Retz, Loire-Inférieure.
Vandestichelen (Arnaudine), de Louvroile, à Bourgneuf-en-Retz, Loire-Inf.
Vandestichelein (Berthe), de Louvroile, à Bourgneuf-en-Retz, Loire-Infér.
Vandestichelein (Emma), de Louvroile, à Bourgneuf-en-Retz, Loire-Infér.
Vandestichelein (Marthe), de Louvroile, à Bourgneuf-en-Retz, Loire-Infér.
Vandestichelein (Georgette), de Louvroile, à Bourgneuf-en-Retz, Loire-Inf.
Vangauendesbecq (Raoul), de Hautmont, à Avesnes-le-Comte, Pas-de-Calais.
Vandenbemps (Jean) et femme, de Maubeuge, à Avesnes-le-Comte, Pas-de-Cal.
Vannoppen-Procès, et enf., de Recquignies, à Tilloy-lès-Hermaville, Pas-de-C.
Vanvenandaile, de Sous-le-Bois, à Conchy-sur-Canche, Pas-de-Calais.
Vandrepote (Fernande), de Croix, à Bouviers-Saint-Trojean, Charente.
Vandrepote (Sophie), de Croix, à Bouviers, Charente.
Vandrepote (Jules), de Croix, à Bouviers, Charente.
Vanhove (Renée), de Cambrai, à Quiberon, Morbihan.
Vanhove (Célestine), de Cambrai, à Quiberon, Morbihan.
Vanhove (Edouard), de Cambrai, à Quiberon, Morbihan.
Vankerin (René), de Cousolre, au Mans, Sarthe.
Vankerm (Paulin), de Cousolre, au Mans, Sarthe.
Vankerm (Paul), de Cousolre, au Mans, Sarthe.
Vankerm (Oscar), de Cousolre, au Mans, Sarthe.
Vandermeersch (Catherine), de Landrecies, à Montauban, Tarn-et-Garonne.
Vanuxen (Auguste), de Gravelines, à Saint-Bauzély, Gard.
Vanuxen (Marguerite), de Gravelines, à Saint-Bauzély, Gard.
Vanuxen (Gustave), de Gravelines, à Saint-Bauzély, Gard.
Vanuxen (Sidonie), de Gravelines, à Saint-Bauzély, Gard.
Vanuxen (Usman), de Gravelines, à Saint-Bauzély, Gard.
Vanuxen (Marie), de Gravelines, à Saint-Bauzély, Gard.
Vanuxen (Adiana), de Gravelines, à Saint-Bauzély, Gard.
Vanel (Emilienne), de Gravelines, à Saint-Bauzély, Gard.
Vanuxen (Paul), de Gravelines, à Saint-Bauzély, Gard.
Vantine (Pierre), de Ramousies, à Treigny, Yonne.
Vanesse (Félicie), de Beaurepaire, à Vaux, Yonne.
Vanesse (Désiré), de Beaurepaire, à Vaux, Yonne.
Vanesse (Mathilde), de Beaurepaire, à Vaux, Yonne.
Vantine (Herminie), de Ramousies, à Treigny, Yonne.
Vantine (Charles), de Ramousies, à Treigny, Yonne.
Vandaele (Juliette), de Hautmont, à Savy-Berlette, Pas-de-Calais.
Van Coppenael (Berthe), de Maubeuge, à Brimeux, Pas-de-Calais.
Vannevilte (Jean), de La Madeleine-les-Filles, à Rugles, Eure.
Vannevilte (Leydie), de La Madeleine-les-Filles, à Rugles, Eure.
Vannevilte (Marie-Louise), de La Madeleine-les-Filles, à Rugles, Eure.
Verhœven (Marie), de Hautmont, à Pénin, Pas-de-Calais.
Vanmignon, de Hautmont, à Mardilly, Orne.
Van Caster (Henri), de Maubeuge, à Fruges, Pas-de-Calais.
Van Duysen (Emile) et femme, de Maubeuge, à Hesdin, Pas-de-Calais.
Van Leuven (Maria), de Maubeuge, à Ecuires, Pas-de-Calais.
Vanméris (Jules), de Houphnes, à Cognac, Charente.
Van Heyste (Cyrille), de Maubeuge, à Fruges, Pas-de-Calais.
Vanmechelen (Germaine), de Maubeuge, à Breteuil, Eure.
Vanmechelen (Alphonse), de Maubeuge, à Breteuil, Eure.
Vanmechelen (Marthe), de Maubeuge, à Breteuil, Eure.
Vanmechelen (Gilberte), de Maubeuge, à Breteuil, Eure.

Vanmechelen (Céline), de Maubeuge, à Breteuil, Eure.
Vanmechelen (Camille), de Maubeuge, à Breteuil, Eure.
Vanmechelen (Céline), de Maubeuge, à Breteuil, Eure.
Vanmechelen (Robert), de Maubeuge, à Breteuil, Eure.
Vanmechelen (Rolande), de Maubeuge, à Breteuil, Eure.
Vanmechelen (Roméo), de Maubeuge, à Breteuil, Eure.
Vandorpe (Jeanne), de La Sentinelle, à Martin-Eglise, Seine-Inférieure.
Vandorpe (Alfred), de La Sentinelle, à Martin-Eglise, Seine-Inférieure.
Vandorpe (Gustave), de La Sentinelle, à Martin-Eglise, Seine-Inférieure.
Vacccckhout (Martha), de Vichte, à Tourcoing, Nord.
Vandenchurin (Denis), de Haumont, à Loiron, Mayenne.
Vanesse (Laure), de Hautmont, à Saint-Pol, Pas-de-Calais.
Vaneste (Elise), de Ferrière-la-Grande, à Auchy-lès-Hesdin, Pas-de-Calais.
Vandekerklove (Marcel) et femme, de Hautmont, à Humeroeuille, P.-de-C.
Vandevelle (Mme), de Cerfontaine, à Samer, Pas-de-Calais.
Vandevelde (Mme), de Sous-le-Bois, à Lens, Pas-de-Calais.
Vandenabeele (Janssens), de Maubeuge, à Locon, Pas-de-Calais.
Van Coster (Elisa), de Maubeuge, à Luisant, Eure-et-Loir.
Van Coster (Philomène), de Maubeuge, à Luisant, Eure-et-Loir.
Van Coster (Gilberte), de Maubeuge, à Luisant, Eure-et-Loir.
Van Coster (Philomène), de Maubeuge, à Luisant, Eure-et-Loir.
Vanaultrive (Marie), de Maubeuge, à Pernes-en-Artois, Pas-de-Calais.
Vancomabeke (Laure), de Roubaix, à Capdenac, Aveyron.
Van Gramberey (Emile), de Marpent, à Rouen, Seine-Inférieure.
Van Crombrugghs (Mme) et enf., de Fourmies, à Criel, Seine-Inférieure.
Vandembor (Denathilde), de Maubeuge, à Rouen, Seine-Inférieure.
Vandenbor (Mme), de Maubeuge, à Rouen, Seine-Inférieure.
Vandombor (Mathilde), de Maubeuge, à Rouen, Seine-Inférieure.
Vanautryve (Victorine), de Maubeuge, à Pernes-en-Artois, Pas-de-Calais.
Vasseur (Alidor), de Lille, à Folligny, Manche.
Vasseur (Louis), de Lille, à Folligny, Manche.
Vasel (Alfred), de Tourcoing, à Saint-Sébastien, Loire-Inférieure.
Vassort (Charlotte), de Maubeuge, à Hesdin, Pas-de-Calais.
Vassart (Julia), de Jeumont, à Monthuchon, Manche.
Vassart (Alphonse), de Jeumont, à Monthuchon, Manche.
Vassart (Julia), de Jeumont, à Monthuchon, Manche.
Vassart (Alphonse), de Jeumont, à Monthuchon, Manche.
Vatin (Louis), de Bantouzelle, à Isigny, Calvados.
Vatin (Maurice), de Louvroil, à La Réole, Gironde.
Vattelet (Emile), de Fourmies, à Coulanges, Nièvre.
Vautrain (Camille), de Maubeuge, à Beaurainville, Pas-de-Calais.
Vaudrion (Thérèse), de Cousolre, à Bruyères-sur-Oise, Seine-et-Oise.
Vechaeghe (Alfred), de Cambrai, à Quettaville, Manche.
Vechaeghe (Mme Paul), de Cambrai, à Quettreville, Manche.
Vechaeghe (Paul), de Cambrai, à Quettreville, Manche.
Vechaeghe (Madeleine), de Cambrai, à Quettreville, Manche.
Vechaeghe (Mme), de Cambrai, à Quettreville, Manche.
Vechaeghe (Edmond), de Cambrai, à Quettreville, Manche.
Vellème (Marie), de Charleville, à Borcy-Bourg, Cher.
Velu (Mme) et enf., de Villers-Villain, à Rouen, Seine-Inférieure.
Vermersch (Victoire) et enf., de Beaumont, à Canon, Calvados.
Verdage (Henri) et fam., d'Avesnes, à Tracy-sur-Mer, Calvados.
Vermont (Charles) et fam., de Villers-Guesiain, à Argences, Calvados.
Vérin (Jean), de Caudry-Cambrai, à Gironde, Gironde.
Verin (Marcel), de Caudry-Cambray, à Gironde, Gironde.
Vérin (Maurice), de Caudry-Cambrai, à Gironde, Gironde.
Vérin (Julien), de Caudry-Cambrai, à Gironde, Gironde.
Vérin (Marcelline), de Caudry-Cambrai, à Gironde, Gironde.
Verguaud (Louis), d'Iwuy-Centre, à Château-Landon, Seine-et-Marne.
Vergin (Léon), de St-Amand-les-Eaux, à Pré-en-Pail, Mayenne.
Vérie (Augusta), d'Avesnes, à Gondreville, Loiret.
Vérie (Marguerite), d'Avesnes, à Gondreville, Loiret.
Véric (Florine), d'Avesnes, à Gondreville, Loiret.
Verbick (Mme Pierre) et enf., de Maubeuge, à Saint-Omer, Pas-de-Calais.
Vermersch (Gaston), de Le Cateau, à Morannes, Maine-et-Loire.
Véry (Mme), de Ferrière-la-Grande, à Le Parcq, Pas-de-Calais.
Vermeille (Mme), de Cerfontaine, à Samer, Pas-de-Calais.
Vérin (Jules) et enf., de Caudry, à Gironde, Gironde.
Verdure (Fideline), de Ferrière-la-Grande, à Blangy-s-Ternoise, Pas-de-C.
Verbruggen (Marie), de Hautmont, à Saint-Pol, Pas-de-Calais.
Vergoven (Alphonse), de Guesmain, à Clohars-Carnoët, Finistère.
Vergoven (Alphonse), de Guesmain, à Clohars-Carnoet, Finistère.
Vergalle (Charles), de Maubeuge, à Bonnières, Pas-de-Calais.
Verhoever (Marie), de Hautmont, à Auxi-le-Château, Pas-de-Calais.
Veroos (Georgette), de Maubeuge, à Brimeux, Pas-de-Calais.
Veroos (Cécile), de Maubeuge, à Brimeux, Pas-de-Calais.
Very (Alice), de Hautmont, à Avesnes-le-Comte, Pas-de-Calais.
Verdiez (Raymond), de Le Quesnoy, à Premery, Nièvre.
Verdiez (Aimée), de Le Quesnoy, à Premery, Nièvre.
Verdiez (Aimée), de Le Quesnoy, à Premery, Nièvre.
Vernet (Marie), de Trélon, à Lyon, Rhône.

Versieux (Sophie), de Mons-sur-Marchiennes, à Orval, Manche.
Verdavoix (Mme) et enf., d'Orchies, à Criel, Seine-Inférieure).
Vergniolle (Gaston), de Bresigny, à Tamnay-en-Bazois, Nièvre.
Vermez (Léon), de Quesnoy, à Orléans, Loiret.
Vervaecke (Mme), de Maubeuge-Louvoil, à Rouen, Seine-Inférieure.
Verdonck (Solange), de Fourmies, à Redon, Ille-et-Vilaine.
Verdavoir (Jeanne) et enf., de Templeure, à Canapville, Orne.
Verbeck (Mme) et enf., de Marpent, à Rouen, Seine-Inférieure.
Verdouck (Catherine), de Maubeuge, à Breteuil-sur-Yton, Eure.
Verdouck (Camilia), de Maubeuge, à Breteuil-sur-Yton, Eure.
Veyland (Aurélie), de Gondecourt, à Frontignan, Hérault.
Vezin (Albert), du Cateau, à Caen, Calvados.
Ubry (Angélique), d'Annœullin, à Oullins, Rhône.
Viart (Constant) et son épouse, de Ferrières-la-Grande, à Étaples, Pas-de-Cal.
Viart (Roger), de Landrecies, à Monthuchon, Manche.
Viart (Raoul), de Landrecies, à Monthuchon, Manche.
Viart (Eugénie), de Landrecies, à Monthuchon, Manche.
Viart (Madeleine), de Landrecies, à Monthuchon, Manche.
Viart (Lucie), de Landrecies, à Monthuchon, Manche.
Viart (Julien), de Landrecies, à Monthuchon, Manche.
Viart (Gustave), de Landrecies, à Monthuchon, Manche.
Vial (Alfred), de Trélon, à Rive-de-Gier, Loire.
Vial (Jeanne), de Trélon, à Rive-de-Gier, Loire.
Vial (Joséphine), de Trélon, à Rive-de-Gier, Loire.
Vial (Aurore), de Trélon, à Rive-de-Gier, Loire.
Vial (Étienne), de Trélon, à Rive-de-Gier, Loire.
Viart (Gustave), de Landrecies, à Monthuchon, Manche.
Viart (Julien), de Landrecies, à Monthuchon, Manche.
Viart (Madeleine), de Landrecies, à Monthuchon, Manche.
Viart (Lucie), de Landrecies, à Monthuchon, Manche.
Viart (Roger), de Landrecies, à Monthuchon, Manche.
Viart (Raoul), de Landrecies, à Monthuchon, Manche.
Viendasch (Jeanne), de Viviers-Hautcourt, à Ludon, Gironde.
Viéville (Jules), de Sains-du-Nord, à Bar-sur-Seine, Aube.
Viéville (Jules), de Sains-du-Nord, à Bar-sur-Seine, Aube.
Viéville (Gaston), de Sains-du-Nord, à Bar-sur-Seine, Aube.
Viéville (Gabrielle), de Sains-du-Nord, à Bar-sur-Seine, Aube.
Vieille (Albert), de Raismes, au Cloître-Pleyben, Finistère.
Vieille (Albert), de Raismes, au Cloître-Saint-Thégonnec, Finistère.
Vigneron (Paul), de Maubeuge, à Fruges, Pas-de-Calais.
Vigneron (Jeanne), de Maubeuge, à Fruges, Pas-de-Calais.
Vignez (Gabriel), d'Avesnes, à Nîmes, Gard.
Vignez (Andrée), d'Avesnes, à Nîmes, Gard.
Vignez (Arthur), d'Avesnes, à Nîmes, Gard.
Vignoble (Marguerite), de Marpent, à Batz, Loire-Inférieure.
Vignoble (Georgette), de Marpent, à Batz, Loire-Inférieure.
Vigniez (Céleste), de Feignies, à Andouillé, Mayenne.
Vigniez (Céline), de Feignies, à Andouillé, Mayenne.
Vigniez (Azéma), de Feignies, à Andouillé, Mayenne.
Vigniez (Arthur), de Feignies, à Andouillé, Mayenne.
Vigniez (Jeanne), de Feignies, à Andouillé, Mayenne.
Vignoble (Oscar), de Marpent, à Batz, Loire-Inférieure.
Vigé-Belverge (Mme), de Maubeuge, à Frévent, Pas-de-Calais.
Viget (Julia), d'Hautmont, à Saint-Nicolas, Pas-de-Calais.
Vigniez (Kléber), de Feignies, à Andouillé, Mayenne.
Villette (Lisa), d'Hautmont, à Wavans, Pas-de-Calais.
Villette (Amélia), d'Hautmont, à Cholers, Pas-de-Calais.
Ville (Maria), de Villers-Sire-Nicole, à Saint-Molf, Loire-Inférieure.
Villain (Marcelle), d'Haudecourt, à Meunet-sur-Vatan, Indre.
Villain (Léon), d'Haudecourt, à Meunet-sur-Vatan, Indre.
Villain (Henri), d'Haudecourt, à Meunet-sur-Vatan, Indre.
Ville (Jeanne), de Lille, à Étrechet, Indre.
Vilette (Marguerite), de Blanc-Misseron, à Rouen, Seine-Inférieure.
Vilette (Suzanne), de Blanc-Misseron, à Rouen, Seine-Inférieure.
Vilette (Édouard), de Blanc-Misseron, à Rouen, Seine-Inférieure.
Vilette (Edmond), de Blanc-Misseron, à Rouen, Seine-Inférieure.
Vilette (Blanche), de Blanc-Misseron, à Rouen, Seine-Inférieure.
Vilette (Alfred), de Blanc-Misseron, à Rouen, Seine-Inférieure.
Vilcot (Marie), de Denain, à Sillé-le-Guillaume, Sarthe.
Vilain (Marie), de Bougnies, à Sillé-le-Guillaume, Sarthe.
Vilcot (Léon), d'Haulchin, à Sillé-le-Guillaume, Sarthe.
Villain (Aubin) et fam., de Berlemont, à Tayres, Gironde.
Villette (Alfred), de Blanc-Misseron, à Rouen, Seine-Inférieure.
Villay (Mme), de Maubeuge, à Rouen, Seine-Inférieure.
Vilmart (Marcelle), de Quiévy, à Juvigné, Mayenne.
Vilcot (Eugénie), de Maubeuge, à Fruges, Pas-de-Calais.
Vilbère (Palmyre), de Ferrière-la-Grande, à Boussent, Pas-de-Calais.
Villemart (Marie), de Felleris, à Déols, Indre.
Villain (Ida), d'Avesnes-sur-Helpe, à Plouegat-Moysan, Finistère.
Ville (Victor), de Villers-Sire-Nicole, à Saint-Molf, Loire-Inférieure.
Villette (Olive) et fam., de Roubaix, à Caen, Calvados.

Nord,

Villain (Mme) et enf. de Maurois, à Lion-sur-Mer, Calvados.
Vinchon (Paul), de Ramousies, à Treigny, Yonne.
Vincent (Laure), de Rousies, à Maisnil, Pas-de-Calais.
Vinois (Marie), d'Anzin, à Saint-Calais, Sarthe.
Vinoy (Marie) et enf., de La Flamengrie-Bavay, à Rouen, Seine-Inférieure.
Vinoy (Mme), de La Flamengrie-Bavay, à Rouen, Seine-Inférieure.
Vinois (Gilberte), d'Anzin, à Saint-Calais, Sarthe.
Vinois (Jeanne), d'Anzin, à Saint-Calais, Sarthe.
Vinois (Andréa), d'Anzin, à Saint-Calais, Sarthe.
Vincendel (Fernand), de Sains, à La Rochefoucauld, Charente.
Vincendel (Pierre), de Sains, à La Rochefoucauld, Charente.
Vincendel (Dillamède), de Sains, à La Rochefoucauld, Charente.
Visée (Émile) et son épouse, de Maubeuge, à Fruges, Pas-de-Calais.
Virgaux (Marie), de Ferrière-la-Grande, à Enquin-sur-Baillons, Pas-de-Calais.
Virgot (Cécile), d'Hautmont, à Auxi-le-Château, Pas-de-Calais.
Viret (Angèle), d'Hautmont, à Frévin-Capelle, Pas-de-Calais.
Virgoux (Julien) et son épouse, de Cerfontaine, à Samer, Pas-de-Calais.
Vitté (Jeanne), de Villers-Guislain, à Tarare, Rhône.
Vitas (Mme) et enf., de Séranvillers, à Rouen, Seine-Inférieure.
Vitas, de Séranvillers, à Rouen, Seine-Inférieure.
Vitrant (Charlotte), de Maubeuge, à Villers-l'Hôpital, Pas-de-Calais.
Vits-Lefeuvre (Mme), de Maubeuge, à Fauquembergues, Pas-de-Calais.
Vital-Verset (Anna), de Maubeuge, à Hucqueliers, Pas-de-Calais.
Vitoux (Pol) et son épouse, de Lille, à La Roche-sur-Yon, Vendée.
Vivier (Malvina), de Maubeuge, à Fruges, Pas-de-Calais.
Voetman (Marie), de Maubeuge, à Saint-Omer, Pas-de-Calais.
Volt (Désiré), de Tourcoing, à Luçay-le-Libre, Indre.
Volt (Désiré), de Saint-Quentin, à Luçay-le-Libre, Indre.
Vost, de Fourmies, à Nevers, Nièvre.
Vouloir (Esther), de Cousolre, à Sablé, Sarthe.
Vouloir (Lucienne), de Cousolre, à Sablé, Sarthe.
Vouloir (Léa), de Cousolre, à Sablé, Sarthe.
Vuillermoz (Georges), de Feignies, à Saint-Andéol-le-Château, Rhône.
Vuillermoz (Marthe), de Feignies, à Saint-Andéol-le-Château, Rhône.
Vuillermoz (René), de Feignies, à Saint-Andéol-le-Château, Rhône.
Vnlmo (Léa), de Neuf-Mesnil, à Arques, Pas-de-Calais.
Wadin (Marie), de Cambrai, à Cabourg, Calvados.
Wadin (Octave) et fam., de Cambrai, à Cabourg, Calvados.
Waguet (Zoé), d'Hautmont, à Parigné-l'Évêque, Sarthe.
Waguet (Joseph), d'Hautmont, à Parigné-l'Évêque, Sarthe.
Waguet (Lucienne), d'Hautmont, à Parigné-l'Évêque, Sarthe.
Waguet (Joséphine), d'Hautmont, à Parigné-l'Évêque, Sarthe.
Waguet (Joseph), d'Hautmont, à Parigné-l'Évêque, Sarthe.
Waguet (Maria), d'Hautmont, à Parigné-l'Évêque, Sarthe.
Waguet (Hippolyte), d'Hautmont, à Parigné-l'Évêque, Sarthe.
Wagener (Thomas), de Louvroil-Maubeuge, à Bourgneuf-en-Retz, Loire Inf.
Wagener (Catherine), de Louvroil-Maubeuge, à Bourgneuf-en-Retz, Loire Inf.
Wagener (Georges), de Louvroil-Maubeuge, à Bourgneuf-en-Retz, Loire-Inf.
Wagener (Jules), de Louvroil-Maubeuge, à Bourgneuf-en-Retz, Loire-Inf.
Wairy (Jeanne), d'Hautmont, à Saint-Nicolas-d'Attez, Eure.
Wairy (Élie), d'Hautmont, à Saint-Nicolas-d'Attez, Eure.
Wairy (Ernest), d'Hautmont, à Saint-Nicolas-d'Attez, Eure.
Wairy (Victoire), d'Hautmont, à Saint-Nicolas-d'Attez, Eure.
Waitand (Skocrek), de Douai, à Avrillé, Maine-et-Loire.
Waley (Mme) et [illegible], de Maubeuge, à Cordebugle, Calvados.
Wallot (Henri), de Trélon, à Dinard, Ille-et-Vilaine.
Wallerand (Marie) et enf., de Neuf-Mesnil, à Ternas, Pas-de-Calais.
Walbrecq (Joséphine) et enf., de Maubeuge, à Saint-Pol, Pas-de-Calais.
Wallerand (Edmond) et enf., de Maubeuge, à Bouret-sur-Canche, Pas-de-Cal.
Walbrecq (Jeanne) et enf., de Maubeuge, à Beauraimville, Pas-de-Calais.
Wallet (Jules) et fam., de Maubeuge, au Touquet-Paris-Plage, Pas-de-Calais.
Wallot (Roberte), de Trélon, à Dinard, Ille-et-Vilaine.
Wallez (Marie), du Cateau, à Châteauroux, Indre.
Wallez (Arnould), du Cateau, à Châteauroux, Indre.
Wallez (Albert), du Cateau, à Châteauroux, Indre.
Wallerand (Nélie), de Cousolre, à Sablé, Sarthe.
Walmé (Charles) et son épouse, de Fourmies, à Rennes, Ille-et-Vilaine.
Wallerand (Maurice), de Fourmies, à Longron, Seine-Inférieure.
Wallerand (Marcelle), de Cousolre, à Sablé, Sarthe.
Wallerand (Elmyre), de Cousolre, à Sablé, Sarthe.
Walmé (Alfreda), de Maubeuge, à Tours, Indre-et-Loire.
Walker (Léon), de Maubeuge, au Touquet-Paris-Plage, Pas-de-Calais.
Wanhoek (Arthur), de Lille, à Limoges, Haute-Vienne.
Wanty (Marie) et enf., de Maubeuge, au Touquet-Paris-Plage, Pas-de-Calais.
Wanaique (Marie), du Cateau, à Déols, Indre.
Warcaud (Suzanne), de Sars-Poteries, à Châteaubriant, Loire-Inférieure.
Warraud (Blanche), de Sars-Poteries, à Châteaubriant, Loire-Inférieure.
Warraud (Léonie), de Sars-Poteries, à Châteaubriant, Loire-Inférieure.
Warin (Émile) et son épouse, de Ferrière-la-Grande, à Beussent, Pas-de-Cal.
Waroquier (Mme), de Moustiers-en-Fagne, à Vermenton, Yonne.
Warin (Marie), de Gespunsart, à Tours, Indre-et-Loire.

Warin (Jeanne), de Gespunsart, à Tours, Indre-et-Loire.
Waroquier (Mathilde), d'Anor, à Courville, Eure-et-Loir.
Wasterlain (Louise), de Maubeuge, à Brimeux, Pas-de-Calais.
Wastiaux (Roger), de Marly, à Appoigny, Yonne.
Wastiaux (Louise), de Marly, Appoigny, Yonne.
Wastiaux (Valentin), de Marly, à Appoigny, Yonne.
Wastraet (Robert), de Jolimetz, à Pipriac, Ille-et-Vilaine.
Wastraet (Marcel), de Jolimetz, à Pipriac, Ille-et-Vilaine.
Wastraet (Germaine), de Jolimetz, à Pipriac, Ille-et-Vilaine.
Wastraet (Louis), de Jolimetz, à Pipriac, Ille-et-Vilaine.
Wastraet (Fernande), de Jolimetz, à Pipriac, Ille-et-Vilaine.
Wastraet (Édouard), de Jolimetz, à Pipriac, Ille-et-Vilaine.
Wastraet, de Jolimetz, à Pipriac, Ille-et-Vilaine.
Wastraet (Félicien), de Jolimetz, à Pipriac, Ille-et-Vilaine.
Wattier (Marie), d'Eppe-Sauvage, à Vermenton, Yonne.
Wattremez (Renaud), de Fourmies, à Scrignac, Finistère.
Wattremez (Jeanne), du Quesnoy, à Champignelles, Yonne.
Wattremez (Georgina), du Quesnoy, à Champignelles, Yonne.
Wattremez (Jean-Baptiste), du Quesnoy, à Champignelles, Yonne.
Wattremez (Maria), du Quesnoy, à Champignelles, Yonne.
Wattremez (Maria-Juliette), du Quesnoy, à Champignelles, Yonne.
Wateau (Marie-Louise), de Roubaix, à Capdenac, Aveyron.
Watremez (Auguste), de Fourmies, à Scrignac, Finistère.
Watremez (Couronnée), de Fourmies, à Scrignac, Finistère.
Watremez (Louis), de Caudry, à Rouen, Seine-Inférieure.
Watremez (Louise), de Caudry, à Rouen, Seine-Inférieure.
Watremez (Mme), de Caudry, à Rouen, Seine-Inférieure.
Watremez (Alfred), de Caudry, à Rouen, Seine-Inférieure.
Watremez (Raymonde), de Caudry, Rouen, Seine-Inférieure.
Watcamp (Juliette), de Douchy, à Rouen, Seine-Inférieure.
Wattier (Mme), de Pontalin, à Rouen, Seine-Inférieure.
Wattier (Ernestine), d'Eppe-Sauvage, à Vermenton, Yonne.
Wattier (Antoinette), d'Eppe-Sauvage, à Vermenton, Yonne.
Wattier (Arthur), d'Eppe-Sauvage, à Vermenton, Yonne.
Wattier (Augustine), d'Eppe-Sauvage, à Vermenton, Yonne.
Wattremez (Auguste), de Fourmies, à Pouilly-sur-Loire, Nièvre.
Wattremez (Auguste), de Fourmies, à Pouilly-sur-Loire, Nièvre.
Wattremezm (Amélie), de Louvigny, à Tivoli, Indre.
Wattremezm (Laurence), de Louvigny, à Tivoli, Indre.
Watignies (Maria), de Ferrière-la-Petite, à Sainte-Catherine, Pas-de-Calais.
Wattiaux (Victor), de Meubeuge, à Lignereuil, Pas-de-Calais.
Watier (Louise), d'Hautmont, à Berles, Pas-de-Calais.
Watremez (Arthur), du Cateau, à Caen, Calvados.
Wautier (Léonie), de Fourmies, à Évreux, Eure.
Wautier (Marcelle), de Fourmies, à Évreux, Eure.
Wautier (Maurice), de Fourmies, à Évreux, Eure.
Wauthier (Fina), de Marpent, à Batz, Loire-Inférieure.
Wauthier (Camille), de Marpent, à Batz, Loire-Inférieure.
Wauthier (Bertha), de Marpent, à Batz, Loire-Inférieure.
Wauthier (Marie), de Marpent, à Batz, Loire-Inférieur.
Wauthier (Émile), de Marpent, à Batz, Loire-Inférieure.
Waulin (Charles) et enf., de Floing, à La Clusaz, Haute-Savoie.
Wautier (Gustave), de Ferrière-la-Grande, à Recques-s-Courte, Pas-de-Cal.
Wautrain (Héloïse), d'Hautmont, à St-Laurent-Blangy, Pas-de-Calais.
Waucher (Zelmire), d'Avesnelles, à Bourg, Ille-et-Vilaine.
Waucher (Paulus), d'Avesnelles, à Brain-sur-Vilaine, Ille-et-Vilaine.
Waucher (Simonne), d'Avesnelles, à Brain-sur-Vilaine, Ille-et-Vilaine.
Wauchel (Étienne), d'Avesnelles, à Brain-sur-Vilaine, Ille-et-Vilaine.
Waxin (Thérèse), de Caudry, à Tréboul, Finistère.
Waxin (Marie), de Caudry, à Tréboul, Finistère.
Waxin (Jean-Baptiste), de Caudry, à Tréboul, Finistère.
Waxin (Marcelle), de Busigny, à Tréboul, Finistère.
Waxin (Madeleine), de Busigny, à Tréboul, Finistère.
Waxin (Léon), de Busigny, à Tréboul, Finistère.
Waxin (Élisabeth), de Busigny, à Tréboul, Finistère.
Waxin (Arsène), de Busigny, à Tréboul, Finistère.
Weaver (Juliette), d'Hautmont, à Neuville-au-Cornet, Pas-de-Calais.
Weaver (Alfred), d'Hautmont, à Neuville-au-Cornet, Pas-de-Calais.
Weber (Marie), de Maubeuge, à Beaurainville, Pas-de-Calais.
Weber (Laure), de Fourmies, à Redon, Ille-et-Vilaine.
Weibel (Henri), du Quesnoy, à La Charité, Nièvre.
Weibel (Pauline), du Quesnoy, à La Charité, Nièvre.
Weibel (Réjane), du Quesnoy, à La Charité, Nièvre.
Weibel (Conrad), du Quesnoy, à La Charité, Nièvre.
Weis (Édouard), de Seclin, à St-Aubin-des-Châteaux, Loire-Inférieure.
Wéné (Jacques), de Maubeuge, à Lansac, Gironde.
Wené (Marie), de Maubeuge, à Bourgneuf-en-Retz, Loire-Inférieure.
Wéry (Fortunée), de Maubeuge, au Touquet, Pas-de-Calais.
Wéry (Juliette), de Maubeuge, au Touquet, Pas-de-Calais.
Wéry (Jeanne), de Maubeuge, au Touquet, Pas-de-Calais.
Wéry (Arthur), de Maubeuge, au Touquet, Pas-de-Calais.
Wéry (Philippine), de Maubeuge, au Touquet, Pas-de-Calais.
Wéry (Augustine), de Maubeuge, au Touquet, Pas-de-Calais.
Wéry (Jeanne), de Maubeuge, au Touquet, Pas-de-Calais.
Wéry (Louise), de Ferrière-la-Grande, à Auchy-lès-Hesdin, Pas-de-Calais.
Wéry (Germaine), d'Avesnes, à Gondreville, Loiret.
Westeel (Marie), de Maubeuge, à St-Pol, Pas-de-Calais.
Westrel (Catherine), de Maubeuge, au Touquet, Pas-de-Calais.
Westel (Georgette), d'Hautmont, à Tincques, Pas-de-Calais.
Wiart-Marchais et son ép., d'Estrée-St-Denis, à Haronvillette, Calvados.
Wiard (Mme), de Crèvecœur, à Couy, Cher.
Wiard (Renée), de Crèvecœur, à Couy, Cher.
Wiart (Émile), de Cambrai, à Cabourg, Calvados.
Wiame (Gustave), de Wallers-Trélon, à Versailles, Seine-et-Oise.
Wiart (Édouard), d'Annœux, à La Poôté, Mayenne.
Wiart (Jules), d'Hecq, à Cheillé, Indre-et-Loire.
Wibaux (Jeanne), de Valenciennes, à Veulettes, Seine-Inférieure.
Wibaille (Léon), de Preux-au-Bois, à Fresnes, Orne.
Wibaille (Léontine), de Preux-au-Bois, à Fresnes, Orne.
Wignolues (Marthe), de Wignelaics, à Roussay, Maine-et-Loire.
Willot (Anna), d'Hautmont, à Willencourt, Pas-de-Calais.
Willot (Émilie), de Cousolre, à Sablé, Sarthe.
Willot (Mme), de Cousolre, à Sarthe.
Willot (André), de Cousolre, à Sablé, Sarthe.
Willot (Denise), de Cousolre, à Sablé, Sarthe.
Willot (Jeanne), de Fumay, à Mayenne, Mayenne.
Willot (Léonie), de Cousolre, à Sablé, Sarthe.
Willot (Léon), de Cousolre, à Sablé, Sarthe.
Willot (Florine), de Marpent, à Bécherel, Ille-et-Vilaine.
Willaume (Hélène), de Maubeuge, à Rouen, Seine-Inférieure.
Willay (Victorine), de Maubeuge, à Elbeuf, Seine-Inférieure.
Wilmot (Joséphine), de Hordain, à Teuillac, Gironde.
Willame (Mme), de Jeumont, à St-Pierre-sur-Dives, Calvados.
Willame (Fernand), de Jeumont, à St-Pierre-sur-Dives, Calvados.
Wilbert (Jean-Baptiste), de Villers-Guislain, à Houlgate, Calvados.
Willame (Georges), d'Avesnes-sur-Helpe, à Carentoir, Morbihan.
Willame (Alexandre), d'Avesnes-sur-Helpe, à Carentoir, Morbihan.
Willame (Fernande), d'Avesnes-sur-Helpe, à Carentoir, Morbihan.
Wiot (Édouard) et fam., de Bousignies, à Dammarie-les-Lys, Seine-et-M.
Wiot (Henri) et fam., de Sars-Poteries, à Dammarie-les-Lys, Seine-et-M.
Wittrant (Mme), de Maubeuge, à Frévent, Pas-de-Calais.
Woipitte (Mme), d'Anor, à Lion-sur-Mer, Calvados.
Wollez (Sidonie), du Cateau, à Déols, Indre.
Wollez (Suzanne), du Cateau, à Déols, Indre.
Wolff (Jean), de Rend-Busigny, à Treffieux, Loire-Inférieure.
Wolfromin (Auguste) et son ép., de Monheulles, à Moulins-la-Marche, Orn
Wortel (Léontine), d'Avesnes-sur-Helpe, à Quincy-Ségy, Seine-et-Marne.
Wortel (Mme), d'Avesnes-sur-Helpe, à Quincy-Ségy, Seine-et-Marne.
Wortel (Marcel), d'Avesnes-sur-Helpe, à Quincy-Ségy, Seine-et-Marne.
Wuidall (Jeanne), de Douai, à Dinard, Ille-et-Vilaine.
Wuiart (Louise), de Maubeuge, à Beaurainville, Pas-de-Calais.
Wuiot (Lia) et enf., de Pont-sur-Sambre, à Parville, Eure.
Xavier (Mme) et enf., de Maubeuge, à St-Pol, Pas-de-Calais.
Yde (Alcidie) et enf., de Maubeuge, au Touquet, Pas-de-Calais.
Yardin (Marguerite), de Maubeuge, à Merlimont, Pas-de-Calais.
Yardin (Marie-Louise), de Maubeuge, à Merlimont, Pas-de-Calais.

2e LISTE.

Ador (Antoinette), de Douai, à Bourges, Cher.
Adam (Lucienne), de Grand-Fayt, à Chartres, Eure-et-Loir.
Adam (Germaine), de Grand-Fayt, à Chartres, Eure-et-Loir.
Applaincourt (Eva), de Beugnies, à Ferrières, Loiret.
Applaincourt (Alfred), de Beugnies, à Ferrières, Loiret.
Applaincourt (Eva), de Beugnies, à Ferrières, Loiret.
Blass (Antonia), de Bermerain, à Laval, Mayenne.
Barbier, de Cousolre, à Laval, Mayenne.
Barbier (Augustin), de Cousolre, à Laval, Mayenne.
Basquin (Jules), de Saint-Souplet, à Bourges, Cher.
Basquin (Émile), de Saint-Souplet, à Bourges, Cher.
Berteaux (Paula), de Cousolre, à Laval, Mayenne.
Berteaux (Laure), de Cousolre, à Laval, Mayenne.
Bette (Léon), de Fourmies, à Laval, Mayenne.
Bette (Mme), de Fourmies, à Laval, Mayenne.
Blareau (Marie), de Bavay, à Châteaudun, Eure-et-Loir.

Blarcau (Louise), de Bavay, à Châteaudun, Eure-et-Loir.
Blarcau (Florine), de Bavay, à Châteaudun, Eure-et-Loir.
Blarcau (Georges), de Bavay, à Châteaudun, Eure-et-Loir.
Blas (Caroline), de Bermerain, à Laval, Mayenne.
Blass (Mme), de Wallers, à Laval, Mayenne.
Blass (Eva), de Bermerain, à Laval, Mayenne.
Blin (Maria), de Felleries, à Villemoiron, Aube.
Blin (Charles), de Felleries, à Villemoiron, Aube.
Bocahut (René), de Haut-Lieu, à Châtillon-Coligny, Loiret.
Bocahut (Charles), de Haut-Lieu, à Châtillon-Coligny, Loiret.
Bocahut (Marcelle), de Haut-Lieu, à Châtillon-Coligny, Loiret.
Bocahut (Julia), de Haut-Lieu, à Châtillon-Coligny, Loiret.
Bosseau (Henri), de Bavay, à Laval, Mayenne.
Bosseau (Alfred), de Bavay, à Laval, Mayenne.
Bosseau, de Bavay, à Laval, Mayenne.
Bosseau (Clara), de Bavay, à Laval, Mayenne.
Bosseau (Angèle), de Bavay, à Laval, Mayenne.
Bostiaux (Gaston), de Caudry, à Laval, Mayenne.
Bostiaux (Pierre), de Caudry, à Laval, Mayenne.
Bostiaux (Elise), de Caudry, à Laval, Mayenne.
Bostiaux (Jeanne), de Caudry, à Laval, Mayenne.
Bostiaux (Marie), de Caudry, à Laval, Mayenne.
Bostiaux (Mme), de Caudry, à Laval, Mayenne.
Bostiaux (Pierre), de Caudry, à Laval, Mayenne.
Bostiaux (Elise), de Caudry, à Laval, Mayenne.
Bostiaux (Germaine), de Caudry, à Laval, Mayenne.
Boulanger (Fernand), de Cambrai, à Laval, Mayenne.
Boucher (René), de Maubeuge, à Laval, Mayenne.
Boudy (Mme), de Lille, à Bourges, Cher.
Brassard (Mme), de Douai, à Bourges, Cher.
Brassard (Mme), d'Anzin, à Bourges, Cher.
Brassard (Marcelle), de Douai, à Bourges, Cher.
Brassard (Emile), de Douai, à Bourges, Cher.
Broguié (Julia), de Beaurieux, à Châtillon-Coligny, Loiret.
Bulteau (Céline), de Lille, à Bourges, Cher.
Bury (Suzanne), de Gognies-Chaussée, à Chartres, Eure-et-Loir.
Bury (Blanche), de Gognies-Chaussée, à Chartres, Eure-et-Loir.
Carpentier (Auguste), d'Avesnes-les-Aubert, à Laval, Mayenne.
Carpentier (Héléna), d'Avesnes, à Laval, Mayenne.
Carpentier (Zulma), d'Avesnes, à Laval, Mayenne.
Carpentier (Charles), d'Avesnes, à Laval, Mayenne.
Carpentier (Léandre), d'Avesnes-les-Aubert, à Laval, Mayenne.
Carpentier (Pierre), d'Avesnes, à Laval, Mayenne.
Carpentier (Marie), d'Avesnes, à Laval, Mayenne.
Carlier (Mme), de Bellignies, à Laval, Mayenne.
Charron (Robert), de Solre-le-Château, à Laval, Mayenne.
Charron (Emile), de Solre-le-Château, à Laval, Mayenne.
Charron (Clara), de Solre-le-Château, à Laval, Mayenne.
Charron (André), de Solre-le-Château, à Laval, Mayenne.
Charron (Suzanne), de Solre-le-Château, à Laval, Mayenne.
Charron (Odette), de Solre-le-Château, à Laval, Mayenne.
Chevalier (Charles), d'Hautmont, à Laval, Mayenne.
Chevalier (Mme), d'Hautmont, à Laval, Mayenne.
Chevalier (Ernest), d'Hautmont, à Laval, Mayenne.
Cholet (Madeleine), de Fourmies, à Laval, Mayenne.
Cholet (Mme), de Fourmies, à Laval, Mayenne.
Charron (Berthe), de Solre-le-Château, à Laval, Mayenne.
Challier (Mme), de Feignies, à Laval, Mayenne.
Challier (Moïse), de Feignies, à Laval, Mayenne.
Cladet (Mme), de Cousolre, à Laval, Mayenne.
Collard (Marguerite), de Cousolre, à Laval, Mayenne.
Collard (Henri), de Cousolre, à Laval, Mayenne.
Collard (Mme), de Cousolre, à Laval, Mayenne.
Collard (Mme), de Cousolre, à Laval, Mayenne.
Colleric (Madeleine), de Fourmies, à Châtearenard, Loiret.
Cotteaux (Louis), d'Honnechy, à Châteaudun, Eure-et-Loir.
Cotteaux (Julie), d'Honnechy, à Châteaudun, Eure-et-Loir.
Cotteaux (Marcel), d'Honnechy, à Châteaudun, Eure-et-Loir.
Cotton (Germaine), de Dunkerque, à Laval, Mayenne.
Coupez (Marie), d'Avesnes-les-Aubert, à Laval, Mayenne.
Crelot (Marie-Louise), de Gognies-Chaussée, à Chartres, Eure-et-Loir.
Crelot (Bertha), de Gognies-Chaussée, à Chartres, Eure-et-Loir.
Crelot (Berthe), de Gognies-Chaussée, à Chartres, Eure-et-Loir.
Crelot (Gabrielle), de Gognies-Chaussée, à Chartres, Evre-et-Loir.
Debieve (Narcisse), de Bellignies, à Laval, Mayenne.
Debieve (Emile), de Bellignies, à Laval, Mayenne.
Decamp (Zoé), de Cousolre, à Laval, Mayenne.
Decamps (Marthe), de Cousolre, à Laval, Mayenne.
Dehaine (Arthur), de Caudry, à Laval, Mayenne.
Dehaine (Léon), de Caudry, à Laval, Mayenne.
Dehaine (Elodie), de Caudry, à Laval, Mayenne.
Dehaine (Clémence), de Saint-Waast, à Laval, Mayenne.
Delamarre (Eugénie), de Banteux, à Laval, Mayenne.
Delamarre (Rosia), de Banteux, à Laval, Mayenne.
Delamarre (Angèle), de Banteux, à Laval, Mayenne.
Déquesmes (Rosa), de Deméchaux, à Châtillon-Coligny, Loiret.
Deruuwez (François), de Wallers-Trélon, à Châtillon-Coligny, Loiret.
Desfossés (Marcel), d'Avesnes, à Laval, Mayenne.
Desfossés (Marie), d'Avesnes, à Laval, Mayenne.
Desfossés (Léontine), d'Avesnes, à Laval, Mayenne.
Desfossés (Éléonore), d'Avesnes, à Laval, Mayenne.
Desfossés (Eléonore), d'Avesnes, à Laval, Mayenne.
Desfossés (Alfred), d'Avesnes, à Laval, Mayenne.
Defossés (Pierre), d'Avesnes, à Laval, Mayenne.
Desfossés (Alphonse), d'Avesnes, à Laval, Mayenne.
Defossés (Pierre), d'Avesnes, à Laval, Mayenne.
Dieulot (Mme), de Cambrai, à Laval, Mayenne.
Dieulot (Ferdinand), de Cambrai, à Laval, Mayenne.
Dieulot (Berthe), de Cambrai, à Laval, Mayenne.
Dieulot (Modeste), de Cambrai, à Laval, Mayenne.
Dieulot (Marthe), de Cambrai, à Laval, Mayenne.
Dieulot (Jeanne), de Cambrai, à Laval, Mayenne.
Dieulot (Fernande), de Cambrai, à Laval, Mayenne.
Dieulot (Valéry), de Cambrai, à Laval, Mayenne.
Drecq (Emile), de Saint-Souplet, à Bourges, Cher.
Dron (Emilie) et fam., de Fourmies, à Lourdes, Htes-Pyrénées.
Dubrencq et fam., de Mons-Maubeuge, à Bourges, Cher.
Dufeu (Mme), de Bellignies, à Laval, Mayenne.
Dufeu (Eugène), de Bellignies, à Laval, Mayenne.
Dufeu (Emile), de Bellignies, à Laval, Mayenne.
Dupas (Louis), de Douchy, à Châteaurenard, Loiret.
Dupas (Louisa), de Douchy, à Châteaurenard, Loiret.
Dupas (Désiré), de Douchy, à Châteaurenard, Loiret.
Dupas (Alida), de Douchy, à Châteaurenard, Doiret.
Duronsoy (Eugène), de Bellignies, à Laval, Mayenne.
Duronsoy (Jules), de Bellignies, de Laval, Mayenne.
Duronsoy (Pauline), de Bellignies, à Laval, Mayenne.
Duronsoy (Marie), de Bellignies, à Laval, Mayenne.
Duronsoy (Narcisse), de Bellignies, à Laval, Mayenne.
Duronsoy (Léon), de Bellignies, à Laval, Mayenne.
Duthilleul (Emélina), de Roches, à Chassant, Eure-et-Loir.
Duthilleul (Emile), de Roches, à Chassant, Eure-et-Loir.
Duval (Jeanne), de Valenciennes, à Laval, Mayenne.
Frosnier (Mme), de Fourmies, à Laval, Mayenne.
Fauversienne (Lucienne), de Solre-le-Château, à Laval, Mayenne.
Fauversienne (Mme), de Solre-le-Château, à Laval, Mayenne.
Frosnier (Louis), de Fourmies, à Laval, Mayenne.
Fruit (Louis), d'Anor, à Laval, Mayenne.
Fruit (Léonie), d'Anor, à Laval, Mayenne.
Fruit (André), d'Anor, à Laval, Mayenne.
Fruit (Mme), d'Anor, à Laval, Mayenne.
Fostier (Mme), de Maubeuge, à Laval, Mayenne.
Fostier (Henriette), de Maubeuge, à Laval, Mayenne.
Fosset (Louis), de Sains-du-Nord, à Laval, Mayenne.
Fosset (Mme), de Sains-du-Nord, à Laval, Mayenne.
Fosset (Marguerite), de Sains-du-Nord, à Laval, Mayenne.
Fosset (Pauline), de Sains-du-Nord, à Laval, Mayenne.
Fosset (Valérie), de Sains-du-Nord, à Laval, Mayenne.
Gaudoux (Elise), de Cousolre, à Laval, Mayenne.
Gaveriaux (Jules), d'Honnechy, à Châteaudun, Eure-et-Loir.
Gaveriaux (Clarisse), d'Honnechy, à Châteaudun, Eure-et-Loir.
Gaveriaux (Florence), d'Honnechy, à Chartres, Eure-et-Loir.
Gavériaux-Casiez (Joséphine), de Maretz, à Chartres, Eure-et-Loir.
Gavériaux (Florent), de Maretz, à Chartres, Eure-et-Loir.
Gobert (Eloy), de l'Épine Solre-le-Château, à Châtillon-Coligny, Loiret.
Gobert (Cécile), de l'Épine-Solre-le-Château, à Châtillon-Coligny, Loiret.
Gobert (Suzanne), de l'Epine-Solre-le-Château, à Châtillon-Coligny, Loiret.
Gobert (Marie), de l'Epine-Solre-le-Château, à Châtillon-Coligny, Loiret.
Gobert (Zéphyr), d'Hautmont, à Laval, Mayenne.
Godelot (Jean-Baptiste), de Fourmies, à Châteaurenard, Loiret.
Godelot (Henri), de Fourmies, à Châteaurenard, Loiret.
Godelot (Adèle), de Fourmies, à Châteaurenard, Loiret.
Godelot (Fernand), de Fourmies, à Châteaurenard, Loiret.
Gosse-Morcau (Blanche), de La Groize, à Chartres, Eure-et-Loir.
Gosse (Ernest), de La Groize, à Chartres, Eure-et-Loir.
Gosse (Marthe), de La Groize, à Chartres, Eure-et-Loir.
Gosse (Blanche), de La Groize, à Chartres, Eure-et-Loir.
Guibery (Yvonne), du Cateau, à Laval, Mayenne.
Guibery (Victor), du Cateau, à Laval, Mayenne.
Guibery-Mulot (Mme), du Cateau, à Laval, Mayenne.
Guibery (Victor), du Cateau, à Laval, Mayenne.
Guibery (Yvonne), du Cateau, à Laval, Mayenne.

Guilbert (Laure), du Cateau, à Laval, Mayenne.
Guilbert (André), du Cateau, à Laval, Mayenne.
Guilbert (Pauline), d'Avesnes, à Laval, Mayenne.
Guilbert (Louise), d'Avesnes, à Laval, Mayenne.
Guilbert (Auguste), d'Avesnes, à Laval, Mayenne.
Guilbert (Jean), d'Avesnes, à Laval, Mayenne.
Guilbert (Albertine), d'Avesnes, à Laval, Mayenne.
Guilbert (Julienne), d'Avesnes, à Laval, Mayenne.
Guilbert (Jean-Baptiste), d'Avesnes, à Laval, Mayenne.
Guilbert (Marie), d'Avesnes, à Laval, Mayenne.
Guidet (Julia), de Comines, à Tonnerre, Yonne.
Guyot (Emile), d'Honnechy, à Châteaudun, Eure-et-Loir.
Guyot (Julie), d'Honnechy, à Châteaudun, Eure-et-Loir.
Guette (Léonie), de Gouzeaucourt, à Châteaudun, Eure-et-Loir.
Guette (Aurélie), de Gouzeaucourt, à Châteaudun, Eure-et-Loir.
Hainaut (Eugène), de Caudry, à Laval, Mayenne.
Hainaut (Joseph), de Caudry, à Laval, Mayenne.
Hainaut (Mme), de Caudry, à Laval, Mayenne.
Hainaut (Joseph), de Caudry, à Laval, Mayenne.
Halut (Zulma), de Gouzeaucourt, à Châteaudun, Eure-et-Loir.
Halut (Louise), de Gouzeaucourt, à Châteaudun, Eure-et-Loir.
Halut (Elmire), de Gouzeaucourt, à Châteaudun, Eure-et-Loir.
Halut (Lucien), de Gouzeaucourt, Châteaudun, Eure-et-Loir.
Haucart (Marie-Thérèse), de Wallers-Trélau, à Châtillon-Coligny, Loiret.
Haucart (Marguerite), de Wallers-Trélau, à Châtillon-Coligny, Loiret.
Haucart (Eugénie), de Wallers-Trélau, à Châtillon-Coligny, Loiret.
Haucart (Constantin), de Wallers-Trélau, à Châtillon-Coligny, Loiret.
Hennebert-Henry (Julie), de Gognies-Chaussée, à Chartres, Eure-et-Loir.
Hennebert (Armand), de Gognies-Chaussée, à Chartres, Eure-et-Loir.
Hennebert (Marguerite), de Gognies-Chaussée, à Chartres, Eure-et-Loir.
Hennebert (Robert), de Gognies-Chaussée, à Chartres, Eure-et-Loir.
Hennebert (Jeanne), de Gognies-Chaussée, à Chartres, Eure-et-Loir.
Hennebert (Georges), de Gognies-Chaussée, à Chartres, Eure-et-Loir.
Hennebert (Jules), de Gognies-Chaussée, à Chartres, Eure-et-Loir.
Hoghit (Albert), de Maubeuge, à Laval, Mayenne.
Hoghit (Mme), de Maubeuge, à Laval, Mayenne.
Huart (Edmond), de l'Epine-Solre-le-Château, à Châtillon-Coligny, Loiret.
Huart (Pierre), de l'Epine-Solre-le-Château, à Châtillon-Coligny, Loiret.
Huart (Albert), de l'Epine-Solre-le-Château, à Châtillon-Coligny, Loiret.
Huart (Noël), de l'Epine-Solre-le-Château, à Châtillon-Coligny, Loiret.
Huart (Rose), de l'Epine-Solre-le-Château, à Châtillon-Coligny, Loiret.
Huart (Charlotte), de l'Epine-Solre-le-Château, à Châtillon-Coligny, Loiret.
Jacquart (Berthe), de Cousolre, à Laval, Mayenne.
Jacquart (Laure), de Cousolre, à Laval, Mayenne.
Jacquart (Jules), de Cousolre, à Laval, Mayenne.
Jacquart (Marthe), de Cousolre, à Laval, Mayenne.
Joanelle (Mme), de Bellignies, à Laval, Mayenne.
Joanelle (Marie), de Bellignies, à Laval, Mayenne.
Joanelle (Arthur), de Bellignies, à Laval, Mayenne.
Kison (Mme), d'Hautmont, à Laval, Mayenne.
Kison (Gilles), d'Hautmont, à Laval, Mayenne.
Lançon (Lucienne), de Cousolre, à Laval, Mayenne.
Lajeunesse (Oscar) et fam., d'Avesnes-sur-Helpe, à
Lecompte (Camille), d'Avesnes-sur-Helpe, à
Lancelin (Louise), de Douchy, à Châteaurenard, Loiret.
Laurent (Valentine), de Mont-sur-Marchienne, à Sens, Yonne.
Lançon (Lucien), de Cousolre, à Laval, Mayenne.
Lançon (Odette), de Cousolre, à Laval, Mayenne.
Lançon (Mme), de Cousolre, à Laval, Mayenne.
Lançon, de Cousolre, à Laval, Mayenne.
Lançon (Gabriel), de Cousolre, à Laval, Mayenne.
Lançon (Annette), de Cousolre, à Laval, Mayenne.
Lançon (Gaston), de Cousolre, à Laval, Mayenne.
Lançon (Mme), de Cousolre, à Laval, Mayenne.
Laude (Léonie), de Cambrai, à Laval, Mayenne.
Lebrun (Mme), de Cousolre, à Laval, Mayenne.
Leblanc (Mme), de Fourmies, à Laval, Mayenne.
Leblanc (Marie), de Fourmies, à Laval, Mayenne.
Lebrun (Amélie), de Wallers-Trélon, à . . ., Loiret.
Lecerf (Pierre), de Fourmies, à Laval, Mayenne.
Lecerf (Renée), de Fourmies, à Laval, Mayenne.
Lecerf (Robert), de Fourmies, à Laval, Mayenne.
Lecerf (Mme), de Fourmies, à Laval, Mayenne.
Leclercq (Raoul), de Sous-le-Bois-Maubeuge, à Laval, Mayenne.
Leclercq (Mme), de Sous-le-Bois-Maubeuge, à Laval, Mayenne.
Lebrun (Maurice), de Cousolre, à Laval, Mayenne.
Leclercq (Mme), de Maubeuge, à Laval, Mayenne.
Leclercq (Georges), de Maubeuge, à Laval, Mayenne.
Leclercq (Raoul), de Maubeuge, à Laval, Mayenne.
Lecerf (Irma), de Fourmies, à Laval, Mayenne.
Lecerf (Suzanne), de Fourmies, à Laval, Mayenne.
Legrand (Mme), de Jeumont, à Laval, Mayenne.
Legrand (Jeanne), d'Escaudœuvres, à Laval, Mayenne.
Legrand (Georges), d'Escaudœuvres, à Laval, Mayenne.
Legrand (Jean), d'Escaudœuvres, à Laval, Mayenne.
Legrand (Alphonse), d'Escaudœuvres, à Laval, Mayenne.
Legrand (Berthe), d'Escaudœuvres, à Laval, Mayenne.
Legrand (Marie), de Jeumont, à Laval, Mayenne.
Lemoine (Marie-Thérèse), d'Avesnes-sur-Helpe, à Laval, Mayenne.
Lemoine (Madeleine), d'Avesnes-sur-Helpe, à Laval, Mayenne.
Lemoine (M.), d'Avesnes-sur-Helpe, à Laval, Mayenne.
Lemanach (Jeanne), de Maubeuge, à Laval, Mayenne.
Leroy (Henri), de Solre-le-Château, à Laval, Mayenne.
Leroy (Mme), de Solre-le-Château, à Laval, Mayenne.
Lerouge (Emilie), de Gouzeaucourt, à Châteaudun, Eure-et-Loir.
Lerouge (Sophie), de Gouzeaucourt, à Châteaudun, Eure-et-Loir.
Lerouge (Emilie), de Gouzeaucourt, à Châteaudun, Eure-et-Loir.
Lhote (Mme), de Bavay, à Laval, Mayenne.
Lhote (Mlle), de Bavay, à Laval, Mayenne.
Lobry (Mme), de Briastre, à Laval, Mayenne.
Louis (Mme), de Sains-du-Nord, à Laval, Mayenne.
Louis (Camille), de Sains-du-Nord, à Laval, Mayenne.
Mazingarbe (Benoît), de Maubeuge, à Laval, Mayenne.
Maltaire (Albert), de Fourmies, à Laval, Mayenne.
Maltaire (Camille), de Fourmies, à Laval, Mayenne.
Maltaire (Mme), de Fourmies, à Laval, Mayenne.
Maltaire (Mme), de Fourmies, à Laval, Mayenne.
Maltaire (Lucienne), de Fourmies, à Laval, Mayenne.
Malfait (Paulette), de Wignehies, à Laval, Mayenne.
Malfait (Alice), de Wignehies, à Laval, Mayenne.
Malfait (Marie), de Wignehies, à Laval, Mayenne.
Marissiaux (Sidonie), de Denain, à Chartres, Eure et Loire.
Marissiaux (Léon), de Denain, à Chartres, Eure-et-Loir.
Martin (Adolphe), de Haut-Lieu, à Châtillon-Coligny, Loiret.
Maton (Arsène), de Cousolre, à Laval, Mayenne.
Maton (René), de Cousolre, à Laval, Mayenne.
Maxingarbe (Mme), de Maubeuge, à Laval, Mayenne.
Mercier (Adèle), de Haut-Lieu, à Châtillon-Coligny, Loiret.
Meresse (Raymond), d'Avesnes, à Laval, Mayenne.
Mellet (Clotilde), de Saint-Souplet, à Bourges, Cher.
Montigny (Fernand), d'Hérin, à Chartres, Eure-et-Loir.
Montigny-Procureur (Zoé), d'Hérin, à Chartres, Eure-et-Loir.
Montigny (Léon), d'Hérin, à Chartces, Eure-et-Loir.
Moreau-Bouvard (Louise), de La Groize, à Chartres, Eure-et-Loir.
Moreau (Edouard), de La Groize, à Chartres, Eure-et-Loir.
Mouslier (Laure), de Cousolre, à Laval, Mayenne.
Panchaux (Mme), de Villers-Pol, à Laval, Mayenne.
Panchaux (Luce), de Villers-Pol, à Laval, Mayenne.
Pardevoir (Paul), d'Anor, à Paris, Refuge Benoît-Malon.
Pezin (Louis), d'Avesnes, à Laval, Mayenne.
Pezin (Sophie), d'Avesnes, à Laval, Mayenne.
Pezin (Jules), d'Avesnes, à Laval, Mayenne.
Pezin (Jules), d'Avesnes, à Laval, Mayenne.
Philippe (Emile), de Busigny, à Laval, Mayenne.
Philippe (Lœticia), de Busigny, à Laval, Mayenne.
Pluchard (Mme), de Fourmies, à Laval, Mayenne.
Pluchard (Serge), de Fourmies, à Laval, Mayenne.
Poncheaux (Marie), de Comines, à Tonnerre, Yonne.
Rigaumont (Zéphir), de Sars-Poteries, à Laval, Mayenne.
Rigaumont (Mme), de Sars-Poteries, à Laval, Mayenne.
Romanet (René), de Lille, à Laval, Mayenne.
Romanet, de Lille, à Laval, Mayenne.
Romanet, de Lille, à Laval, Mayenne.
Salin (Julia), de Cousolre, à Laval, Mayenne.
Samain (Pauline), de Lille, à Bordeaux, Gironde.
Selvais (Marguerite), de Cousolre, à Laval, Mayenne.
Selvais (Jeanne), de Cousolre, à Laval, Mayenne.
Selvais (Emile), de Cousolre, à Laval, Mayenne.
Selvais (Marthe), de Cousolre, à Laval, Mayenne.
Selvais (Mme), de Cousolre, à Laval, Mayenne.
Selvais (Virgile), de Cousolre, à Laval, Mayenne.
Selvais (Léon), de Cousolre, à Laval, Mayenne.
Serres (Léon), du Nord, à Paris, Refuge Benoît-Malon.
Soufflet (Henri), de Feignies, à Laval, Mayenne.
Soufflet (Marcel), de Feignies, à Laval, Mayenne.
Soufflet (Marcel), de Feignies, à Laval, Mayenne.
Soufflert (Blanche), de Saint-Supplet, à Bourges, Cher.
Stardk (Mme), de Maubeuge, à Laval, Mayenne.
Stardk (Alfred), de Maubeuge, à Laval, Mayenne.
Tanret (Vital), de Cambrai, à Lourdes, Hautes-Pyrénées.
Tonglet (Florent), de Marpent, à Laval, Mayenne.
Tonglet (Mme), de Marpent, à Laval, Mayenne.

Toulvoy (Marie), d'Hautmont, à Laval, Mayenne.
Varlet (Mme), de Cambrai, à Laval, Mayenne.
Varlet (Madeleine), de Cambrai, à Laval, Mayenne.
Varlet (Jean), de Cambrai, à Laval, Mayenne.
Varlet (Eugène), de Cambrai, à Laval, Mayenne.
Veunin (Lucien), de Cambrai, à Laval, Mayenne.
Wallerand (Roger), de Beugnies, à Ferrières, Loiret.
Wallemme (Alphonse), de Sars-Poteries, à Ferrières, Loiret.
Wannupe (Marcel), de Fourmies, à Châteaurenard, Loiret.

3e LISTE.

Abel (Henri), de Fourmies, à Guingamp, Côtes-du-Nord.
Adam (Victor), de Valenciennes, à Saint-Brieuc, Côtes-du-Nord.
Adam (Marie), de Larouillies, aux Marais, Oise.
Adiasse (Germaine), de Bertry, à Loudéac, Côtes-du-Nord.
Adiasse, de Bertry, à Loudéac, Côtes-du-Nord.
Adiasse (Marie), de Bertry, à Loudéac, Côtes-du-Nord.
Alizard (Raymonde), d'Hautmont, à Guingamp, Côtes-du-Nord.
Alizard (Marcel), d'Hautmont, à Guingamp, Côtes-du-Nord.
Alouani ben Hoslias (ben Ali), de Denain, à Saint-Brieuc, Côtes-du-Nord.
Amasse (Louise), d'Oisy, à Loudéac, Côtes-du-Nord.
Andrinople (Antoine), de Denain, à Saint-Brieuc, Côtes-du-Nord.
Andris (Génius), de Somain, à Saint-Brieuc, Côtes-du-Nord.
Anglade (Philomène), de Paris, à Sainte-Radegonde, Aveyron.
Anicot (Marthe), de Lambersart, à Périgueux, Dordogne.
Anicot (Louis), de Lambersart, à Périgueux, Dordogne.
Amasse (Gaston), d'Oisy, à Loudéac, Dordogne.
Ansard (Désiré), de Louart, à Saint-Brieuc, Côtes-du-Nord.
Armand (Fernande), d'Avesnes, à Terrasson, Dordogne.
Armand (Robert), d'Avesnes, à Terrasson, Dordogne.
Armand (Fernande), d'Avesnes, à Terrasson, Dordogne.
Armand (Robert), d'Avesnes, à Terrasson, Dordogne.
Audegand (Marcel), de Waziers, à Saint-Brieuc, Côtes-du-Nord.
Baget (Albert), de Valenciennes, à Saint-Brieuc, Côtes-du-Nord.
Bayeux (Palmire), du Cateau, à Guingamp, Côtes-du-Nord.
Baillet (Blanche) et enf., de Mondrepuis, à Vergetot, Seine-Inférieure.
Baligaut (Pierre), de Fourmies, à Terrasson, Dordogne.
Baligaut (Renée), de Fourmies, à Terrasson, Dordogne.
Baligaut (Jeanne), de Fourmies, à Terrasson, Dordogne.
Baligaut (Renée), de Fourmies, à Terrasson, Dordogne.
Balan (Georges), d'Anor, au Havre, Seine-Inférieure.
Balan (Victor), d'Anor, au Havre, Seine-Inférieure.
Bantiny (Jean), de Landrecies, à Guingamp, Côtes-du-Nord.
Bantigny (Édouard), de Landrecies, à Guingamp, Côtes-du-Nord.
Bantigny (Jean), de Landrecies, à Guingamp, Côtes-du-Nord.
Bantigny (Jeanne), de Landrecies, à Guingamp, Côtes-du-Nord.
Bantigny (Édouard), de Landrecies, à Guingamp, Côtes-du-Nord.
Bantignies (Alice), de Beaurepaire, à Goincourt, Oise.
Bantignies (Adèle), de Beaurepaire, à Goincourt, Oise.
Bantignies (Julia), de Beaurepaire, à Goincourt, Oise.
Bantignies (Marie), de Beaurepaire, à Goincourt, Oise.
Bantignies (Victor), de Beaurepaire, à Goincourt, Oise.
Bantignies (Paule), de Beaurepaire, à Goincourt, Oise.
Barbet (Charles), et fam., d'Estrun, à Yerville, Seine-Inférieure.
Bara (Marie), de Fourmies, à Sainte-Adresse, Seine-Inférieure.
Bara (Désiré) et son épouse, de Fourmies, à Ste-Adresse, Seine-Inférieure.
Bar (Arthur), d'Aniche, à Saint-Brieuc, Côtes-du-Nord.
Barbotin (Donau), de Marquette, à Saint-Brieuc, Côtes-du-Nord.
Bar (Oscar), de Sin-le-Noble, à Saint-Brieuc, Côtes-du-Nord.
Barbier (Gabrielle), et enf., de Mondrepuis, à Vergetot, Seine-Inférieure.
Bauchard (Baptiste) et fam., d'Anor, à Sainte-Adresse, Seine-Inférieure.
Baudart (Jean), d'Avesnes, à Terrasson, Dordogne.
Baudard (Jean), d'Avesnes, à Terrasson, Dordogne.
Baudry (René), de Solre-le-Château, à Agonac, Dordogne.
Baurin (Andrée), de Landrecies, à Terrasson, Dordogne.
Baurin (Andrée), de Landrecies, à Terrasson, Dordogne.
Baurin (Georges), du Cateau, à Terrasson, Dordogne.
Baurin (Clémence), du Cateau, à Terrasson, Dordogne.
Baurin (Clémence), du Cateau, à Terrasson, Dordogne.
Baudson (Jules) et fam., de Cousolre, à Dieppe, Seine-Inférieure.
Baulet (Jean-Baptiste), de Lille, à Saint-Brieuc, Côtes-du-Nord.
Baucher (Céline), d'Estreux, à Angers, Maine-et-Loire.
Baucher (Adolphe), d'Estreux, à Angers, Maine-et-Loire.
Bayard (Jeanne) et enf., de Laucourt, à Dieppe, Seine-Inférieure.
Bayeux (Louis), de Lille, à Saint-Brieuc, Côtes-du-Nord.
Beaumont (Jean-Baptiste), de Lille, à Saint-Brieuc, Côtes-du-Nord.
Beaumont (Georges), de Lille, à Saint-Brieuc, Côtes-du-Nord.
Beaumont (Claudomir), de Monchecourt, à Saint-Brieuc, Côtes-du-Nord.
Beauvillain (Marie) et enf., de Caudry, à Tourville-sur-Arques, Seine-Infér.
Boau (Charles) et son épouse, de La Bassée, au Tréport, Seine-Inférieure.
Beaudchon (Georges), de Bousies, à Goincourt, Oise.
Beauvais (Hippolyte), de Montigny-en-Ostrevent, à St-Brieuc, Côtes-du-Nord.
Beclier (Félicien), de Fourmies, au Havre, Seine-Inférieure.
Beck (Olympe), de Trélon, à Angers, Maine-et-Loire.
Becquar (Ehzodo), de Fourmies, à Pabu, Côtes-du-Nord.
Béguin (Auguste), d'Escaudain, à Saint-Brieuc, Côtes-du-Nord.
Beghuim (Palmyre), de Fourmies, à Périgueux, Dordogne.
Bécue (Jules), de Larouillies, aux Marais, Oise.
Berger (Léon), de Bavay, à Saint-Médard-de-Mussidan, Dordogne.
Berger (Henri), de Bavay, à Saint-Médard-de-Mussidan, Dordogne.
Berger (Paul), de Bavay, à Saint-Médard-de-Mussidan, Dordogne.
Berger (Jeanne), de Bavay, à Saint-Médard-de-Mussidan, Dordogne.
Berthe (Arthur) et fam., d'Anor, au Tréport, Seine-Inférieure.
Berthiaux (Blanche), de Maubeuge, à Fécamp, Seine-Inférieure.
Bernard (François), de Marquette-en-Ostrevant, à St-Brieuc, Côtes-du-Nord.
Berger (Philippe), de Lille, à Saint-Brieuc, Côtes-du-Nord.
Berger (François), de Lille, à Saint-Brieuc, Côtes-du-Nord.
Berger (Henri), de Marquette, à Saint-Brieuc, Côtes-du-Nord.
Bernard (Philippe), de Marquette, à Saint-Brieuc, Côtes-du-Nord.
Bernard (Nicaise), de Marquette, à Saint-Brieuc, Côtes-du-Nord.
Bernard (Eugène), de Marquette, à Saint-Brieuc, Côtes-du-Nord.
Bernard (Jules), de Marquette, à Saint-Brieuc, Côtes-du-Nord.
Bertheau (Alida), de Jeulain, à Auxerre, Yonne.
Bertheau (Jean), de Jeulain, à Auxerre, Yonne.
Berrhuy (Irma), de Fourmies, à Loudéac, Côtes-du-Nord.
Berrhuy (Marguerite), de Fourmies, à Loudéac, Côtes-du-Nord.
Berrhuy (Louise), de Fourmies, à Loudéac, Côtes-du-Nord.
Berlaincourt (Jules), de Landrecies, au Tréport, Seine-Inférieure.
Berlemont (Camille), de Bavay, à Louvetot, Seine-Inférieure.
Bethavor (Maria), de Roubaix, à Offranville, Seine-Inférieure.
Bibas (Paul), de Somain, à Saint-Brieuc, Côtes-du-Nord.
Biron (Francine), d'Avesnes, à Tarrasson, Dordogne.
Biron (Gisèle), d'Avesnes, à Terrasson, Dordogne.
Biron (Céline), d'Avesnes, à Terrasson, Dordogne.
Biron (Céline), d'Avesnes, à Terrasson, Dordogne.
Biron (Giselle), d'Avesnes, à Terrasson, Dordogne.
Biron (Francine), d'Avesnes, à Terrasson, Dordogne.
Bisiaux (Maurice), de Sepmeries, à Guingamp, Côtes-du-Nord.
Bias (René), de Somain, à Saint-Brieuc, Côtes-du-Nord.
Blanchard (Victor), de Catillon, à Sanvic, Seine-Inférieure.
Blanwart (Mme), de Roubaix, à Offranville, Seine-Inférieure.
Bligny (François), de Maubeuge, à Oullins, Rhône.
Bligny (Hermine), de Maubeuge, à Oullins, Rhône.
Bligny (Léontine), de Maubeuge, à Oullins, Rhône.
Blondeau (Colette), de Catillon-s.-Sambre, à Gruchet-St-Siméon, Seine-Inf.
Boivin (Marguerite), de Beaune, à Auxerre, Yonne.
Bolhomée et fam., de La Bassée, au Tréport, Seine-Inférieure.
Bonnaire (Gaston), de Pont-du-Nord, au Tréport, Seine-Inférieure.
Bonnet (Usmaël), de Somain, à Saint-Brieuc, Côtes-du-Nord.
Bonnet (Fernand), de Somain, à Saint-Brieuc, Côte-du-Ford.
Bointaut (Simonne), d'Avesnelles, à Terrasson, Dordogne.
Bossut (Abélard), de Lille, à Saint-Brieuc, Côtes-du-Nord.
Bossut (Alfred), de Lille, à Saint-Brieuc, Côtes-du-Nord.
Bossuat (Jeanne), de Sèvres, à Capdenac, Aveyron.
Bosquet (Jeanne), de Fourmies, à Goincourt, Oise.
Botchou (Gabrielle), de Glageon, à Guingamp, Côte-du-Nord.
Boutaut (Simone), d'Avesnelles, à Terrasson, Dordogne.
Bourain (Georges), du Cateau, à Terrasson, Dordogne.
Boucher (Paul), de Lille, à Saint-Brieuc, Côtes-du-Nord.
Bouloard (Félix), de St-Waast-lez-Valenciennes, à Saint-Brieuc, Côtes-du-Nord.
Boule (Henri), de Delain, à Saint-Brieuc, Côtes-du-Nord.
Boulet (Kléber), de Mauchecourt, à Saint-Brieuc, Côtes-du-Nord.
Bailly (Louis), de Guesnain, à Saint-Brieuc, Côtes-du-Nord.
Boutonnet (Hélène), de Sèvres, à Sainte-Radegonde, Aveyron.
Boutonnet, de Sèvres, à Sainte-Radegonde, Aveyron.
Bourquelle (Ernest), de Pecquencourt, à Saint-Brieuc, Côtes-du-Nord.
Bransi (Philippe), d'Omont, au Havre, Seine-Inférieure.
Braunwarth (Raymond), d'Henguis, à Auxerre, Yonne.
Brau (Louis), de Lille, à Saint-Affrique, Aveyron.
Bretonnelle (Constant) et fam., du Quesnoy, à Incheville, Seine-Inférieure.
Breda (Henri), de Bavay, à Corbeil, Seine-et-Oise.
Briate (Lucien), de Caudry, à Rouen, Seine-Inférieure.
Brisson (Henri), d'Avesnes, à Terrasson, Dordogne

Brisson (Gisèle), d'Avesnes, à Terrasson, Dordogne.
Brison (Henri), d'Avesnes, à Terrasson, Dordogne.
Brison (Julia), d'Avesnes, à Terrasson, Dordogne.
Brison (Gisèle), d'Avesnes, à Terrasson, Dordogne.
Buisson (Julia), d'Avesnes, à Terrasson, Dordogne.
Brousmiche (Justine), de Fourmies, à Loudéac, Côtes-du-Nord.
Broyez (Louise) et enf., de Gouzeaucourt, à Bellengreville, Seine-Inférieure.
Brogné (Léopold), de Clairfayts, à Terrasson, Dordogne.
Brogné (Flore), de Clairfayts, à Terrasson, Dordogne.
Brogné (Marie-Louise), de Clairfayts, à Terrasson, Dordogne.
Brogné (Léopold), de Clairfayts, à Terrasson, Dordogne.
Brogné (Eugénie), de Clairfayts, à Terrasson, Dordogne.
Brogné (Flore), de Clairfayts, à Terrasson, Dordogne.
Brogné (Eugénie), de Clairfayts, à Terrasson, Dordogne.
Brogné (Marie-Louise), de Clairfayts, à Terrasson, Dordogne.
Broutin (Charles), de Fenain, à Saint-Brieuc, Côtes-du-Nord.
Bruley (Mme) et enf., de Jeumont, au Tréport, Seine-Inférieure.
Brugel (Hélène), de Brétigny-sur-Orge, à Villefranche, Aveyron.
Bruneau (Jeanne), de Saint-Amand-les-Eaux, à Pessac, Gironde.
Bruneau (Irma), de Saint-Amand-les-Eaux, à Pessac, Gironde.
Bruyère (Marthe) et fam., de Cambrai, à Dieppe, Seine-Inférieure.
Bruyerre (Marie), de Trélon, à Angers, Maine-et-Loire.
Bruyerre (Constant), de Trélon, à Angers, Maine-et-Loire.
Bruyerre (Antoine), de Trélon, à Angers, Maine-et-Loire.
Bulte (Louis), de Monchecourt, à Saint-Brieuc, Côtes-du-Nord.
Bulte (Auguste), de Monchecourt, à Saint-Brieuc, Côtes-du-Nord.
Bullot (Gaston), de Fourmies, à Pabu, Côtes-du-Nord.
Burgeat (Elise), du Cateau, à Guingamp, Côtes-du-Nord.
Bury (Claudia), d'Avesnes-le-Sec, à Bolbec, Seine-Inférieure.
Bury (Clémence), d'Avesnes-le-Sec, à Bolbec, Seine-Inférieure.
Cachera (Berthe) et enf., de Wallers, à Dieppe, Seine-Inférieure.
Cachera (Jules), de Wallers, à Saint-Brieuc, Côtes-du-Nord.
Cacheux (Edmond), de Lille, à Saint-Brieuc, Côtes-du-Nord.
Cadoux (Achille), de Lille, à Saint-Brieuc, Côtes-du-Nord.
Cagnieaux (Louis) et fam., de Pont-sur-Sambre, à Petite-Couronne, Seine-Inférieure.
Cailliez (Théophile) et fam., de Marcoing, à Graville-Ste-Honorine, Seine-Inférieure.
Caisne (Joseph), de Monchecourt, à Saint-Brieuc, Côtes-du-Nord.
Calaisse (Gustave), de Lille, à Saint-Brieuc, Côtes-du-Nord.
Callens (Maurice) et fam., de Lille, à Pessac, Gironde.
Cambier(Victor)et fam.,d'Auchy-l.-Orchies,àSt-Romain-de-Colbose,Seine-Inf.
Cambier-Leleu (Mme),d'Auchy-l.-Orchies,à St-Romain-de-Colbose, Seine-Inf.
Cambrelin (Lucienne), de Solre-le-Château, à Sotteville-sur-Mer, Seine-Inf.
Cappé (Alice), de Gouvernes-sur-Marne, à Auxerre, Yonne.
Caren (Suzanne), d'Avesnes-sur-Helpe, à Guingamp, Côtes-du-Nord.
Caran (Ernest), d'Avesnes-sur-Helpe, à Guingamp, Côtes-du-Nord.
Cardon (Catherine), de Fourmies, à Callac, Côtes-du-Nord.
Cardon (Mme) et enf., de Lille, au Tréport, Seine-Inférieure.
Cardon (Marie), de Caudry, à Périgueux, Dordogne.
Cardon (Paul), de Caudry, à Périgueux, Dordogne.
Cardon (Henri), de Caudry, à Périgueux, Dordogne.
Carion (Camille), d'Ohain, à Auxerre, Yonne.
Carion (Reine), d'Ohain, à Auxerre, Yonne.
Carion (Louis), d'Ohain, à Auxerre, Yonne.
Carion (Etienne), d'Ohain, à Auxerre, Yonne.
Carion (Georgina), d'Ohain, à Auxerre, Yonne.
Carlan (Alfred), de Lille, à Saint-Brieuc, Côtes-du-Nord.
Carlier (Auguste), de Raismes, à Saint-Brieuc, Côtes-du-Nord.
Carlier (Irénée), de Villers-au-Tertre, à Saint-Brieuc, Côtes-du-Nord.
Carnaille (Elise), de Bauvin, à Dieppe, Seine-Inférieure.
Carpentier (Georges), de Bruay-sur-Escaut, à Saint-Brieuc, Côtes-du-Nord.
Carré (Ernest) et fam., de Marcoingt, au Tréport, Seine-Inférieure.
Caleur (François), de Lille, au Havre, Seine-Inférieure.
Cattelain (Jean-Baptiste) et fam., de Caudry, à Villainville, Seine-Inférieure.
Cauchy (Emélie), d'Etrœungt, à Auxerre, Yonne.
Cauchy (Yvonne), d'Etrœungt, à Auxerre, Yonne.
Caudron (Henri) et enf., de Feignies, au Tréport, Seine-Inférieure.
Cavaillé (Mme), d'Avesnes, à Terrasson, Dordogne.
Cavaillé (Mme), d'Avesnes, à Terrasson, Dordogne.
Cayzac (Renée), d'Avesnes, à Terrasson, Dordogne.
Cayzac (René), d'Avesnes, à Terrasson, Dordogne.
Caysin (Germaine), de Fourmies, à Loudéac, Côtes-du-Nord.
Carcial (Berthe) et fam., de Cambrai, au Tréport, Seine-Inférieure.
César (Delphonse), de Marquette, à Saint-Brieuc, Côtes-du-Nord.
Chambeau (François), de Mortane, à Saint-Brieuc, Côtes-du-Nord.
Champagne (Louis), de Monchecourt, à Saint-Brieuc, Côtes-du-Nord.
Champagne (Henri), de Monchecourt, à Saint-Brieuc, Côtes-du-Nord.
Chaulotte (Alexandre), de Fourmies, à Goincourt, Oise.
Charlon (Achille), de Pecquencourt, à Saint-Brieuc, Côtes-du-Nord.
Chauderlot (Eugène) et son épouse, de Fourmies, à Angers, Maine-et-Loire.
Charbon (François), de Masny, à Saint-Brieuc, Côtes-du-Nord.
Chandelle (Marcelle), de Coulommiers, à Bourges, Cher.
Charlet (Pauline), de Fourmies, à Loudéac, Côtes-du-Nord.
Charlet (Jeanne), de Fourmies, à Loudéac, Côtes-du-Nord.
Chatroussat (Marcel) et son épouse, de Lille, à Dieppe, Seine-Inférieure.
Charlier (Mme), de Fourmies, à Loudéac, Côtes-du-Nord.
Choquet (Claude), de Villereau, à Guingamp, Côtes-du-Nord.
Choteau (Valentiné) et enf., de Lesquin, à Malaunay, Seine-Inférieure.
Christophe (Adolphine) et enf., de Cerfontaine, à Bolbec, Seine-Inférieure.
Clause (Louis), de Neufmanil, à Auxerre, Yonne.
Clay (Marie), de Lille, à Pessac, Gironde.
Clément (Félix) et son épouse, de Fourmies, à Sainte-Adresse, Seine-Infér
Clowez (Elmire), de Maubeuge, à Angers, Maine-et-Loire.
Clowez (Marie), de Maubeuge, à Angers, Maine-et-Loire.
Cochez (Charles), de Raismes, à Saint-Brieuc, Côtes-du-Nord.
Coet (François), de Denain, à Saint-Brieuc, Côtes-du-Nord.
Coet (Louis), de Denain, à Saint-Brieuc, Côtes-du-Nord.
Colin (Fidéline), d'Avesnes, à Terrasson, Dordogne.
Colin (Céline), d'Avesnes, à Terrasson, Dordogne.
Colin (Fidéline), d'Avesnes, à Terrasson, Dordogne.
Colin (Céline), d'Avesnes, à Terrasson, Dordogne.
Collet (Emile), de Fresnes, à Saint-Brieuc, Côtes-du-Nord.
Collin (Madeleine), d'Avesnes, de Terrasson, Dordogne.
Collin (Mme), d'Avesnes, à Terrasson, Dordogne.
Collin (Pierre), d'Avesnes, à Terrasson, Dordogne.
Collin, d'Avesnes, à Terrasson, Dordogne.
Collin (Fernand), de Fenain, à Saint-Brieuc, Côtes-du-Nord.
Colmar (Henri), de Denain, à Saint-Brieuc, Côtes-du-Nord.
Colenthiez (Calixte) et son épouse, de Wambaix, au Havre, Loire-Infér.
Colson (Ernest), d'Avesnelles, au Tréport, Seine-Inférieure.
Condrolier (Eugène), de Lille, à Saint-Brieuc, Côtes-du-Nord.
Constant (Jean-Baptiste), de Quiévrechin, à Saint-Brieuc, Côtes-du-Nord.
Coplot (Pierre), de Lille, à Saint-Brieuc, Côtes-du-Nord.
Coplot (Achille), de Lille, à Saint-Brieuc, Côtes-du-Nord.
Coquelle (Jules), de Denain, à Saint-Brieuc, Côtes-du-Nord.
Coquelle (Hennon), d'Aniche, à Saint-Brieuc, Côtes-du-Nord.
Coquet (Mme) et enf., de Pecquigny, au Tréport, Seine-Inférieure.
Cornette (Victor), de Beugnies, à Sotteville-sur-Mer, Seine-Inférieure.
Coste (Pierre), d'Avesnes, à Villefranche, Aveyron.
Coucouveuse (Louise), de Marchiennes, à Meudon, Aveyron.
Coucouvense (Madeleine), de Marchiennes, à Meudon, Aveyron.
Goupain (Lucienne), de Fourmies, à Goincourt, Oise.
Courbert (Berthe) et enf., de Raches, à Fécamp, Seine-Inférieure.
Courtin (Arthur) et fam., de Pont-sur-Sambre, à Dieppe, Seine-Inférieure
Courtecuisse (Jean-Baptiste) et enf., de Wambaix, au Havre, Seine-Infér
Cousin (Alphonse), de Fourmies, à Loudéac, Côtes-du-Nord.
Courtin (Elise), de Louvroil, à Terrasson, Dordogne.
Courtin (Jules), de Louvroil, à Terrasson, Dordogne.
Crapet et son épouse, du Quesnoy, au Tréport, Seine-Inférieure.
Crapez (Lié), de Denain, à Saint-Brieuc, Côtes-du-Nord.
Cras (Cyrille), d'Auberchicourt, à Saint-Brieuc, Côtes-du-Nord.
Creteur (Edmond), de Lille, à Saint Brieuc, Côtes-du-Nord.
Crombez (Henri) et fam., d'Avesnes, à Dieppe, Seine-Inférieure.
Groncé (Auguste) et fam., de Blanc-Misseron, à Dieppe, Seine-Inférieure
Croquet (Alice), de Fourmies, à Goincourt, Oise.
Culot (Louise), de Fresnes, à Auxerre, Yonne.
Culot (Marie), de Fresnes, à Auxerre, Yonne.
Cunière (Alice), d'Armentières, à Angers, Maine-et-Loire.
Cunot (Octave) et fam., de Catillon-s.-Sambre, à Gruchet-St-Siméon, Loire-Inférieure.
Cyr (Anatole) et fam., de Sars-Poteries, à Eu, Seine-Inférieure.
Cyr (Albert), de Sars-Poteries, à Eu, Seine-Inférieure.
Dagniaux (Antoine), de Denain, à Saint-Brieuc, Côtes-du-Nord.
Dagache (Edmond), de Villers-au-Tertre, à Saint-Brieuc, Côtes-du-Nord
Draitte (Hubert) et fam., de Rumilly, à Envermeu, Seine-Inférieure.
Daix (Eugénie), de Wambaix, au Havre, Seine-Inférieure.
Dailly (Camille), de Raismes, à Saint-Brieuc, Côtes-du-Nord.
Dally (Auguste), de Lille, à Saint-Brieuc, Côtes-du-Nord.
Damay (Lucienne) et sa sœur, de Blanc-Misseron, à Nointot, Seine-Inf.
Damay (Aimé) et son épouse, de Poix, à St-Clair-sur-les-Monts, Seine-Inf.
Damotte (Henri), d'Avesnes, à Terrasson, Dordogne.
Damotte (Léontine), d'Avesnes, à Terrasson, Dordogne.
Damotte (Jules), d'Avesnes, à Terrasson, Dordogne.
Darras (Marcel), de Valenciennes, à Saint-Brieuc, Côtes-du-Nord.
Darty (Claudia), d'Avesnes-le-Sec, à Bolbec, Seine-Inférieure.
Darras (Marcelle), de Fourmies, à Périgueux, Dordogne.
Dastot (Ernest) et fam., de Sémeries, à Envermeu, Seine-Inférieure.
Daunes (Georges), d'Anzin, à Saint-Brieuc, Côtes-du-Nord.
Debève (Jean-Baptiste), de Dorignies-les-Douai, à Saint-Brieuc, Côtes-du-N
Debève (Léopold), de Dorignies-les-Douai, à Saint-Brieuc, Côtes-du-Nord.
Debrucker (Georges), d'Escautpont, à Saint-Brieuc, Côtes-du-Nord.

Debourzy fils, de Larouillies, aux Marais, Oise.
Debouzy (Mme), de Larouillies, aux Marais, Oise.
Decesy et enf., de Feignies, au Tréport, Seine-Inférieure.
Declerc (Yvonne), de Douzy-Feignies, à Villefranche, Aveyron.
Decroix (Adeline) et enf., d'Anor, à Eysines, Gironde.
Decarrentry (Charles), de Sin-le-Noble, à Saint-Brieuc, Côtes-du-Nord.
Decasmakerc (Benoît), de Sin-le-Noble, à Saint-Brieuc, Côtes-du-Nord.
Deguerdin (Adolphine), de Ruesnes, à Guingamp, Côtes-du-Nord.
Defossez (Alphonse), d'Escaudain, à Saint-Brieuc, Côtes-du-Nord.
Deghaye (Télesphore) et son épouse, de Wargnies-le-Petit, à Grugny, S.-I.
Degois (Léona), de Fourmies, à Guingamp, Côtes-du-Nord.
Degardin (Sylvie) et sa fam., de Pont-sur-Sambre, à Petit-Couronne, S.-I.
Dehorne (Jean-Baptiste), de Fourmies, à Angers, Maine-et-Loire.
Dehenry (Divine), d'Anor, à Eysines, Gironde.
Debee (Adolphe), de Somain, à Saint-Brieuc, Côtes-du-Nord.
Dehon (Emilie), de Dourlers, à St-Nicolas-d'Aliermont, Seine-Inférieure.
Delanne (Maurice), de Sin-le-Noble, à Saint-Brieuc, Côtes-du-Nord.
Deleau (Marcel), d'Amfroipret, à Auxerre, Yonne.
Deleau (Léon), d'Amfroipret, à Auxerre, Yonne.
Delobelle (Camille) et sa fam., d'Avesnes, au Tréport, Seine-Inférieure.
Delacourt (Lambert) et sa fam., de Caudry, au Havre, Seine-Inférieure.
Deloffre (Ernest) et son épouse, du Quesnoy, à Yvetot, Seine-Inférieure.
Delgrange (Adolphe), de Villers-au-Tertre, à Saint-Brieuc, Côtes-du-Nord.
Deleu (Désiré), de Dechy, à Saint-Brieuc, Côtes-du-Nord.
Delgrange (Albert), de Monchecourt, à Saint-Brieuc, Côtes-du-Nord.
Deleau (Robert), d'Amfroipret, à Auxerre, Yonne.
Deloffre (Jeanne), de Bavay, à Dieppe, Seine-Inférieure.
Delval (Emile), de Douai, à Saint-Brieuc, Côtes-du-Nord.
Deleau (Marie), d'Amfroipret, à Auxerre, Yonne.
Delrieu (Francine), de Verville, à Mur-de-Barrez, Aveyron.
Delemer (Victor), et son épouse, de Wambaix, au Havre, Seine-Inférieure.
Delmotte (Marguerite) et fam., de Lille, à Pessac, Gironde.
Delmotte (Charles), de Lille, à Pessac, Gironde.
Delmotte (Pierre), de Lille, à Pessac, Gironde.
Delsaut (Adolphe) et sa fam., de Valenciennes, à Pessac, Gironde.
Delrieu (Paul), de Verville, à Mur-de-Barrez, Aveyron.
Delrieu (Marie), de Verville, à Mur-de-Barrez, Aveyron.
Delrieu (Louisette), de Verville, à Mur-de-Barrez, Aveyron.
Delrieu (Lucien), de Verville, à Mur-de-Barrez, Aveyron.
Delrieu (Germain), de Verville, à Mur-de-Barrez, Aveyron.
Delrieu (Eugénie), de Verville, à Mur-de-Barrez, Aveyron.
Delœil (Marcel), d'Oisiez, à Saint-Brieuc, Côtes-du-Nord.
Delorme (Georges), de Val-Divet, à Montrozier, Aveyron.
Delorme (Maurice), de Val-Divet, à Montrozier, Aveyron.
Delattre (Séraphin), de Saint-Amand, à Saint-Brieuc, Côtes-du-Nord.
Delcrot (Marci), de Fourmies, à Guingamp, Côtes-du-Nord.
Deloffre (Elise), de Beaurepaire, à Goincourt, Oise.
Delile (Adolphe), de Lille, à Saint-Brieuc, Côtes-du-Nord.
Delbecq (François), de Valenciennes, à Saint-Brieuc, Côtes-du-Nord.
Demarest (Désiré), de Mecquignies, au Tréport, Seine-Inférieure.
Demailly (Gustave), de Wambaix, au Havre, Seine-Inférieure.
Demarle (Omer), de Lille, au Havre, Seine-Inférieure.
Demali (Mathilde) et enf., de Wambaix, au Havre, Seine-Inférieure.
Demay (Maurice), d'Oisy, à Loudéac, Côtes-du-Nord.
Demay (René), d'Oisy, à Loudéac, Côtes-du-Nord.
Demay (Mme), d'Oisy, à Loudéac, Côtes-du-Nord.
Demange (Marie-Louise), d'Avesnes, à Terrasson, Dordogne.
Demange (Elise), d'Avesnes, à Terrasson, Dordogne.
Demoulin (André), d'Avesnes, à Terrasson, Dordogne.
Demoulin (Marthe), d'Avesnes, à Terrasson, Dordogne.
Demoulin (Théophile), d'Avesnes, à Terrasson, Dordogne.
Denève (Gaston), de Fourmies, à Loudéac, Côtes-du-Nord.
Denève (Mme), de Fourmies, à Loudéac, Côtes-du-Nord.
Denève (Pierre), de Fourmies, à Loudéac, Côtes-du-Nord.
Denaison (Jules) et sa fam., de Beugnies, à Envermeu, Seine-Inférieure.
Deport (Louis), de Trélon, à Auxerre, Yonne.
Dephanque (Georges), de Lille, à Saint-Brieuc, Côtes-du-Nord.
Deroo (Euphémie), de Lille, à Saint-Affrique, Aveyron.
Derombise (Lucie) et enf., de Pont-sur-Sambre, à Petit-Couronne, S.-Inf.
Derombise (Octave) et fam., de Pont-sur-Sambre, à Petit-Couronne, S.-I.
Deroyère (Henry), de Lille, à Angers, Maine-et-Loire.
Desrumaux (Laurent), de Lille, à Sens, Yonne.
Dessort (Joseph), de Nomain, à Saint-Brieuc, Côtes-du-Nord.
Dessaint (Léon), de Guesnain, à Saint-Brieuc, Côtes-du-Nord.
Descamps (Eugène), de Somain, à Saint-Brieuc, Côtes-du-Nord.
Dessaint (Alphonse), de Roucourt, à Saint-Brieuc, Côtes-du-Nord.
Descamps (Alice), de La Gorgue, à Pessac, Gironde.
Desante (Daniel), de Lille, à Saint-Jean-du-Bruel, Aveyron.
Desante (Germaine), de Lille, à Saint-Jean-du-Bruel, Aveyron.
Destbilleuil (Maria), de Lille, à Saint-Jean-du-Bruel, Aveyron.
Desmont (Félix), de Viesly, à Saint-Brieuc, Côtes-du-Nord.
Desmont (Zéphir), de Viesly, à Saint-Brieuc, Côtes-du-Nord.
Despinoy (Jean-Baptiste), de Lille, à Saint-Brieuc, Côtes-du-Nord.
Desfossez (Henri), d'Escaudin, à Saint-Brieuc, Côtes-du-Nord.
Descoutures (Mme) et enf., de Bavay, à Eu, Seine-Inférieure.
Deslaed (Charles) et son épouse, de Marquette-lès-Lille, au Tréport, S.-I.
Desoblin (Mlle), de Landrecies, au Tréport, Seine-Inférieure.
Desante (Désiré), de Lille, à Saint-Jean-du-Bruel, Aveyron.
Denoyelle (Eugène), de Lille, à Saint-Brieuc, Côtes-du-Nord.
Detormelaere (Marie), de Roubaix, à Offranville, Seine-Inférieure.
De Vits (Alfred) et sa fam., de Maubeuge, au Tréport, Seine-Inférieure.
De Vits (Joseph) et sa fam., de Maubeuge, au Tréport, Seine-Inférieure.
Devulder (Alida), de Sars-Poteries, à Guingamp, Côtes-du-Nord.
Devulder (André), de Sars-Poteries, à Guingamp, Côtes-du-Nord.
Deversain (Aline), de Sars-Poteries, à Guingamp, Côtes-du-Nord.
Devred (Yvonne) et sa famille, de Fresnes-sur-Escaut, à Dieppe, Seine-I.
Dewarimez (Louis), de Pecquencourt, à Saint-Brieuc, Côtes-du-Nord.
Deyhier (Georges), de Lille, à Saint-Brieuc, Côtes-du-Nord.
Dhorne (François), de Douai, à Saint-Brieuc, Côtes-du-Nord.
Divivier (Mme), de Larouillies, aux Marais, Oise.
Donot (Louise), d'Ohain, à Loudéac, Côtes-du-Nord.
Donot (Alice), de Glageon, à Loudéac, Côtes-du-Nord.
Dorléans (Mme) et sa fille, de Bavay, au Tréport, Seine-Inférieure.
Douillet (Cécile) et enf., de Ghyvelde, à Bolbec, Seine-Inférieure.
Douchement (Henri), de Lille, à Saint-Brieuc, Côtes-du-Nord.
Draucourt (Casimir), de Rainsart, à Roanne, Loire.
Draucourt (Ernestine), de Rainsart, à Roanne, Loire.
Drecq (Charles) et son épouse, de Wambaix, au Havre, Seine-Inférieure.
Driguet (Gustave) et fam., de Fourmies, à Angers, Maine-et-Loire.
Dronsart (Henri), de Lille, à Saint-Brieuc, Côtes-du-Nord.
Druel (François), de Pecquencourt, à Saint-Brieuc, Côtes-du-Nord.
Druelle (François), de Pecquencourt, à Saint-Brieuc, Côtes-du-Nord.
Dubralle (Amédée), de Somain, à Saint-Brieuc, Côtes-du-Nord.
Dubar (Jules) et sa fam., de Masnières, à Dieppe, Seine-Inférieure.
Dubeaurepaire (Léa), de Wignehies, à Loudéac, Côtes-du-Nord.
Dubois (Désiré), de Villers-au-Tertre, à Saint-Brieuc, Côtes-du-Nord.
Duchateau (Cécile), de Fourmies, à Goincourt, Oise.
Ducarne (Hermine) et enf., d'Avesnes, à Dieppe, Seine-Inférieure.
Duchesne (Ida), de Fourmies, à Goincourt, Oise.
Duez (Clovis), de Saint-Martin, à Saint-Brieuc, Côtes-du-Nord.
Duez (Angèle), d'Avesnes, à Terrasson, Dordogne.
Duez (Raymonde), d'Avesnes, à Terrasson, Dordogne.
Duez (Madeleine), d'Avesnes, à Terrasson, Dordogne.
Dufour-Maillard et enf., du Quesnoy, au Tréport, Seine-Inférieure.
Duflot (Gaston) et sa fam., de Cambrai, au Tréport, Seine-Inférieure.
Dufour (Alexandre), de Marquette, à Saint-Brieuc, Côtes-du-Nord.
Dufour (Théophile), de Lille, à Saint-Brieuc, Côtes-du-Nord.
Duhamel (Mme) et enf., de Villers-Guislain, à Sainte-Adresse, Seine-Inf.
Duhain (Rémy), d'Escaudain, à Saint-Brieuc, Côtes-du-Nord.
Duhem (Irma), de Feignies, à Fécamp, Seine-Inférieure.
Duhain (Charles), d'Escaudain, à Saint-Brieuc, Côtes-du-Nord.
Dulus (Adolphe), de Douai, à Perthes, Haute-Marne.
Dupas (Berthe), de Saint-Fiacre, à Villefranche, Aveyron.
Dupont (Paul), de Fresnes, à Saint-Brieuc, Côtes-du-Nord.
Dupont (Julia), de Bellignies, à Juvisy-sur-Orge, Seine-et-Oise.
Duperrier (Aristide), de Marly-les-Valenciennes, à Saint-Saire, Seine-Inf.
Dupeau (Alice), de Fourmies, à Goincourt, Oise.
Dupas (André), de Saint-Fiacre, à Villefranche, Aveyron.
Dupin (Emile) et fam., de Bavay, à Eu, Seine-Inférieure.
Dupriez (Maria), d'Anor, au Tréport, Seine-Inférieure.
Duquenne (Mme), de Fourmies, à Loudéac, Côtes-du-Nord.
Dur (Marie-Louise), de Fresnes, à Auxerre, Yonne.
Durand et son épouse, du Quesnoy, au Tréport, Seine-Inférieure.
Durand (Marcelle), de Bellevue, à Rieupeyroux, Aveyron.
Durand (Roger) de Bellevue, à Rieupeyroux, Aveyron.
Durand (Jeanne), de Bellevue, à Rieupeyroux, Aveyron.
Durand (Mathilde), de Bellevue, à Rieupeyroux, Aveyron.
Durieu (Anna), de Boussois, à Guingamp, Côtes-du-Nord.
Durieu (Alice) et enf., de Wattignies, à Offranville, Seine-Inférieure.
Duros (Paul), de Lille, à Saint-Brieuc, Côtes-du-Nord.
Dutriaux (Mme) et enf., de Jeumont, au Tréport, Seine-Inférieure.
Duterne (Henry), de Valenciennes, à Saint-Brieuc, Côtes-du-Nord.
Ecquet (Alphonse), de Douai, à Saint-Brieuc, Côtes-du-Nord.
Edart (Pierre), de Fourmies, à Goincourt, Oise.
Edard (André), de Fourmies, à Goincourt, Oise.
Edard (Élise), de Fourmies, à Goincourt, Oise.
Estevez (Henri), de Bertry, à Tourville-sur-Arques, Seine-Inférieure.
Ethuin (Léon), de Monchecourt, à Saint-Brieuc, Côtes-du-Nord.
Ève (Henri), de Valenciennes, à Saint-Brieuc, Côtes-du-Nord.
Eve (André), de Saint-Valery-Valenciennes, à Saint-Brieuc, Côtes-du-Nord.
Fagnon (Marie), de Verneuil, à Auxerre, Yonne.
Falleur (Maria), de Fourmies, à Loudéac, Côtes-du-Nord.

Falleur (Émilie), de Fourmies, à Loudéac, Côtes-du-Nord.
Faure (Zénaïde), de Sèvres, à Capdenac-Gare, Aveyron.
Farez (Pierre) et son épouse, de Villers-Guislain, à Sainte-Adresse, Seine-Inférieure.
Fichteberg (Oscar) et fam., d'Avesnes-sur-Helpe, à Malaunay, S.-Inf.
Fievet (Constantin), de Monchecourt, à Saint-Brieuc, Côtes-du-Nord.
Filleul (Just.), de Maubeuge, au Havre, Seine-Inférieure.
Fillion (André), d'Avesnes, à Terrasson, Dordogne.
Fillion (Léa), d'Avesnes, à Terrasson, Dordogne.
Flamand (Hermann) et son épouse, d'Hautmont, à Petit-Couronne, S.-Inf.
Flament (Marcel), de Gogniés-Chaussée, à Auxerre, Yonne.
Flament (Marie), de Gogniés-Chaussée, à Auxerre, Yonne.
Flament (Georges), de Gogniès-Chaussée, à Auxerre, Yonne.
Fleuquinn (Charles), de Masny, à Saint-Brieuc, Morbihan.
Flipo (Thérèse) et enf., de La Gorgue, à Pessac, Gironde.
Fontaine (Géline), de Bas-Lieu, à Terrasson, Dordogne.
Fontaine (Céline), de Bas-Lieu, à Terrasson, Dordogne.
Fosse (Victor), de Ruesnes, à Guingamp, Côtes-du-Nord.
Foucard (Octave) et fam., d'Anzin, à Dieppe, Seine-Inférieure.
Foucard (Jenny), de Maubeuge, à Angers, Maine-et-Loire.
Fouquart (Hélène), de Fourmies, à Pabu, Côtes-du-Nord.
Fourmaux (Victor), de Flers-en-Escrebieux, à Saint-Brieuc, Côtes-du-Nord.
Fourneaux (Louis), de Fourmies, à Goincourt, Oise.
François (Adrien), de Sin-le-Noble, à Saint-Brieuc, Côtes-du-Nord.
François (Eugène), de Crespin, à Saint-Brieuc, Côtes-du-Nord.
François (Marthe) et enf., de Maubeuge, à Bolbec, Seine-Inférieure.
Fromont (Adèle) et enf., de Wargnies-le-Grand, à Grugny, Seine-Inférieure.
Frumin (Oscar) et fam., d'Hautmont, à Dieppe, Seine-Inférieure.
Gabet (François) et fam., de Caudry, à Offranville, Seine-Inférieure.
Gaillard (Alfred) et fam., de Crèvecœur-sur-Escaut, au Tréport, S.-Inf.
Gaisse (Charles), de Cambrai, à Auxerre, Yonne.
Gaisse (Maria), de Cambrai, à Auxerre, Yonne.
Galey (Fernand), de Valenciennes, à Naucelle, Aveyron.
Galey (Georges), de Valenciennes, à Naucelle, Aveyron.
Galey (Louise), de Valenciennes, à Naucelle, Aveyron.
Galliez (Jean-Baptiste), de Lille, à Saint-Brieuc, Côtes-du-Nord.
Garmigny (Arthur), de Saacy, à Auxerre, Yonne.
Gauban (Berthe), de Lille, à Saint-Martin-Omonville, Seine-Inférieure.
Gauban (Olympe) et enf., de Lille, à Saint-Martin-Omonville, Seine-Inf.
Gauban (Jean-Baptiste), de Lille, à Saint-Martin-Omonville, Seine-Inf.
Gaussez (François), de Saint-Amand, à Saint-Brieuc, Côtes-du-Nord.
Gauvin (Augustine), de Famars, à Offranville, Seine-Inférieure.
Gauvin (Albert) et fam., de Famars, à Offranville, Seine-Inférieure.
Gellée (Henriette), de Marly-les-Valenciennes, à Saint-Saire, Seine-Inf.
Genod (Mme), de Saint-Prix, à Usserre, Aveyron.
Génod (Emile), de Saint-Prix, à Usserre, Aveyron.
Gérard (Léon), de Douai, à Saint-Brieuc, Côtes-du-Nord.
Gibot (Flore), de Cateau-Cambrésis, à Angers, Maine-et-Loire.
Gilles (Joséphine), de Cambrai, à Dieppe, Seine-Inférieure.
Gillain (Rosalie), de Glageon, à Loudéac, Côtes-du-Nord.
Glineur et fam., de Lourches, au Tréport, Seine-Inférieure.
Gourdin (Charles) et enf., d'Haspres, à Envermeu, Seine-Inférieure.
Gobillard (Alfred), de Châlons-sur-Marne, à Auxerre, Yonne.
Godin (Lise) et enf., d'Avesnes, à Dieppe, Seine-Inférieure.
Goris (Émile), d'Eppe-Sauvage, à Beuzeville-la-Grenier, Seine-Inférieure.
Gosse (Yvonne), de La Flamengrie, à Auxerre, Yonne.
Gosse (Philomène), de La Flamengrie, à Auxerre, Yonne.
Gosse (Noël), de La Flamengrie, à Auxerre, Yonne.
Gosse (Léonie), de La Flamengrie, à Auxerre, Yonne.
Gosse (Marguerite), de La Flamengrie, à Auxerre, Yonne.
Gosse (Léonce), de La Flamengrie, à Auxerre, Yonne.
Gosse (Marie), de La Flamengrie, à Auxerre, Yonne.
Gosset (Édouard), de Fourmies, à Loudéac, Côtes-du-Nord.
Gosset (Mme), de Fourmies, à Loudéac, Côtes-du-Nord.
Goube (Narcisse), de Somain, à Saint-Brieuc, Côtes-du-Nord.
Goudière (Jules) et fam., d'Hautmont, à Dieppe, Seine-Inférieure.
Gouverneur (Jeanne), de Douzy-Feignies, à Villefranche, Aveyron.
Gouverneur (Marcelle), de Douzy-Feignies, à Villefranche, Aveyron.
Grapin (Auguste), d'Ocquerre, à Auxerre, Yonne.
Grapin (Octave), de Lizy, à Auxerre, Yonne.
Gras (Charles), de Wambaix, au Havre, Seine-Inférieure.
Grasset (Jeanne), de Bellevue, à Villefranche, Aveyron.
Grasset (Marie), de Bellevue, à Villefranche, Aveyron.
Grasset (Pierre), de Bellevue, à Villefranche, Aveyron.
Graux (Clara), de Glageon, à Loudéac, Côtes-du-Nord.
Grière (Ernest), de Caudry, à Rouen, Seine-Inférieure.
Gris (Eugénie), de Saint-Augustin, à Auxerre, Yonne.
Guerreau (Augustine), de Deuil, à Auxerre, Yonne.
Guffroy (Pauline), de Lille, à Saint-Affrique, Aveyron.
Guffroy (Aline), de Lille, à Saint-Affrique, Aveyron.
Guffroy (Henriette), de Lille, à Saint-Affrique, Aveyron.
Guffroy (Maxime), de Lille, à Saint-Affrique, Aveyron.
Guillaux (Mme) et enf., d'Armentières, au Tréport, Seine-Inférieure.
Guislain (Léon), de Raismes, à Saint-Brieuc, Côtes-du-Nord.
Gumez (Madeleine), de Bry, à Dieppe, Seine-Inférieure.
Gumez (Louis), de Lille, à Saint-Brieuc, Côtes-du-Nord.
Gustin (Léon), de Saint-Martin, à Saint-Brieuc, Côtes-du-Nord.
Habrant (Marie-Louise), de Cambrai, à Bolbec, Seine-Inférieure.
Hache (Joseph), de Lille, à Saint-Brieuc, Côtes-du-Nord.
Halle (René), de Carnières, à Saint-Étienne, Loire.
Haingle (Angèle) et enf., de Féron, au Tréport, Seine-Inférieure.
Hallant (Léon) et fam., de Bavay, au Tréport, Seine-Inférieure.
Hamiot, de Fourmies, à Terrasson, Dordogne.
Hamiot (Mme), de Fourmies, à Terrasson, Dordogne.
Hambotin (Mme) et enf., de Fourmies, à Eu, Seine-Inférieure.
Hamies (Marguerite) et fam., d'Orchies, à Quièvrecourt, Seine-Inférieure.
Hary (Paul), de Pecquencourt, à Saint-Brieuc, Côtes-du-Nord.
Hary (Philippe), de Pecquencourt, à Saint-Brieuc, Côtes-du-Nord.
Hautcœur et son épouse, de Saint-Vaast-Cambrésis, à Yport, Seine-Inf.
Hazard (Mme) et enf., de Catillon-sur-Sambre, à Gruchet-St Siméon, S.-Inf.
Hazaud (Blanche), de Larouillies, à Terrasson, Dordogne.
Hazaud (Jeanne), de Larouillies, à Terrasson, Dordogne.
Hazaud (Jeanne), de Larouillies, à Terrasson, Dordogne.
Hazaud (Rose), de Larouillies, à Terrasson, Dordogne.
Hazaud (Blanche), de Larouillies, à Terrasson, Dordogne.
Hazaud (Rose), de Larouillies, à Terrasson, Dordogne.
Herbo (Louise), de Lille, à Saint-Affrique, Aveyron.
Herbin (Nicolas), d'Avesnes-les-Aubert, à Méville, Seine-Inférieure.
Herbecq (Julia), d'Avesnes, à Terrasson, Dordogne.
Herbecq (Marthe), d'Avesnes, à Terrasson, Dordogne.
Herbecq (Gustave), d'Avesnes, à Terrasson, Dordogne.
Herbecq (Marguerite), d'Avesnes, à Terrasson, Dordogne.
Herly (Jean), de Wavrechain, à Saint-Brieuc, Côtes-du-Nord.
Hermin (Mme) et enf., de Jeumont, au Havre, Seine-Inférieure.
Hermin (Mme), de Jeumont, au Havre, Seine-Inférieure.
Holin (Charles), de Lille, à Saint-Brieuc, Côtes-du-Nord.
Horlin (Henri), de Lille, à Saint-Brieuc, Côtes-du-Nord.
Hourdiant (Georges), de Denain, à Saint-Brieuc, Côtes-du-Nord.
House (Irma), de Beugnies, à Sotteville-sur-Mer, Seine-Inférieure.
Hotman (Léon), de Valenciennes, à Saint-Brieuc, Côtes-du-Nord.
Huart (Irma), de Bavay, à Rouen, Seine-Inférieure.
Hubert (Julienne), de Mongrou, à Rieupeyroux, Aveyron.
Hubière (Gilberte), de Fourmies, à Goincourt, Oise.
Hubière (Paulin), de Fourmies, à Goincourt, Oise.
Hubière (Louise), de Fourmies, à Goincourt, Oise.
Hubert (Lucien), de Mongrou, à Rieupeyroux, Aveyron.
Hubert (Lucienne), de Mongrou, à Rieupeyroux, Aveyron.
Huet (Sidonie), d'Avesnes-sur-Helpe, à Guingamp, Côtes-du-Nord.
Huet (Jeanne), de Larouillies, aux Marais, Oise.
Huet (Mme), de Larouillies, aux Marais, Oise.
Huaux (Charles) et son épouse, d'Hautmont, à Dieppe, Seine-Inférieure.
Icard (Raymond) et son épouse, de Roubaix, à Offranville, Seine-Inférieure.
Jacquies (Evariste) et fam., d'Anor, à Cléon, Seine-Inférieure.
Jacquies (Ernest) et fam., de Wignehies, à Cléon, Seine-Inférieure.
Jacquet (Alphonse), de Douai, à Saint-Brieuc, Côtes-du-Nord.
Jaucart (Jean) et fam., d'Hautmont, à Fécamp, Seine-Inférieure.
Jerney (Alfred), de Somain, à Saint-Brieuc, Côtes-du-Nord.
Joly (Émile), de Crespin, à Saint-Brieuc, Côtes-du-Nord.
Joly (Camille), d'Haspres, à Envermeu, Seine-Inférieure.
Journiaux (Maurice), de Beugnies, à Sotteville-sur-Mer, Seine-Inférieure.
Jouviaux (Jules), de Glageon, à Loudéac, Côtes-du-Nord.
Jouniaux (Yvonne), de Glageon, à Loudéac, Côtes-du-Nord.
Jouniaux (Zélia) et fam., de Marpent, à Angers, Maine-et-Loire.
Jullien (Pierre), de Denain, à Saint-Brieuc, Côtes-du-Nord.
Jumeau (Léon), de Villers-au-Tertre, à Saint-Brieuc, Côtes-du-Nord.
Karlitzky (Félicie), du Cateau-Cambrésis, à Angers, Maine-et-Loire.
Koenig (Léa), d'Avesnes-sur-Helpe, à Guingamp, Côtes-du-Nord.
Lachapelle et son épouse, de Jeumont, au Tréport, Seine-Inférieure.
Lacoche (Jeanne), de Villereau, à Guingamp, Côtes-du-Nord.
Lacoche (Louise), de Boussois, à Guingamp, Côtes-du-Nord.
Lacombe (Simon), de Brétigny-sur-Orge, à Villefranche, Aveyron.
Lacombe (Charles), de Brétigny-sur-Orge, à Villefranche, Aveyron.
Lacombe (Maria), de Brétigny-sur-Orge, à Villefranche, Aveyron.
Lacquement (François), de Masny, à Saint-Brieuc, Côtes-du-Nord.
Lacroix (Augustin), de Bousignies, à Auxerre, Yonne.
Laine (Adolphe), de Villers-au-Tertre, à Saint-Brieuc, Côtes-du-Nord.
Lalande (François), d'Aniche, à Saint-Brieuc, Côtes-du-Nord.
Lambert (Jeanne), de Fourmies, à Guingamp, Côtes-du-Nord.
Lambert (Edmond), de Fourmies, à Guingamp, Côtes-du-Nord.
Lambert (Gustave), de Valenciennes, à St-Nicolas-d'Aliermont, Seine-Infé
Lambert (Alina), de Valenciennes, à St-Nicolas-d'Aliermont, Seine-Infé
Lambiotte (Oscar), d'Aniche, à Saint-Brieuc, Côtes-du-Nord.

Lamblot (Désirée), de Warguies, à Terrasson, Dordogne.
Lamblot (Désirée), de Wargnies, à Terrasson, Dordogne.
Lastavel (Estelle), de Dunkerque, à Bergerac, Dordogne.
Laurent (Hector) et son épouse, de Blanc-Misseron, à Nointot, Seine-Infér.
Lavigne (Mme), de Vernouillet, à Mur-de-Barrez, Aveyron.
Lavigne (Jeanne), de Vernouillet, à Mur-de-Barrez, Aveyron.
Layral (Gabriel), d'Armentières, à Sévérac-le-Château, Aveyron.
Le Baron (François), de Louvignies-Bavay, à Louvetot, Seine-Inférieure.
Leblanc (Alexandre) et fam., de Bousies, à Angers, Maine-et-Loire.
Leblanc (Jules) et son épouse, de Tourcoing, au Tréport, Seine-Inférieure.
Leblond (Philippe), de Monchecourt, à Saint-Brieuc, Côtes-du-Nord.
Leblond (Augustin) et son épouse, de Cousolre, à Dieppe, Seine-Inférieure.
Le Blond (Anatole), de Sommain, à Saint-Brieuc, Côtes-du-Nord.
Le Breton (Jules), de Roubaix, à Saint-Brieuc, Côtes-du-Nord.
Leclercq (Edmond), de Vieux-Condé, à Saint-Brieuc, Côtes-du-Nord.
Leclercq (Charles), de Pecquencourt, à Saint-Brieuc, Côtes-du-Nord.
Leclercq (Oscar), de Frasnoy, à Sens, Yonne.
Leclerc (Fernand), de Wambaix, à . . . . . , Seine-Inférieure.
Leclerc (Louis), de Bellicourt, à Auxerre, Yonne.
Leclerre (Henri) et fam., de Lesdain, au Tréport, Seine-Inférieure.
Lecomte (Henriette), de La Ferté-sous-Jouarre, à Auxerre, Yonne.
Lecomte (Marie), de Verdelot, à Auxerre, Yonne.
Lecomte (Zélie), de Verdelot, à Auxerre, Yonne.
Lecouffe (Gabriel), de Jeulain, à Auxerre, Yonne.
Lecouffe (Marcel), de Jeulain, à Auxerre, Yonne.
Lecouff (Omer), de Marquette, à Saint-Brieuc, Côtes-du-Nord.
Lefebre (Émile), de Douai, à Saint-Brieuc, Côtes-du-Nord.
Lefebvre (Noémie) et enf., de Bertry, à Offranville, Seine-Inférieure.
Lefebvre (Charles) et fam., de Caudry, à Rouen, Seine-Inférieure.
Lefebvre et fam., de La Bassée, au Tréport, Seine-Inférieure.
Lefevre (Jules), d'Aniche, à Saint-Brieuc, Côtes-du-Nord.
Le Fèvre (Jules), de Wavrechain-sous-Denain, à St-Brieuc, Côtes-du-N.
Lefebvre (Marcel), de Crespin, à St-Brieuc, Côtes-du-Nord.
Lefèvre (Edmond), de Beaurepaire, à Goincourt, Oise.
Lefeux (Maria), de Lille, à Carville-Pot-de-Fer, Seine-Inférieure.
Le Garez (Mariel), de Lille, à Saint-Brieuc, Côtes-du-Nord.
Legrand (Antoinette), de Saacy, à Auxerre, Yonne.
Legrand (Ernest), de Saacy, à Auxerre, Yonne.
Legros (Alfred), de Denain, à Saint-Brieuc, Côtes-du-Nord.
Leleux (Adolphe), d'Escaupont, à Saint-Brieuc, Côtes-du-Nord.
Lemaire (Émile), de Lille, au Havre, Seine-Inférieure.
Lemaire (Jules), d'Auor, au Tréport, Seine-Inférieure.
Lemaire (Maurice) et son épouse, de Maubeuge, au Tréport, Seine-Infér.
Lemaire (Jules), de Denain, à Saint-Brieuc, Côtes-du-Nord.
Lemaître et enf., de Wambaix, au Havre, Seine-Inférieure.
Lemoine (Clodomir), de Beaurepaire, à Goincourt, Oise.
Lemonnier (Laure), de Roubaix, à Thiollière, Loire.
Lemonnier (Emilie), de Roubaix, à Thiollière, Loire.
Lempereur (Jean-Baptiste), de Villers-au-Tertre, à Saint-Brieuc, Côtes-du-N.
Lepoint (Adolphine), d'Henguis, à Auxerre, Yonne.
Leprêtre (Louise) et enf., de Catillon, à Sanvic, Seine-Inférieure.
Lernoud (Polycarpe), de Louvignies-Bavay, à Louvetot, Seine-Inférieure.
Lernoux (Gustave), de Tressinliger, à Saint-Brieuc, Côtes-du-Nord.
Leroy (Alice), de Maubeuge, à Bourges, Cher.
Leroy (André), d'Avesnes, à Terrasson, Dordogne.
Lesage (Flount), de Raismes, à Saint-Brieuc, Côtes-du-Nord.
1. Lespinas (Henriet), de Saint-Loup-de-Naud[1], à Auxerre, Yonne.
Lespinasse (Marguerite), de Saint-Loup-de-Naud, à Auxerre, Yonne.
Lespinas (Léonie), de Saint-Loup-de-Naud, à Auxerre, Yonne.
Lespinas (Léonne), de Saint-Loup-de-Naud, à Auxerre, Yonne.
Lespinas (Henri), de Saint-Loup-de-Naud, à Auxerre, Yonne.
Lespinas (Arthur), de Saint-Loup-de-Naud, à Auxerre, Yonne.
Letoret (Angèle), de Fourmies, à Laroche-Saint-Cydroine, Yonne.
Letoret (Ernest), de Fourmies, à Laroche-Saint-Cydroine, Yonne.
Letour (André), de Fourmies, à Laroche-Saint-Cydroine, Yonne.
Levalluret (Mme), et enf., de Crèvecœur-sur-Escaut, au Tréport, Seine-Inf.
Levert (Armand), de Monchecourt, à Saint-Brieuc, Côtes-du-Nord.
Leygues (Félix), de Sèvres, à Capdenac, Aveyron.
Libotte (Rosine), de Cousolre, à Terrasson, Dordogne.
Libotte (Aline), du Quesnoy, à Terrasson, Dordogne.
Libotte (Marie-Louise), de Cousolre, à Terrasson, Dordogne.
Liena (Mme) et enf., de Landrecy, au Tréport, Seine-Inférieure.
Liénard (Mme) et enf., de Roubaix, à Yport, Seine-Inférieure.
Liénard (Humbert), de Louvignies-Bavay, à Louvetot, Seine-Inférieure.
Linquette (Jean-Baptiste), de Wallers, à Saint-Brieuc, Côtes-du-Nord.
Linquette (François), de Wallers, à Saint-Brieuc, Côtes-du-Nord.
Locqueuse (Marie), de Larouillies, à Terrasson, Dordogne.
Loiselet (Adolphe), d'Onnaing, à Saint-Brieuc, Côtes-du-Nord.
Lorant (Simone), de Rousies, à Guingamp, Côtes-du-Nord.
Loudan et fam., de Pont-sur-Sambre, au Tréport, Seine-Inférieure.
Louis (André), de Villers-Guislain, à Sainte-Adresse, Seine-Inférieure.
Louit (Germaine), de Coulommiers, à Bourges, Cher. (Seine et Marne)
Loutre (Mme), de Bavay, à Rouen, Seine-Inférieure.
Lucas (Arthur) et fam., de Gouzeaucourt, à Bellengreville, Seine-Inférieure.
Macquet (Maurice) et fam., de St-Amand-les-Eaux, au Tréport, Seine-Inf.
Mahieux (Fernand), de Wattignies, à Cailly, Seine-Inférieure.
Maillard (Mme), de Maubeuge, au Tréport, Seine-Inférieure.
Maillard et son épouse, d'Hecq, au Tréport, Seine-Inférieure.
Mairesse (Eugène), de Caudry, à Rouen, Seine-Inférieure.
Maillaud (Maria), de Bas-Lieu, à Terrasson, Dordogne.
Maillard (Fernand), d'Avesnes, au Havre, Seine-Inférieure.
Mallet (Suzanne), de Pommeux, à Auxerre, Yonne.
Mallet (Palmyre), de Sepmeries, à Guingamp, Côtes-du-Nord.
Mallet (Georges) et épouse, de Montdidier, à St-Vaast-d'Equiqueville, S.-I.
Malogain (Auguste), de Trissinliger, à Saint-Brieuc, Côtes-du-Nord.
Maniguen (Paul), de Glageon, à Loudéac, Côtes-du-Nord.
Marteleur (Marie), de Feignies, à Périgueux, Dordogne.
Marteleur (Arnold), de Feignies, à Périgueux, Dordogne.
Mariscal (Emile), de Lille, à Saint-Brieuc, Côtes-du-Nord.
Marbotin (Désiré), de Lille, à Saint-Brieuc, Côtes-du-Nord.
Mary (Clément) et fam., d'Hautmont, à Auffay, Seine-Inférieure.
Marthe (Marie) et enf., de Bavay, à Rouen, Seine-Inférieure.
Marchal (Lucienne), de Valenciennes, à Liré, Maine-et-Loire.
Marchal (Lucien), de Valenciennes, à Liré, Maine-et-Loire.
Marchal (Marie), de Valenciennes, à Liré, Maine-et-Loire.
Mareau (Mme), d'Avesnes, à Terrasson, Dordogne.
Marécaux (Suzanne), d'Avesnelles, à Terrasson, Dordogne.
Marécaux (Denise), d'Avesnelles, à Terrasson, Dordogne.
Marécaux (Berthe), d'Avesnelles, à Terrasson, Dordogne.
Marty (Marie), du Raincy, à Sainte-Affrique, Aveyron.
Marquer (Léon) et fam., de Tourcoing, à Dieppe, Seine-Inférieure.
Marbotin (Louis), de Monchecourt, à Saint-Brieuc, Côtes-du-Nord.
Marchand (Jules), de Masny, à Saint-Brieuc, Côtes-du-Nord.
Marsy (Anselme), de Beaurepaire, à Goincourt, Oise.
Marsy (Henri), de Beaurepaire, à Goincourt, Oise.
Marsy (Victoire), de Beaurepaire, à Goincourt, Oise.
Marsy (Marcel), de Beaurepaire, à Goincourt, Oise.
Marsy (Anselme), de Beaurepaire, à Goincourt, Oise.
Marc (Yvonne) et enf., de Valenciennes, à Yport, Seine-Inférieure.
Masclet (Désiré), d'Ecaillon, à Saint-Brieuc, Côtes-du-Nord.
Masson (Fernand), de Landrecies, à Guingamp, Côtes-du-Nord.
Masson (Zulma), de Landrecies, à Guingamp, Côtes-du-Nord.
Masson (Mme) et enf., de Bavay, au Tréport, Seine-Inférieure.
Masse (Germaine) et enf., de Calais, à Dieppe, Seine-Inférieure.
Mathieu (Julien) et fam., de Caudry, au Tréport, Seine-Inférieure.
Mathias (Louis), de Beugnies, à Sotteville-sur-Mer, Seine-Inférieure.
Mauriaux et enf., de Busigny, au Havre, Seine-Inférieure.
Mauchecourt (Léon), de Lewarde, à Saint-Brieuc, Côtes-du-Nord.
Maudua (Henri), d'Aniche, à Saint-Brieuc, Côtes-du-Nord.
Ménissez (Marie), d'Estrun, à Yerville, Seine-Inférieure.
Ménissez (Zéphir) et fam., d'Estrun, à Yerville, Seine-Inférieure.
Mennetrier (Hector), de Roubaix, à Saint-Brieuc, Côtes-du-Nord.
Menneveux (Louise), d'Anzin, à Pessac, Gironde.
Mercier (Marcelle), de Ferrière-la-Grande, à Dieppe, Seine-Inférieure.
Messager (Jean), de Caudry, à Pessac, Gironde.
Meurisse (Marie), de Felleries, à Sotteville-sur-Mer, Seine-Inférieure.
Meurisse (Rosa), de Beugnies, à Sotteville-sur-Mer, Seine-Inférieure.
Meunier (Camille), de Beaurepaire, à Goincourt, Oise.
Meunier (Camillo), de Beaurepaire, à Goincourt, Oise.
Meunier (Marceau), de Beaurepaire, à Goincourt, Oise.
Michel (Mme), de Saint-Prix, à Usserre, Aveyron.
Michel (Micheline), de Saint-Prix, à Usserre, Aveyron.
Michelle (Rosalie), de Fourmies, à Guingamp, Côtes-du-Nord.
Miternique (Suzanne), de Seclin, à Terrasson, Dordogne.
Miternique (Héloïse) de Seclin, à Terrasson, Dordogne.
Miternique (Denise), de Seclin, à Terrasson, Dordogne.
Miternique (Victor), de Seclin, à Terrasson, Dordogne.
Miternique (Robert), de Seclin, à Terrasson, Dordogne.
Modave (Paul), de Maubeuge, à Villefranche, Aveyron.
Modave (Adèle), de Maubeuge, à Villefranche, Aveyron.
Moity-Laporte (Mme) et enf., de Caudry, au Tréport, Seine-Inférieure.
Moirez (Paul), d'Hargnies, à Terrasson, Dordogne.
Moirez (Maxime), d'Hargnies, à Terrasson, Dordogne.
Moirez (Jean), d'Hargnies, à Terrasson, Dordogne.
Moirez (Marie) d'Hargnies, à Terrasson, Dordogne.
Moniez (Léon), de Denain, à Saint-Brieuc, Côtes-du-Nord.
Mouchaux (Marie), du Quesnoy, à Dieppe, Seine-Inférieure.
Monin (Jacques), d'Avesnelles, à Terrasson, Dordogne.
Monin (Berthe), d'Avesnelles, à Terrasson, Dordogne.
Monier (Louise) et enf., de Douchy, à Angers, Maine-et-Loire.
Monseur (Raymond) et fam., d'Hautmont, à Dieppe, Seine-Inférieure.
Monier (Toussaint), de Denain, à Saint-Brieuc, Côtes-du-Nord.

[1] Saint Loup de Naud (Seine et Marne et non Nord)

Moncomble, de Lille, au Tréport, Seine-Inférieure.
Moronoal (Alcide), de Fourmies, à Goincourt, Oise.
Morel (Odette), de Jenlain à Auxerre, Yonne.
Morel (Joseph), de Jenlain, à Auxerre, Yonne.
Morel (Juliette), de Jenlain, à Auxerre, Yonne.
Morel (Solange), de Jenlain, à Auxerre, Yonne.
Morel (Wilhelmine), de Jenlain, à Auxerre, Yonne.
Morchipont (Jeanne) et enf., de Fresnes, à Dieppe, Seine-Inférieure.
Morel (Léon), de Lille, à Carville, Seine-Inférieure.
Moreau (Vve), d'Avesnes, à Terrasson, Dordogne.
Moreau, d'Avesnes, à Terrasson, Dordogne.
Moronoal (Adrien), de Fourmies, à Goincourt, Oise.
Moronoal (Suzanne), de Fourmies, à Goincourt, Oise.
Moreau (François), de Vicq, à Saint-Brieuc, Côtes-du-Nord.
Morau (François), de Crespin, à Saint-Brieuc, Côtes-du-Nord.
Mordeur (Rémy), de Sin-le-Noble, à Saint-Brieuc, Côtes-du-Nord.
Motte (Renée), d'Armentières, à Angers, Maine-et-Loire.
Motte (Robert), d'Armentières, à Angers, Maine-et-Loire.
Motte (Benjamin), d'Armentières, à Angers, Maine-et-Loire.
Motte (Aglaé), d'Armentières, à Angers, Maine-et-Loire.
Motuelle (Louis), de Somain, à Saint-Brieuc, Côtes-du-Nord.
Mousin (Jacques), d'Avesnelles, à Terrasson, Dordogne.
Mousin (Berthe), d'Avesnelles, à Terrasson, Dordogne.
Moulin (Louis), de Maubeuge, à Sens, Yonne.
Mouton (Jules), de Sin-le-Noble, à Saint-Brieuc, Côtes-du-Nord.
Munier et enf., de Maubeuge, au Tréport, Seine-Inférieure.
Navarre (Mme), de Fourmies, à Loudéac, Côtes-du-Nord.
Navarre (Emile), de Fourmies, à Loudéac, Côtes-du-Nord.
Navarre (René), de Fourmies, à Loudéac, Côtes-du-Nord.
Navarre (Mme), de Fourmies, à Loudéac, Côtes-du-Nord.
Navarre (Emile), de Fourmies, à Loudéac, Côtes-du-Nord.
Naveau (Marguerite), d'Avesnes, à Terrasson, Dordogne.
Naveau (Marguerite), d'Avesnes, à Terrasson, Dordogne.
Nette (Marie), de Maubeuge, à Auxerre, Yonne.
Nette (Jeanne), de Maubeuge, à Auxerre, Yonne.
Neuvens (Albert) et fam., de Sars-Poteries, à Eu, Seine-Inférieure.
Neveu (Angèle), de Fourmies, à Sainte-Adresse, Seine-Inférieure.
Nison (Georges), de Denain, à Saint-Brieuc, Côtes-du-Nord.
Noël (Elisa) et enf., de Villers-Sire-Nicole, à Pessac, Gironde.
Noyon (Lucien), de Maubeuge, à Saint-Brieuc, Côtes-du-Nord.
Oberlé (Joannès), de Denain, à Saint-Brieuc, Côtes-du-Nord.
Obert (Paul), de Douai, à Saint-Brieuc, Côtes-du-Nord.
Obrossard (Marcel), de Lille, à Saint-Brieuc, Côtes-du-Nord.
Oudart (Mme) et enf., d'Armentières, au Tréport, Seine-Inférieure.
Pagniez (François), d'Aniche, à Saint-Brieuc, Côtes-du-Nord.
Pailla (Georges), de Trélon, à Angers, Maine-et-Loire.
Pailla (Marguerite), de Trélon, à Angers, Maine-et-Loire.
Pailla (Jeanne), de Trélon, à Angers, Maine-et-Loire.
Parent (Alfred), de Cambrai, à Saint-Brieuc, Côtes-du-Nord.
Paroli (Charles), de Maubeuge, à Sens, Yonne.
Parmentier (Lucien), d'Onnaing, à Saint-Brieuc, Côtes-du-Nord.
Passage (Emile) et fam., d'Avesnes, à Dieppe, Seine-Inférieure.
Pastoors (Albert) et fam., d'Erchies, à St-Romain-de-Colbosc, Seine-Inf.
Pauldine (Bultot), de Fourmies, à Pabu, Côtes-du-Nord.
Pauwels (Edouard), de Jeumont, au Havre, Seine-Inférieure.
Pavot (Désirée), de Valenciennes, à Saint-Nicolas-d'Aliermont, Seine-Inf.
Pavot (Denise), d'Etrœungt à Loudéac, Côtes-du-Nord.
Pavot (Albert), de Etrœungt, à Loudéac, Côtes-du-Nord.
Payen (Hector), de Solre-le-Château, à Terrasson, Dordogne.
~~Payen (Léonie), de Valenciennes, à Terrasson, Dordogne.~~
Payen (Charles), de Lille, à Saint-Brieuc, Côtes-du-Nord.
Payen (Léonie), de Valenciennes, à Terrasson, Dordogne.
Pecqueur (Henri) et fam., de Lille, à Eu, Seine-Inférieure.
Pecqueux (Angèle), et enf., de Catillon, à Sanvic, Seine-Inférieure.
Pelerioux (Emile), de Somain, à Saint-Brieuc, Côtes-du-Nord.
Peltier (Charles) et fam., de Cambrai, à Dieppe, Seine-Inférieure.
Pénot (Adèle), d'Etampes, à Bourges, Cher.
Petit (Sidonie), d'Etrœungt, à Auxerre, Yonne.
Petit (Jean), d'Etrœungt, à Auxerre, Yonne.
Petit (Léocadie), de Lez-Fontaine, à Agonac, Dordogne.
Petiteville (Albert), de Beaumont, à Saint-Nicolas-d'Aliermont, Seine-Inf.
Pétrissot (Mme), de Glageon, à Loudéac, Côtes-du-Nord.
Pette (Henri), d'Escautpont, à Saint-Brieuc, Côtes-du-Nord.
Pette (Jules), d'Escautpont, à Saint-Brieuc, Pas-de-Calais.
Peuchot (Louis) et fam., de Maubeuge, au Tréport, Seine-Inférieure.
Philbert (Suzanne) et enf., de Valenciennes, à St-Nicolas-d'Aliermont, S.-Inf.
Phillippe (Juliette), de Sarouillies, aux Marais, Oise.
Pic (Clara), d'Avesnes, à Dieppe, Seine-Inférieure.
Picard (Désiré), de Valenciennes, à Saint-Brieuc, Côtes-du-Nord.
Piette (Paul), de Fourmies, à Auxerre, Yonne.
Pillot (Charlotte), de Solre-le-Château, à Agonac, Dordogne.
Pillot (Marie), de Lez-Fontaine, à Agonac, Dordogne.
Pillot (Léocadie), de Lez-Fontaine, à Agonac, Dordogne.
Pillot (Louis), de Lez-Fontaine, à Agonac, Dordogne.
Pillot (Lucie), de Lez-Fontaine, à Agonac, Dordogne.
Pillot (Louise), de Lez-Fontaine, à Agonac, Dordogne.
Piquet-Autremoine (Mme), de Chatou, à Villefranche, Aveyron.
Place (Mme), de Feignies, au Tréport, Seine-Inférieure.
Place (Françoise) et enf., de Maubeuge, à Bolbec, Seine-Inférieure.
Place (Françoise), de Maubeuge, à Wattelot-sur-Mer, Seine-Inférieure.
Plainguet (Zoé), d'Avesnes, à Terrasson, Dordogne.
Plainguet (Eugène), d'Avesnes, à Terrasson, Dordogne.
Plainguet (Andrée), d'Avesnes, à Terrasson, Dordogne.
Plaitin (Mme) et enf., de Jeumont, au Tréport, Seine-Inférieure.
Plaitin (Mme) et enf., de Jeumont, au Tréport, Seine-Inférieure.
Plouchard (André), de Trisainligef, à Saint-Brieuc, Côtes-du-Nord.
Paul (Emile), de Lille, à Saint-Brieuc, Côtes-du-Nord.
Pollart (Usmard), de Lille, à Saint-Brieuc, Côtes-du-Nord.
Polle (Joseph) et fam., de Marcoing, à Graville-Ste-Honorine, Seine-Inf.
Potitberghean, de Douai, à Saint-Brieuc, Côtes-du-Nord.
Poty (Pierre) et fam., d'Aulnoye, à Dieppe, Seine-Inférieure.
Poulain (Charlemagne), de Marquette, à Saint-Brieuc, Côtes-du-Nord.
Poulain (Emile), de Sin-le-Noble, à Saint-Brieuc, Côtes-du-Nord.
Poulain (Charles), de Masny, à Saint-Brieuc, Côtes-du-Nord.
Poulain (Charles), de Villers-au-Tertre, à Saint-Brieuc, Côtes-du-Nord.
Prévot (Victor), du Cateau, à Guingamp, Côtes-du-Nord.
Prouier (Marie) et enf., de Feignies, à Fécamp, Seine-Inférieure.
Prouvez (Jules), de Lille, à Saint-Brieuc, Côtes-du-Nord.
Pruhom (Mme) et enf., de Cambrai, au Tréport, Seine-Inférieure.
Pruvot (François), de Monchecourt, à Saint-Brieuc, Côtes-du-Nord.
Pugh (Mme) et enf., de Feignies, à Dieppe, Seine-Inférieure.
Quertain (Emma), de Jeumont, à Terrasson, Dordogne.
Quertain (Paul), de Jeumont, à Terrasson, Dordogne.
Quertain (Denise), de Jeumont, à Terrasson, Dordogne.
Queulin (Désiré) et fam., de Villers-Guislain, à Sainte-Adresse, Seine-Inf.
Ragueneau (François), de Somain, à Saint-Brieuc, Côtes-du-Nord.
Raison (Léontine), d'Avesnes, à Auxerre, Yonne.
Rambur (Henriette), du Cateau, à Guingamp, Yonne.
Raont (Marie) et enf., d'Avesnes, à Sanvic, Seine-Inférieure.
Ratel (Félix), de Fiers, à Saint-Brieuc, Côtes-du-Nord.
Ravaux (Marceline), de Beugnies, à Sotteville-sur-Mer, Seine-Inférieure.
Ravaux (Anne), d'Avesnes, à Terrasson, Dordogne.
Ravaux (Renée), d'Avesnes, à Terrasson, Dordogne.
Ravaux (Marie), d'Avesnes, à Terrasson, Dordogne.
Ravaux (Virginie), d'Avesnes, à Terrasson, Dordogne.
Ravaux (Marie), d'Avesnes, à Terrasson, Dordogne.
Ravaux (Renée), d'Avesnes, à Terrasson, Dordogne.
Ravauy (Virginie), d'Avesnes, à Terrasson, Dordogne.
Réal (Georges), de Ruesnes, à Guingamp, Côtes-du-Nord.
Reco (Julien), de Lille, à Saint-Brieuc, Côtes-du-Nord.
Regniez (Ildephonse), de Monchecourt, à Saint-Brieuc, Côtes-du-Nord.
Reinbold (Isabelle), d'Ermont, à Sauveterre, Aveyron.
Reinbold (Berthile), d'Ermont, à Sauveterre, Aveyron.
Remy (Georges) et fam., de La Chapelle-d'Armentières, à Malaunay, S.-Inf.
Renaux (Georges), de Douai, à Saint-Brieuc, Côtes-du-Nord.
Riche (Maria), de Fourmies, à Yport, Seine-Inférieure.
Ricart (Désiré), de Douai, à Saint-Brieuc, Côtes-du-Nord.
Richez (Hubert), de Somain, à Saint-Brieuc, Côtes-du-Nord.
Ricart (Jean-Baptiste), de Douai, à Saint-Brieuc, Côtes-du-Nord.
Richez (Désiré), de Monchecourt, à Saint-Brieuc, Côtes-du-Nord.
Richet (Alfred), de Douai, à Saint-Brieuc, Côtes-du-Nord.
Richard (Mme) et enf., de Cambrai, au Tréport, Seine-Inférieure.
Rigaut (Marcel), de Woziers, à Sens, Yonne.
Robert (Augustin) et enf., de Bellignies, à Juvisy-sur-Orge, Seine-et-Oise.
Robert (Auguste), de Bellignies, à Juvisy-sur-Orge, Seine-et-Oise.
Robeaux (Berthe) et enf., de Wargnies-le-Petit, à Grugny, Seine-Inf.
Robert (Jeanne), de Lille, au Havre, Seine-Inférieure.
Rocteur (Mme) et enf., de Feignies, à Fécamp, Seine-Inférieure.
Roche (Pierre), de Jeumont, à Oullins, Rhône.
Roche (Julie), de Jeumont, à Oulins, Rhône.
Roche (Jean), de Jeumont, à Oullins, Rhône.
Roger (Marcel), de Douai, à Saint-Brieuc, Côtes-du-Nord.
Roger (François), de Hauriers, à Saint-Brieuc, Côtes-du-Nord.
Roquart (Mme), de Cambrai, au Tréport, Seine-Inférieure.
Roquer (Henri), de Lille, à Saint-Brieuc, Côtes-du-Nord.
Roquet (Henri), de Lille, à Saint-Brieuc, Côtes-du-Nord.
Rosselet (Laurent), de Sin-le-Noble, à Saint-Brieuc, Côtes-du-Nord.
Roussel (Jean-Baptiste), de Somain, à Saint-Brieuc, Côtes-du-Nord.
Rouillac (Louis), de Saint-Waast-la-Vallée, à Louvetot, Seine-Inférieure.
Rouneau (Marthe), de Marpent, à Périgueux, Dordogne.
Rouneau (Marthe), de Marpent, à Périgueux, Dordogne.
Rouneau (Léon), de Marpent, à Périgueux, Dordogne.

Rousies (Germaine), de Boussois, à Guingamp, Côtes-du-Nord.
Rousselle (Albert), de Caudry, à Angers, Maine-et-Loire.
Rousselle (Félicie) de Caudry, à Angers, Maine-et-Loire.
Rousselle (Maurice), de Caudry, à Angers, Maine-et-Loire.
Royal (Mme), et enf., de Maubeuge, au Tréport, Seine-Inférieure.
Royal (Mme), de Maubeuge, au Tréport, Seine-Inférieure.
Ruel (Evariste), de Lille, à Saint-Brieuc, Côtes-du-Nord.
Sallerin (Charles) et fam., d'Anzin, à Pessac, Gironde.
Sandra (Marie), de Hautmont, à Guingamp, Côtes-du-Nord.
Sarcy (Renelle), de Fourmies, à Guingamp, Côtes-du-Nord.
Sarcy (Madeleine), de Fourmies, à Guingamp, Côtes-du-Nord.
Sarcy (Alfred), de Fourmies, à Guingamp, Côtes-du-Nord.
Sarcy (Mme), de Fourmies, à Guingamp, Côtes-du-Nord.
Saxe (Henri), de Maubeuge, au Havre, Seine-Inférieure.
Sede (Adrien), de Sin-le-Noble, à Saint-Brieuc, Côtes-du-Nord.
Selin (Louis), de Villers-au-Tertre, à Saint-Brieuc, Côtes-du-Nord.
Selosse (Théophile) et fam., de Roubaix, à Bléville, Seine-Inférieure.
Selzer (Théodore), de Somain, à Saint-Brieuc, Côtes-du-Nord.
Semé (Mme) et enf., de Marcoing, au Tréport, Seine-Inférieure.
Senecaut (Abel), de Fresnes, à Saint-Brieuc, Côtes-du-Nord.
Senecaut (Louis), de Fresnes, à Saint-Brieuc, Côtes-du-Nord.
Sénéchal (Noémie) et enf., de Fourmies, à Yport, Seine-Inférieure.
Senouque (Marcel) et épouse, de Fourmies, à Angers, Maine-et-Loire.
Seret (Pierre), d'Avesnes, à Terrasson, Dordogne.
Setiaux (Emile) et fam., de Bertry, à Offranville, Seine-Inférieure.
Sétiaux (Ernest) et fam., de Bertry, à Offranville, Seine-Inférieure.
Seulin (Jean-Baptiste), de Lourches, à Saint-Brieuc, Côtes-du-Nord.
Scouffaire (Edmond), d'Amfroipret, à Auxerre, Yonne.
Scouflaire (Alcide), de Je[illegible]lain, à Auxerre, Yonne.
Silvert (Jean-Baptiste), de Crespin, à Saint-Brieuc, Côtes-du-Nord.
Simon (Arthur), de Somain, à Saint-Brieuc, Côtes-du-Nord.
Sireuil (Paul), de Condé, à Saint Brieuc, Côtes-du-Nord.
Sisco (Berthe), du Vésinet[1] à Saint-Affrique, Aveyron.
Sisco (Madeleine), du Vésinet[1] à Saint-Affrique, Aveyron.
Sisco (Lucien), du Vésinet[1] à Saint-Affrique, Aveyron.
Solignac (Mme), de Vigneux, à Mur-de-Barrez, Aveyron.
Soulliez (Jules), de Fourmies, à Loudéac, Côtes-du-Nord.
Soulliez (Malvina), d'Etrœungt, à Loudéac, Côtes-du-Nord.
Spalieux (Victor), de Denain, à Saint-Brieuc, Côtes-du-Nord.
Stéphan (Lisa), de Maubeuge, à Auxerre, Yonne.
Stouder (Albert), d'Avesnes, à Guingamp, Côtes-du-Nord.
Sylvain (Joseph), de Douai, à Saint-Brieuc, Côtes-du-Nord.
Tabary et fam., de Marcoing, au Tréport, Seine-Inférieure.
Taillez (Angelina), de Beaurepaire, à Goincourt, Oise.
Taillez (Adèle), de Beaurepaire, à Goincourt, Oise.
Taine (Florence), de Bertry, à Offranville, Seine-Inférieure.
Taine (Amélie), de Bertry, à Offranville, Seine-Inférieure.
Taine (Mme), de Bertry, à Tourville-sur-Arques, Seine-Inférieure.
Taquet (Eugène), de Caudry, au Tréport, Seine-Inférieure.
Taquet (François), de Caudry, à Rouen, Seine-Inférieure.
Tavret (Mme), de Maubeuge, au Tréport, Seine-Inférieure.
Ternus (Massé), d'Avesnes, à Auxerre, Yonne.
Ternus (Pierre), d'Avesnes, à Auxerre, Yonne.
Ternus (André), d'Avesnes, à Auxerre, Yonne.
Tetart (Marthe), de Lille, à Pessac, Gironde.
Thiéry (Mytir), d'Anzin, à Saint-Brieuc, Côtes-du-Nord.
Thellier (Clotilde), de Wattignies, à Offranville, Seine-Inférieure.
Thévenin (Edouard), d'Avesnes, à Terrasson, Dordogne.
Thévenin (Roger), d'Avesnes, à Terrasson, Dordogne.
Thévenin (Marguerite), d'Avesnes, à Terrasson, Dordogne.
Thévenin (Edouard), d'Avesnes, à Terrasson, Dordogne.
Thiennard (Hélène), de Moulin-Béchereau, à Auxerre, Yonne.
Thierry (Pascal), d'Escautpont, à Saint-Brieuc, Côtes-du-Nord.
Thobois (Marie) et enf., de Féron, au Tréport, Seine-Inférieure.
Thomas (Alcide), de Jeumont, à Guingamp, Côtes-du-Nord.
Thomas (Paul), de Boussois, à Guingamp, Côtes-du-Nord.
Thomas (Georges), de Guingamp, Côtes-du-Nord.
Thomas (Georges), de Boussois, à Guingamp, Côtes-du-Nord.
Thomas (Arthur), de Fourmies, à Callac, Côtes-du-Nord.
Thomas (Paul), de Fourmies, à Callac, Côtes-du-Nord.
Thomas (Edmond), de Fourmies, à Callac, Côtes-du-Nord.
Thomas (Marcèle), de Beaurepaire, à Goincourt, Oise.
Thomas (Henri), de Beaurepaire, à Goincourt, Oise.
Tindeleux (Suzanne), de Cambrai, à Auxerre, Yonne.
Tirlois (Amélie), de Pierrelaye, à Auxerre, Yonne.
Tison (Charles), de Denain, à Saint-Brieuc, Côtes-du-Nord.
Tison (Georges), de Raismes, à Saint-Brieuc, Côtes-du-Nord.
Tison (Georges), de Raismes, à Saint-Brieuc, Côtes-du-Nord.
Tison (Edouard), de Denain, à Saint-Brieuc, Côtes-du-Nord.
Tofflin (Jules) et fam., de Catillon, à Sanvic, Seine-Inférieure.
Tombes (Gabrielle), de Versailles, à Lunac, Aveyron.
Tonneau (Marie), de La Sentinelle, à Cliponville, Seine-Inférieure.
Tournoux (Mme) et fam., de Maubeuge, au Tréport, Seine-Inférieure.
Toutée (Jules), de Pierrelaye, à Auxerre, Yonne.
Toutée (Robert), de Pierrelaye, à Auxerre, Yonne.
Toutée (Hélène), de Pierrelaye, à Auxerre, Yonne.
Toutée (Odette), de Pierrelaye, à Auxerre, Yonne.
Tranchant (Arthur), de Somain, à Saint-Brieuc, Côtes-du-Nord.
Trannoy (Jules), de Lille, à Saint-Brieuc, Côtes-du-Nord.
Trannoy (Louis), de Denain, à Saint-Brieuc, Côtes-du-Nord.
Tritant (Nestor) et fam., de Fourmies, à Eu, Seine-Inférieure.
Trotin (Jules), de Vieux-Condé, à Saint-Brieuc, Côtes-du-Nord.
Vadurel (Oscar), de Paillencourt, à Envermeu, Seine-Inférieure.
Van de Putte (Julia) et enf., de Tourcoing, au Tréport, Seine-Inférieure.
Van de Putte (Valérie) et enf., de Tourcoing, au Tréport, Seine-Inférieure.
Vandervinck (Adolphe) et fam., de Lille, à Neuville-lès-Dieppe, Seine-Inf.
Van Poucke (Robert), de Lille, au Havre, Seine-Inférieure.
Vanhassel (Germaine), de Bry, à Dieppe, Seine-Inférieure.
Vanderrecken (Joseph), de Lille, à Saint-Brieuc, Côtes-du-Nord.
Vassy[illegible]ka (Lounine), de Valenciennes, à Naucelle, Aveyron.
Vandeputte (Alphonse), de Somain, à Saint-Brieuc, Côtes-du-Nord.
Van den Braude (Marguerite), de Versailles, à Carcenac-Salmiech, Aveyron.
Vanberten (Eugénie), de Lille, à Saint-Affrique, Aveyron.
Vanherten (Robert), de Lille, à Saint-Affrique, Aveyron.
Vaille (Ildefonse), de Somain, à Saint-Brieuc, Côtes-du-Nord.
Vaillies et fam., de Landrecies, au Tréport, Seine-Inférieure.
Vanberten (Gustave), de Lille, à Saint-Affrique, Aveyron.
Vandroth (Marcel), de Sin-le-Noble, à Saint-Brieuc, Côtes-du-Nord.
Vauban (Thérèse), d'Orchies, à Saint-Romain-de-Colbon, Seine-Inférieure.
Vaucelle et enf., de Wambaix, au Havre, Seine-Inférieure.
Vos (Zelmire) et enf., d'Hautmont, à Dieppe, Seine-Inférieure.
Verchenal (Renée), de Jeumont, à Auxerre, Yonne.
Verchenal (Lucie), de Jeumont, à Auxerre, Yonne.
Verchenal (Yvonne), de Jeumont, à Auxerre, Yonne.
Ververs (Lucie) et enf., de Valenciennes, à Dieppe, Seine-Inférieure.
Verquin (Jean-Baptiste), de Pecquencourt, à Saint-Brieuc, Côtes-du-Nord.
Viçusses (Germain), de Maubeuge, à Celles, Ariège.
Viçusses (Marie), de Maubeuge, à Celles, Ariège.
Vilain (Louis), de Raismes, à Saint-Brieuc, Côtes-du-Nord.
Villette (Pierre), de Lille, à Neuville-lès-Dieppe, Seine-Inférieure.
Vincq (Edouard), de Villers-au-Tertre, à Saint-Brieuc, Côtes-du-Nord.
Vins (Mme) et enf., d'Hornaing, au Tréport, Seine-Inférieure.
Vouloir (Louise) et fam., de Bavay, à Rouen, Seine-Inférieure.
Vrand (Jules) et fam., de Bry à Dieppe, Seine-Inférieure.
Vulsteke (Gaston) et fam., d'Hautmont, à Criquetot-l'Esneval, Seine-Inf.
Waillez (Eugénie), d'Anzin, à Pessac, Gironde.
Wallerand (Flavie), d'Avesnes, à Terrasson, Dordogne.
Wallerand (Flavie), d'Avesnes, à Terrasson, Dordogne.
Warin (Henriette), de Pierrelaye, à Auxerre, Yonne.
Waroquier (Robert), d'Avesnes, à Terrasson, Dordogne.
Waroquier (Louise), d'Avesnes, à Terrasson, Dordogne.
Waroquier (Roberte), d'Avesnes, à Terrasson, Dordogne.
Waroquier (Louise), d'Avesnes, à Terrasson, Dordogne.
Wattiez (Léontine) et enf., de Bry, à Dieppe, Seine-Inférieure.
Wauters (Florent), de Lille, à Saint-Brieuc, Côtes-du-Nord.
Yde (Mme) et enf., de Maubeuge, au Tréport, Seine-Inférieure.
Vanbouf (Gustave), d'Aniche, à Saint-Brieuc, Côtes-du-Nord.

[1] Le Vésinet (Seine et Oise).